权威・前沿・原创

皮书系列为

“十二五”“十三五”国家重点图书出版规划项目

中国社会科学院创新工程学术出版项目

安徽社会发展报告
（2019）

ANNUAL REPORT ON SOCIAL DEVELOPMENT OF ANHUI
(2019)

主　编／范和生

社会科学文献出版社
SOCIAL SCIENCES ACADEMIC PRESS (CHINA)

图书在版编目（CIP）数据

安徽社会发展报告. 2019 / 范和生主编. --北京：社会科学文献出版社，2019.7
（安徽蓝皮书）
ISBN 978-7-5201-4684-5

Ⅰ. ①安… Ⅱ. ①范… Ⅲ. ①社会发展-研究报告-安徽-2019 Ⅳ. ①D675.4

中国版本图书馆 CIP 数据核字（2019）第 068823 号

安徽蓝皮书
安徽社会发展报告（2019）

主　　编 / 范和生

出 版 人 / 谢寿光
责任编辑 / 张　媛

出　　版 / 社会科学文献出版社 · 皮书出版分社（010）59367127
地址：北京市北三环中路甲 29 号院华龙大厦　邮编：100029
网址：www.ssap.com.cn
发　　行 / 市场营销中心（010）59367081　59367083
印　　装 / 天津千鹤文化传播有限公司

规　　格 / 开 本：787mm × 1092mm　1/16
印 张：25　字 数：413 千字
版　　次 / 2019 年 7 月第 1 版　2019 年 7 月第 1 次印刷
书　　号 / ISBN 978-7-5201-4684-5
定　　价 / 128.00 元

《安徽社会发展报告（2019）》
学术委员会

编　委　会

主编简介

范和生　安徽无为人，现为安徽大学创新发展战略研究院副院长、安徽大学国别和区域研究院院长兼拉丁美洲研究所所长、安徽大学社会与政治学院教授、安徽大学社会学学科带头人、安徽大学中青年学术骨干、安徽大学“优秀人才计划”英才入选者、博士生导师。主要兼职有：第二届全国社会工作专业学位研究生教育指导委员会委员、中国拉丁美洲和加勒比友好协会理事、中国拉美学会常务理事、安徽省社会心理学会会长、安徽省社会学会副会长、安徽省计生协会副会长、安徽省老年学学会副会长、中国社会学会理事、中国社会心理学会常务理事、安徽省政府立法咨询员、安徽省社会科学界联合会第七届委员会委员、安徽省广播电台特约评论员。出版专著8部，主编各类教材30多部。在《中国行政管理》《北京行政学院学报》《东南大学学报》《太平洋学报》《人民论坛·学术前沿》《中国特色社会主义研究》等刊物上，发表论文70多篇，其中在CSSCI（含扩展版）期刊上发表论文40多篇，《新华文摘》和人大复印资料全文转载多篇。《中国应怎样认识拉美》《“中等收入陷阱”，本身就是理论陷阱》《论乡村基层社会治理的主要问题》《社会组织参与社会治理路径拓展与治理创新》《中国对拉美大国的外交战略逻辑》等被广泛转载与传播。主持国家社科基金一般项目、国家社科基金重大项目子项目等纵向项目6项，参与国家级和省级纵向科研项目10多项，主持省市县各类横向项目20多项，获得安徽省社会科学成果三等奖1项、省社科联“三项课题”优秀成果一等奖2项、中国社会科学院优秀皮书报告二等奖1项、华东地区优秀图书二等奖1项、安徽省社科联第十一届学术年会优秀论文二等奖1项等各类科研奖项10多项，撰写各类资政报告30多篇。研究方向：社会学理论、政治社会学、国际政治、拉美研究。

序　言

安徽蓝皮书作为安徽大学创新发展战略研究院的智库产品，已连续出版7册了。随着蓝皮书的连续出版，其资讯、史料价值越来越大，对安徽社会发展的研究也越来越深广，作为安徽大学智库产品的社会影响力也越来越大。近年来，《安徽社会发展报告》的质量稳定提升，不仅多次获得优秀皮书报告奖，2017年版蓝皮书还荣获第九届中国社会科学院“优秀皮书奖”三等奖。《安徽社会发展报告》影响力及综合质量已跃居全国同类皮书前列。经中国社会科学院皮书学术评审委员会的严格审查和遴选，《安徽社会发展报告（2019）》继续使用“中国社会科学院创新工程学术出版项目”标识。

《安徽社会发展报告（2019）》紧扣蓝皮书核心要求“权威、前沿、原创”，以安徽经济社会五大发展为切入点，围绕“开放创新、人口发展、乡村振兴、文化建设、专题报告”五大主题，勾勒其现状、进展和趋势，并提出了有针对性的对策建议。与前六版相比，今年蓝皮书涉及的领域更加广泛，主题挖掘更加深刻，更多地展现了专家学者服务地方社会发展的能力与个性。

安徽蓝皮书已发展成为汇聚全省相关专家研究安徽社会发展的大平台，成为国际国内认识安徽、观察安徽的重要窗口，成为反映安徽社情民意和社会发展走向的舆论发布中心之一。该书在安徽大学的有力推动和中国社会科学院的精确指导下，在省直机关、各地市的大力支持下，报告内容涉及的领域进一步扩展，报告质量进一步提高，其影响力进一步提升，已成为安徽大学服务安徽经济社会发展的重要平台。安徽大学将以本蓝皮书为基础，紧紧依靠全省乃至全国的专家学者，全面、深入、原创性地研究安徽社会发展情况，对安徽社会发展问题进行科学诊断并提出富有针对性的解决方案，努力将本蓝皮书打造成国际国内具有重要影响力、展现安徽社会发展能力与智慧、服务于安徽省各级政府决策的智库产品。

《安徽社会发展报告（2019）》的顺利出版，离不开诸多同人的艰苦努力，在此我向他们表示诚挚的感谢！感谢社会科学文献出版社谢寿光社长一如既往的支持！感谢安徽省社会科学界联合会、安徽省社会心理学会、安徽省社会学会的诸位专家为该书出版所做的宝贵贡献！感谢校内外专家学者、编辑人员为本书出版提供的大力支持！感谢安徽大学社会与政治学院蓝皮书创编团队为本报告及时出版所付出的大量心血和艰苦努力！蓝皮书编辑部的唐惠敏、范慧、吴宗友、杨雪云、王中华、耿言虎、毛羽丰为本书出版做了大量的编辑、校对和翻译工作，对此本人表示衷心的感谢！

主编　范和生

2019 年 3 月 30 日

摘　要

2018 年是深入贯彻落实党的十九大精神开局之年，安徽省以改革开放 40 周年为契机，以现代化五大发展美好安徽建设为抓手，高质量推进政治、经济、文化、社会、生态文明建设发展，取得骄人成就。主要包括：经济运行态势稳中有进，行政机构改革全面实施，内陆开放新高地建设全面推进，融入长三角一体化进程大大加快，“三重一创”培育创新强劲动能，文艺事业、产业繁荣发展，城乡协调发展达到新高度，民生工程品牌助力精准脱贫，基本公共服务建设精细化，民营企业发展跑出“安徽速度”，生态优先绿色战略成果显著。但是，新时代下安徽高质量发展同样存在一些问题，比如经济下行承受压力明显、科技创新能力仍显薄弱、脱贫攻坚任务依然艰巨、区域和城乡发展不平衡不充分等。解决这些问题，需要坚持以习近平新时代中国特色社会主义思想为指导，围绕省委、省政府中心工作，贯彻落实现代化五大发展美好安徽建设决策，推动安徽经济社会高质量发展。

本报告客观反映了 2018 ~ 2019 年安徽经济社会发展状况，对安徽贯彻落实五大发展理念的成就和问题进行了全方位的实证研究，并指明了新时代安徽经济社会发展和参与长三角一体化发展的可行路径。在开放创新篇，提出安徽参与长三角一体化发展重在找准自己的功能定位，加强战略规划的顶层设计，创新一体化发展体制机制，在分工合作中发挥优势、补齐短板。同时，建设好长三角一体化发展的“西大门”，需要实施创新驱动发展战略，实现创新驱动的引领型发展，加快安徽省由科技大省向科技强省跨越。在人口发展篇，首先从整体视角研判了改革开放 40 年来安徽人口发展的变化、特征，并提出了应对安徽人口发展变化的策略；其次，聚焦安徽中等收入群体的形成过程与变化趋势，提出新时代扩大安徽中等收入群体的措施；最后，用文献研究法和定量研究法，建立了综合人口承载力模型，通过对合肥市就业、住宅、道路、排水等因素的分析，得出各因素影响下 2016 ~ 2025 年合肥人口承载量。在乡村振兴篇，立足于实践调研，深入分析了安徽省农村经济、政治、公共文化和环境治理等领域发生的巨大变迁及其存在的问题，并提出对策建议；在文献梳理、模式比较的基础上，结合中央的政策规划，研究安徽省乡村振兴的优势、劣势，探讨实施乡村振兴战略的着力点和有效路径。在文化建设篇，一方面，重点分析新时代徽州传统文化遗存的开发情况，进而探讨新时代徽州传统文化遗存的开发路径及产业培育问题；另一方面，分别以芜湖县和肥东县为例，通过翔实的经验研究，探讨了健全公共文化服务财政保障机制的关键领域，以及“新乡贤文化”在乡村治理体系现代化中的重要作用。在专题报告篇，重点关注了县域生态文明建设的“黟县模式”、“绿色殡葬”政策实施的安徽路径以及长三角区域人才集聚机制。篇末通过构建安徽省社会发展指数体系，发布了2017 年安徽社会发展指数及其排名，实时把握安徽社会发展动态。

关键词： 安徽　社会发展　开放创新　人口发展　乡村振兴　文化建设

目　录

Ⅰ　总报告

Ⅱ　开放创新篇

Ⅲ　人口发展篇

Ⅳ 乡村振兴篇

Ⅴ 文化建设篇

Ⅵ 专题报告篇

皮书数据库阅读**使用指南**

总 报 告

General Report

B.1 2018 ~2019年安徽社会发展形势分析与预测

范和生　刘凯强*

摘　要： 2018年是深入学习党的十九大精神开局之年，安徽省以改革开放40周年为契机，积极践行五大发展理念，加快建设现代化美好安徽。过去一年内，安徽省政治、经济、文化、社会、生态文明建设等领域成绩斐然，主要包括：经济运行态势稳中有进，产业结构转型优化升级；行政机构改革全面实施，政府履职能力持续提升；内陆开放新高地前进步伐坚定，“一带一路”重要节点地位彰显；积极融入长三角一体化进程，后台支撑及桥梁作用充分发挥；“三重一创”培育创新强劲动能，人工智能构筑产业竞争新优势；文艺事业、产业齐头

* 范和生，安徽大学创新发展战略研究院副院长、安徽省社会心理学会会长、社会与政治学院教授、博士生导师，研究方向为政治社会学、社会心理学与社会治理；刘凯强，安徽大学法学院博士研究生，研究方向为消费文化与社会法治。

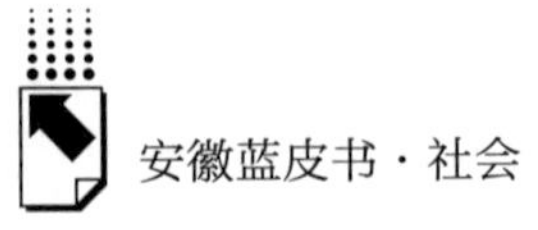

并进，群众精神文明状态日益向好；城乡协调发展势头强劲，区域性特色模式定位准确；民生工程品牌助力精准脱贫，基本公共服务建设精细化；“四送一服”双千工程帮扶扎实，民营企业发展跑出“安徽速度”；生态优先绿色战略成果显著，生态文明安徽样板粗具雏形。新时代下安徽高质量发展同样存在一定挑战：经济下行承受压力未减，质量效益有待提高；科技创新实力仍显薄弱，产学研成果产出相对不足；生态环境治理任重道远，责任落实与具体保护瑕疵偶现；企业经营成本居高不下，民间投资增长空间亟须扩大；脱贫攻坚任务依然艰巨，人均可支配收入整体偏低；对外开放体系尚未成熟，国际交流合作缺乏深度；不平衡不充分发展表现突出，社会建设福利共享存在差异。针对上述问题，试从打造现代化智慧经济体系、城乡融合与区域协调发展、稳步推动绿色生态改革、扶贫民生“两手抓”、争做长三角一体化创新省份“排头兵”、形塑内外联动全面开放新格局和弘扬德法共治等维度出发，以期为安徽现代化高质量发展建言献策。

关键词： 美好安徽　五大发展　现代化建设　高质量转型

一　2018～2019年现代化五大发展美好安徽建设的总体成就

2018 年是安徽现代化发展进程中不平凡的一年，全省各界群众在党中央、国务院和中共安徽省委的坚定领导下，以习近平新时代中国特色社会主义思想为指导，秉持稳中有进的工作总基调，迎难而上面对高质量转型发展过程中的诸多深刻变化，高效推进落实“十三五”规划，为落实现代化五大发展美好安徽建设迈出全新步伐。

（一）经济运行态势稳中有进，产业结构转型优化升级

2018 年全省生产总值初步核算达到 30006.8 亿元，顺利突破 3 万亿元大关。按可比价格计算，较上年增长 8.02%，高出全国生产总值增长率 1.4 个百分点，增速居全国第 7 位，继续保持较快增长速度：其中，第一产业增加值 2638 亿元，同比上涨 3.2%；第二产业增加值 13842.1 亿元，同比上涨 8.5%；第三产业增加值 13526.7 亿元，同比上涨 8.6%，三大产业所占比例为 8.8∶46.1∶45.1。与此同时，全省全年财政收入累计达 5363 亿元，较上年增加 10.4%；固定资产投资增长率超过 11.5%，社会消费品零售总额增长 11.6%，规模以上工业增加值提高 9.3%，进出口总额增长 17%，整体经济发展质量和效益稳步提高。①

具体来说，包括以下几个方面。

1. 全省农业生产大致稳定

全年各类农产品总产量达到 801.5 亿元，与上年水平基本持平，实现“十五连丰”。其中，粮食产量 4007.3 万吨，居全国第 4 位，较上年前移 1 位；蔬菜产量 2112.8 万吨，增长 4.6%；棉花产量 8.9 万吨，增长 2.9%；油料产量 158 万吨，增长 2.2%；稻渔综合种养面积 160 万亩，增长 77.8%。畜牧业生产稳定。全年生猪出栏 2837.4 万头，增长 0.3%；主要肉类产量 420.4 万吨，增长 1.6%；牛奶产量 30.8 万吨，增长 3.2%；禽蛋产量 158.3 万吨，增长 2.3%。优质专用粮面积 1455 万亩，农产品加工业产值增长 7.6%，“三品一标”农产品净增 1114 个，培训新型职业农民 4.7 万人，基本完成粮食生产功能区、重要农产品生产保护区划定。②

2. 工业生产稳中加快，质量效益明显提升

2018 年全省高新技术产业增加值同比上涨 13.9%，战略性新兴产业产值增加 16.3%，占省内规模以上工业产值的 29.4%。规模以上工业增加值增长 9.3%，高出全国 3.1 个百分点，居全国第 4 位、中部第 1 位。从企业类型看，

① 安徽省统计局：《2018 年全省经济运行情况》，http：//www.ebrun.com/20190122/317918.shtml，2019 年 1 月 22 日。

② 《安徽 2018 年全省生产总值超 3 万亿元，增长 8.02%》，新浪安徽，http：//ah.sina.com.cn/news/hscj/2019－01－23/detail－ihqfskcn9577072.shtml，2019 年 1 月 23 日。

国有企业、股份制企业和外商及港澳台商投资企业增加值分别提高13.7%、8.6%和12.3%；从业态类型看，采矿业、制造业和能源供应业（电、热、燃气等）增加值分别上升0.8%、9.6%和13.9%。而主要工业商品的产量中，钢材增长7.2%，家用洗衣机、电冰箱、房间空调器、彩色电视机分别增长2.7%、7.2%、3.2%和47.7%，电子计算机整机增长28.3%，工业机器人增长18.3%，新能源汽车增长100%。

3. 第三产业结构持续优化，现代服务业加快发展

全年社会消费品零售总额为12100.1亿元，同比增长11.6%，超过全国平均增速2.6个百分点，居全国第2位、中部第1位，前进速度继续领跑。与此同时，地区生产总值中服务业增加值为13526.7亿元，同比增长8.6%，占比45.1%，较上年提升1.2个百分点。其中，旅游业总收入同比增长16.8%，互联网商品零售额增加36.1%，快递业务量增速超过30%，突破11亿件。农村电商全覆盖加快推进，农产品网络销售额增长近50%，达到历史新高的400亿元。① 居民消费能力不断增强，消费产品种类更加多元。

4. 进出口增长较快，民营企业发展活力增强

2018年全省进出口总额历史上首次突破600亿元，达到629.7亿美元，较上年同比增长16.6%，增速高出全国平均水平4个百分点。其中，出口额达到362.1亿美元，增长18.3%，较上年增加11.1个百分点；进口额为267.6亿美元，增长14.3%；实际使用外资总额为170亿美元，约增长7%。另外，2018年省内民间投资金额累计提升18.5%，提高11.4个百分点，占整体投资比重由60.2%提高到63.8%，规模以上民营工业增加值同比增长10.3%，民营企业数量高达112.8万户，首次突破百万户。

5. 居民收入增幅稳定，就业物价波动较小

全年城镇常住居民人均可支配收入34393元，增长8.7%，增幅较2017年提高0.2个百分点，超过全国增速0.9个百分点；农村常住居民人均可支配收入13996元，增长9.7%，增幅较2017年提高0.8个百分点，超过全国增速0.9个百分点，与全国平均水平差距较上年缩小53元。② 城镇和农村人民群众

① 《图说2019年安徽省政府工作报告》，《安徽日报》2019年1月14日。

② 《安徽GDP首次突破3万亿》，《合肥晚报》2019年1月23日。

收入保持良好增长态势。此外，全省年内新增城镇就业人口70.5万人，超额完成年度制定目标的111.9%；失业人员与困难人口再就业人数分别增加21.1万人和5.7万人；居民消费价格上涨2%，涨幅低于全国0.1个百分点，比年度控制目标低1个百分点；工业生产者出厂价格上涨3%，工业生产者购进价格上涨5.3%，总体维持在理想水平。

6. 供给侧结构性改革效果显著，新旧动能转换顺畅

全年安徽省共计降低煤炭产能690万吨，压减生铁粗钢产能228万吨，合理处置省属“僵尸企业”58户。进一步维护房地产市场经济秩序，规范房地产行业经营行为，引导房地产企业加强自律，促进房地产行业健康发展。此外，大力扶持新型中小型企业快速发展，全年新增小微企业银行贷款1506.7亿元，减免小微企业税费65.2亿元。继续加强短板领域投资，全年农业、居民服务业、生态保护和环境治理业投资分别增长33%、31.9%和42.1%，增速均快于全社会固定资产投资。

总体而言，2018年安徽省经济情况保持在合理运行区间，继续维持平稳运行态势，部分增长指标虽有一定程度回落，但各类主要经济指标增速依然处于全国前列、中部领先位置，特别是产业结构和发展质效的进一步转型优化促使民生福祉进一步巩固。

（二）行政机构改革全面实施，政府履职能力持续提升

2018年是安徽省新一轮行政机构大刀阔斧改革的元年，2018年10月15日党中央、国务院正式批准《安徽省机构改革方案》，同意安徽省按照机构改革“三阶段推进、三步骤实施”（省级按照方案制定报批、机构挂牌转隶、“三定”规定制定三阶段推进；市县按照总体意见制定报备、方案制定审批、组织实施三步骤实施）的总体安排，积极做好省级机构改革工作，有序推进市县机构改革。10月19日，安徽省召开省委常委会会议，讨论通过《安徽省省级机构改革实施意见》，将此次安徽省行政机构改革任务分解为43项具体内容，包括省委18项、省政府25项（见表1）。[①] 改革后，省级党政机构共设置

① 《安徽公布机构改革方案，省级党政机构共设置60个》，安徽网，http：//www.ahwang.cn/anhui/20181101/1823561.shtml，2018年11月1日。

60个，下属省委机构17个、省政府机构43个，较改革前机构数量有所精简，但功能更加全面。

表1　安徽省2018年机构改革涉及部门清单

责任部门	数量	具体内容
省委	18项	①组建省监察委员会,不再保留省监察厅、省预防腐败局;②组建省委财经委员会;③组建省委审计委员会;④全面深化改革领导小组改为全面深化改革委员会;⑤全面推进依法治省领导小组改为全面依法治省委员会;⑥省国家安全领导小组改为省委国家安全委员会;⑦网络安全和信息化领导小组改为网络安全和信息化委员会,取消省互联网宣传管理办公室;⑧外事工作领导小组改为外事工作委员会;⑨组建省委教育工作领导小组;⑩省委组织部统一管理省委机构编制委员会办公室,取消省公务员局;⑪省委宣传部统一管理新闻出版和电影工作;⑫省委统战部统一领导民族宗教工作;⑬优化省委办公厅职责;⑭优化省委军民融合发展委员会办公室职责;⑮改革省委老干部局管理体制;⑯组建省委机要局;⑰组建省精神文明建设指导委员会办公室;⑱取消省社会治安综合治理委员会及其办公室、省维护稳定工作领导小组及其办公室
省政府	25项	①组建省经济和信息化厅,取消省经济和信息化委员会;②组建省自然资源厅,取消省国土资源厅;③组建省生态环境厅,取消省环境保护厅;④组建省农业农村厅,取消省农业委员会;⑤组建省文化和旅游厅,取消省文化厅和省旅游发展委员会;⑥组建省卫生健康委员会,取消省卫生和计划生育委员会;⑦组建省退役军人事务厅;⑧组建省应急管理厅,取消省安全生产监督管理局;⑨重新组建省科学技术厅,取消省外国专家局;⑩重新组建省司法厅,取消省政府法制办公室;⑪优化省审计厅职责,取消省属国有企业监事会;⑫组建省市场监督管理局、省药品监督管理局,省食品药品安全委员会改为省食品安全委员会,取消省工商行政管理局、省质量技术监督局、省食品药品监督管理局;⑬组建省广播电视局,取消省新闻出版广电局;⑭组建省林业局,由省自然资源厅统一领导和管理;⑮组建省医疗保障局;⑯组建省地方金融监督管理局;⑰组建省扶贫开发工作办公室,取消省扶贫开发领导小组办公室;⑱组建省数据资源管理局;⑲调整省委省政府信访局管理体制,省委信访局与省政府信访局合署办公;⑳省机关事务管理局不再保留省委省政府接待办公室牌子;㉑合并省级和省级以下国税地税机构,取消省地方税务局;㉒组建省政府参事室;㉓组建省粮食和物资储备局,取消省粮食局;㉔重新组建省能源局,加挂省煤炭工业办公室牌子;㉕取消省物价局,其价格管理和行政事业性收费管理等职责划入省发展和改革委员会

资料来源：《深入贯彻落实习近平总书记关于深化党和国家机构改革的重要论述，构建系统完备科学规范运行高效的机构职能体系》，《安徽日报》2018年11月1日。

此次深化省委和省政府机构改革，是推进安徽省治理体系和治理能力现代化的一场深刻变革，围绕“对标中央要求，紧贴安徽实际”原则，凸显三大亮点和特色：首先，强调精准对标，严格按照中央部属，提高政府决策执行力，增强党的领导力，加强党对重大工作的集中统一领导；其次，因地制宜，结合安徽实际省情动态调整部门设置并增减若干机构，加快落实高效合理的政府职能建设；最后，坚持统筹推进，兼顾省与下级各市县、行政机关与事业单位、当前与后续改革间关系，既能有效缓解当前各种突出的社会矛盾，又能切实满足未来一段时间内的发展需要。因此，借助此次政府机构改革，大幅提升政府履职能力必须注重先立后破，有序推动领导班子到位、有序推进新组建部门挂牌、有序开展人员划转，合理稳妥地组建各类机构；注重协同高效，强化职能整合、强化权责一致、强化总量控制，实现机构职责“物理变化”的同时彰显“化学反应”；注重联动协同，兼顾日常工作与机构改革工作、老机构工作与新机构工作、省级机构改革与市县机构改革工作，处理好改革内部的整体性、系统性和协调性统一。

（三）内陆开放新高地前进步伐坚定，“一带一路”重要节点地位彰显

2018年安徽省以“一带一路”重要节点为区位优势，全面融入国家三大战略，坚持“引进来”与“走出去”并重，加快内陆开放新高地建设进度，切实推进开放发展行动计划，双向互动、内外联动的全面开放新格局逐步形成。

改革开放40年来，安徽省对外开放型经济成绩单耀眼，经历从无到有、从小到大，成功实现由量到质的可喜突破，为全省经济社会发展做出卓越贡献：进出口总额从1978年的1063万美元增长到2018年的近630亿美元，年均增长约24.3%；实际使用外资从1985年的163万美元增长到2018年的170亿美元左右，年均增长约32.4%；实际对外投资从1997年的152万美元增长到2018年的近12亿美元，年均增长约37.4%；建成马鞍山港、芜湖港、铜陵港、安庆港、池州港5个水运一类口岸和合肥新桥国际机场、黄山屯溪国际机场2个航空一类口岸，全省一类口岸数量居中部第1位①；截至2018年底，境外世界500强在皖

① 《安徽打造内陆开放新高地　全面开放新格局逐步形成》，新华网，http://m.xinhuanet.com/ah/2018-12/09/c_1123825596.htm，2018年12月9日。

设立企业增加至158家，江淮大众新能源汽车、海螺海外发展、马钢收购瓦顿等国际产能合作项目稳步实施；2018年5月25～27日在合肥召开的2018世界制造业大会暨中国国际徽商大会以“创新驱动制造引领拥抱世界新工业革命”为主题，共签约436个合作项目，涉及金额4471亿元①。省内参会企业涵盖电子信息与家电、新材料与新能源、装备制造、节能环保、现代服务、汽车与汽车零部件、生物医药等领域，体现出国际制造业中的“安徽力量”。

另外，2018年安徽省对“一带一路”沿线国家的进出口总额达到历史新高150亿美元，比上年同期增长9%，占比接近全省同期进出口总额的24%，这主要得益于毫不动摇地落实国家“‘一带一路’科技创新合作行动计划”。通过积极搭建平台，组织科技创新资源和成果对接、推动高校院所和企业深化拓展联合研发与跨国技术转移项目、发挥国际合作基地示范作用等三方面举措，加强与欧洲、亚洲、拉美等地区的交流合作；突破一批关键核心技术，集聚和培养一批高端人才，助推一批科技企业快速成长，形成了安徽华东光电技术研究所、合肥通用机械研究院、安徽江淮园艺种业股份有限公司、中建材蚌埠玻璃设计研究院等代表性项目单位、企业，在“一带一路”建设过程中发出响亮的“安徽声音”。

（四）积极融入长三角一体化进程，后台支撑及桥梁作用充分发挥

长三角地区历来是中国经济最具活力、开放程度最高、创新能力最强的区域之一。安徽与沪苏浙地区地缘相近、人缘相亲、文化相通，彼此间交流频繁。2016年国家发改委正式公布《长江三角洲城市群发展规划》，首次明确将安徽纳入长三角城市群辐射区域，安徽与长三角各省市在政治、经济、文化、生态治理等方面的参与度、紧密度、融合度不断提升。安徽近年来立足自身实际，将长三角一体化协同发展作为核心动力，灵活体现南北桥梁、左右逢源的独特优势，全方位深化与沪苏浙的分工合作。作为沪苏浙辐射中部地区的后台支撑，安徽深度参与长江三角洲区域一体化发展国家战略规划纲要编制，制订安徽实施方案。推进长三角科技创新共同体和产业合作示范基地建设，当好长

① 《首届世界制造业大会落户合肥，签约投资总额达4471亿元》，经济网，http://www.ceweekly.cn/2018/0528/226217.shtml，2018年5月28日。

三角科技创新策源地、长三角能源供给大通道、长三角产业发展生力军、长三角生态绿色后花园、长三角对接“一带一路”西大门。

2018年安徽省融入长三角一体化发展的大动作频频、好消息不断：3月继合肥、马鞍山、芜湖、滁州、淮南5市被纳入长三角城市群后，又新增铜陵、安庆、池州、宣城4市被纳入长三角城市经济协调会成员单位；4月，长三角地区知识产权一体化发展新闻发布会上，安徽与上海、江苏、浙江四地联合签署《长三角地区知识产权一体化发展框架协议书》，共同加快推进长三角地区知识产权领域一体化协调发展，优化提升知识产权对长三角地区经济社会发展的促进作用；6月，2018年度长三角地区主要领导座谈会上由长三角联合办公室编制的《长三角地区一体化发展三年行动计划（2018－2020年）》通过审议，长三角一体化发展的任务书、时间表和路线图正式以文件形式固定。会议期间，安徽省与沪苏浙地区集中签约了11个重点合作项目，覆盖基金、环保信用、基础设施、信息化、商务等领域，形成了一批高层次、可实施的工作任务；12月25日，杭（州）黄（山）高铁正式通车，从徽杭古道到杭黄高铁，两地一体化故事翻开全新篇章；2019年1月3日，安徽、上海、江苏、浙江共同签署《长三角地区市场体系一体化建设合作备忘录》，根据备忘录精神，三省一市将在商务部、国家市场监管总局指导下，全力实施“三联三互三统一”工程①，共同推动长三角地区市场体系一体化建设。至此，经过各方一年多的努力，安徽省在整体融入长三角进程中定位更加准确、目标更加可行、作用更加突出、资源更加广泛、行动更加统一。

（五）“三重一创”培育创新强劲动能，人工智能构筑产业竞争新优势

2018年安徽省继续坚定不移地落实《关于推进“三重一创”建设的实施意见》，准确把握技术变革和产业发展方向，面向经济主战场、面向世界科技前沿、面向人民群众需要梯次推进、滚动发展，培育建设一批重大新兴产业基地、重大新兴产业工程、重大新兴产业专项，构建创新型现代产业体系。全

① “三联三互三统一”工程包括：营商环境联建、重点领域联管、监管执法联动，市场信息互通、标准体系互认、市场发展互融，逐步实现统一市场规则、统一信用治理、统一市场监管。

年，安徽省委、省政府统筹推进“三重一创”建设，既发挥省市共建、部门联动的行政引导作用，又发挥专家智库的咨询建议作用，同时积极引导社会力量参与宣传和公开监督，以形成牢固合力助推各项高新产业腾飞。

人工智能作为“三重一创”核心体系中的一环，是新一轮科技革命和产业变革的重要驱动力量，加快发展新一代人工智能是事关我国抓住新一轮科技革命和产业变革机遇的战略问题。在转变发展方式、优化经济结构、转换增长动力的攻关期，迫切需要新一代人工智能等重大创新添薪续力。在此背景下，2018 年 5 月安徽省正式对外发布《安徽省新一代人工智能产业发展规划（2018～2030 年）》，明确提出人工智能近期、中期、远期三大阶段的发展目标（见表 2），尽快在产品智能、工业智能和服务智能等重点领域涌现一批优秀企业，集聚一批高水平的领军人才和创新团队，在人工智能平台、智能工业机器人、智能家电、智能装备制造等领域形成特色应用。未来数年内全省人工智能产业将按照建设实体经济、科技创新、现代金融、人力资源协同发展的产业体系要求，针对安徽省人工智能发展关键环节，围绕基础理论、关键技术、支撑平台及核心产品进行系统部署，重点实施一批创新发展工程，拓展在农业、制造业、教育、医疗健康、城市管理等领域应用的广度和深度，加快推动新一代人工智能产业全产业链创新发展。在此基础上从 2019 年起，安徽省政府将牵头开展智能汽车试点示范工程，支持奇瑞、江淮与科大讯飞、京东方、百度等企业强强携手，联合建立研发实验室，推动智能网联汽车发展，开辟辅助驾驶和汽车后市场服务的全新平台，抢占“智慧 +”高精尖科技高地。

表 2　安徽省人工智能产业（2018～2030 年）主要阶段任务规划

类别		各阶段性任务		
		近期(2020 年)	中期(2025 年)	远期(2030 年)
产业规模(亿元)		150	500	1500
产值超亿元企业总数(家)		>15	>40	>60
人才培育数量(人)	从业人员	7000	15000	22000
	领军人才	>50	>80	>120
带动相关产业规模(亿元)		1000	4500	10000

资料来源：《安徽省人民政府关于印发〈安徽省新一代人工智能产业发展规划（2018－2030 年）〉的通知》，《安徽省人民政府公报》2018 年 5 月 23 日。

（六）文艺事业、产业齐头并进，群众精神文明状态日益向好

文化是一个区域软实力的集中体现，也是助推地区崛起不可或缺的关键力量。安徽襟江带淮，文明悠久，历史上一直是中国文化核心重镇，作为文化资源大省，2018年全省各条思想战线坚定秉持文化自信理念，积极开拓文艺事业和文化产业相辅相成的新态势，紧密围绕社会主义核心价值观开创群众精神文明新局面，凝心聚力深化建设创新型文化强省，为实现现代化五大发展美好安徽指引正确精神方向、营造恰当舆论氛围。

其一，文艺作品深入人心，文化产业硕果累累。2018年安徽省文艺工作者深入人民群众和本土文化特色，创造出一批在国内外享有盛名的高质量文艺作品：以全国典型模范蚌埠特警张劼先进事迹为题材创作的《特殊的勋章》，入选中宣部、中国作协组织“时代楷模”报告文学项目；著名诗人陈先发诗集《九章》荣获第七届鲁迅文学奖诗歌奖；合肥演艺股份有限公司创排的小品《等爱回家》和舞蹈《命运》相继荣获第十届中国曲艺“牡丹奖”文学奖和第十一届中国舞蹈“荷花奖”现代舞奖；《滁州日报》记者汪强荣获第十二届中国摄影金像奖纪实摄影类大奖；以庆祝改革开放40周年、展现安徽书画历程为主题的《新时代新徽派——安徽书画40年精品晋京展》首次在中国美术馆成功举办并赢得好评。① 与此同时，文化产业持续繁荣：安徽新华发行集团和安徽出版集团继续入选“全国文化企业30强”，连续9年携手取得佳绩。其中，安徽新华发行集团总体经济规模更是连续5年保持全国同行业领先地位，连续第3年荣膺“中国企业500强”；2018年8月举办的第25届北京国际图书博览会上，安徽展团共向美国、英国、法国、日本等国输出逾500项版权，实现全国省份版权输出排名“十一连冠”；截至2018年底，安徽新华发行集团旗下“共享书店”已在北京、上海、广州、合肥等大中城市陆续布局50余家，体验用户超过800万人次，复借率高达79%；② 而全省范围内89个博物馆、123个公共图书馆、121个文化馆、18

---

① 《讲好中国故事安徽篇　开创文化强省新局面》，《安徽日报》2018年10月21日，http：//www.ah.gov.cn/UserData/DocHtml/1/2018/10/21/1797162784876.html。

② 《全国第50家阅＋共享书店12月22日在合肥滨湖开业》，新浪安徽，http：//ah.sina.com.cn/news/wltx/2018－12－21/detail－ihqhqcir8822351.shtml，2018年12月21日。

个美术馆、1438个文化站等公共文化场馆继续免费面向所有公众，并在元旦、春节期间，累计开展“文化年货送群众”等主题活动6100余场，让城乡居民共享“文化盛宴”。

其二，全省精神文明建设形势向好，群众满意度逐年提升。2018年安徽省仍然坚持以创建全国文明城市为重要契机，着力提升全省人民群众思想道德建设水准，广泛弘扬社会主义核心价值观。在马鞍山、合肥、铜陵、芜湖、淮北、蚌埠、宣城、安庆等8市先后进入全国文明城市序列后，2018年中央文明办公布的《2018～2020年创建周期全国文明城市提名城市》名单中，池州、滁州、阜阳、淮南、黄山、六安、宿州等7市相继入围。[①] 至此，省内16个地级市中已有15个城市达到或接近全国文明城市标准，覆盖率在全国省际范围名列前茅；“中国好人榜”2018年累计入选103人（组），连续11年领跑全国；与此同时，深化美丽乡村建设进程加快，近万个自然村环境得到有效整治，1200多个乡镇“旧貌换新颜”；合理倡导移风易俗行动，全省行政村普遍建立村规民约、村民理事会、道德评议会、红白理事会、禁毒禁赌会等“一约四会”群众性自治组织，高效革新社会风俗风气。

（七）城乡协调发展势头强劲，区域性特色模式定位准确

2018年安徽省城乡融合和区域协调发展脚步双向加快，城镇化率由2017年的53.5%提升至54.6%，数量稳步提升的同时城市群能级持续进阶。乡村振兴取得历史性突破，城乡居民收入差距进一步缩小；皖东、皖南、皖西、皖北、皖中立足区域特色和优势，量身制定符合本土的发展模式。全年全省各界齐心协力探索革新城乡、区域间融合发展体制机制新路径，完善政策体系实施路线，增强发展的协同性、联动性和整体性，集中表现为以下几个方面。

首先，农业农村优先发展战略巩固。在产业兴旺、生态宜居、乡风文明、

---

① 《中央文明办确定2018～2020年创建周期全国文明城市提名城市》，中国文明网，http://www.wenming.cn/wmcs/wenmingchengshi_jujiao/201802/t20180214_4593788.shtml，2018年2月14日。

治理有效、生活富裕五大方针的引导下，农业农村现代化速度日新月异。改革开放40年期间，安徽省农业生产能力跨上新台阶，“粮食袋子”更沉了，实现由“吃不饱”到“吃不了”。全省粮食产量由1978年的296.5亿斤增加到2018年的801.5亿斤，增长170.3%。“菜篮子”更足了，实现由“青菜豆腐”到“鸡鸭鱼肉”。2018年安徽全省肉蛋奶总产量约600万吨、水产品250万吨，分别是1978年的近10倍和44.3倍。“果盘子”更满了，实现由“三枣俩仁”到“瓜果梨桃”。2018年安徽全省水果产量超485万吨，是1978年的53倍。整体来看，农产品不仅数量大幅提高，品类也愈加丰富。

其次，县域经济实力强化。2018年12月4日中国社会科学院发布《中国县域经济发展报告（2018）》：全国综合竞争力百强县（市）中，安徽省肥西县和肥东县继续入围，数量综合排名全国第11位；2018年全国投资潜力百强县（市）中，安徽省入围15席，较2017年提升2席，数量排名全国第2位；四个省级特色小镇入选“全国最美特色小镇50强”，数量名列全国前茅。① 安徽省整体县域经济快速发展既得益于近年来一批特色产业集聚基地、开发园区、特色小镇的转型升级，还受益于与省内外高校院所及知名企业的合作、鼓励农民工返乡创业的支持政策和服务体系的日趋成熟。

最后，区域定位准确，发展模式选择适当。2018年安徽省继续以皖东承接长三角产业转移、皖南高水平建设国际旅游文化示范区、南北合作共建助力皖北振兴、打造皖西（大别山区）红色文化教育基地和皖江示范区对接长江经济带的五大区域发展道路，因地制宜地灵活调动各地市、县、乡、村的发展积极性和可行性，在吸引投资、产业升级、城际合作交流、旅游资源开发和精神文明建设等方面效率显著提升、协调前进趋势加强。

（八）民生工程品牌助力精准脱贫，基本公共服务建设精细化

2018年全省上下认真落实习近平总书记视察安徽时“扎实增进人民群众获得感”的指示要求，坚持以人民为中心的发展思想，切实履行好“保基本、保底线、保民生”的兜底责任，着力满足人民群众对美好生活的向往。

---

① 《2018年全国综合竞争力百强县（市）榜单公布》，搜狐网，http：//www.sohu.com/a/280251248_120044944，2018年12月7日。

一方面，有力啃下脱贫“硬骨头”。各地市、县、乡、村贯彻精准扶贫精准脱贫方略，全面落实“三业一岗”就业扶贫、“三有一网”点位扶贫和“四带一自”产业扶贫等新型模式。截至2018年，安徽省共有10个国家级贫困县和8个省级贫困县摘帽，725个贫困村出列，72.6万贫困人口脱贫。贫困人口由2017年底的120.2万人减少至47.6万人。过去6年，安徽省整体贫困发生率从12.6%下降到0.93%。产业扶贫覆盖100%贫困村，2018年新建就业扶贫驿站607个、车间1303个，帮助超过10万贫困人口实现就业。此外，完成1.99万贫困人口易地搬迁；“雨露计划”和建档立卡贫困家庭在校学生资助实现全覆盖；“351”“180”健康脱贫政策继续稳步实施，贫困人口综合医保实际补偿比90.48%，初步建立避免其因病致贫的有效途径。①

另一方面，民生“保障网”密度加大，基本公共服务越发精细。为确保民生工程顺利实施，指导推动各级各部门落实各项惠民政策，真正将保障和改善民生落到实处，2018年3月27日安徽省人民政府发布《关于2018年实施33项民生工程的通知》（皖政〔2018〕26号），立足本土省情灵活调整33项民生工程（见表3）。② 在多方携手努力下，2018年全省各项基础社会建设事业迈上更高台阶：其中完成城镇新增就业70.5万人，调查失业率控制在5%以下、城镇登记失业率约控制在2.83%，实现2018届高校毕业生年末就业率保持在90%以上；③ 截至2018年底，全省棚户区新开工29.42万套，开工率达104.4%，基本建成29.17万套，完成率达99.15%。公租房建设方面，全省政府投资公租房基本建成2.3万套，占国家下达年度目标任务2.1万套的109.5%；新增竣工4.94万套，全省政府投资公租房累计竣工57.39万套，竣工率98.36%；新增分配5.91万套，累计分配55.48万套，分配率95.08%，各项指标均超额完成国家下达的年度目标任务；④ 全省分级诊疗制度覆盖16

① 《安徽省政府工作报告》，《安徽日报》2019年1月19日。

② 《安徽省人民政府关于2018年实施33项民生工程的通知》，安徽省财政厅网站，http://www.ahcz.gov.cn/portal/zdzt/msgc/zccs/1522105200349329.htm，2018年3月27日。

③ 《2018年安徽城镇新增就业人数将达70万》，中安在线，http://www.ahjr.com.cn/index.php/Home/News/show/cid/83/id/40911.html，2018年12月14日。

④ 《2018年保障性安居工程超额完成》，新华网安徽，http://www.ah.xinhuanet.com/2019-01/03/c_1123939749.htm，2019年1月3日。

个市，县域一级医共体实现全覆盖，家庭医生签约服务全面推行，基础医保、大病、医疗救助保险体系实现全覆盖，城乡养老服务、食品药品安全治理体系日臻完善，健康安徽建设进展大步向前；“雨露计划”、建档立卡贫困家庭在校学生资助以及县域义务教育基本均衡实现全覆盖；学龄前毛入园率、高中阶段升学率、高考录取率连续6年超过全国平均水平；以中国科学技术大学、合肥工业大学和安徽大学3所高校为首的共13个学科群跻身国家“双一流”建设，高等教育保持竞争力。综上，全年全省立足各项公共服务项目，不断强化组织调度，加强过程管理，提升工程实施质量和效益，持续打造民生工程品牌的抓手作用，确保各项惠民政策不折不扣地落到实处。

表3　安徽省2018年33项民生工程清单

类型	数量	具体内容
新增	6项	①学前教育促进工程；②电商振兴乡村提升工程；③智慧医疗与家庭医生签约服务；④农村环境“三大革命”；⑤党建引领扶贫工程；⑥资产收益扶贫工程
合并实施	1项	原农村低保和特困人员供养及无着人员救助、残疾人生活和护理补贴、医疗救助4项合并为困难人员救助工程
完善	1项	增加职业病防治内容，将原妇幼健康和计生特扶，调整为妇幼健康、计生特扶和职业病防治
调整	3项	①原提升农村基层党建与服务经费保障任务已完成，后续相关工作纳入党建引领扶贫工程；②原小型水利工程改造提升已完成；③原农村住房保险试点已实现山区库区全覆盖，不再列为民生工程
继续实施	25项	①农村饮水安全提升；②“四好农村路”建设；③农村危房改造；④健康脱贫兜底“351”和“180”工程；⑤贫困地区义务教育学生营养改善；⑥贫困残疾人康复；⑦城乡困难群体法律援助；⑧美丽乡村建设；⑨政策性农业保险；⑩技工大省技能培训；⑪就业扶持工程；⑫城乡居民基本医疗保险；⑬城乡居民大病保险；⑭城乡居民基本养老保险；⑮社会养老服务体系建设；⑯医疗卫生人才提升；⑰义务教育经费保障机制工程；⑱高校中职和普通高中家庭经济困难学生资助；⑲公共文化场馆开放；⑳农村文化建设专项补助；㉑水利薄弱环节治理行动；㉒秸秆综合利用提升工程；㉓农产品食品安全；㉔棚户区改造；㉕城市老旧小区整治

资料来源：《安徽省人民政府关于2018年实施33项民生工程的通知》，《安徽省人民政府公报》2018年3月23日。

（九）“四送一服”双千工程帮扶扎实，民营企业发展跑出“安徽速度”

2018年是安徽省经济体制优化升级卓有成效的一年，其中民营经济起到至关重要的作用，它是经济持续健康发展的不竭动力。改革开放40年来，安徽省民营企业从小到大、由弱变强，在稳定增长、促进创新、增加就业、改善民生等方面发挥非凡作用。全年安徽省以“四送一服”双千工程（见表4）为抓手，量身打造一流的营商环境，建立省、市、县三级联动组860个，超过2.2万名干部深入近18万户企业，对接资金、人才、科技、土地等生产要素和创新项目组织3万余个，涉及金额近4000亿元，正式落地金额超3200亿元，3万余人与企业达成初步用工协议，近800个科研要素项目成功签约。① 以上举措有针对性地帮助相当数量的中小微民营企业走出融资难、转型升级难、用地难、用人难等传统困境。

表4　安徽省“四送一服”双千工程具体内容

项目名称	具体内容
四　　送	送发展理念、送支持政策、送创新项目、送生产要素
一　　服	服务实体经济，构建亲清政商关系
双千工程	组织千名机关干部深入千家企业

在真实聆听民营企业呼声、广泛征求多方意见的基础上，2018年11月26日在合肥召开的安徽省促进民营经济发展大会上正式出台《大力促进民营经济发展的若干意见》（皖发〔2018〕38号），进一步帮助面临经济下行和实体经济发展迟滞压力的民营企业重新焕发活力。此意见总体框架为“1+6+1”（见表5），从8个方面30条措施全方位、立体化、尽全力支持安徽省内民营经济发展。在一系列措施激励下，2018年安徽省民营企业突破100万户，达到112.8万户，个体工商户突破300万户，从业人员超过1300万人。民营企业百强营收总额创出历史新高，达到6339.02亿元，同比增长21.5%，增速比2017年提高5.8个百分

① 《安徽“四送一服”破解民企发展之困》，经济网－中国经济周刊，http://www.ceweekly.cn/2018/1203/242242.shtml，2018年12月3日。

点；营收百强入围门槛由2017年的18.68亿元提高到24亿元，增加5.32亿元，同比增长28.5%，增速达到2012年以来的最高值。[①] 可以说，2018年民营企业的"安徽速度"既是全省上下深入学习贯彻落实习近平总书记关于民营经济发展一系列重要论述和重要指示精神后及时采取具体行动的成果，也离不开安徽迈向高质量发展进程中省委、省政府及社会各界坚实后盾的支撑。

表5 安徽省《大力促进民营经济发展的若干意见》总体框架

框架分布	具体内容
1	瞄准提升民营企业核心竞争力的主攻方向
6	减轻税费负担、缓解融资难融资贵问题、营造公平竞争环境、完善政策执行方式、构建亲清新型政商关系、保护企业家人身和财产安全
1	强化组织保障，健全工作机制，形成推动民营经济发展的工作合力

（十）生态优先绿色战略成果显著，生态文明安徽样板粗具雏形

2018年安徽省继续深入贯彻落实习近平生态文明思想和视察安徽重要讲话精神，高站位推动环保工作，高质量推进污染防治，高标准加强环保整改，高水平深化环保改革。在环境空气质量、河流水质和集中式饮用水水源地保护等方面治理成果显著；农村厕所、垃圾、污水"三大革命"扎实推进，人居环境不断改善；深入推行河长制，率先普及林长制，新安江跨省生态补偿机制试点经验越发成熟；加快"三河一湖一园一区"生态文明示范区创建，生态强省建设新成绩陆续涌现。

1. 空气质量整体良好，环境污染天数下降

2018年1～11月，全省未出现影响范围广、持续时间长的空气重污染过程。按照《环境空气质量标准》（GB3095－2012）评价，安徽省PM2.5平均浓度为49微克/立方米，与2017年相比，下降12.5%。16个城市优良天数比

① 《2018安徽民企百强公布　营收百强以实体企业为主》，安徽网，http://www.ahwang.cn/zbah/20181107/1825822.shtml，2018年11月7日。

例在62.0%～99.6%（见表6），平均优良天数比例为75.0%，与2017年相比，全省平均优良天数比例上升8.3个百分点。

表6　安徽省2018年1～11月各市优良天数比例

单位：%

名次	城　市	优良天数比例
1	黄　山	99.6
2	池　州	86.3
3	宣　城	86.1
4	铜　陵	82.4
5	安　庆	80.1
6	六　安	77.5
7	马鞍山	74.5
8	芜　湖	74.2
9	合　肥	73.8
10	滁　州	72.5
11	蚌　埠	68.3
12	亳　州	67.3
13	淮　南	67.2
14	阜　阳	65.6
15	淮　北	62.2
16	宿　州	62.0

注：表中数据由笔者查阅2018年1～11月《安徽环境质量月报》后计算得出，可对此处数据负责。

2. 地表水水质逐步改善，河流面源污染得到控制

截至2018年11月，全省地表水总体水质状况为轻度污染，监测的全省134条河流和37座湖库的312个断面中，Ⅰ～Ⅲ类、Ⅳ～Ⅴ类和劣Ⅴ类水质断面比例分别为69.5%（217个）、26.0%（81个）和4.5%（14个），与2017年相比，全省地表水水质状况有所好转，劣Ⅴ类（严重污染）水质比例下降1.7个百分点。[①] 与此同时，安徽省四大流域整体水质保持净化趋势，新安江

① 安徽省生态环境厅：《安徽环境质量月报（2018年11月）》，http：//www.aepb.gov.cn/pages/ShowNews.aspx？NType=2&NewsID=162466，2018年12月25日。

流域水质较优，长江流域水质良好，淮河流域总体水质状况由中度污染减轻为轻度污染，巢湖湖体水质基本保持稳定，西半湖富营养状态由中度改善至轻度，巢湖蓝藻密度呈下降趋势。

3. 城市集中式饮用水水源地水质优秀，居民用水安全得到保护

截至2018年11月，全省监测的16个城市39个集中式饮用水水源地取水总量为11115.7万吨，达标水量10871.7万吨，水质达标率97.8%，比2017年上升0.6个百分点。25个地表饮用水水源地全部达标，水质达标率为100%；14个地下饮用水水源地取水总量为953.2万吨，达标水量709.2万吨，水质达标率为74.4%。①

4. 专项行动力度空前，农村环境“三大革命”初见成效

2018年安徽省以改善农村环境面貌、提升农民生活品质为目标，结合美丽乡村建设，全面推进农村厕所、垃圾、污水专项整治，努力打造绿色江淮美好家园。其一，大力开展农村垃圾治理。统筹推进农村生活垃圾、农业生产废弃物、工业固体废物等垃圾治理，促进垃圾分类和资源化利用，实现农村垃圾全面长效治理。其二，加快推进农村生活污水治理。加大乡镇政府驻地和美丽乡村中心村生活污水治理力度。其三，稳步实施农村改厕工作。大力推进自然村常住农户厕所改造，重点对不能纳入管网集中收集处理的自然村常住农户非卫生厕所进行改造，让农村群众用上卫生厕所。经过努力，2018年农村环境“三大革命”完成自然村114.9万户常住农户卫生厕所改造工作，农村生活垃圾无害化处理率达到66%，247个乡镇政府驻地污水设施初步建成。

5. 生态文明示范创建收获颇丰，安徽样板闪耀全国

在2018年12月13日生态环境部公示的45个第二批国家生态文明建设示范市县名单中，省内芜湖县和岳西县成功入围，这也是安徽省继宣城市、金寨县、绩溪县入选2017年第一批国家生态文明建设示范市县后的又一次骄人成绩。截至目前，全省已成功创建并被命名国家级生态县（区）14个、生态乡镇159个、生态村21个；省级生态市1个、生态县（区）26个、生态乡镇

① 安徽省生态环境厅：《安徽环境质量月报（2018年11月）》，http://www.aepb.gov.cn/pages/ShowNews.aspx?NType=2&NewsID=162466，2018年12月25日。

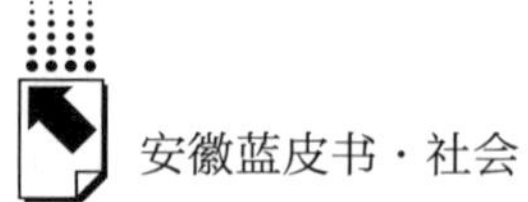

576 个、生态村 1264 个。[①] 此外，安徽省重点打造“三河一湖一园一区”生态文明示范区，全面营造水清岸绿产业优的美丽长江（安徽）经济带，已经在国内形成一批具有代表性的高质量安徽样板生态示范集群。

二　新时代安徽推进五大发展的主要挑战

2018 年是安徽省各项事业欣欣向荣的一年，在捷报频传的同时，应当冷静客观地看到，在众志成城推进五大发展的过程中仍然存在若干困难和挑战，“政治、经济、文化、社会、生态”的五位一体总布局尚存缺陷和短板。

（一）经济下行承受压力未减，质量与效益有待提高

安徽作为整体发展潜力较大的省份，近年来随着内外部环境的不断变化，如何更好更快地释放经济发展后劲俨然成为最严峻的瓶颈之一。过往保持高速发展的传统优势（能源、矿产、劳动力、农业等）近年来日渐式微，GDP 增速自 2011 年开始连续 7 年呈下降态势（见图 1），从峰值的 13.50% 回落至 2018 年的 8.02%。全省各市都在不同程度上面临经济放缓带来的下行压力，其中六安、淮南、池州、宿州等市经济增速相对迟滞，六安市前三季度更是出现短暂负增长情况，全省迈入高质量发展通道的形势不容乐观。

农业总体稳定，但起伏较大。其中夏粮减产 2.3%，早稻减产 10.9%，虽然秋粮生产形势较好，但全年粮食总产量仅与 2017 年基本持平；而主要肉类、水产品类以及生猪家禽出栏数涨幅有限，对生产的刺激稍显乏力；过往由于安徽省农业现代化基础薄弱，高质量农业产业体系、生产体系、经营体系建设难度较大，农村一二三产融合程度较低，从农业大省到农业强省的任务艰巨。

规模工业发展受限，高水平、高质量企业匮缺。2018 年全省规模以上工业增加值增长 9.3%，仅比 2017 年增长 0.3 个百分点，平均收入仅列全国第 28 位、总利润列第 12 位、利润率列第 26 位，综合实力排名不甚理想；截至

---

① 《努力打造生态文明的安徽样板》，《市场星报》2018 年 1 月 25 日，http://news.sina.com.cn/c/2018-01-25/doc-ifyqyesy1071350.shtml。

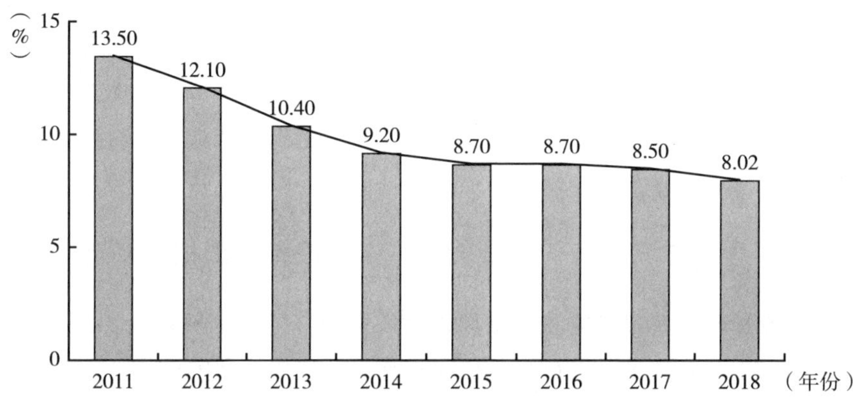

图1　安徽省2011～2018年GDP增速

11月底，受防范金融风险、规范地方举债融资等影响，部分基础设施项目贷款受限，全省基础设施投资增速同比回落0.3个百分点，继续呈现回落态势：其中，道路运输业投资增长0.2%，同比回落18.5个百分点；公共设施管理业投资增长13.6%，回落9.3个百分点；互联网和相关服务投资下降31.8%，回落39.5个百分点；[①] 9月2日中国企业联合会联合中国企业家协会公布的2018年中国企业500强中，12家皖企上榜，总数位于全国第10位。但龙头企业铜陵有色金属集团控股有限公司仅列第116位，比2017年下降5位，其余11家企业排名也仅有海螺集团有限责任公司进入前200位（第127位）。宏观来看，全省上榜企业虽然数量尚可但行业内高质量和高水平企业仍然欠缺。

服务业消费品市场增速稳中放缓。2018年1～10月，全省限额以上消费品零售额4362.6亿元，同比增长12.1%，比前三季度回落0.3个百分点，仅比上年同期增长0.9个百分点，陷入一定程度的僵局。其中，基本生活类消费有所回落。基本生活类消费品同比增长12.7%，比前三季度回落0.2个百分点，其中饮料类、服装鞋帽针纺织品类分别增长9.1%和9.6%，回落0.2个和0.3个百分点。汽车类服务市场持续走低。受进口关税下调、消费者持币观

① 安徽省统计局：《1～11月份全省固定资产投资情况》，http：//www.ahtjj.gov.cn/tjjweb/web/info_ view.jsp？strId = 3d82975e7c4b426782b5135080f88037&strColId = 13786945245845740&strWebSiteId = 13781720451562390&_ index = 0，2018年12月18日。

望及国六排放标准即将实施等多种因素影响，汽车类消费品同比增长7.5%，比前三季度回落1.2个百分点，延续了5月以来的持续回落态势，对全省限额以上消费品零售额增长的拉动作用比前三季度减弱0.3个百分点。[①] 整体看来，全年安徽省社会消费品市场销售仍将保持一定增长态势，但对经济增长的刺激力度有所减弱。

（二）科技创新实力仍显薄弱，产学研成果产出相对不足

科技创新是经济发展的重要支撑，是增强经济竞争力的“先手棋”，也是国家和区域综合实力的关键体现，更是提高经济发展质量的核心。安徽省历来将科技发展摆在核心战略高度，但由于自主创新的体制不够健全、研发基础相对薄弱、资金投入有限、本土企业创新能力不强以及创新动力机制有待完善等主客观原因，横向与东部发达地区比较，安徽省全局科技创新能力相较其他省份，特别是科技实力强劲的区域仍有不小差距。

截至2018年底，中国（不含港澳台）发明专利拥有量共计160.2万件，每万人发明专利拥有量达到11.5件。安徽省每万人发明专利拥有量在各省（不含港澳台）排名中虽然再次进入前十（第9位），但仅有9.8件（见图2），距离全国平均水平仍有一定差距。[②] 仅占北京的8.81%，占同处长三角地区上海的20.63%、江苏的36.98%、浙江的41.53%。

2019年1月9日，国家科学技术奖励办公室公布的2018年国家科技奖项目名单中，共评选出278个项目和7名科技专家。经统计，此次安徽省共有13个项目荣获2018年度国家科学技术奖，包括牵头完成5项、参与完成8项，其中，国家自然科学奖二等奖2项，国家技术发明奖二等奖1项，国家科学技术进步奖一等奖2项、二等奖8项。[③] 从数量上看，全省获奖项目绝对数目尚可，但从全部项目占比来看，整体比例偏低，仅为全国获奖数的4.68%；从

---

① 安徽省统计局：《解读：前十月限额以上消费品市场情况》，http://www.ahtjj.gov.cn/tjjweb/web/info_view.jsp?strId=5e0be181f2304ed584e8ee3c06a2d91d&strColId=13786945245845740&strWebSiteId=13781720451562390&_index=0，2018年11月27日。

② 国家知识产权局：《国家知识产权局2018年主要工作统计数据及有关情况发布》，http://ip.people.com.cn/n1/2019/0110/c179663-30515513.html，2019年1月10日。

③《安徽省13项目获2018年度国家科技奖》，《安徽日报》2019年1月9日，http://www.gov.cn/xinwen/2019-01/09/content_5356039.htm。

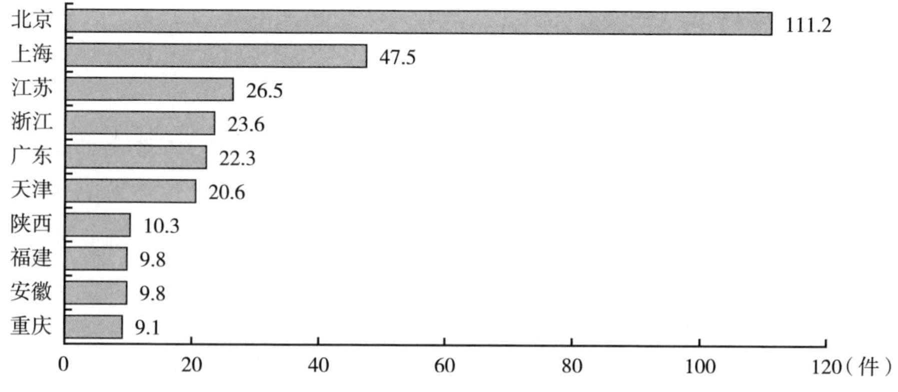

图2　2018 年国内每万人专利拥有量前十省份排名

质量上看，一等奖仅 2 项且获奖项目主要负责（牵头）单位（人）较少，本省自主科研领导力不强。无论是绝对数量还是相对质量，近年来安徽省科技水平虽保持稳定增长趋势，但整体尚未走到全国领先行列，这也在某种程度上制约全省科研实力的飞跃。

产学研作为企业、科研院所和高校之间促进技术创新所需各种生产要素的有效合作，能准确反映出一个地方科技的整体水平。在 11 月公示的《2018 年中国产学研合作创新成果奖获奖项目》中，安徽省入围一、二等奖和优秀奖各 2 项，共计 6 项，分别占一等奖、二等奖、优秀奖总数的 4.35%（46 项）、2.53%（79 项）、2.06%（97 项）。观察数据不难发现，安徽省在产学研成果产出方面并不十分突出，整体实力不强，未能充分调动安徽各大高校、科研院所与企业间的强强联合，科学技术应用到社会发展实处的转化速率需要提高。

（三）生态环境治理任重道远，责任落实与具体保护瑕疵偶现

2018 年安徽省环境治理工作整体取得优异成绩，但特定领域、局部地区生态保护状况不尽如人意，集中反映在以下四个方面。

其一，城市空气质量波动较大。全年全省各市空气质量综合指数控制平稳，较往年同期存在不同程度的改善。但是不同时间段内平均优质天数和 PM2.5 浓度起伏明显，尤其是一、二季度，全省 16 个市大气污染程度与下

半年相比明显更加严重，特别是一季度由于元旦、春节鞭炮燃放，重污染天气频发。而下半年各地采取多种减排措施，秋冬季空气质量比上年同期明显改善。

其二，地表水污染势头轻微反弹。截至2018年11月，全省地表水总体水质状况为轻度污染，相较2017年底，Ⅰ～Ⅲ类优质水源占比整体下降4.1个百分点。其中长江流域和淮河流域Ⅰ～Ⅲ类优质水源占比分别下降6.8个和1.6个百分点，而长江流域劣Ⅴ类（严重污染）水源占比更是上涨6.3个百分点；巢湖湖体东半湖则由轻度污染上升到中度污染。

其三，农村面源污染压力未能有效释放。其负荷主要来自生活污水、固体废弃物、农田农药化肥以及水土流失，特有的分散性、隐蔽性、随机性和空间异质性放大其治理难度。加之农业生产者防治意识不足、居民日常卫生习惯欠佳、乡村基础性科技工作滞后、政策法规体系固有漏洞以及基层治理资金有限等因素，面源污染在省内县际和乡际普遍存在且短期内难以实现彻底的生态修复。

其四，生态保护区责任落实不力。2018年10月中旬，生态环境部就安徽扬子鳄国家级自然保护区违规侵占保护区核心区，存在大量违规占地建筑，严重破坏扬子鳄栖息环境的问题约谈省内部分地方和相关部门领导，要求尽快研究部署整改工作。此事件虽是近年来全省少有曝光的生态环境负面事件，却暴露出目前安徽省在推进环境整治过程中政治意识、法律法规、职责划分等领域的缺陷。因此要以此次事件为警醒，在未来的环境保护工作中坚持举一反三、建章立制，切实守住生态红线和发展底线。

（四）企业经营成本居高不下，民间投资增长空间亟须扩大

2018年安徽省继续全面落实中央及省委深入推进供给侧结构性改革的决策部署，促进实体经济持续健康发展，进一步为企业成本“松绑”。但由于企业成本涵盖领域复杂、关联部门繁杂、牵涉环节冗长，目前来看导致全省企业经营成本客观偏高的风险点集中在六个方面：制度性交易成本方面，开办企业的配套行政审批流程手续烦琐、时间较久，涉企保证金金额较高、目录清单的执行相对不明；人工成本方面，社会保险费率较高，人力资源用工费用大幅提升；企业税费方面，增值税和城镇土地使用税税率下降缓慢，小微企业年应纳

税所得额上限调整有限；财务成本方面，利息支出、汇兑净损失、金融机构手续费，以及筹资发生的其他财务费总量庞大；用能成本方面，企业与电力难以实现直接竞价交易，用水用气目录价格调整不够灵活且收费偏高；物流成本方面，汽柴油等能源价格接连上涨，高速交通、港口机场操作费、安检费等各细微环节收费偏多。以上各种成本在无形中叠加产生费用，加大企业日常经营成本、影响企业规模扩张。

另外，当前安徽省经济仍属于投资拉动型，近年来随着宏观经济形势的低迷和“去产能”要求，占全省总投资半壁江山的民间投资，在全省总投资增速回升的情况下，依然略显乏力，表现出四大特征：首先，增速虽高于全国平均水平，但“前高后低”逐年放缓；其次，总量稳步扩大，但占比逐年下降；再次，投资领域拓宽，但仍集中于房地产和传统工业；最后，民间投资与民营经济增长周期的“趋同性”和“时滞性”同时存在。而造成时下安徽省民间投资空间萎缩的原因在于：宏观经济形势持续不景气导致民间投资趋于谨慎，民间资本未能较好地参与大规模基础设施建设，民间资本进入垄断性服务业的领域不足，民间投资集中的传统领域增速大幅下滑，特别是房地产投资和过剩工业产能的去库存极大地削弱了民间投资空间并促使民间资本抽离。未来相当长一段时间，降低各类企业特别是民营企业的经营成本、拓展新型民间投资领域和空间将会是安徽省经济提质增速、实现高质量现代化发展的题中应有之义。

（五）脱贫攻坚任务依然艰巨，人均可支配收入整体偏低

2018 年安徽省继续稳步扎实地落实扶贫工程，贫困人口减少 72.6 万人，由年初的 120.2 万人降至 47.6 万人左右。全省扶贫开发工作在围绕“重精准、补短板、促攻坚”目标有序推进的同时也面临各种冲击。首先，扶贫专项资金管理与使用不尽合理。当下省、市、县、乡、村五级财政中大部分经费用于扶贫“兜底”方面，但一味通过拨款很难彻底解决贫困问题，扶贫资金更不等同于“救济金”，而是要尽可能放在具有可持续性的扶贫项目上，让贫困户利用扶贫资金完成经济上的循环收入。其次，扶贫项目落实生根效果未达预期。目前，全省到户项目及措施中带动作用突出的深加工业和旅游业所占比重不多。到村项目中，产业发展类项目所占比重也不尽理想，一些扶贫项目在设

计之初偏理想化，缺少实践，导致“叫好不叫座”。此外，部分地区群众“等靠要”思想仍然强烈，希望以最“便捷”的方式获取脱贫资本，未能清楚认识到产业扶贫是其增收脱贫的基础和根本，参与产业扶贫的热情和积极性不高。最后，贫困地区过度依赖财政拨款，自身“造血”能力严重不足。一方面，部分区域长期以来缺乏支柱型产业，单纯依靠农业及其副产品初级加工等低利润行业，一旦遇上自然灾害，即使拥有上级财政保障可暂时脱贫，长远来看返贫危机概率较大；另一方面，乡村弱势群体，特别是因病、因残等非可抗因素致贫人口，往往抵御贫困风险的能力薄弱且缺乏有效劳动力，无法通过自身力量主动走出贫困行列，依赖政府社会保障和福利是唯一途径，潜在地加大了财政负担。

安徽省作为深受“迟发展效应”影响的省份，过往社会事业建设障碍较多。近年来在国家政策和省内各界的努力下，各项事业发展突飞猛进，但是整体上仍未能完全摆脱经济欠发达现状。2018 年安徽省人均可支配收入继续增长，但无论城镇还是农村居民人均可支配收入仍未达到全国平均水平：其中，农村常住居民人均可支配收入为 13983 元，不足全国平均水平 14617 元；城镇常住居民人均可支配收入 34393 元，不足全国平均水平 39251 元。① 客观上目前安徽省整体经济发展与全国平均水平仍有一定差距，当务之急是尽快拓展人均收入与消费的增长空间。

（六）对外开放体系尚未成熟，国际交流合作缺乏深度

在全球化脚步加快的今天，国家和地区的对外开放直接决定其社会发展的格局高度。安徽省历来重视对外交往水平的提升，坚持“引进来”与“走出去”两条腿前进，切实融入“一带一路”建设。特别是 2018 年以来省委、省政府高度重视中国（安徽）自由贸易试验区改革试点经验复制推广工作，将此项工作作为贯彻新发展理念、推动高质量发展、建设现代化经济体系的重要举措，加强组织领导，强化督促检查。然而，应该冷静看到中国目前总体对外开放水平呈现“东强西弱，海强边弱”的趋势，安徽位于中部地区，较发达

① 国家统计局：《2018 年居民收入和消费支出情况》，http：//www.stats.gov.cn/tjsj/zxfb/201901/t20190121_ 1645791.html，2019 年 1 月 21 日。

地区而言对外开放水平和交流深度稍显式微。

一方面，经济纽带不牢，进出口水平一般。以2018年前10月数据为节点审视，全省外贸进出口总额达3415.20亿人民币，居全国第14位，仅占全国进出口贸易总额的1.36%，与31个省份平均值8080.65亿元相差较远；总体增量为471.06亿元，列全国第13位；名义增速为16%，居全国第11位。就数量而言，暂未达到外贸大省水准。与此同时，安徽省对内进口商品以电子、汽车、医药和消费奢侈品为代表的先进制造业、现代服务业和高技术产业为主；而对外出口以农副产品、矿产资源为代表的粗浅加工品和原始材料为主，伴以部分高新技术产品。就质量而言，外贸强省建设任重道远。

另一方面，国际交流合作的广度与深度有待挖掘。造成该现象的原因主要有以下几点。一是部分地区领导、企业国际化视野和自信心不强，既未能发现利用国际资源带来的诸多便利，又对本地和本企业自身实力有所怀疑，担心在国际交往中触碰风险点。二是国际化管理体制不够灵活。政府官员对外考察学习、企业出国洽谈商贸合作以及高校科研人员交流互访所要报备审批流程过多、耗时过长，人为设置国际交流鸿沟，降低国际交流积极性。三是人才引进与培养国际化程度不足。受到整体发展水平的掣肘，在吸引国际人才落户时较东部、珠三角以及京津等省份而言，安徽省在区位、经济、城市基础设施建设、居民文化理念开放程度以及绝对待遇等维度往往缺乏“硬实力”；而在人才教育方面，本土高校和科研院所自主培养的具备国际水平的人员绝对数量不多，甚至还存在学成后流向其他省份和国家的情况，人才流失率较高。

（七）不平衡不充分发展表现突出，社会建设福利共享存在差异

人民日益增长的美好生活需要和不平衡不充分发展间的矛盾是当下我国社会主要矛盾。由于地理位置、资源禀赋、历史人文、产业基础和科技水平等多方因素的千差万别，安徽省新时代下既面临区域经济不平衡不充分发展问题，又遭遇城乡社会建设福利共享上的不平衡不充分挑战。

首先，全省形成的皖江、皖南、皖北和皖西（大别山区）四大板块发展程度参差不齐。皖江地区（合肥、芜湖、安庆、铜陵、马鞍山、宣城和滁州）

7 市覆盖省内 GDP 最高的合肥、芜湖两市，经济总量和内在结构都处于省内相对领先地位；皖北地区（淮北、宿州、亳州、阜阳、蚌埠、淮南）6 市拥有省内近 45% 的人口，但经济体量却不足全省的 29%，人均 GDP 更是长期徘徊在全省较低水平；皖南和皖西（大别山区）由于地形和人文等因素主要为限制开发区域，经济发展不以工业化为导向，因此 2018 年 3 市（六安、池州、黄山）经济总量和增速继续位于省内靠后位置。四大板块经济发展上不平衡不充分的窘境短时间内很难发生较大改观。

其次，省内城乡社会建设与社会福利共享存在差异。根据安徽省统计局发布的《安徽统计年鉴 2018》，当前全省城镇居民在生活、文化、教育、卫生等方面的支出均高于农村居民（见表 7）。此外，城镇在基础设施建设、就业岗位、科教水平、医疗条件和社会保障体系方面均比农村更加完善，城镇居民能享受到的生活服务质量和便利程度也远超农村居民。因此，未来相当长一段时间内，如何促进城乡一体化发展，让城乡居民共享社会建设和社会福利成果应成为安徽省现代化高质量发展的重中之重。

表 7　安徽省城乡居民部分消费类别年人均支出情况

单位：元

消费类别	城镇居民年人均支出	农村居民年人均支出
食品	6665.32	3726.01
衣着	1544.13	565.64
居住	4234.63	2618.17
生活用品及服务	1214.96	588.96
交通和通信	2914.30	1346.03
教育文化娱乐服务	2372.22	1074.96
医疗保健	1274.55	1006.81
其他用品和服务	520.12	179.51

注：此处数据由笔者查阅安徽省统计局《安徽统计年鉴 2018》数据汇总得出，可对数据负责。

三　进一步推动安徽五大发展的政策建议

党的十九大是开启全面建成小康社会决胜阶段和中国特色社会主义进入新

时代的重要会议，同样引领着安徽现代化建设的美好前程。站在新时代的历史高度，需要紧扣社会主要矛盾的转变，把握现实发展规律，矢志不移地围绕“创新、协调、绿色、开放、共享”五大发展理念，深刻践行美好安徽的建设目标，更好地满足人民日益增长的美好生活需要，开创安徽现代化高质量发展新篇章。为此，笔者的政策建议如下。

（一）以“互联网＋实体”发展为契机，全方位打造现代化智慧经济体系

近年来，网络经济方兴未艾，随着大数据、云计算和物联网等智慧技术的发展成熟，其逐步成为孕育新的经济增长点和未来型产业的重点领域。然而，其在助力构建我国现代化经济体系的同时客观上对实体经济产生一定冲击。将智慧经济打造成实体经济与网络经济的互动桥梁，形成具有本省特色的现代化经济体系迫在眉睫。

首先，积极净化实体经济发展环境，强化自由消费市场竞争。一方面，允许更多民间资本参与部分传统垄断实体行业竞争，吸引新鲜血液为僵化的实体行业带来活力；另一方面，通过财政倾斜和税收减免，引导资金在网络与实体消费间互通流动。当前安徽省资金流向并不完全健康，无论是民间资本还是财政拨款均出现资金由实体领域大规模流向互联网领域的情况。不可否认，互联网经济起步阶段借助这些资金可完成创业升级，但也会促使实体行业缺乏资金注入而萧条不振。因此，可以将互联网经济融资带来的充裕资金分流一部分至实体零售，做大做强中小微实体企业，提升实体零售档次和吸引力，将品牌领域内的实体店面打造成业内典范。

其次，改善信息网络基础设施，构建大数据交易平台。当前，安徽省经济结构调整成效明显，增长质量显著提高，整体经济稳健运行于新一轮增长周期的上升阶段。因此，应充分认识到并把握大数据在构建智慧经济体系中的媒介作用，扎实推进国家大数据战略实施。一方面，重视大数据关键共性技术的研发，支持前沿技术创新，推进大数据、云计算、人工智能的交叉融合，创新技术服务模式，形成技术先进、生态完备的技术产品体系；另一方面，注重突出企业的市场主体作用，利用规划引导企业在大数据方面的技术研发和智慧成果的应用，形成以市场需求为导向的新型商业运用模式。实现个性化定制和柔性

化生产的有效结合，更灵活地满足消费升级背景下群众差异化、个性化的中高端需求。

再次，加强顶层设计，完善智慧经济发展规划及产业政策。安徽省各级政府应明确发展目标、年度任务、部门职责，尽快出台配套规划方案，建立健全智慧经济支撑保障体系。以“中国声谷”建设为引领，持续优化“一核两区多园”的产业发展核心，深化部省市合作机制，以本省智能语音与人工智能技术的独特优势，形成智慧经济产业集聚区。

最后，实时关注民营企业“互联网＋实体”发展状况。围绕民营企业发展过程中的实际痛点、难点、阻点，聚焦转型升级。支持民营企业围绕“互联网＋制造”“龙头＋配套”开展新一轮大规模技术改造，推动民营企业高质量发展，走好专精特新、创新驱动、开放合作之路。与此同时，支持民营企业创新发展，推进产学研转化合作、大中小企业配套协作，坚持以质取胜，开发新产品、开拓新市场，将民营企业最新成果通过互联网推广到全国乃至全球范围，扩大民营企业品牌知名度。

（二）以城乡融合和区域协调为理念，大力升级全省综合发展效能

协调理念旨在解决不平衡问题，克服发展过程中的“木桶效应”。长期以来安徽省城乡、区域发展存在较大差距。在新时代下坚持城乡融合与区域协调发展是立足长远、谋划全局的战略考量，具有重大理论意义和实践指导作用。

一方面，坚持乡村振兴道路，统筹推进城乡一体化。一是将处理好“三农”问题作为核心主题，按照“产业兴旺、生态宜居、乡风文明、治理有效、生活富裕”的总要求，推进质量兴农、绿色兴农，加快构建农业农村现代化产业体系、生产体系、经营体系，实现农村一二三产融合发展。二是坚持工业反哺农业、城市支持农村，全面落实强农惠农富农政策，引导城市资源往乡村倾斜流动，在干部配备上优先考虑，在要素配置上优先满足，在资金投入上优先保障，在公共服务上优先安排。三是全面推进美丽乡村建设，建设农民幸福生活的美好家园。继续抓好农村环境卫生整治和精神文明建设，按照“一村一品、一村一景、一村一文化”模式，持续改善农村居民生活习惯和移风易俗，体现本乡村特色，拒绝千篇一律、千村一样。有古文化的挖掘古文化，没

有古文化的挖掘现代人文文化，没有现代人文文化的挖掘特色产业文化，总体上秉持就地取材原则，以各自乡土特色为中心，避免将城市景观模仿搬迁至乡村，打造贴近当地百姓生活的人文居住环境。

另一方面，发挥中心城市辐射功能，深度发掘区域特色。建设美好安徽，必须在全省发展中寻龙头、找榜样，牢牢依靠“一带一路”和“长江经济带”建设的重大战略机遇，推动安徽省与国内其他区域以及省内各城市间的联动发展，提升放大安徽板块整体效应：积极以合肥和芜湖为双轮，推进皖江城市带创新升级、绿色发展，建设具有较强影响力的国际化都市圈、支撑全省发展的核心增长极；把加快皖北振兴作为推动区域协调发展的战略重点，加大财税、要素支持和合作共建力度，打造人水和谐、绿色共享的淮河生态经济带；高水平建设皖南国际文化旅游示范区，做好徽文化及其产品的保护与开发工作，努力将其建成国内一流、国际知名的旅游目的地；以大别山红色基因为根基，营建皖西革命老区教育基地，形成文化旅游产业支撑和生态环境示范区，助力解决山区内贫困问题。

（三）以制度设计与具体保护为根基，双向推动绿色生态改革有条不紊

制度是塑造事物各类规范最有力的约束，生态文明建设一系列具体措施的最终落实必须依靠系统完整的制度体系。如果说生态环境质量决定了绿色发展程度，那么生态文明制度就是未来一段时间内绿色改革有序推进的根本保证。

首先，建立合理能源消耗监测机制。2018 年安徽省继续加快能源结构转型，全年退出煤炭产能 690 万吨，压缩生铁粗钢产能 228 万吨。2019 年将继续高标准实施能源消耗总量和强度双向控制体系，抑制源头污染和过程损耗，严格依据生态目标和评价指标进行准确考核。同时，根据各地实际情况制定与实施高耗能行业、产品能耗限额标准体系，因地制宜地根据生态环境实际情况灵活调整能耗准入门槛，以探索建立市场化的能源消费配置机制。

其次，打造城市立体生态农业，建立经济与环境融合体。2019 年安徽将继续以重点树立“三河一湖一园一区”生态文明样板为契机，加快国家生态文明先行示范区创建。充分实行农业产业化经营，以市场为导向，以效益为核心，以科技为手段，以农户家庭经营为基础，以“龙头”企业为纽带，通过

社会化服务、专业化生产、集约化经营，将农业的产前、产中、产后等诸环节连为一体；实行“种养加、产供销、贸工农”一体化经营，形成相互促进和利益互补机制，形成资源最优化配置的现代农业经营模式。

最后，环境保护实施党政同责和一岗双责制度。明确要求落实党政主体责任，落实领导干部生态文明建设责任制；地方各级党委和政府对本行政区域的生态环保工作及生态环境质量负总责，主要负责人是本行政区域生态环保第一责任人，做到重要工作亲自部署、重大问题亲自过问、重要环节亲自协调、重要案件亲自督办；尽快形成一系列责任清单，形成明确清晰、环环相扣的责任链，各个部门必须按职责抓好生态环境保护工作，将原先相对模糊的环保管理模式明晰化，哪个方面出现问题，就根据职责划分规定进行追责。对重点区域、流域环境整治工作成绩优异的党政主要领导和分管干部，明确依据有关规定提出褒奖。而对推诿责任、整治不力的失职渎职行为进行严肃查处，深挖严查污染防治、环境保护、项目审批背后的腐败问题并建立专项问责机制，对环境问题实行“一案双查”。

（四）以扶贫、民生“两手抓”为目标，拉动各界共享幸福安徽福祉

民生工程关乎人民群众切身利益，作为相对欠发达和发展不均衡省份，安徽省更应在大力做好扶贫工作以外重视各个领域的民生问题。

一方面，继续狠抓脱贫攻坚工作，带领群众走向全面小康。未来两年是我国全面建成小康社会的决胜期，也是现行标准下完成脱贫工作的收官年份。在这两年内，安徽省还有47.6万人口需要摆脱贫困，其多集中在大别山、皖北和行蓄洪区等经济基础羸弱区域。对于这些自身“造血”能力较差的群体，扶贫工作更需细致全面地铺陈开来。首先，在深度贫困地区探索建立“四送四通”直通车扶贫模式。① 开展调研，采取走村入户、走访调研、座谈交流等方式真实了解贫困状况，努力打通扶贫工作落实的“肠梗阻”，贯通进村入户

① “四送四通”是指送思想，进一步畅通习近平新时代中国特色社会主义思想和关于扶贫工作重要论述进村入户、入脑入心渠道；送政策，进一步畅通便民惠民政策精准落地渠道；送信息，进一步畅通产业就业和市场产销信息对接渠道；送要素，进一步畅通人才、资金、土地、项目等生产要素供给渠道。

到人的“最后一公里”。其次，着力开展就业扶贫工程。重点推进就业扶贫驿站建设和职业技术培训，努力做到就业扶贫精细化、技能扶贫个性化、社保扶贫人本化、人才人事扶贫特色化。帮助贫困群众找到适合自身的工作岗位，既减轻政府财政负担又帮助个人获得健康良性可持续的经济收入来源。

另一方面，完善社会保障体系，关注教育、就医、就业等基础性民生事业发展。首先，推动全省教育均衡公平发展，有针对性地做好不同阶段教育服务。实现学前教育快速发展、义务教育经费保障、普通高中课程改革深化、高校中职和普通高中家庭经济困难学生资助政策落实、高等教育“双一流”和职业教育质量强化的五位一体共同进步。其次，加快推进健康安徽建设，深化医药卫生体制综合改革。在贫困地区继续大力实施健康脱贫兜底“351”和“180”工程，而在有条件的市县开展智慧医疗与家庭医生签约服务试点。最后，有的放矢地增强就业创业公共服务供给能力。既要积极落实就业创业促进政策，综合运用社保、就业政策，鼓励中小企业吸纳高校毕业生就业；又要不断强化公共服务平台建设，依托各级人力资源市场，为人力资源供需双方搭建多层次的对接平台；还要部门联动合力提升服务实效，各级总工会积极举办职工技能大赛，切实以赛会友，不断促进从业人员技术水平提升。

（五）以对接长三角一体化为战略，争做创新型省份“排头兵”

长三角地区是中国经济最具活力也是开放程度最高、创新能力最强的地区之一。安徽与沪苏浙地区地缘相近、人缘相亲、文化相通，互相之间交融紧密，近年来在各级政府和市场的双重推动下，长三角一体化整体进展有条不紊。但应客观认识到，区域内三省一市的深度合作也存在一些阻碍和风险。由于安徽与沪苏浙的优势和短板各不相同，彼此间的合作要扬长避短，差异性才是合作的基础。安徽应立足省情实际，积极对接长三角战略。

首先，以建设世界级产业集群为目标，优化重点产业布局，推动产业链深度融合，加快构建现代化产业体系，全方位深化与沪苏浙产业分工合作。一方面，安徽省应立足集成电路、新能源汽车、平板显示、智能家电、智能语音等优势领域，积极承接沪苏浙高端制造业的转移，共建国家级产业和技术创新联盟，当好长三角产业发展的生力军，建设具有国际影响力的先进制造业基地。另一方面，以合肥国家综合性科学中心为依托，共建国家级产业和技术创新联盟，积极构建以沪宁杭合为核心基地的长三角科技创新圈，加快建设G60科创走廊，促进合肥滨湖科学城与上海张江高科科学城“双城同创”，推动产业链深度融合，加快创新型省份建设。

其次，推进长三角内部城市社会治理一体化，增强人民群众对长三角地区一体化发展的获得感和认同感。一是推进生态环境联防联控。长三角的发展必须坚持生态优先和绿色发展，健全政府为主导、企业为主体、社会组织和公众共同参与的环境治理体系。推进引江济淮工程，扎实做好长江、淮河、巢湖、新安江等重点流域水污染防治。二是推进基础设施互联互通。加强交通布局、交通管理、智慧交通、绿色交通等领域的对接与合作，打通省际“断头路”。共建一体化的城际轨道圈、信息高速路和能源保障线。三是推进民生互惠。加快互认社会保障、医疗养老、人才资源、公共安全等方面的标准和程序。制定促进人才流动的长三角社会保险接续转移政策，加强养老服务业合作，促进医疗服务信息共享和医疗检验结果互认。

再次，打好“旅游+文化”名片，提升安徽省综合关注度。皖南地区的黄山和古徽州村落作为世界级自然风景旅游区和徽文化发源地，具有非常丰富的旅游资源。每年吸引着众多长三角地区、全国乃至全世界游客。因此，安徽省一方面可以立足皖南“旅游+文化”产业发展，在旅游文化产品创新、文化与旅游产业融合、旅游文化人才队伍培养等方面深度挖掘潜力，加快“旅游+文化”产业转型融合升级；另一方面以“旅游+文化”为名片，打响安徽生态文明和精神文明建设品牌，吸引大量外部资源进入省内投资、大量外部人才涌入省内就业创业，共同为安徽崛起添砖加瓦。

最后，稳定房价和企业经营成本以形成相对的综合价格优势。长三角的沪苏浙地区是我国整体房价、企业经营成本和生活成本较高的地区之一。相比而言，安徽除合肥以外的其他城市综合生活成本相对较低且平稳，这点对于人才吸引和企业引进具有很大帮助。一旦安徽省（包括合肥在内）房价和企业经营成本等外部优势失灵，横向与其他长三角地区成员相比将失去城市吸引力。

（六）以“一带一路”合作布局为导向，形塑内外联动全面开放新格局

“一带一路”倡议旨在深化我国对外开放程度，它的提出有助于提升我

国国际交流和经济长远发展的能力。安徽省作为内陆省份之一，更应抓住机会，真正做到既“引进来”又“走出去”。

其一，推动交通设施联通，形成海陆空网四位一体运输脉络。首先，以完善陆路交通为基础，发挥“合新欧”国际货运专列的积极作用，连通中亚、东南亚以及中东欧等沿线国家铁路枢纽；其次，以拓展海上航运为补充，以创建中国（安徽）自由贸易试验区为机遇，深化口岸建设，强化“区港联动”，增强海关特殊监管区域辐射带动效应；再次，加密航线布局，发挥合肥区域性航空中心优势，增加“一带一路”沿线航班，加快推进合肥空港经济示范区建设；最后，开辟互联网交往渠道，加强电子口岸服务平台建设，推进中国（合肥）跨境电商综合试验区和省级产业园区建设，支持企业建设“海外仓”，面向全球招商。

其二，发挥省内龙头企业作用，提升安徽企业“走出去”知名度。现阶段，安徽部分企业已经在国内外具备一定领先地位，可以充分利用这些企业的优势拓展海外市场。如推动以科大讯飞为首的人工智能企业走向全球；支持以京东方为首的面板显示和传感器件出口国际，打造中国式“芯屏器合”；鼓励江淮、奇瑞、海螺水泥、铜陵有色金属等传统制造业企业向海外延伸，着重探索东欧、东南亚和中亚市场。倡议有竞争力的皖企参加“一带一路”国家重大基础设施建造过程，从实处做到带动本省企业开展国际交流合作。

其三，注重文化交流，尊重国际交往习惯。“一带一路”建设的实施客观上为提升徽文化的国际认可度提供方向和动力。这就要求徽文化在传播过程中立足自身特色的同时，结合输入国当地风土人情和价值信仰，创新生产“一带一路”沿线文化产品，尊重文化差异性。一方面，利用好高校的孔子学院和知识交流，让更多国家的民众认可并接受徽文化；另一方面，发展各类文化产业，实现文房四宝、徽州三雕、徽派剪纸等传统徽州工艺产品和黄山、新安江、歙县古城、棠樾牌坊等著名人文景观与自然景观的交相辉映，为徽文化“走出去”提供产品支撑。

（七）以弘扬德法共治为目标，促进平安安徽持久和谐

平安的外部环境是一切事业稳定发展的基础前提，安全属性既是社会和谐的组成部分也是长治久安的重要手段。法律和道德是规范社会行为、调节社会

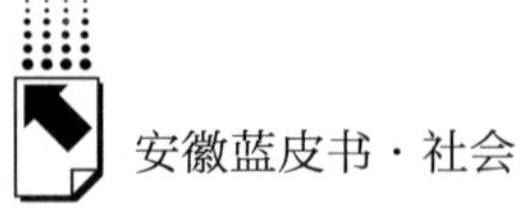

关系的两种治理思路，法律的有效实施有赖于道德支持，道德践行也离不开法律约束，安徽省现代化社会治理体系建设需要法律和道德两者协同发力。

一方面，公安机关继续深入开展“平安安徽”专项行动，提升群众安全感和信任感。首先，坚持围绕中心、服务大局，积极为建设美好安徽、推进全省经济社会全面发展创造安全稳定的社会环境、公平正义的法治环境和优质高效的服务环境。其次，着眼于维护最广大人民群众的根本利益，健全依法维权和矛盾纠纷多元化解机制，完善人民调解、行政调解、司法调解联动工作体系，切实解决好群众最关心、最直接、最现实的利益问题。再次，充分发挥法治对平安建设的引领和保障作用，全面推进依法治省，进一步深化司法体制改革，坚持运用法治思维和法治方式解决平安安徽建设过程中的难题，不断提高平安安徽建设法治化水平。最后，持续推进立体化、数字化社会治安防控体系建设，树立“数据文化”理念，构建“智慧皖警”大数据实战应用体系，从而强化扫黑除恶专项行动效果。

另一方面，德治建设可以从两个维度开展。首先，开展道德教育与自觉内化信仰共举。作为宣传主体的政府、社会团体及大众传媒应坚持以社会主义核心价值观为正确导向，拓宽教育路径，将家庭教育、学校教育、单位教育和政策教育有机结合起来，通过普及科学文化，建筑文明道德规范。其次，从群众个人路径出发，自觉主动地将良好品行内化，在理性原则下个体自觉接受先进信仰洗礼，主动与糟粕思想决裂，通过自律与其他组织成员共同践行价值理念。①

参考文献

刘志彪、陈柳：《长三角区域一体化发展的示范价值与动力机制》，《改革》2018 年第 12 期。

范和生：《返贫预警机制构建探究》，《中国特色社会主义研究》2018 年第 1 期。

谷亚光、谷牧青：《论“五大发展理念”的思想创新、理论内涵与贯彻重点》，《经济问题》2016 年第 3 期。

---

① 范和生、刘凯强：《德法共治：基层社会善治的实践创新》，《浙江学刊》2018 年第 6 期。

王灿发：《论生态文明建设法律保障体系的构建》，《中国法学》2014 年第 3 期。

刘卫东：《“一带一路”战略的科学内涵与科学问题》，《地理科学进展》2015 年第 5 期。

梁莱歆、冯延超：《民营企业政治关联、雇员规模与薪酬成本》，《中国工业经济》2010 年第 10 期。

范和生、刘凯强：《德法共治：基层社会善治的实践创新》，《浙江学刊》2018 年第 6 期。

开放创新篇

Opening-up and Innovation

B.2 安徽积极推动长三角一体化发展战略研究*

李本和　杨　凡**

摘　要： 长三角一体化发展上升为国家战略具有重大意义。长三角一体化发展给安徽带来的既有机遇，也有挑战。安徽推动长三角一体化发展既有优势，也有劣势。安徽作为长三角一体化发展的重要成员，应抢抓机遇，迎接挑战，扬长避短，找准自己的功能定位，加强与长三角有关省市的全面对接与分工合作，在服务国家“一带一路”建设和长江经济带战略过程中主动作为，努力建设好长三角一体化发展的“西大门”。

* 本文系国家社会科学基金重点项目“建设‘丝绸之路经济带’与我国区域开发战略升级研究”（14AJL014）成果。

** 李本和，中共安徽省委党校（安徽行政学院）教授，研究方向为区域经济；杨凡，中共安徽省委党校（安徽行政学院）副研究馆员，研究方向为区域经济。

关键词： 安徽 长三角一体化 长三角城市群

2018 年 11 月 5 日，习近平总书记在上海“进博会”开幕式讲话中，明确提出把长三角一体化发展上升为国家战略，具有重大意义。安徽作为长三角一体化发展的重要成员，应抢抓这一发展机遇，迎接挑战，找准自己的功能定位，发挥承东启西的区域优势，加强与长三角有关省市的全面对接与分工合作，在服务国家“一带一路”建设和长江经济带战略过程中主动作为，努力建设好长三角一体化发展的“西大门”。

一 长三角一体化发展上升为国家战略的重大意义

长三角城市群位于上海市、江苏省、浙江省、安徽省范围内，以上海为核心，由联系紧密的 26 座城市组成，主要分布于国家“两横三纵”城市化格局的优化开发和重点开发区域，是“一带一路”与长江经济带的重要交会地带，在国家现代化建设大局和全方位开放格局中具有举足轻重的战略地位。

（一）长三角城市群的发展概况及努力方向

改革开放以来，长三角城市群在国家政策支撑下依靠市场的力量，由弱变强，从小到大，已发展成为我国经济最具活力、开放程度最高、创新能力最强、吸纳外来人口最多的区域之一。以占全国 2.2% 的土地和 11% 的人口，创造了约占全国 20% 的地区生产总值，为全国的改革开放事业做出了突出的贡献。但同时也应看到，新形势下与纽约、东京、伦敦等全球城市群相比，长三角城市群的发展也面临着一些突出矛盾，主要表现为：一是上海全球城市功能相对较弱，中心城区人口压力大；二是城市群发展质量不高，国际竞争力不强；三是城市包容性不足，外来人口市民化滞后；四是城市建设无序蔓延，空间利用效率不高；五是生态系统功能退化，环境质量趋于恶化。① 因此，迫切需要通过一体化发展，推动长三角城市群转型升级。

① 参见 2016 年国家发展改革委、住房城乡建设部印发的《长江三角洲城市群发展规划》。

长三角城市群转型升级的努力方向，就是按照中央提出的战略布局要求，牢固树立和贯彻落实创新、协调、绿色、开放、共享的新发展理念，着力加强供给侧结构性改革，加快培育新动能，以上海建设全球城市为引领，以共建全球科技创新集群为支撑，以共守生态安全为前提，以健全包容共享的体制机制为保障，构建网络化、开放型、一体化发展格局，持续在制度创新、科技进步、产业升级、城乡统筹、全方位开放、绿色发展等方面走在全国前列，联手打造具有全球影响力的世界级城市群，加快形成国际竞争新优势，更好地服务于“一带一路”建设和长江经济带战略，充分发挥对全国经济社会发展的重要支撑和引领作用。

（二）长三角一体化发展上升为国家战略的重大意义

1. 有助于推动长三角城市群一体化转型升级

近几年，长三角三省一市在推动长江三角洲城市群发展方面做了大量工作，取得了积极成效。但是，由于受到行政区划壁垒和多种利益诉求不同的影响，地区内所能整合的资源和释放的能量有限。长三角一体化发展上升为国家战略，可以在国家层面强力推动，将有助于在更高的层次上和更大的范围内整合资源，推动长三角一体化转型升级。

2. 有助于长三角一体化更好地服务国家发展战略

在国家“一带一路”规划中，对长三角的战略定位是“主力军”和“排头兵”，与“一带一路”和长江经济带沿线地区其他的城市群处在同一序列成员位置上，仅仅起到一种示范作用。而长三角一体化发展上升为国家战略后，其被赋予更高的新的历史使命和责任义务，不仅仅是一种示范作用，还需要发挥“龙头”作用，从各方面支持和推动“一带一路”和长江经济带沿线及周边地区的繁荣及发展。

3. 有利于形成我国地区参与国际竞争合作的新优势

目前，长三角城市群虽然在我国具有很大影响力，但与发达国家城市群相比仍存在很大差距。把长三角城市群打造为世界级先进城市群和世界级先进制造业集群，可对我国参与全球经济治理发挥更大的作用。

4. 可以为推动形成人类命运共同体提供经验借鉴

长三角一体化发展上升为国家战略后，在实践中通过扩大对外开放和深化改革所提供的制度创新、体制机制创新等经验，不仅对国内其他地区和“一带一路”沿线地区的发展，而且对与其他地区和国家的共同合作，都具有重要的借鉴意义和参考价值。

二 长三角一体化发展给安徽带来的机遇与挑战

国家关于长江经济带发展战略和长江三角洲城市群发展规划，明确将安徽纳入长三角，成为长三角一体化发展的重要组成部分。长三角一体化发展上升为国家战略，将加强安徽与长三角其他两省一市之间的联系，对安徽经济发展也提出了更高的要求，并使其承担起更多的责任和义务。这将给安徽带来前所未有的发展机遇，同时也带来更大的挑战。

（一）长三角一体化发展给安徽带来的机遇

1. 有利于把合肥加快打造成内陆开放型经济高地

国家“一带一路”倡议中已明确提出把合肥打造成内陆开放型经济高地。在长江经济带发展规划中，已明确提出安徽省会合肥与江苏南京、浙江杭州等成为长三角的副中心，从区域性综合交通枢纽变成了全国性综合交通枢纽。长三角一体化发展上升为国家战略之后，新的开放政策措施的出台与贯彻落实，将有利于把合肥加快打造成内陆开放型经济高地。

2. 有利于安徽加快培育和形成新的经济增长极

长江三角洲城市群发展规划中，已明确提出合肥都市圈是支撑长三角一体化发展的五大都市圈之一。长三角一体化发展上升为国家战略之后，随着各种生产要素向合肥都市圈的集聚，合肥都市圈有可能发展壮大为江淮城市群，这将有利于安徽培育和形成新的经济增长极。

3. 有利于加快安徽在中部地区率先崛起的步伐

安徽是长三角一体化发展的“西大门”，同时也是中部地区的一个重要省份，处在长江经济带和丝绸之路经济带承东启西的地理位置，加之合肥都市圈城市密集，各种交通网络发达，发展空间广阔。长三角一体化发展上升为国家战略后，随着沿江发展带和沪宁合杭甬发展带在安徽境内的延伸和扩展，通过长三角一体化合作平台，将有利于安徽发挥“圈带聚合”效应，激发出更大的发展活力，形成加快发展态势，促进安徽在中部地区的率先崛起。

4. 有利于合肥综合性国家科学中心优势的充分发挥

合肥是继上海之后国家正式批准建设的第二个综合性国家科学中心，标志着安徽在中国创新大格局中占据了重要地位，成为代表国家参与全球科技竞争与合作的重要力量。长三角一体化发展上升为国家战略后，依托长三角科技合作平台，将加快形成合肥与上海两个综合性国家科学中心之间的科技合作发展轴，这将为安徽经济转型升级和对外开放发展提供强大的动力支撑。

5. 有助于安徽实现水清岸绿产业优的高质量发展

安徽拥有八百里皖江，加快皖江产业带的经济转型升级，实现水清绿岸产业优，是安徽高质量发展目标的重要内容。但由于缺少合作平台，进展难度较大。长三角一体化发展上升为国家战略，将有助于发挥中国（上海）自贸试验区对安徽的“溢出”效应，采取更加开放的政策，依托更广泛的区域合作平台，加强与长江经济带和“一带一路”沿线地区的合作，在扩大对外开放过程中实现经济转型升级和高质量发展。

（二）长三角一体化发展给安徽带来的挑战

1. 经济发展差距面临的挑战

在长三角三省一市中，沪苏浙的经济发展水平比较高，经济实力较强，而安徽在经济发展水平上相对较低，经济实力较弱，在推动长三角一体化发展方面缺少经济实力的支撑。这从近五年来三省一市地区生产总值的规模上可以得到反映（见表1）。

表1　三省一市近五年来地区生产总值情况

单位：亿元

地区＼年份	2013	2014	2015	2016	2017
上　海	21818.15	23567.70	25123.45	28178.65	30632.99
江　苏	59753.37	65088.32	70116.38	77388.28	85869.76
浙　江	37756.58	40173.03	42886.49	47251.30	51768.26
安　徽	19229.34	20848.75	22005.63	24407.62	27018.00

资料来源：2014～2018年《中国统计年鉴》。

2. 绿色环保标准面临的挑战

推动长三角一体化发展，三省一市的绿色环保标准要统一。沪苏浙由于经济发展水平高，实行高标准的环境保护政策有经济实力作为支撑，对有些污染性企业进行改造或升级的困难相对少一些。而对于安徽来讲，意味着一些企业的发展受到了限制，有的企业将会被关停并转，企业职工面临的转岗和再就业问题较突出。

3. 产业结构转型升级面临的挑战

目前，上海、江苏和浙江都是“三、二、一”的产业结构，而安徽的产业结构虽然逐年优化，但并未发生根本性改变，现在仍然是“二、三、一”的产业结构（见表2）。不仅与长三角其他两省一市相比安徽省产业结构水平低，而且与全国相比产业结构水平也较低，迫切需要在长三角一体化发展中转型升级。

表2　三省一市近五年来三次产业结构比例情况

单位：%

地区 \ 年份	2013	2014	2015	2016	2017
上　海	0. 6 : 37. 2 : 62. 2	0. 5 : 34. 7 : 64. 8	0. 4 : 31. 8 : 67. 8	0. 4 : 29. 8 : 69. 8	0. 4 : 30. 5 : 69. 2
江　苏	6. 2 : 49. 2 : 44. 7	5. 6 : 47. 4 : 47. 0	5. 7 : 45. 7 : 48. 6	5. 3 : 44. 7 : 50. 0	4. 7 : 45. 0 : 50. 3
浙　江	4. 8 : 49. 1 : 46. 1	4. 4 : 47. 7 : 47. 8	4. 3 : 46. 0 : 49. 8	4. 2 : 44. 9 : 51. 0	3. 7 : 42. 9 : 53. 3
安　徽	12. 3 : 54. 6 : 33. 0	11. 5 : 53. 1 : 35. 4	11. 2 : 49. 7 : 39. 1	10. 5 : 48. 4 : 41. 0	9. 6 : 47. 5 : 42. 9

资料来源：2014 ~ 2018 年《中国统计年鉴》。

4. 发展理念差距面临的挑战

从历史上看，沪苏浙基本上属于江南文化和海外文化相融合的地区，现代文化的氛围较浓，表现在发展理念方面具有较强的开放性和包容性。而安徽除了皖南和沿江地区受江南文化影响之外，皖北地区受淮河流域的农耕文化影响较深，又与国外交流较少，表现在发展理念方面往往具有一定的封闭性和保守性。亟须通过区域文化交流，形成先进发展观念，以共同应对长三角一体化发展中面临的各种挑战。

因此，安徽推动长三角一体化发展，一方面在机遇方面有叠加效应，为安徽的产业转型升级和加快发展提供了可能；另一方面也凸显了一些矛盾和问题，为安徽的经济发展增添了一些不确定性。机遇是潜在的，挑战是现实的，安徽只有抢抓机遇、有效应对挑战，才能实现又好又快发展。

三　安徽推动长三角一体化发展的优势与劣势分析

长三角一体化发展给安徽带来机遇与挑战，主要是从外部发展环境来讲的，安徽推动长三角一体化发展的优势与劣势分析，则主要是从安徽自身的发展条件来讲的。

（一）安徽推动长三角一体化发展的优势

1. 承东启西的地理区位优势

向东可承接沪苏浙的先进产业，便于实现合作创新发展；向西便于把一些富余的产能向中西部地区转移，在产业结构优化调整中发展空间较大。安徽依托长三角一体化合作平台，便于沿着长江经济带和丝绸之路经济带向中西部广大地区辐射，促进经济转型升级。

2. 低成本的劳动力资源优势

安徽的劳动力资源丰富，并且城镇非私营单位和私营单位就业人员的平均工资水平都比上海、江苏、浙江要低（见表3、表4），具有劳动力资源丰富且成本低的竞争优势，这让安徽沿着“一带一路”参与国际经济合作具有很大的吸引力。

表3　三省一市城镇非私营单位就业人员平均工资

单位：元

地　区	国有单位	城镇集体单位	其他单位	合计
上　海	123411	74669	132255	129795
江　苏	102328	71426	72609	78267
浙　江	122415	59286	69739	80750
安　徽	75733	56785	59346	65150

资料来源：《中国统计年鉴2018》。

表 4　三省一市城镇主要行业私营单位就业人员平均工资

单位：元

地　　区	农林牧渔业	制造业	建筑业	批发和零售业	交通运输仓储和邮政业	住宿和餐饮业	租赁和商务服务业
上　　海	32760	48897	48580	46996	52797	42943	60671
江　　苏	37724	50648	50390	43380	48588	39455	47193
浙　　江	44453	46046	49065	47020	54573	40302	54142
安　　徽	30933	42599	46700	34459	39799	33037	35309

资料来源：《中国统计年鉴 2018》。

3. 较强的科技资源优势

安徽有中国科技大学作为战略支点，有合芜蚌创新试验区作为合作平台，还有全国综合性科学中心，在依托科技创新推动经济发展和产业转型升级方面具有一定的优势。近五年来安徽的技术市场成交额快速增长，2013 ~ 2016 年曾连续四年超过浙江省，这说明安徽的科技资源优势正在转化为市场竞争优势（见表 5）。

表 5　三省一市近五年来技术市场成交额情况

单位：万元

地区＼年份	2013	2014	2015	2016	2017
上　　海	5316804	5924481	6637838	7809858	8106177
江　　苏	5275020	5431585	5729178	6356425	7784223
浙　　江	814958	872527	980966	1983716	3247310
安　　徽	1308253	1698313	1904669	2173748	2495697

资料来源：2014 ~ 2018 年《中国统计年鉴》。

4. 区域经济发展的后发优势

在近几年全国经济下行压力较大的情况下，安徽的经济发展相对平稳且速度较快，在长三角三省一市中一直处在领先水平（见表 6）。据国家统计局最新数据，2018 年安徽地区生产总值突破 3 万亿元，增长 8% 以上，增速在长三角三省一市中居第一位，在全国居第四位，显示出较强的后发经济优势。

表6　三省一市近五年来地区生产总值增速情况

单位：%

地区＼年份	2013	2014	2015	2016	2017
上　海	7.7	7.0	6.9	6.9	6.9
江　苏	9.6	8.7	8.5	7.8	7.2
浙　江	8.2	7.6	8.0	7.6	7.8
安　徽	10.4	8.2	8.7	8.7	8.5

资料来源：2014～2018年《中国统计年鉴》。

5. 丰富的文化旅游资源优势

安徽省具有丰富的文化旅游资源，皖南是国际文化旅游示范区。安徽区域文化历史悠久、底蕴深厚、各具特色，不仅有淮河流域的老庄文化，还有皖南的徽商文化和皖江的现代文化。在旅游资源方面集“山、水、洞”于一体，有黄山、齐云山、九华山和天柱山等各具特色的历史名山，有太平湖、万佛湖、巢湖等知名湖泊，有广德的太极洞、石台的蓬莱仙洞和贵池的大王洞等著名溶洞，为中外文化交流和促进经济发展提供了良好的条件。21世纪以来，安徽国际旅游收入增速加快，与长三角其他两省一市的差距正逐渐缩小（见表7）。

表7　三省一市历年国际旅游收入情况

单位：百万美元

地区＼年份	2000	2005	2010	2015	2016	2017
上　海	1612.67	3558.88	6340.92	5860.44	6419.20	6698.65
江　苏	723.84	2259.74	4783.43	3527.29	3803.62	4194.72
浙　江	513.97	1716.26	3930.20	6788.47	3217.54	3586.44
安　徽	86.21	185.58	708.98	2262.87	2542.36	2880.78

资料来源：《中国统计年鉴2018》。

（二）安徽推动长三角一体化发展的劣势

1. 在创新发展方面，经济基础较薄弱投入较低

由于安徽经济发展水平较低，产业不优、新旧动能接续不足，特别是科技

创新能力和先进科研成果转化水平与塑造更多依靠创新驱动的引领发展要求不相适应，发展质量和效益还不够高，创新能力和科技成果转化水平还需大幅提升。

2. 在协调发展方面，发展不平衡的矛盾比较突出

安徽沿江地区与非沿江地区的区域差距、城乡差距以及不同社会群体之间的收入差距仍然较大。安徽的城镇居民人均可支配收入和农村居民人均可支配收入与长三角的沪苏浙相比存在较大差距（见表8、表9）。

表8　三省一市近五年来城镇居民人均可支配收入情况

单位：元

地区\年份	2013	2014	2015	2016	2017
上　海	44878. 3	48841. 4	52961. 9	57691. 7	62595. 7
江　苏	31585. 5	34346. 3	37173. 5	40151. 6	43621. 8
浙　江	37079. 7	40392. 7	43714. 5	47237. 2	51260. 7
安　徽	22789. 3	24838. 5	26935. 8	29156. 0	31640. 3

资料来源：《中国统计年鉴2018》。

表9　三省一市近五年来农村居民人均可支配收入情况

单位：元

地区\年份	2013	2014	2015	2016	2017
上　海	19208. 3	21191. 6	23205. 2	25520. 4	27825. 0
江　苏	13521. 3	14958. 4	16256. 7	17605. 6	19158. 0
浙　江	17493. 9	19373. 3	21125. 0	22866. 1	24955. 8
安　徽	8850. 0	9916. 4	10820. 7	11720. 5	12758. 3

资料来源：《中国统计年鉴2018》。

3. 在绿色发展方面，生态环境保护任重道远

安徽的沿淮地区在环境治理和各蓄洪区设施改造方面任务十分艰巨。特别是安徽的沿江地区重化工产业比重较大，防污减排和产业转型升级方面的任务非常繁重。无论是固体废物的产生还是废气中主要污染物的排放，问题都比较严重（见表10、表11）。在达到长三角环境评价标准方面仍面临诸多困难。

表 10　2017 年三省一市固体废物产生及处理利用情况

单位：万吨

地　　区	一般工业固体废物产生量	一般工业固体废物综合利用量	一般工业固体废物处理量	一般工业固体废物贮存量
上　　海	1630	1533	100	2
江　　苏	12002	11298	591	167
浙　　江	4485	4226	259	57
安　　徽	12002	11157	592	561

资料来源：《中国统计年鉴 2018》。

表 11　2017 年三省一市废气中主要污染物排放情况

单位：万吨

地　　区	二氧化碳	氮氧化物	烟(粉)尘
上　　海	1.85	19.39	4.70
江　　苏	41.07	99.72	39.08
浙　　江	19.05	43.2	15.34
安　　徽	23.54	49.00	28.08

资料来源：《中国统计年鉴 2018》。

4. 在开放发展方面，对外发展水平不高

改革开放的部分政策措施仍未落实，营商环境有待进一步优化，实现让市场主体创新创业，尚需破除更多体制、机制障碍。对外发展水平不高，反映在对外贸易方面，安徽货物进出口总额与长三角其他两省一市相比差距很大（见表 12）。

表 12　三省一市近五年来货物进出口总额

单位：亿美元

地区＼年份	2013	2014	2015	2016	2017
上　　海	4412.7	4463.9	4492.4	4337.7	4762.0
江　　苏	5508.0	5635.5	5455.6	5092.9	5907.8
浙　　江	3357.9	3550.4	3467.8	3365.8	3779.1
安　　徽	455.2	491.8	478.4	444.1	540.2

资料来源：2014 ~ 2018 年《中国统计年鉴》。

5. 在共享发展方面，公共服务水平有待提升

金融服务和实体经济的良性循环尚未形成，民营企业和中小微企业融资难、融资贵问题尚未得到根本缓解。脱贫攻坚任务艰巨，与长三角其他两省一市相比，安徽省在就业、教育、收入、医疗、居住、养老等方面与人民群众对美好生活的向往有不小差距，有些现实问题还没有解决到位。

因此，安徽在融入长三角后优势与劣势是并存的，并在一定条件下会发生转化。安徽需要坚持以新发展理念为引领，发挥优势，克服困难，促进矛盾双方向积极的方向转化。新形势下，安徽应依托长三角一体化发展国家战略合作平台，在建设长江经济带过程中积极进取，在服务国家"一带一路"建设中主动作为，加强区域分工合作，通过优势互补实现共同发展。

四 安徽推动长三角一体化发展的角色转换与功能定位

安徽作为长三角的新成员，在推动长三角一体化发展方面，有一个从过去的"积极融入"到现在的"主体推动"的角色转换过程。在这一过程中，由于所担当的角色不同，其功能定位也有所不同。

（一）安徽在积极融入长三角前后的角色转换

在长三角一体化发展深入推进的新阶段，随着安徽在区域发展中战略地位的提升，安徽在长三角一体化发展中的社会角色与历史担当也发生了实质性的转变。即从原来"东向发展"的"积极融入"转变为"长三角一体化"的"主体推动"。安徽"东向发展"的积极融入是一种由外而内的转变过程，在此过程中尚未成为主角，其行为特征是对主角的跟跑、参与、配合。以中央关于长三角一体化战略布局为标志，安徽"东向发展"积极融入长三角的过程已经完成，现在必须以主体角色推动长三角一体化发展。这种"主体推动"在行为特征上具体表现为，安徽应更加主动作为，在长三角一体化的规划对接、战略协同、专题合作、市场统一、机制完善等方面显示能动性和建设性，有首创精神与历史担当，并以此为切入点，为推动长三角一体化发展做出新贡献。

由于安徽在长三角一体化发展中的社会角色发生了转变，其在国家发展战略格局中的功能作用也相应地发生了重大转变。在融入长三角之前，安徽在国家发展战略中的主要功能是“承接产业转移”，即对长三角是承接，对中西部是转移，其重要标志就是国家在安徽建立了皖江承接产业转移示范区。在融入长三角一体化发展之后，按照国家发展战略要求，其主要功能是“创新引领发展”，其主要标志是国家在安徽建立了合肥全国综合性科学中心。因此，在长三角一体化发展上升为国家战略的新形势下，安徽在区域发展中要承接起“主体推动”的社会角色，应坚持以新发展理念为引领，通过组织实施以创新引领为重点的五大发展行动规划，抓紧建设好长三角的“西大门”。

（二）安徽推动长三角一体化发展的功能定位

1. 以创新理念为引领，把安徽建设成长三角面向全球国际市场竞争的创新发展之门

把长三角打造成具有全球影响力的科技创新高地，既是全面贯彻落实国家发展战略的迫切需要，也是长三角创新发展的内在要求。一方面，中美贸易摩擦开始以来，随着国际贸易摩擦加剧，迫切需要大力加强核心技术、关键技术的自主创新和集成创新，支撑高新技术产业发展，形成国际创新优势，把由中美贸易摩擦撕裂的产业链条修复和完善起来。另一方面，长三角沪杭宁合四大中心城市聚集了丰富而高端的科技创新资源，全国三大综合性国家科学中心中长三角拥有两个，分别布局在上海和合肥，杭州互联网技术创新水平国内最高，南京科教资源仅次于上海，四个城市都在国家创新型城市试点之列。通过优势互补，在长三角建设沪杭甬和沪宁合科技创新轴，才能形成区域发展带。近几年，安徽以及合肥的科技创新已形成自己的特色和优势，量子信息技术、科大讯飞语音技术等都已走在国际先进技术的前列，备受沪宁杭青睐。安徽应通过深化科技合作，从创新链与产业链融通上拓展区域一体化布局。

2. 以协调理念为引领，把安徽建设成长三角面向中西部地区的协调发展之门

长三角城市群是我国经济社会发展的重要引擎，发挥长三角的辐射引领作用，促进东部沿海地区向中西部内陆地区有序开展产业转移，提高要素配置效率，激发内在发展活力，深化东中西互动合作，促进区域协调发展，是长三角一体化发展上升为国家战略的重要目标之一。安徽作为长三角城市群的“西

大门”，同时又是中部地区的重要省份之一，承东启西的地理区位优势明显，应学习和借鉴江苏促进苏南与苏北地区协调发展的经验，依托沪宁合经济发展轴的延伸，立足安徽的地理区位比较优势，充分发挥皖江城市带承接产业转移示范区的辐射作用，加强与中原经济区的合作，建设好皖北“三化”协调发展先行区。并以此推动长三角经济增长和市场空间由东向西梯次拓展，辐射中西部地区，促进区域经济协调发展。

3. 以绿色理念为引领，把安徽建设成长三角面向长江经济带的绿色发展之门

按照国家关于长江经济带战略规划要求和习近平总书记的指示精神，推进长江经济带建设，要“共抓大保护，不搞大开发”，要统筹江河湖泊丰富多样的生态要素，推进长江经济带生态文明建设，构建以长江干支流为经脉，以山水林田湖为有机整体，江湖关系和谐、流域水质优良、生态流量充足、水土保持有效、生物种类多样的生态安全格局，使长江经济带成为水清岸绿天蓝产业优的生态廊道。安徽在长江经济带上拥有八百里皖江，推进皖江绿色发展，对加快形成长江经济带生态文明建设的生态示范带意义重大。目前，安徽正在建立健全皖江流域生态环境协同保护机制。下一步，将深化长三角环境保护区域协作，探索建立长三角一体化生态环境共治共保共赢机制，加强区域联防联控，共御环境风险，总结推广新安江流域上下游之间生态补偿机制的经验，全面加强水生态文明建设，着力提升河湖依法管护水平，突出区域一体化主方向，努力构建沿江绿色生态体系、绿色创新体系、绿色产业体系、绿色生活体系和绿色城镇体系。

4. 以开放理念为引领，把安徽建设成长三角面向丝绸之路经济带的开放发展之门

按照国家长三角城市群发展规划要求，长三角一体化发展要服务国家“一带一路”建设，提高开放型经济发展水平，打造在亚太乃至全球有影响力的重要国际门户。党的十八大以来，特别是习近平总书记提出“一带一路”重大倡议以来，安徽积极服务于国家发展战略，主动参与长三角一体化区域分工合作，依托中国长江中上游地区与俄罗斯伏尔加河沿岸联邦区的中俄“两江地区”合作平台，加强与俄罗斯及中亚国家的地方交流合作，皖俄联合开发天柱山国际文化旅游项目，开通合新欧货运班列，实施企业“走出去”战略，积极探索“海螺出海”新模式，不断提高对外开放水平。目前，初步形

成了以皖江城市带承接产业转移示范区为主轴，以皖南国际文化旅游示范区和皖北“三化”协调发展先行区为两翼，以合芜蚌自主创新综合配套改革试验区为战略支点的对外开放格局，正在积极打造长三角面向丝绸之路经济带的对外开放新高地。

5. 以共享理念为引领，把安徽建设成长三角辐射周边地区的共享发展之门

按照国家发展战略要求，长三角一体化发展的重要目标之一，就是要基本清除阻碍生产要素自由流动的行政壁垒和体制机制障碍，促进统一市场基本形成、户籍人口城镇化率稳步提高、公共服务共建共享，使城市群成本分担和利益共享机制不断创新，推动省际毗邻重点地区加快一体化步伐。安徽在长三角“一核五圈四带”网络化空间格局中，处于沪宁合杭甬发展带、沿江发展带与合肥都市圈的交会地区，特别是皖江城市带承接产业转移示范区属于国家重点开发区域，承担着引导人口加快向重点开发区域集聚的重任。安徽应发挥“圈带聚合”效应，全面放开芜湖、马鞍山等城市落户限制，降低合肥等城市落户门槛，有效提高人口吸引集聚能力。芜湖、马鞍山、铜陵、安庆等沿江城市应大力提升公共产品质量和公共服务水平，通过城乡统筹、产城融合、港城联动，不断创新城市群成本分担和利益共享机制，加快组织实施组团发展、跨江发展和协同发展。

五　安徽推动长三角一体化发展的初步成效与存在的问题

近几年，安徽深度融入国家区域发展战略，多措并举，积极推动长三角区域向更高质量的一体化发展，已经取得了初步成效，但在实践中也面临一些困难和问题。

（一）安徽参与推动长三角一体化发展的初步成效

1. 持续推进基础设施建设互联

一是加强规划衔接。在编制安徽省交通运输“十三五”发展规划和高速公路网、普通省道网、高等级航道网中长期规划的过程中，注重融入长三角一体化发展战略，加强与相邻省份交通运输规划的衔接。二是签订长三角打通省

际“断头路”合作框架协议，宁宣杭高速苏浙段、溧广高速江苏段先导段开工建设，宿淮铁路、宁安城际交通建成通车，商合杭、杭黄高铁加快建设，一批“断头路”“断头航道”顺利贯通。截至2018年，贯通长三角省际“断头路”6条，开工建设4条。三是加强运输合作，港口群协同发展顺利推进。芜湖港成为上海洋山港喂给港，宁波舟山港—马鞍山港航线运行。

2. 积极推进产业分工合作互补

苏滁现代产业园、张江萧县高科技园区等多层次产业合作平台加快建设。长三角产业合作示范基地规划编制工作顺利推进。2018年，依托长三角合作平台成功举办了世界制造业大会，构建了世界制造业发展的高端交流平台，共签约合同类项目436个，投资总额4471亿元。

3. 大力推进区域创新体系互融

安徽会同沪苏浙科技部门共同制定了《长三角区域协同创新网络建设三年行动计划（2018～2020年）》，充分发挥长三角区域创新体系建设联席会议作用，努力构建具有全球影响力的科技创新高地。支持芜湖争创国家科技成果转移转化示范区，建立长三角区域国家成果转移转化示范区协同联动机制。合肥、芜湖、宣城市加入G60科创走廊。加快长三角区域技术转移机构的合作，安徽已与沪苏浙就技术信息共享、仪器设备互通、金融体系互融、技术经济资质互认等事项初步达成共识。推动共建“长三角科学仪器协作公用网”。2017年底，已集聚区域内2192家单位的27479台（套）大型科学仪器设备，总价值298亿元。安徽入网单位323家，入网仪器设备2095台（套）。

4. 有效推进基本公共服务互通

一是长三角国家信用体系建设区域合作示范区成功创建。二是围绕服务长三角创新创业发展签订了人才交流合作框架协议，推动长三角区域人才服务协同、人才流动合作、人才培养师资共享“三大行动计划”的实施。三是建成安徽创业服务云平台，汇聚和共享长三角地区优质创业资源，构建长三角公共创业服务联盟，为创客提供线上线下全方位创新创业服务。四是医疗保险异地就医结算目标任务提前完成，异地就医门诊费用直接结算试点等工作顺利推进。截至2018年4月，安徽共上传长三角地区跨省异地就医备案信息8.96万条，直接结算1.63万人次，基金支付2.84亿元。

5. 扎实推进生态环境保护互助

一是建立了污染联防联控协作机制。全省跨市县，包括与浙江、江苏等的相邻市县共签订跨界联防联控协议 28 份，基本实现敏感水域全覆盖。二是加强跨界突发环境事件应急联动，及时召开长三角地区跨界突发环境事件应急联动工作会议，并与浙江等有关省份就往年跨界环境污染纠纷整改情况开展联合检查，取得良好效果。三是建立环境信息共享制度。定期与沪苏浙等省市共同会商空气质量信息，加强预警预报。2016 年以来，遇重污染天气时，及时与周边省市开展联合会商，分析研判空气质量形势，及时发布预警信息。四是建立完善生态补偿机制。两轮新安江生态补偿机制试点顺利实施，水清岸绿产业优美丽长江（安徽）经济带建设全面展开。截至 2017 年底，两轮试点中央和两省财政共投入资金 39.5 亿元，黄山市配套投入资金 80 多亿元，新安江流域水质始终保持优良，是全国水质最好的河流之一。

（二）安徽参与推动长三角一体化发展存在的问题

1. 区域一体化发展理念有待进一步深化

区域经济合作需要区域文化融合发展作为前提条件。目前，长三角三省一市在空间布局规划上虽然正在形成一个整体，但在区域合作发展理念上由于受传统区域文化的影响，仍存在较大的差异，特别是跨省份的文化交流合作还不够广泛深入，在很大程度上制约着区域一体化发展的进程。

2. 区域一体化发展规划有待加强顶层设计

目前的长三角城市群发展规划对长三角一体化发展起到了很大的推动作用，但有些方面已不适应新形势发展的要求。一是在战略定位上应更高一些，应体现长三角对“一带一路”建设、长江经济带发展的“龙头”作用。二是在规划期上要延长，体现战略性。三是在空间结构上应有体现优势互补的功能区布局。四是在规划的空间范围上还应适当扩大，应体现长三角在区域统筹、城乡统筹、产城融合、港城联动等方面的发展特色。

3. 区域一体化发展体制机制建设有待创新

近几年，长三角一体化发展在基础设施等硬件建设方面进展较快，但区域合作的体制机制创新发展方面仍是一个软肋，发展相对滞后，缺少系统的总结与提升，还没有形成一个可供中西部地区借鉴和可复制的区域合作创新发展模式或经验。

4. 区域一体化大市场建设有待进一步加强

资金、技术、人才、科技成果等生产要素自由流动的发展格局尚没有完全形成，区域各种利益关系尚没有完全理顺，区域之间一些行政壁垒和制度性障碍还有待进一步消除，统一开放、竞争有序、科学合理的市场规则还没有建立起来。

5. 区域之间产业和技术互补优势有待发挥

目前，上海的国际金融优势、浙江的网络资源优势、江苏的制造创新优势、安徽的技术创新优势，在长三角区域内还没有形成互补发展与对外合作竞争的新优势，在实现产业对接与科技合作等方面还有待进一步加强。

六　关于共同推动长三角一体化发展的思考与建议

推进长三角一体化发展是一项重要的国家发展战略，需要三省一市地方党委政府部门以及众多企事业单位的共同参与。因此，在推动长三角一体化发展过程中，应从新的战略高度加强各方面的统筹协调。

（一）关于共同推动长三角一体化发展的思考

1. 要自觉克服自家“一亩三分地”的传统思想劣势，牢固树立大局意识和整体发展理念

安徽与上海、江苏、浙江相比，表面上看是经济发展方面的差距，而深层次的分析显示，经济发展差距背后折射出来的是区域文化、发展理念的差距，以及由这种区域文化和发展理念所塑造出来的体制机制方面的差距。在推动长三角一体化发展问题上，三省一市各部门及有关企事业单位，从领导到群众都应达成共识，否则就无法实现各方面的顺利对接。要通过各种培训和媒体宣传，加强对长三角一体化发展国家战略的宣传和引导，提高广大干部群众的认识水平，把思想统一到中央提出的新发展理念上来。在推动长三角一体化发展的政策举措上，不仅要重视交通基础设施等硬件的互联互通，还应重视在区域文化、发展理念和体制机制创新等软件建设方面的相互融通，这样才能为共同推动长三角一体化发展奠定坚实的思想基础。

2. 要加强长三角一体化发展战略规划的顶层设计，形成“一核六圈五带四区多节点”的区域发展骨架

2016 年制定的《长江三角洲城市群发展规划》在空间布局上重点突出了长三角城市群规划，缺少功能区布局。新制定的长三角一体化发展规划，在空间范围上应包括浙江、江苏和安徽的全境，为长三角未来的发展留出足够的空间。在功能区布局上，应把目前长三角城市群规划范围作为主体功能区，把皖南和浙南地区作为国际文化旅游发展区，把苏北和皖北地区作为拓展区，把皖西南的大别山区作为生态涵养保护区，以体现长三角一体化发展的区域特色、文化特色和生态特色；增加以徐州为中心的皖苏北都市圈和徐蚌合杭发展带；最终形成一核（上海）六圈（苏锡常都市圈、宁波都市圈、南京都市圈、杭州都市圈、合肥都市圈、徐州都市圈）五带（沿海发展带、沪杭金发展带、沪宁合杭甬发展带、沿江发展带、徐蚌合杭发展带）多节点（徐州、蚌埠、芜湖等区域性中心城市）的网格式发展空间布局。

3. 要创新长三角一体化发展的体制机制，积极探讨区域合作和网络化治理的新模式

长三角一体化发展的关键，是要避免由行政区划壁垒所形成的“碎片化”现象，通过分工合作，实现优势互补，使各种要素能在区域范围内得到科学配置，使资源配置、产业联系、市场拓展和创新要素等实现一体化，突破行政区划的狭隘空间局限，从而获得更高的协同效率，对内形成区域发展合力，对外形成强有力的国际竞争力。在功能区治理体制机制上，学术界曾经提出三种治理理论：第一种是传统区域经济学的科层化的治理理论；第二种是公共选择理论的多中心治理观点；第三种是新区域主义的合作和网络化治理理论。这三种区域治理理论及观点各有利弊，安徽省可以根据长三角一体化发展实际情况，进行科学借鉴和合理采纳。建议安徽省相关政府部门组织专家学者进一步深入探讨。在创新长三角一体化发展的体制机制方面，可以更多地吸收和借鉴区域合作与网络化治理的模式，把充分发挥市场的决定性作用与更好地发挥政府的宏观调控职能有机结合起来。这样既可以集中体现全面贯彻和落实中央提出的长三角一体化发展规划的战略意图，又可以充分调动三省一市各方面的积极性、主动性和创造性。

（二）关于共同推动长三角一体化发展的建议

1. 加快推动形成长三角一体化发展大市场，进一步激发区域市场活力和经济增长动力

长三角一体化发展的核心要素是市场一体化。长三角三省一市应尽快联合编制《长三角区域一体化大市场发展规划》，要充分发挥中国（上海）自由贸易试验区的“溢出”效应，在规则体系共建、创新模式共推、市场监管共治、流通设施互联、市场信息互通、信用体系互认等方面取得新的突破，着力打破地区封锁和行业垄断，积极推进资金、技术、人才、科技成果等生产要素在区域范围内自由流动，消除阻碍长三角区域内生产要素流动的制度性障碍，推动三省一市联合建设统一开放、竞争有序的市场体系，构建一套科学合理的市场竞争规则，率先在全国建立现代市场经济体系。

2. 加快实现三省一市的科技合作与产业对接，推进区域创新链与产业链的深度融合

以上海为中心，以六大都市圈为支点，把沪宁合杭甬发展带打造成科技创新发展带，把沿江发展带打造成科技成果转化和产业化发展带。同时，建议把徐蚌合杭发展带打造成商贸物流发展带，分别与沪宁合杭甬发展带、沿江发展带、沪杭金发展带和沿海发展带交会，形成多节点的区域产业对接与创新合作发展平台，促进各发展带之间协调发展及其与各大都市圈的聚合发展，共建内聚外合的开放型产业创新网络体系。应深化和拓展三省一市的乡村振兴战略合作，大力推广浙江特色小镇建设的创业创新经验，在长三角各市县形成乡村振兴共建共享创业创新网络合作平台，全面创新驱动长三角经济转型升级。

3. 积极发挥长三角三省一市的文化旅游资源优势，以黄山为中心打造著名国际文化旅游合作示范区

有效整合长三角各种文化旅游资源，要充分发挥国际文化旅游在促进国际人才交流和国际经济合作方面的桥梁和纽带作用，加强文化旅游业与现代服务业和先进制造业的配套协调发展。要深入挖掘长三角地区历史文化内涵，并与当前开放发展的时代精神相结合，面向世界打造长三角区域文化品牌。要突出长三角地区文化旅游特色，形成历史人文景观与山水自然景观有机融合，集“山、水、洞”于一体，历史文化名城、古镇、古村落有机衔接的国际文化旅游网络体系。

4. 建立长三角一体化发展战略研究智库联盟，充分发挥各种智库作为地方党委政府部门思想库的积极作用

应建立长三角一体化发展战略研究智库联盟组织，定期或不定期举办长三角专家学者论坛，也可以邀请其他地区有关科研院所和企事业单位专家学者参加，就推进长三角一体化发展、服务国家“一带一路”建设和长江经济带发展战略以及促进区域协调发展等问题，开展交流合作，或就某些专题研究进行联合攻关，为长三角地方党委和有关政府部门决策提供咨政服务。同时，相应地建立长三角省情市情信息交流平台，在长三角地区率先实现网络互联互通、资源共建共享。目前，沪苏浙的有些专家反映，其对安徽情况不了解，相应地也有很多安徽学者对沪苏浙的情况不熟悉，因为他们在研究中根本拿不到有关地方政府提供的数据。因此，要抓紧谋划建设三省一市互联互通的长三角省情市情研究数据库，并以此为切入点，带动更多的高校与科研机构结为合作伙伴，共同为推进长三角一体化发展提供必要的信息咨询服务。

总之，长三角一体化发展上升为国家战略具有重大意义，在给安徽带来历史机遇的同时，也使安徽面临一些新的挑战。安徽作为长三角城市群的重要成员，在推动长三角一体化发展方面，有着自己独特的地理区域优势、区域文化旅游资源优势、低成本劳动力资源优势、科技资源优势、经济增长速度的后发优势，同时在开放发展理念、经济发展水平、科技创新和成果转化能力、生态保护评价标准以及共享发展等方面存在不少短板。在长三角一体化发展上升为国家战略的新形势下，安徽只有抢抓机遇，迎接挑战，发挥优势，克服短板，进一步明确主体功能定位，积极主动作为，才能在推动长三角一体化发展中壮大自己，在服务“一带一路”建设和长江经济带战略过程中发展自己。为此，安徽应在更新发展理念、加强顶层设计、创新体制机制、推进一体化市场建设、加强科技合作与产业对接、发展战略研究智库联盟、加强信息教育等方面积极努力，为共同推动长三角一体化发展做出自己应有的贡献。

参考文献

国家统计局：《中国统计年鉴 2018》，中国统计出版社，2018。

国家发展改革委、住房城乡建设部：《长江三角洲城市群发展规划》，发展规划〔2016〕1176号。

《国务院关于长江三角洲城市群发展规划的批复》，《中华人民共和国国务院公报》2016年6月10日。

《上海城市规划》，《规划在线》2016年6月28日。

《长三角将建一流品质世界级城市群》，《中国改革报》2016年6月8日。

《国务院批复长江三角洲城市群发展规划》，《中国证券报》2016年5月26日。

《长三角区域一体化发展加速推进》，《国际商报》2019年1月9日。

《李国英：政府工作报告》，《安徽日报》2019年1月19日。

《国务院关于依托黄金水道推动长江经济带发展的指导意见》，《中国水运》2014年10月10日。

朱红云、孙克强等：《长三角一体化与智慧城市群研究》，《金陵科技学院学报》（社会科学版）2016年第9期。

B.3

安徽创新驱动发展能力指标体系构建、评价与提升*

——基于30个省级行政区比较视角

陈 云 杜鹏程 吴梦云**

摘 要： 实施创新驱动发展战略，实现依靠创新驱动的引领型发展，对加快由科技大省向科技强省跨越、建设五大发展美好安徽具有重要意义。本研究基于比较视角，通过构建创新驱动发展能力评价指标体系，对安徽省和其他29个省级行政区2009～2016年的创新驱动发展能力进行评价，并根据因子得分对各省份的创新驱动发展能力进行聚类和差异性分析，得出如下结论。①2009～2016年，安徽省的创新驱动发展能力呈现稳步提升趋势。②在全国范围内，安徽省创新驱动发展能力位列第二梯队，仍有较大进步空间。③安徽省创新产出和创新环境方面较强，而创新效益与其他省份相比较为落后，经济发展水平较低、资源制约和企业创新能力较弱是造成差异的重要原因。最后本文提出若干促进安徽省创新驱动发展的对策建议。

---

* 本文系安徽省哲学社会科学规划项目（AHSKZ2017D02）、国家自然科学基金面上项目（71872001）研究成果。

** 陈云，安徽大学经济学院博士研究生，研究方向为技术经济及管理、产业经济学；杜鹏程，安徽大学商学院教授、博士生导师，管理学博士，研究方向为人力资源管理、技术经济及管理；吴梦云，安徽大学商学院硕士研究生，研究方向为人力资源管理、技术经济及管理。致谢：王雪、舒倩、夏兰兰、刘晗、徐清琳、倪敏6位同学在本项研究中，做了数据搜集、文献整理等工作，特此鸣谢。

关键词： 安徽　创新驱动发展能力　企业创新能力　创新环境　创新驱动发展

一　绪论

美国哈佛大学经济学教授迈克尔·波特（1990）把国家竞争优势的发展分为“四个阶段”：生产要素驱动竞争阶段、投资驱动竞争阶段、创新驱动竞争阶段和财富驱动竞争阶段。波特还进一步指出，“经济社会保持可持续发展的唯一有效战略路径便是依靠创新驱动”。世界主要发达国家的经济发展历程也证明了这一点，它们都通过依赖先进的技术、高素质的人才、丰富的知识和信息等创新要素和资源获得了迅速的发展，在日益激烈的世界竞争中保持持久的优势。

改革开放以来，中国经济发展取得了举世瞩目的成就，但同时也面临着前所未有的巨大挑战。从需求端来看，拉动经济增长的投资、消费和出口“三驾马车”都呈现不同程度的疲态，尤其是伴随着中美贸易摩擦的持续升级，产品出口情况不容乐观。从供给端看，人口老龄化导致人口红利逐渐消失、资产过剩导致资本的边际收益递减，这些都不利于经济的长远发展。根据创新经济学的相关理论，人力资本水平和技术水平的提高、资本和劳动力两种生产要素的有效结合，能为经济发展带来巨大的潜力。因此，当前必须转变经济发展方式，走创新驱动发展道路。

在2012年7月召开的全国科技创新大会上，我国首次明确提出创新驱动发展战略。党的十八大将实施创新驱动发展战略摆在了国家发展全局的核心位置，十八大报告明确指出，“实施创新驱动发展战略。科技创新是提高社会生产力和综合国力的战略支撑，必须摆在国家发展全局的核心位置”。安徽省积极响应国家战略，先后出台《中共安徽省委　安徽省人民政府关于实施创新驱动发展战略进一步加快创新型省份建设的意见》《安徽省人民政府办公厅关于修订印发实施创新驱动发展战略进一步加快创新型省份建设配套文件的通知》等政策文件并积极落实，取得了一系列成效。

那么，当前安徽省的创新驱动发展现状如何？限制其创新发展的瓶颈因素包括哪些？如何针对这些问题采取相应的措施，以便更有效地贯彻落实创新驱动发展战略？近年来我国学者对于区域创新驱动发展的研究呈现持续上升之势且取得了较大进展，但是仍存在诸多不足之处，与欧美等发达国家相比，在理念、视野、分析框架等方面仍存在差距。具体来说，在创新驱动发展的评价方面，学者们多从投入—产出视角构建指标体系，然而评价的对象往往局限于部分地区，不够全面；在创新驱动发展的路径研究上，或缺乏理论深度，或缺乏针对性，难以对区域实施创新驱动发展战略提供有效指导。基于以上研究不足，本研究拟在系统整理创新驱动发展相关文献的基础上，构建全面、科学的创新驱动发展能力指标体系，使用因子分析法对全国30个省级行政区2009～2016年的创新驱动发展能力进行评价和比较，并在此基础上进行聚类分析和差异性检验。在此基础上，对安徽省创新驱动发展能力的现状、问题等进行分析，进而提出促进安徽省创新驱动发展的路径对策。

本研究具有如下实践价值。首先，从政府的角度来说，一方面能够从宏观上把握安徽省的整体创新水平、限制其发展的关键因素，从而在制定相关政策时做到有的放矢，增强政策的针对性和有效性；另一方面通过了解发达区域的做法和经验，能够获得促进区域创新发展的启示，从而开拓思路，解放思想，用更加科学的理念指导安徽省的发展。其次，从整个安徽省的角度来说，有利于服务“三个强省”建设。创新驱动意味着摒除以往依赖资源和要素大量投入的增长方式，转而通过对知识、创新等生产要素的集成实现经济的快速发展，这能够在提高经济效益的同时保护环境，促进经济社会的可持续发展，有利于经济强省和生态强省建设。最后，从文化的角度来说，有利于确立创新驱动的发展理念，增强全社会的创新意识，在全省营造一种鼓励创新创业、宽容失败的良好社会氛围，促进文化强省建设。

二　研究综述

（一）创新驱动的内涵和特征

美籍奥地利经济学家约瑟夫·熊彼特（J. A. Schmnpeter）首次在其《经济发展理论》一书中提出“创新”这一概念。熊彼特指出，创新是生产要素的新组合，组合的形式包括引进新产品、引进新技术、开辟新的市场、控制原材料的新供应来源以及实现企业的新组织。他认为，创新打破了原有经济体系的均衡状态，是经济持续发展的源泉。著名管理学家迈克尔·波特（Michael E. Porter）首次提出创新驱动这一概念。在《国家竞争优势》一书中，波特提出了国家竞争优势理论的四个阶段，分别是：生产要素驱动竞争阶段、投资驱动竞争阶段、创新驱动竞争阶段和财富驱动竞争阶段。他还进一步指出，“经济社会保持可持续发展的唯一有效战略路径便是依靠创新驱动”。我国学者洪银兴指出，驱动是指推动经济增长的主动力，创新驱动作为一种经济增长方式，是依靠知识、人力资本和激励创新制度等无形要素实现要素的新组合，是科学技术成果在生产和商业上的应用和扩散。值得一提的是，创新驱动并不排斥、忽视生产要素和投资的力量，只是依靠创新来带动要素和投资。郭英远和张胜在深入剖析创新驱动发展内涵和本质的基础上，指出创新驱动发展的标志包括：①要素成本与本币升值不构成发展的阻碍；②科学合理的 R&D 投入结构初步形成；③顶尖人才涌现聚集常规化；④高品质社会需求变成创新的源泉和动力；⑤知识产权优势构成企业的核心竞争能力；⑥从基础研究到产业化的创新链日益成熟；⑦政府服务科技创新的能力显著提升。

（二）创新驱动发展的指标与评价

创新驱动发展的指标和评价是近年来创新驱动领域的研究热点，学者们对此也做了很多探讨。为了更加直观地展示这些研究成果，表 1 列出了相关信息。

表 1　创新驱动评价研究相关信息

学者	变量名	一级指标	研究对象	研究方法
周柯、唐娟莉、谷洲洋(2018)	创新驱动发展能力	创新基础条件、创新投入、创新产出、创新贡献/影响	中国	熵值法；1995～2015 年统计数据
周柯、唐娟莉(2016)	创新驱动发展能力	创新基础支撑、创新投入、创新产出、创新贡献	全国	熵值法；2013 年统计数据
李燕萍、毛雁滨、史瑶(2016)	创新驱动发展	创新资源投入、创新活动、创新产出和创新环境	长江经济带中游地区	数据整理及归纳；2013～2016 年统计数据

续表

学者	变量名	一级指标	研究对象	研究方法
张晶(2016)	创新驱动能力	创新投入、创新产出、创新支撑	苏	主成分分析；1996~2014 年统计数据
高建平、赵可、查晶晶等(2016)	区域创新能力	总量指标、质量指标、速度指标、加分指标	鄂	加性加权法、主成分分析；2013 年统计数据
李卿、夏海力(2016)	创新驱动发展	社会发展、研发资源、市场效益、经济产业、产学研、技术支撑	苏、京、沪、浙、粤	熵权法；2009~2013 年统计数据
汪晓梦(2016)	安徽创新驱动发展战略实施成效	科技创新(投入、产出)与经济社会发展	皖、浙、粤、沪	灰色关联和主成分分析；2010~2015 年统计数据

（三）创新驱动发展的路径与对策研究

梳理现有关于创新驱动发展路径与对策的相关研究发现，其主要按照以下思路展开。①基于发展现状、问题提出路径与对策。如学者陈华彬回顾了安徽创新驱动发展的历程，分析了安徽创新驱动发展基本情况，指出安徽创新驱动发展存在研发经费投入保障机制有待健全、产学研合作各方还需进一步统一思想认识、专利质量还需进一步提高、人才资源匮乏、合芜蚌试验区的辐射效应有待放大等问题。在此基础上，指出要建立多元化的研发经费投入机制，健全产学研协同创新机制，加强知识产权创造、运用、保护和管理，加快创新人才的引进和培育，放大合芜蚌试验区龙头效应等对策和建议。②基于理论分析提出发展路径和对策。如胡钰在深入剖析创新驱动发展基本规律的基础上，提出了十二条促进创新驱动发展的路径。③基于发达国家和地区的经验提出发展路径和建议。如秦健总结了美日欧等发达国家创新驱动发展的路径特征，深入探讨了当前中国创新驱动发展的主要限制因素，在参考美日欧成功实践经验的基础上，提出了五条对中国实施创新驱动发展战略具有重要参考价值的启示。

综合来看，目前学界关于创新驱动发展的评价、对策研究已取得了一些成果，且对该领域的后续进展有一定的借鉴意义。但是仍存在一些值得改进的地方：在创新驱动发展能力评价方面，学者们多从投入—产出视角构建指标体系，然而评价的对象往往局限于部分地区，不够全面，针对安徽的实证研究更是缺乏。此外，在创新驱动发展能力的提升对策方面，从现状、问题出发的相关研究大多为规范性的描述，这种描述往往带有研究者的主观色彩，难以准确描述现状和问题，因此提出的路径和对策往往不够全面；从理论层面进行探讨或者分析发达国家或地区的经验则会忽视各地区的差异，因此与之相对的路径和政策往往缺乏针对性。因此，有必要对安徽省的创新驱动发展能力进行实证分析，并据此提出相应的对策建议。

三　创新驱动发展能力指标体系构建

（一）构建原则

在指标体系的构建中，本研究主要遵循如下原则。一是科学性原则，该原则要求指标体系的构建有理论依据。本研究借鉴卓越绩效模式的思想，将创新驱动发展能力指标体系分为创新投入、创新产出、创新效益及创新环境四个一级维度。在此基础上，依据周柯等构建的省际创新驱动发展能力指标、李敏等学者构建的区域绿色持续能力评价指标，同时结合《安徽省科技统计公报》的相关指标，确定二级指标。二是易操作性原则，该原则要求指标数据能够获取，并且不同年份、不同地区、不同子行业间的统计口径基本一致。为此，本研究在尽可能准确衡量创新驱动发展能力的基础上，将指标体系设计得尽可能简洁，对于部分难以获取的指标，首先选择相似指标予以替代，如仍无法找到相关数据，则予以删除。三是系统性原则，该原则要求指标体系应尽可能全面地衡量安徽创新驱动发展能力。为此，本研究从过程视角将创新驱动发展能力分为四个一级指标以及多个二级指标，同时将过程指标与状态指标相结合。

（二）指标体系说明

依据以上原则和已有的相关研究，本研究构建了如表 2 所示的创新驱动发展能力评价指标体系。指标体系包括创新投入、创新产出、创新效益、创新环境四个一级指标。创新投入是创新驱动发展的基础，包含 R&D 人员全时当量、R&D 经费支出等四个指标。其中 X1、X2 用于衡量创新的人力资源投入，X3、X4 用于衡量创新的财力资源投入。创新产出是衡量创新驱动发展的核心指标，由与专利相关的指标构成，分别为专利申请受理数（X5）、专利申请授权数（X6）以及专利有效数（X7）。创新的归宿是促进经济社会的可持续发展，因此本研究在指标体系中加入创新效益这一指标，具体又分为经济效益、环境效益以及社会效益指标。经济效益由规模以上工业企业新产品销售收入（X8）、工业销售产值（X9）、第三产业生产总值（X10）、出口交货值（X11）、技术市场成交额（X12）等指标衡量，环境效应的衡量指标包括废气、废水等的排放量。此外，良好的创新环境是创新驱动发展的基础，本研究使用X24衡量区域经济发展水平，X17～X19衡量区域的文化氛围，X20～X23则衡量企业的创新情况。

表2　创新驱动发展能力评价指标体系

一级指标	二级指标	单位	来源
创新投入	R&D人员X1	人	《中国科技统计年鉴》
	R&D人员全时当量X2	人/年	《中国科技统计年鉴》
	R&D经费支出X3	万元	《中国科技统计年鉴》
	R&D投入强度X4	%	《中国科技统计年鉴》
创新产出	专利申请受理数X5	件	《中国科技统计年鉴》
	专利申请授权数X6	件	《中国科技统计年鉴》
	专利有效数X7	件	《中国科技统计年鉴》
创新效益	规模以上工业企业新产品销售收入X8	万元	《中国统计年鉴》
	工业销售产值X9	亿元	《中国工业统计年鉴》
	第三产业生产总值X10	亿元	《中国统计年鉴》
	出口交货值X11	亿元	《中国工业统计年鉴》
	技术市场成交额X12	万元	《中国统计年鉴》
	废水排放总量X13	万吨	《中国统计年鉴》
	废气中主要污染物排放量X14	万吨	《中国统计年鉴》
	工业固体废物综合利用量X15	万吨	《中国统计年鉴》
	人均可支配收入X16	元	《中国统计年鉴》
创新环境	年度科普经费筹集额X17	万元	《中国科技统计年鉴》
	高等院校投入经费X18	万元	《中国科技统计年鉴》
	研究与开发机构个数X19	个	《中国科技统计年鉴》
	规模以上工业企业个数X20	个	《中国科技统计年鉴》
	规上企业中开展R&D活动企业的比例X21	%	《中国科技统计年鉴》
	规模以上工业企业新产品开发经费支出X22	万元	《中国统计年鉴》
	高技术产业投资额X23	亿元	《中国科技统计年鉴》
	GDP X24	亿元	《中国统计年鉴》

四 资料来源与数据处理过程

（一）资料来源

本研究以全国30个省级行政区为研究对象，港澳台以及西藏地区数据缺失较严重，未纳入分析。指标体系中的大部分数据直接来自《中国统计年鉴》、《中国工业统计年鉴》和《中国科技统计年鉴》（2009～2016），“规上企业中开展R&D活动企业的比例”由统计年鉴数据按相关公式计算而得。

（二）数据处理过程

（1）数据预处理。在获得数据后，本研究对数据进行了预处理，主要包括对异常值和缺失值的处理。对于异常值，会返回统计年鉴进一步核对，查明数据异常的原因；对于缺失值，则通过前后两年的数据取均值加以估计；对于负向数据如“废气中主要污染物排放量”取倒数代替；对于指标体系内单位不同的情况，如“专利有效数（件）”“年度科普经费筹集额（万元）”“工业销售产值（亿元）”，采取标准化方法消除量纲的影响。

（2）全国各地区创新驱动发展能力评价及比较。使用因子分析法对各地区的创新效益进行计算、排名及分析。

（3）全国各地区创新驱动发展能力聚类分析及差异性检验。在步骤（2）的基础上，进一步使用聚类分析对各地区创新驱动发展能力进行分组，并使用单因素方差分析法检验各分组创新驱动发展能力的差异性。

五 30个省级行政区①创新驱动发展能力评价与差异性分析

（一）30个省级行政区创新驱动发展能力评价

在对数据进行预处理之后，本研究使用因子分析法计算各地区各年度的因

① 未包括港澳台地区。

子得分。以 2016 年创新环境维度为例，首先对 30 个地区的数据进行 Barttle 球形检验，结果显示，KMO 值为 0.772 > 0.7，Barttle 球形检验 P 值为 0.000 < 0.05，说明适合做因子分析。接着使用 SPSS 的因子分析功能计算因子得分，得到各地区的分数及排名。之后依次对 2016 年其他维度的数据进行计算，最后对四个维度进行因子分析，得出 2016 年各地区综合得分，结果如表 3 所示。

表 3　2016 年全国 30 个省级行政区创新驱动发展能力及各维度评价得分

单位：分

区　域	创新投入	创新产出	创新效益	创新环境	创新驱动发展能力
北　京	1.80	0.77	0.48	0.23	0.96
天　津	0.20	-0.16	0.13	-0.10	0.03
河　北	-0.29	-0.35	-0.32	-0.02	-0.30
山　西	-0.70	-0.64	-0.54	-0.59	-0.78
内蒙古	-0.72	-0.71	-0.48	-0.53	-0.76
辽　宁	-0.20	-0.39	-0.34	-0.29	-0.39
吉　林	-0.67	-0.65	-0.31	-0.49	-0.64
黑龙江	-0.65	-0.53	-0.51	-0.52	-0.69
上　海	0.89	0.23	0.44	0.10	0.50
江　苏	2.64	2.66	1.60	2.38	2.87
浙　江	1.31	2.31	0.74	0.99	1.61
安　徽	0.05	0.20	-0.23	0.24	0.06
福　建	0.02	0.14	-0.01	0.11	0.08
江　西	-0.61	-0.38	-0.34	-0.05	-0.42
山　东	1.31	0.66	0.78	1.31	1.28
河　南	-0.01	-0.10	-0.03	0.42	0.10
湖　北	0.13	-0.15	-0.18	0.28	0.02
湖　南	-0.01	-0.28	-0.14	0.12	-0.09
广　东	2.55	3.07	1.81	1.92	2.88
广　西	-0.72	-0.51	-0.42	-0.47	-0.65
海　南	-0.91	-0.76	1.34	-0.72	-0.20
重　庆	-0.31	-0.27	-0.16	-0.15	-0.27
四　川	0.08	0.14	-0.28	0.06	-0.02
贵　州	-0.81	-0.62	-0.53	-0.57	-0.79
云　南	-0.70	-0.62	-0.58	-0.46	-0.74
陕　西	-0.16	-0.21	-0.50	-0.24	-0.37
甘　肃	-0.80	-0.67	-0.44	-0.60	-0.78
青　海	-0.93	-0.77	-0.17	-0.83	-0.82
宁　夏	-0.90	-0.75	-0.25	-0.73	-0.80
新　疆	-0.85	-0.69	-0.55	-0.78	-0.89

注：不含港澳台及西藏自治区，下同。

类似的，计算出各地区 2009～2016 年的创新驱动发展能力得分并进行排名，结果如表 4 所示。

表 4　全国 30 个省级行政区创新驱动发展能力排名（2009～2016 年）

地区＼年份	2009	2010	2011	2012	2013	2014	2015	2016
北　京	5	5	5	5	5	5	5	5
天　津	10	14	10	9	10	9	11	10
河　北	16	15	16	16	16	16	17	16
山　西	22	21	23	23	23	23	25	26
内蒙古	24	23	24	24	24	24	24	24
辽　宁	7	7	7	10	12	13	16	18
吉　林	20	20	20	21	21	21	21	20
黑龙江	21	19	19	20	20	20	22	22
上　海	6	6	6	6	6	6	6	6
江　苏	1	1	1	1	1	1	1	2
浙　江	3	3	3	3	3	3	3	3
安　徽	15	13	13	11	9	10	8	9
福　建	11	11	12	12	13	12	10	8
江　西	19	18	21	19	19	19	19	19
山　东	4	4	4	4	4	4	4	4
河　南	12	10	8	8	7	7	7	7
湖　北	9	9	9	7	8	8	9	11
湖　南	13	12	14	14	14	14	13	13
广　东	2	2	2	2	2	2	2	1
广　西	23	22	22	22	22	22	20	21
海　南	14	25	15	15	15	15	14	14
重　庆	18	17	18	18	18	18	15	15
四　川	8	8	11	13	11	11	12	12
贵　州	28	27	28	28	28	27	28	27
云　南	25	24	25	25	25	25	23	23
陕　西	17	16	17	17	17	17	18	17
甘　肃	27	26	27	27	26	26	26	25
青　海	26	30	26	26	27	28	27	29
宁　夏	30	29	29	29	29	30	29	28
新　疆	29	28	30	30	30	29	30	30

从表4可以看出，2009~2016年，广东、江苏和浙江的创新驱动发展能力一直排在前3名，其次是山东、北京和上海处于第4至6名，前六名的排名较为稳定。河南、福建、安徽、天津、湖北、四川、湖南、海南和重庆近几年处于第7至15名。其中，安徽省过去几年的排名一直处于上升趋势，2009年还处于第15名，2016年已经达到第9名。但是，结合表1中2016年创新驱动发展能力得分情况可以看出，虽然安徽省的排名逐渐靠前，但是与广东、江苏和浙江相比，还有很大的进步空间。

另外，新疆、青海、宁夏以及贵州等一些中西部地区省份一直排名靠后，和其他省份差距较大，各地区得分十分不平衡。因此，有必要进行进一步分析。

（二）30个省级行政区创新驱动发展能力聚类与差异性分析

聚类分析是指根据样本内在特征的相似性和差异性，通过数学研究方法将样本划分为不同类型的统计方法。系统聚类法是最常见的聚类方法，根据对类间距离的不同定义，系统聚类法又包括最长距离法、最短距离法、重心法、Ward法等，其中Ward法应用最为广泛，分类效果较好。本研究选择Ward法对全国30个省级行政区创新驱动发展能力进行聚类分析。首先对2009~2016年各地区创新驱动发展能力进行主成分分析，结果显示KMO值达到0.782且显著，提取一个主成分，方差贡献率达到99.441%，选择欧式距离法进行聚类分析，得到图1所示的聚类树状图。

由图1可知，全国30个省级行政区创新驱动发展能力可以分为三组。第一组：北京、山东、上海、江苏、广东以及浙江，该类地区属于创新驱动发展能力较强的地区，在全国遥遥领先。第二组：四川、陕西、天津、湖南、重庆、河南、湖北、安徽、福建、河北、辽宁以及海南，该类地区创新驱动发展能力处于中等水平。第三组：宁夏、新疆、山西、甘肃、青海、贵州、云南、吉林、广西、内蒙古、黑龙江以及江西，该类地区创新驱动发展能力较弱。

接着，按照上述聚类的结果进行差异性分析。方差齐性检验结果表明，F值为65.931且显著，组间平方和（24.070）大于组内平方和（4.930），说明整体方差不具有齐性，三类地区创新驱动能力存在显著差异。在此基础上，本研究选择Games-Howell（A）方法对分类结果进行两两比较，结果如表5所示。

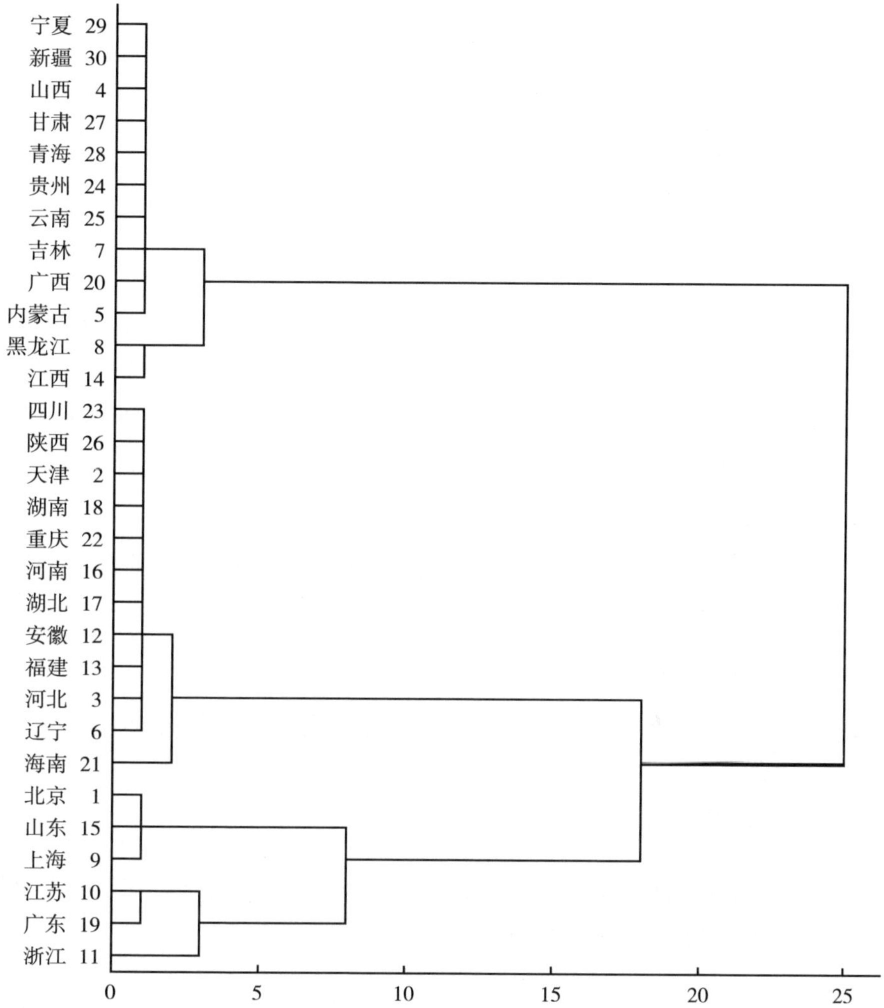

宁夏 29
新疆 30
山西 4
甘肃 27
青海 28
贵州 24
云南 25
吉林 7
广西 20
内蒙古 5
黑龙江 8
江西 14
四川 23
陕西 26
天津 2
湖南 18
重庆 22
河南 16
湖北 17
安徽 12
福建 13
河北 3
辽宁 6
海南 21
北京 1
山东 15
上海 9
江苏 10
广东 19
浙江 11
0 5 10 15 20 25

图 1　全国 30 个省级行政区创新驱动发展能力系统聚类分析

表 5　创新驱动发展能力在三类地区的多重比较

(I)类别		均值差(I－J)	标准误	显著性	95%置信区间	
					下限	上限
1	2	1.865*	0.214	0.000	1.426	2.303
	3	2.431*	0.214	0.000	1.993	2.870

续表

(I)类别		均值差(I－J)	标准误	显著性	95%置信区间	
					下限	上限
2	1	－1.865*	0.214	0.000	－2.303	－1.426
	3	0.566*	0.1744	0.003	0.209	0.924
3	1	－2.431*	0.214	0.000	－2.870	－1.993
	2	－0.566*	0.174	0.003	－0.924	－0.209

由表5可知，三组地区两两之间比较时，平均值差值都是显著的（$p = 0.003 < 0.05$，置信区间都不包括0），因此可以推断，三组地区的创新驱动发展能力存在显著差异，这也在一定程度上印证了前文聚类分析结果的合理性。而且第一组和第二组的均值差达到1.865，第一组和第三组的均值差达到2.431，可以看出第二、三组和第一组有很大差距。综上，北京、山东、上海、江苏、广东以及浙江的创新驱动发展能力遥遥领先，全国30个省级行政区创新驱动发展能力的发展并不均衡，存在显著差异。

六　安徽省创新驱动发展现状与问题分析

（一）安徽省创新驱动发展能力评价

为了解安徽省创新驱动发展能力的年度变化，本研究计算了其各年度各维度的得分，计算结果如表6和图2所示。

表6　安徽省创新驱动发展能力各指标及综合得分（2009～2016年）

单位：分

年份＼指标	创新投入	创新产出	创新效益	创新环境	创新驱动发展能力
2016	0.0535	0.2027	－0.2319	0.2352	0.0635
2015	0.0535	0.1694	－0.2577	0.1823	0.0263
2014	0.0925	0.1558	－0.2521	0.1349	0.0108
2013	0.0689	0.1142	－0.2329	0.1295	0.0082
2012	0.0322	0.0508	－0.3000	0.1179	－0.0494
2011	－0.2270	－0.0148	－0.3000	0.0559	－0.1578
2010	－0.3035	－0.1038	－0.1900	0.0616	－0.1662
2009	0.0535	－0.3291	－0.3800	－0.0783	－0.2445

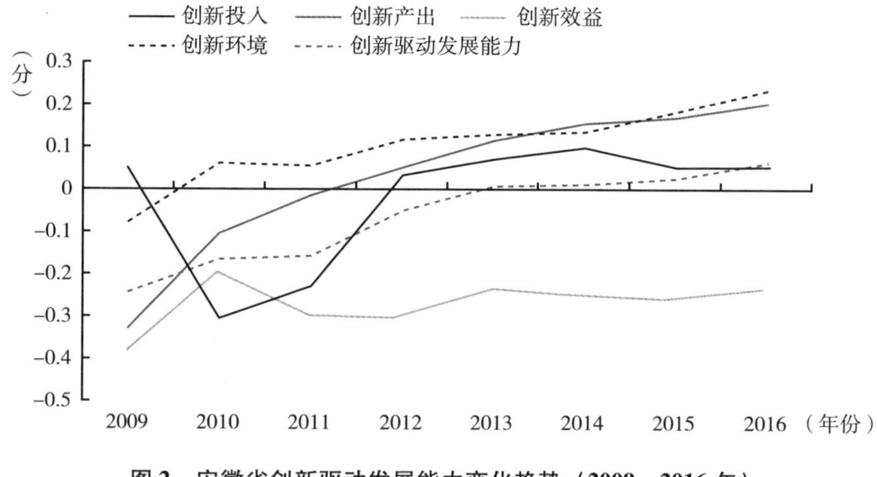

图 2　安徽省创新驱动发展能力变化趋势（2009～2016 年）

由表 6 及图 2 可知，安徽省创新驱动发展能力各指标得分总体上呈现不断增长的态势。创新产出指标与创新环境指标变化轨迹非常相似，创新效益指标的得分与其他指标相比有较大差距。创新投入指标在 2010 年回落较大，2010 年后逐渐上升，趋于创新产出和创新环境相近水平。

（二）安徽省创新驱动发展现状评价

近年来，安徽省努力寻求创新，力争形成具有安徽特色的创新驱动发展机制。结合创新投入、创新产出、创新效益和创新环境得分，我们用各省份综合得分来表示其创新驱动发展能力。通过聚类分析，我们将 30 个省份创新驱动发展能力划分成高、中、低三个梯队。通过数据处理和实证分析可得出以下结论：①2009～2013 年，安徽省创新驱动发展能力在全国 30 个省份中的排名不断提升，从 2009 年的第 15 名升至 2013 年的第 9 名；2013～2016 年，安徽省的排名在第 10 名上下小幅波动。可以看出，近年来安徽省创新驱动发展能力稳步提升，目前稳定在中上游水平。②2016 年，安徽省创新投入、创新产出、创新效益和创新环境排名分别为第 10 名、第 7 名、第 15 名、第 7 名，综合排名第 9 名，在创新产出和创新环境方面较强，在创新效益方面相对薄弱。③在创新驱动发展能力的三个梯队方面，北京等 6 个省份构成了第一梯队，天津等 12 个省份构成了第二梯队，山西等 12 个省份构成了第三梯队，安徽省属于第二梯队，创新驱动发展能力在全国处于中等水平，仍有较大进步空间。

（三）安徽省创新驱动发展问题剖析

虽然安徽在创新驱动发展方面已经有了很大进展，但是不可否认的是，安徽的经济与科技发展相较于发达地区仍相对滞后。从数据分析结果来看，在创新投入、创新产出、创新效益和创新环境方面安徽省在全国的排名并不理想。

安徽省在创新效益方面表现尤其不佳，2016 年在全国 30 个省份中排在第 15 名。创新的归宿是促进经济社会的可持续发展，所以创新效益更加值得我们重视。通过对创新效益的具体指标进行分析可以发现，安徽省废水排放总量、废气中主要污染物排放量、工业固体废物综合利用量三个指标在全国的排名尤其落后，说明安徽省工业污染物排放量较大，安徽省当前的产业结构仍以高污染、高能耗为代表的传统产业为主，产业结构较为单一，有待进一步转型升级。造成这一现象的原因主要是安徽省当前经济增长过分依赖资源消耗和人力资本投入，而对新技术、知识等的依赖性则较低。

此外，在创新投入、创新产出、创新环境方面，安徽省同江苏等发达地区相比仍有较大差距，在 R&D 人员配备、专利成果、资本投入等方面发达地区均高出安徽几倍，以 2016 年为例，安徽省 R&D 人员有 21 万人，而江苏省有 76 万人，是安徽的 3 倍多；有效专利数安徽 16 万件，江苏 67 万件；高技术产业投资额安徽 1400 多亿元，江苏 3500 多亿元。这说明安徽省的经济和创新基础和与发达地区相比较为薄弱，且各方为安徽省创新驱动发展所提供的支撑仍有不足。考虑到创新风险问题，很多企业在增加创新投入方面持审慎态度，导致企业的创新主体地位相对较低。在创新环境方面，与发达省份相比，安徽省的资本市场较为落后，限制了制造业的扩大再生产。

七　促进安徽省创新驱动发展的对策建议

基于安徽省创造驱动发展的现状以及安徽省政府的相关政策要求，同时借鉴发达国家和地区创新驱动发展的相关经验，本研究认为，为提升安徽省创新驱动发展能力，需要采取如下措施。

首先，要强化企业创新主体地位，提升企业创新能力。为此，可采取如下措施：一是通过实施创新型领军企业培育计划，瞄准国内一流水平，从企业成长性、研发投入等方面制定考核指标，选择一批具备发展潜质的企业作为创新型领军企业进行重点培育。根据入选企业的属性，采取“一企一策”的方式，引导创新资源向其聚集，在此基础上，按照“成熟一个、启动一个”的原则，提高企业的创新效率，加快企业的成长速度，集中力量支持创新型领军企业发展。二是鼓励大型企业开展应用基础研究。引导大型企业特别是国有企业发挥政策工具的作用，强化应用基础研究布局，从根本上消除国有企业在研发投入和效益考量两者矛盾上的顾虑；鼓励大型企业进行科技基地建设，根据大型企业的不同特色，结合不同的科技需求，鼓励不同企业建立不同类型的科技基地，形成多领域的科技体系。立足大型企业特色和优势，引导大型企业建设一批省级、国家级重点实验室和研究中心，支持大型企业开展新技术、新成果的工程化研究。三是促进科技型中小企业创新。通过设立“天使投资”、完善并落实税收优惠政策、发展科技银行和科技保险等举措，帮助科技型中小企业解决融资难问题，降低中小企业的创新成本和创新风险。

其次，要贯彻落实创新驱动发展战略，坚持大力发展战略性新兴产业与促进传统产业转型升级并举。为此，可采取如下两条措施：一是通过推进“三重一创”建设，促进战略性新兴产业向主导产业转变。发挥好专项引导资金、产业发展基金作用，高水平推进战略性新兴产业集聚发展基地建设。围绕量子通信、智能机器人、动力电池、燃气轮机、通用航空发动机、生命科学等领域，组织实施一批重大科技专项，突破一批核心技术和共性技术，抢占产业发展制高点。二是实施传统产业改造提升工程，促进传统制造业转型升级。贯彻落实《中国制造 2025 安徽篇》，推进煤炭、钢铁、有色金属、化工、建材、电力、装备制造等领域的龙头企业瞄准国际同行业先进标杆，持续加大投入，高起点、大力度对标技术改造。大力推进“互联网 +”融合发展，以“智能化、高端化、绿色化、生产服务化”为发展方向，采用新技术、新设备和新工艺，推进节能减排和生态环保，推动产业、企业、产品转型升级，促进企业从价值链中低端向中高端转变。强化技术、能耗、环保、安全等标准约束，重点推进钢铁、建材、有色金属、平板玻璃、非煤矿山等领域化解过剩产能和淘汰落后工作。

再次，要强化人才支撑，夯实创新基础。为此，可采取如下措施：一是要构建多层次、多渠道的创新人才引进机制，鼓励支持省内外高层次科技团队、海内外高层次创新人才、高校毕业生等来皖创新创业。通过股权投资或债权投入的方式，支持一批国（境）内外、省内外高层次科技人才团队（以下简称科技团队）在安徽创办公司，开展科技成果转化、产业化工作。深入推进"百人计划""千人计划""万人计划""长江学者奖励计划"等国家重大人才工程，立足安徽省实际，依托政策导向，满足合芜蚌试验区等创新活跃地区对创新紧缺人才的需求。在引进高校毕业生方面，完善企业实习基地建设，摒除实习过程中的程式化问题，提升专业背景和实习的契合度。通过增加对行业背景的综合了解，提高高校毕业生的就业安全感，增强在皖就业前景的信心。同时，加大对高校毕业生在皖就业的政策优惠力度，如为其提供租房、购房优惠等。二是要加强创新人才队伍建设。要制定适应安徽本土特色的整体性、长期性规划，明确建设创新人才队伍的目标和任务。拓展创新人才的培养平台，利用合芜蚌自主创新综合试验区等具有安徽本土特色的创新区，保持创新平台加速建设的良好势头，推进"合芜蚌人才金港"服务平台建设，给予创新人才发挥才能、提升能力的机会，实现其个人价值，增强队伍归属感。三是要完善人才激励机制。通过提供专业化培训、保证创新环境的公平公正性、推动科技资源的信息共享、改善创新人才评估体系等措施，促进人才的成长和价值实现。

最后，要优化创新环境，营造良好的创新创业氛围。为此，可采取如下措施：一是要加快完善、落实创新驱动发展战略的相关政策。在制定政策时，相关部门要"使市场在资源配置中起决定性作用和更好发挥政府作用"。通过价格管制、减免税、标准制定等规制和政策工具调整利益机制，引导各类资源向创新领域汇聚。在落实国家创新驱动发展战略时，要改变"政府选方向—立项目—建团队—组织实施"的老办法，主要靠市场发现和培育新的增长点，围绕让市场在资源配置中起决定性作用，优化科技资源配置。在政策工具方面，加大市场激励型政策工具的使用力度，减少行政管制型政策工具。二是要搭建、完善促进科技成果转化的创新服务平台。加大研发投入力度，充分利用企业的创新主体地位、科研机构和智库的技术支持及智力支持作用，促进科技交流合作"走出去"和"引进来"相结合；支持和鼓励有条件的高校、科研院所、企业创建创新型孵化器，搭建风险投资与创业创新成果对接平台，开展技术成果转化和交易，推进科技成果商品化。

参考文献

赵志耘：《创新驱动发展：从需求端走向供给端》，《中国软科学》2014 年第 8 期。

钟书华、王林：《国内“区域创新驱动发展”研究述评》，《科学管理研究》2018 年第 2 期。

〔美〕约瑟夫・熊彼特：《经济发展理论》，何畏等译，商务印书馆，1997。

刘艳、程恩萍、侯爱军：《基于创新驱动的我国物流业创新发展评价》，《科研管理》2018 年第 S1 期。

洪银兴：《关于创新驱动和创新型经济的几个重要概念》，《群众》2011 年第 8 期。

郭英远、张胜：《创新驱动发展的内涵和标志》，《科技管理研究》2018 年第 6 期。

周柯、唐娟莉、谷洲洋：《中国创新驱动发展能力测度与评价》，《统计与决策》2018 年第 2 期。

周柯、唐娟莉：《我国省际创新驱动发展能力测度及影响因素分析》，《经济管理》2016 年第 7 期。

李燕萍、毛雁滨、史瑶：《创新驱动发展评价研究——以长江经济带中游地区为例》，《科技进步与对策》2016 年第 22 期。

张晶：《创新驱动区域经济可持续发展研究——基于 1996 ~ 2014 年江苏省的数据检验》，《广西社会科学》2016 年第 10 期。

高建平、赵可、查晶晶等：《湖北省创新驱动发展路径研究》，《科技管理研究》2016 年第 7 期。

李卿、夏海力：《江苏与京、沪、浙、粤实施创新驱动发展的评价与比较研究》，《苏州科技大学学报》（社会科学版）2016 年第 1 期。

汪晓梦：《安徽创新驱动发展战略实施成效评估与比较研究》，《重庆科技学院学报》（社会科学版）2016 年第 8 期。

陈华彬：《安徽创新驱动战略研究》，《怀化学院学报》2014 年第 2 期。

胡钰：《增强创新驱动发展新动力》，《中国软科学》2013 年第 11 期。

秦健：《美日欧创新驱动发展的路径特征及其对我国的启示》，《河南工业大学学报》（社会科学版）2017 年第 3 期。

单汨源、潘莎、聂荣喜等：《基于卓越绩效模式的企业技术创新能力模型研究》，《科学学与科学技术管理》2009 年第 6 期。

李敏、杜鹏程：《长江经济带区域绿色持续创新能力的差异性研究》，《华东经济管理》2018 年第 2 期。

吕岩威、楼贤骏、李平：《加权主成分距离聚类分析法及其应用》，《统计与决策》2018 年第 15 期。

李因果、何晓群：《面板数据聚类方法及应用》，《统计研究》2010 年第 9 期。

高山：《创新驱动发展背景下我国区域知识有效供给能力评价研究》，《图书馆学研究》2018 年第 21 期。

马敏：《苏浙皖金融支持产业结构升级的差异分析》，安徽大学硕士学位论文，2018。

梁祥凤、王居华：《互联网 + 时代安徽省制造业发展策略研究》，《华东经济管理》2017 年第 9 期。

李良成：《政策工具维度的创新驱动发展战略政策分析框架研究》，《科技进步与对策》2016 年第 11 期。

B.4
安徽深度融入长三角更高质量一体化路径研究*

孟天琦　胡　艳**

摘　要： 促进区域协调发展是现阶段我国区域经济发展适应国内外环境变化，以及实施国家重大战略的新要求，也是推进区域自身经济社会转型升级的必然选择。本报告在分析安徽融入长三角一体化的历史进程基础上，总结安徽融入长三角一体化发展的主要做法及制约因素，进而提出新时期加快安徽融入长三角更高质量一体化发展的政策建议。

关键词： 安徽　长三角一体化　区域协调发展

当前安徽省仍然处于工业化、城镇化加速发展阶段，必须依靠更高层次的战略平台，进一步集聚发展资源，拓展发展空间。而长三角地区是中国经济最具活力也是开放程度最高、创新能力最强的区域之一，被称为中国第一区域经济板块和“世界第六大城市群”。作为我国改革开放的前沿，长三角地区是我国经济社会发展的重要引擎，不仅在国家战略中具有重要地位，而且在全国经济转型升级中发挥着示范引领作用。无论是从实施国家区域总体战略角度来看，还是从培育区域竞争力角度出发，都必须加快促进长三角地区率先发展、一体化发展。2018 年 4 月 26 日，习近平总书记做出重要指示，要求上海进一步发挥龙头带动作用，苏浙皖各扬所长，使长三角地区实现更高质量的一体化

* 2018 年安徽省党校系统研究课题“新时代建立更加有效的区域协调发展机制研究”成果。

** 孟天琦，中共安徽省委党校（安徽行政学院）经济学教研部讲师，博士；胡艳，安徽大学区域经济与城市发展研究院院长，教授，博导。

发展；2018 年 11 月 5 日，习近平总书记在首届中国国际进口博览会开幕式上的主旨演讲中向全世界宣布，支持长三角一体化发展并上升为国家战略，这将与“一带一路”建设、京津冀协同发展、长江经济带建设、粤港澳大湾区建设相互配合，完善中国改革开放空间布局。这一战略“升级”，长三角一体化的更高质量发展，是安徽进入新时代的重大发展机遇。

一　安徽融入长三角一体化的历史进程

事实上，安徽与沪苏浙可以说地缘相近、人缘相亲、文化相通。1990 年开始，国家就做出了“开发皖江、呼应浦东”的战略决策，到 2003 年“融入长三角”、2005 年“东向发展”战略实施，进一步加快安徽融入长三角的步伐；2008 年初，胡锦涛同志视察安徽时做出“安徽要积极参与泛长三角区域发展分工”的重要指示，以此为契机，积极争取加入长三角合作机制；2009 年，安徽省成立了以党政一把手为组长的长三角区域合作领导小组；2011 年，首次作为轮值方成功举办了长三角地区主要领导座谈会；2014 年 9 月，国务院《关于依托黄金水道推动长江经济带发展的指导意见》印发，安徽作为长三角成员正式得到国家确认，合肥也与南京、杭州并列，成为长三角副中心城市；2016 年 6 月，国务院批复通过《长江三角洲城市群发展规划》，将合肥、芜湖、滁州等皖江 8 市全部纳入；2018 年 4 月，长三角城市经济协调会第 18 次市长联席会议，通过了吸纳铜陵、安庆、池州、宣城加入长三角协调会的提案。至此，安徽省已有 9 市为协调会会员城市，其中皖江城市带 8 市全部纳入。实际上，安徽与沪苏浙之间交流非常多，随着长三角立体交通网络的互联互通，安徽区位优势进一步凸显，与沪苏浙有了很多合作空间。比如在创新方面，安徽省正在扎实推进“四个一”创新平台和合肥综合性国家科学中心建设，正在合力打造 G60 科创走廊，借助这些平台，安徽可以发挥更大的作用，推动形成长三角协同创新共同体；在产业方面，对比沪苏浙，安徽人才和土地有价格优势，又有国家级承接产业转移示范区，可以成为沪苏浙产业和资本向中西部地区转移的首选之地。比如 2018 年 2 月，合肥上海产业园的正式落户，是合肥上海展开双城合作、承接产业转移的历史性标志。

2019 年《政府工作报告》强调“将长三角区域一体化发展上升为国家战

略”，对于安徽来说，将突出安徽优势、找准安徽定位、扬皖所长，基于五大发展理念尽一切努力为高质量的综合发展做出贡献。

二　安徽融入长三角一体化的主要做法及制约因素

发达的经济水平、区域间的互补和产业梯度、地理临近及交通基础设施的通达性、区域文化的相融性、中心城市较强的创新能力、中央和地方各级政府合作意识的增强以及制度的不断完善为长三角区域一体化发展奠定了良好的基础。2018 年 6 月，长三角地区主要领导人座谈会在上海举行，会上形成了丰硕的成果。安徽将按照更高质量发展的根本要求，立足自身实际，紧扣一体化的工作主线，坚持生态优先、绿色发展的理念，着力打造水清岸绿产业优的美丽长江（安徽）经济带，当好长三角科技创新策源地、长三角产业发展生力军、长三角对接“一带一路”西大门、长三角能源供给大通道、长三角生态绿色后花园。但与此同时，就推进长三角一体化发展来说，目前还面临不少制约因素。

（一）主要做法

1. 基础设施互联互通

铁路、机场和高速公路方面：合肥南站和新桥机场等重要运输枢纽投入使用；宁安城际、宿淮铁路相继运营，杭黄铁路主体工程已全线贯通，商合杭高铁累计完成投资超过 400 亿元；合新高铁可研报告已编制完成，力争 2019 年开工建设，合宁高铁、镇宣铁路等前期工作顺利进行；溧马高速、徐明高速、泗许高速、宿扬高速等跨省高速全线贯通；加快推进合宁高速改扩建、合芜高速林头至陇西立交段改扩建工程；黄山至千岛湖高速皖浙省际节点已确定；进一步协调苏浙两省加快推进宁宣杭高速江苏段、浙江段相关工作。港口方面：牵头研究优化完善长三角高等级航道网，淮河干流航道安徽段全面开工，芜申运河安徽段航道整治主体工程已完工，新汴河航道安徽段项目前期工作加快推进，目前正在积极协调江苏省将下游段航道等级调整为四级，并推进航道整治工程的实施。芜湖港与上港集团携手打造安徽至上海洋山港的重要喂给港，马鞍山和浙江舟山港通航全国首艘江海直达船。能源方面：1000kV 淮南—浙北—上海特高压交流输变电工程成功投运，形成长三角输电环网，提高“皖电东送”可靠性和输送能力。淮北平山电厂二期工程建设按计划有序推进。绩溪、金寨抽水蓄能电站分别完成投资 37.5 亿元和 18 亿元。推动安徽桐城、宁国抽水蓄能电站项目前期工作，积极争取将岳西、石台等抽水蓄能电站站址纳入规划。上海电气投资的五河县、淮北杜集区秸秆发电项目已建成投产，蒙城县、天长市项目争取下半年建成投产。苏皖推进天然气管线互联互通，建设完成江苏金湖至安徽天长、冀宁联络线皖苏界至宿州天然气管线项目。

2. 产业分工合作深化

一方面，推动合作共建产业园区。多层次跨省（市）共建产业园区获得长足发展，苏滁现代产业园的示范经验在省内开始复制，招大引强工作取得突破性进展，引入世界 500 强、全球第三大 TFT – LCD 制造公司台湾明基友达集团。《苏皖（郎溪、广德、溧阳）合作示范区发展规划》已上报国家发改委，进入批复阶段。宣城、上海光明集团大力推进白毛岭、锦天湖两个“飞地”建设，探讨编制了白毛岭、锦天湖农业发展规划。合肥上海产业园在上海召开“合肥上海产业园新闻发布会”，全力建设合肥上海双城合作、承接产业转移的重要对外开放平台。另一方面，相互投资质提量增。联合利华、华谊等一批知名企业集团，将其生产基地甚至总部迁移到安徽省，安徽省一大批省属企业和民营企业也纷纷借助长三角开放平台谋发展。

3. 环境保护合作加强

大气污染防治形成合力，积极参与长三角区域大气污染防治协作机制，实施大气污染防治行动计划。工业废气、城市扬尘、燃煤小锅炉、秸秆焚烧、机动车尾气等得到有效治理，秸秆发电、还田、饲料化等多种利用方式加速发展。以“五控”（控煤、控气、控车、控尘、控烧）为总抓手，开展大气污染防治强化督查工作，共检查点位 8377 个，有力推动了各地环境突出问题的解决，圆满完成《大气污染防治行动计划》确定的目标。水环境治理进一步加强，加强长江经济带环境监管执法，相继开展了长江经济带饮用水水源地环境保护执法专项行动、长江经济带化工污染整治专项行动、污水处理厂环境问题专项排查整治和“小散乱污”企业整治行动等，提高城镇污水治理能力，建成投运 137 座污水处理厂，日处理污水能力达 626.7 万吨。狠抓土壤污染防治，启动全省土壤污染详查。强力开展皖江段环境污染问题整治，全省排查固体废物问题 1566 个。连续实施了两轮新安江生态补偿机制试点，新安江成为全国水质最好的河流之一，带动浙江千岛湖水质实现与上游来水同步改善。

4. 公共服务持续推进

持续推进社会保险待遇资格认证，安徽省跨省异地居住人员养老保险待遇领取资格网上协查认证系统已覆盖全省各市县经办机构，连续 7 年为沪苏浙开展协查认证工作，共协查认证了 4.1 万人。全面实现跨省异地就医直接结算，开通 244 家跨省异地就医定点医疗机构，覆盖全省所有三级医院和县级人民医院及中医院。积极推进长三角协同创新网络建设，进一步丰富完善大型科学仪器设备、科技文献等科技资源共享平台，以主宾省身份参加上海浦江创新论坛。在 G60 科创走廊的基础上，牵头研究规划建设长三角科技创新圈。研究联动整合长三角技术交易市场，为科技项目布局、科创资源共享以及科技成果加速转化搭建合作平台。共同围绕长三角食品安全、耕地生态保护、应急医疗卫生服务、生物医药产业安全防控 4 个领域开展长三角区域共性关键技术联合攻关。成立了长三角农产品质量安全防控联盟，合力构建重大活动保障协作机制、应急协作机制等 5 项工作机制，提升质量安全管理水平。

5. 统一市场全面开放

共同打击侵权假冒行为，继续开展“云剑联盟”专项行动，全省双打行政执法部门办结案件 1882 件。深化商贸物流一体化发展，以合肥、芜湖、马鞍山国家物流标准化为契机，推进以标准化托盘社会化循环为重点的物流标准化建设。共同起草《长三角地区深化推进国家社会信用体系建设区域合作示范区行动方案（2018 ~ 2020 年）》，推进国家社会信用体系建设区域合作示范区建设。牵头推进长三角区域产品质量领域并参与环境保护、食品药品、旅游领域守信联合激励和失信联合惩戒机制建设。推动区域银行、保险、互联网金融以及证券期货资本市场、银行汇票统一市场互融发展，目前共有 10 家总部设在江浙沪的银行业金融机构在安徽省设有分支机构，在全省的信贷投放总余额为 2279.7 亿元。

6. 城市合作拓展扩大

皖江 8 市（合肥、芜湖、马鞍山、铜陵、安庆、滁州、池州、宣城）加入长三角城市经济协调会，全面覆盖了《长江三角洲城市群发展规划》中涉及安徽省的规划范围。着力加强合肥长三角副中心城市建设，合肥已新增为长三角城市经济协调会办公室副主任单位。同时，围绕产业园区结对帮扶、基础设施互联互通、公共服务共建共享、科技创新协同攻关等重点领域开展同城合作，提升一体化程度。

（二）面临的主要问题和制约因素

从促进区域协同一体化发展的角度来看，目前安徽在融入长三角一体化方面还存在以下几个方面的制约因素。

1. 要素配置程度较低

虽然说长三角地区市场一体化在不断推进，跨区域要素配置平台建设初见成效，但由于行政壁垒和地方保护主义，仍没有打破“一亩三分地”的思维，生产要素在区内流动不畅，区域要素市场一体化程度仍然较低。如以劳动力市场为例，区域间仍存在户籍壁垒和公共服务不均等问题，城市基本上已经完全处于市场化状态了，各种生产要素可以自由流动，而农村生产要素还处在半市场化状态。比如劳动力、资金、土地这三大生产要素基本是从农村向城市的单向流动，这在一定程度上导致农民收入水平低，成为阻碍区域一体化发展的主要因素。

2. 体制机制仍不健全

目前，促进长三角地区一体化发展的共识已经达成，现实基础也比较坚实，区域一体化发展机制已经建立，但跨区域发展的协调机构作用发挥还不够，最大的影响因素就在于其制度创新还不够。现阶段，各地区往往停留在区域合作的省（市）际层面，而县际层面则有所不足。随着区域经济的发展，各地区经济利益依存度越来越高，这种区域合作协调制度以对话式协调为主，缺失法律制度上的约束，地区之间往往受到经济短期利益的驱使和区域经济利益难计量的技术限制，这就导致一方面达不到预期效果，另一方面不能更好地适应城际协调发展的现实需要。因此，建立更加有效的区域协调发展新机制，尤其是多层次跨区域的协调机制对于下一步发展都市圈、推动城市化建设非常重要。

3. 产业结构趋同化

各地在进行本地区发展战略规划时，更趋向于选择市场利好、短期效益高的产业。结果在经济发展的同时，出现了严重的区域产业结构趋同化，区域经济特色不明显，同质竞争现象愈演愈烈。比如，“十五”期间，全国多数省份规划了钢铁、水电、化工、汽车等项目，于是产业趋同现象相当普遍。以长三角城市群为例，对长三角三次产业进行静态分析，选取2016年三省一市三次产业比重数据，计算产业结构相似系数。数据显示，安徽与江苏、浙江的相似系数已达到0.9，上海与江苏、浙江的相似系数也达到0.85以上，江苏与浙江的产业结构相似度更高，甚至接近于1。一般而言，地区间产业结构相似程度以0.85为标准判断高低。另外，再从规模以上工业行业相似度比较来看，长三角区域内工业产业结构相似系数平均值虽然不高但呈上升态势，特别是安徽与沪苏浙的工业产业结构相似系数处于上升阶段。这在一定程度上表明了长三角地区存在明显的产业同构现象，不仅抑制了区域经济比较优势的发挥，而且容易造成区域间恶性竞争加剧，阻碍区域协调发展进程。

4. 中心城市能级和带动力不强

此前，在十九届中央第一轮巡视中，多个城市被点名“引领带动作用不够”，措辞中提及“龙头作用不够”“省会作用不够”“中心城市作用不够”等。事实上，无论是龙头作用，还是中心城市作用，都指向一个热词——城市首位度。它代表的是一个城市所属区域的实力和地位，强调的是一个城市对生产要素的聚集能力。2018年，合肥市经济总量7822.9亿元，经济首位度为26.2%，居中部第3位，低于武汉的36.70%、长沙的30.5%，仍有进一步提升的空间。

从城市结构来看，安徽省以中小城市为主，城镇化率不高，城市能级偏低。2014年11月国务院发布的《关于调整城市规模划分标准的通知》明确提出，城市划分标准以城区常住人口为统计口径，属于长三角副中心城市的南京、杭州均为特大城市，合肥只为大城市，合肥市区人口数量和人均GDP也仅为南京、杭州的2/3，建成区面积仅为南京、杭州的56%和83%，与长三角世界级城市群副中心的定位还有较大差距。除此之外，其他区域性中心城市对周边小城市的带动效应偏弱，产业和人口集聚不足，潜力还没有得到充分发挥，导致整体城市竞争力不强。通常一个实力强劲的中心城市或者省会城市，能争取到更多的人口、政策、技术，发展空间才会更大。正如习总书记在2018年中央经济工作会议上所强调的，要增强中心城市辐射带动力，形成高质量发展的重要助推力。在中心城市带动区域发展的时代，可以说中心城市强，则省域强。

5. 与沪苏浙对比，差距仍不小

安徽的发展与长三角其他城市还有很大差距。虽然近几年安徽发展速度很快，但需要看到的是，其他城市同样在发展。安徽经济基数小、底子薄，近几年的发展是“纵向比进步大，横向比差距大”。就经济总量而言，2018 年前三季度，长三角地区 GDP 为 12.83 万亿元，占全国 GDP 的 20%。以安徽 GDP 为基数 100，江苏省为 310，浙江省为 184，上海为 109，可见体量上的差距非常之大。另外再从产业结构来看，产业结构反映发展的质量和效益。与中西部地区相比，安徽在一些指标上或可领先。但与苏浙沪相比，发展不优的问题十分突出。苏浙沪三次产业均实现“二三一”向“三二一”的重大转变，而安徽省第三产业占比较低。从长期来看，城市尤其是特大城市，服务业将逐渐成为主导型产业，整体服务业的占比会越来越高。像发达国家的大城市，第三产业比重在 80% ~90%。城市人口规模越大，消费需求也越大，需要城市提供的服务也越多。

三　安徽融入长三角更高质量一体化发展的政策建议

促进长三角地区一体化发展，不仅是建设长江经济带等国家战略的需要，也是安徽省扎实推进“3 +6”联动发展建设的必然要求。“十三五”时期是长三角一体化发展在新的历史起点上的重大机遇期，应该从创新、协调、绿色、开放、共享五大发展理念的高度重新思考定位长三角一体化发展。尤其是长三角一体化上升为国家战略，在国家推进“先发优势”创新战略中发挥示范作用，长三角区域一体化发展应尽快从高速增长阶段进入高质量发展阶段。高质量发展阶段，意味着更加注重城市之间的互联互通，这不仅仅意味着交通的互联互通，而且更重要的是社会公共服务等多方面的同城化和一体化。一体化不是一样化，也不是统一化，更不是合并化，而是分步走分层级的高质量发展。2018 年以来，安徽省参与长三角一体化发展硕果累累，重大基础设施建设进度加快。杭黄高铁、商合杭高铁加快建设；徐明高速江苏段和泗许高速江苏段建成通车；长三角地区最大的电力互济工程“皖电东送”项目全部建成投产。

2018年6月1日，长三角地区主要领导座谈会在上海举行。三省一市达成的共识是推动长三角地区更高质量一体化发展。共同研究制定并印发《长三角地区一体化发展三年行动计划》《长三角地区合作近期工作要点》，重点推进"六个一批"等工程。深化长三角一体化发展，加快推进基础设施共建共享、市场体系统一开放、生态环境联防联控、社会管理互通互认、信息高速网络泛在，安徽与沪苏浙地区实现全方位等高对接，共同打造具有较强国际竞争力的世界级城市群。从近期看，安徽应在以下方面扎实开拓高质量发展的重要动力源，准确把握长三角一体化发展的主攻方向，提升一体化发展的支撑能力。

1. 编制一体化发展规划

科学规划是基础。要重点围绕交通、能源、信息、科技、环保等专项规划与战略规划、总体规划有机衔接，特别是土地利用规划、城市总体规划之间的对接，突出体制机制创新以消除行政壁垒和地方保护主义，强调规划体系落实上要一张图。比如在苏州工业园区规划展示馆，有两张规划图。一张是1994年编制园区总体规划时设计师手绘的金鸡湖远景图，一张是2014年的实景图，对比发现两者相似度高达90%以上。"先规划后建设、先地下后地上"这是苏州工业园区的一个经验。例如在总体规划用地方面，园区在预留"白地"（未明确今后用途的土地）、"灰地"（未来可以改变土地使用性质的地块）、"弹性绿地"（可开发或不可开发的绿地）的基础上，对工业用地、住宅用地和商贸用地等土地功能进行了明确界定。正是得益于科学的规划布局，园区各种生产要素自由流动，产生的是巨大的资源节约效益。

2. 细化一体化合作制度

当前，长三角地区已建立起包括决策、协调、执行在内的多层次、多元化的经济合作体系，区域融合发展只有基于成熟的体制机制才能获得长效。因此，应加大在招商引资、人才流动、科技协同、基础设施等方面的工作力度，建立和完善多元规制的协调机制，从制度源头上加强法律监管，规范各地的经济行为。一方面，积极推进各区域间资源、技术、人才等方面的协同融合，加强区域间优势资源的整合，拓宽协作领域，从而实现生产要素跨区域的合理流动和资源的优化配置。另一方面，积极推进各种社会组织和公众参与一体化进程。相对于政府和企业，行业协会、中介机构、大学、研发机构等各种社会组织在区域合作中会起到越来越重要的作用。因此，应积极创造条件让各种社会力量参与决策和建设，积极推动大学、科研机构、公共服务机构、交易市场机构等跨地区整合发展，形成一体化运作的体系和机制。

3. 探索跨区域资金运用方式

“目前，长三角设立了包括‘长三角合作与发展共同促进基金’在内的多种政策性基金，较好地发挥了政府种子基金的‘资本杠杆’作用。”① 为此，可以考虑运用市场化手段，建立长三角各地参股的股份制项目建设与运营主体，探索地方财政和税收分享机制，鼓励行业协会、基金会等社会团体共同设立跨区域融合发展投资基金，要多从具体的项目出发考虑一体化的协同和联合，如跨地区基础设施、公共服务、生态环保等领域。可以在“走出去”或者开拓长江中上游走廊的过程中，共同投资“一带一路”国家，转移产能、建设长三角工业园区。

4. 健全一体化市场融合机制

推进长三角高质量一体化发展，就是要不断克服和消除影响资源要素自由流动的体制机制障碍，实现市场竞相开放、市场充分竞争、市场决定资源配置。为此，安徽要融入长三角高质量一体化发展应主要从市场因素出发，推进区域一体化大市场建设，形成规则透明、竞争有序、资源共享的市场机制。同时，还要认识到长三角高质量一体化发展中，转变政府职能是首要条件。主要表现在跨区域共性基础设施建设，以及在基础环境方面打破影响生产要素自由流动和优化配置的障碍，真正落实市场配置资源的决定性地位，加快实现长三角在行政审批制度改革上的同频共振，为营造公平竞争的市场环境创造条件。

5. 推进一体化科技协同创新

我国经济已由高速增长阶段转向高质量发展阶段，高质量经济的重要引擎、新旧动能的转换点在哪里？在科技创新。科技创新就是高质量发展，所以需要长三角提供一个试验田。因此，应构建以沪宁杭合为核心基地的长三角科技创新圈，推进 G60 科创走廊建设，聚焦“四个一”创新平台和大科学中心建设，促进合肥滨湖科学城与上海张江科学城协同创新，联合开展专项攻关。同时，联手打造创新成果交易市场，“坚持科技设施‘通联’、创新政策‘通

---

① 魏敏：《“长三角一体化”如何在江苏落地生根》，http：//district. ce. cn/newarea/roll/201610/11/t20161011_ 16631785. shtml。

兑’、成果转化‘通用’”①，推进科技成果转化，完善知识产权交易市场，共建区域协同创新共同体。

6. 构建一体化产业协同机制

借鉴欧盟的做法，政府应大力支持企业进行跨地区、跨产业、跨所有制的兼并重组，企业兼并重组活动有利于促进产业集群的发展和升级，而产业集群在一定程度上又可以推动区域经济一体化，实现按经济区域“极化—扩散”增长的现代生产力配置方式。

以参与G60科创走廊建设为契机，主动提升与长三角城市群产业分工和合作的技术层次，以高新技术产业为重点，以优势行业为基础，根据产业链、价值链、创新链的环节，重点统筹推进“三重一创”特别是24个战略性新兴产业基地建设，共建国家级产业和技术创新联盟。同时，安徽拥有国家级承接产业转移示范区，是沪苏浙产业和资本往中西部转移的首选阵地，需要积极承接沪苏浙高端制造产业，借助举办“世界制造业大会”的契机，打造具有国际影响力的先进制造业基地。此外，还要积极探索在差异化发展中寻找分工合作的机遇，培育和扩展与沪宁杭的“链式功能”，提高与长三角产业分工合作的关联度，形成产业协同发展的新格局，在产业上深度融入长三角城市群更高质量的一体化发展。加快推进长三角地区之间产业园区的合作共建，如中新苏滁现代产业园、张江萧县高科技园区等，共同推动优势资源的共享发展，从而更好地支撑引领产业结构转型升级。但需要强调的是一体化发展并不是一样化发展，产业发展要形成特色化、差异化的产业分工。

7. 推动基础设施互联互通

经济发展，交通先行，基础设施的互联互通是长三角协调发展的亮点。要重点推进以交通、能源为主的跨区域基础设施建设，重点打通“断头路”“断头航道”“断头港口”，推动突破省际“瓶颈”，共建一体化的“城际轨道圈”“国省干支网”“信息高速路”。目前，已经启动了长三角区域城际铁路网规划编制工作。商合杭高铁阜阳段正在紧张施工中，该高铁建成后，市民从阜阳出发到合肥的用时将从现在的2小时40分钟缩短至40分钟，到杭州将从9小时

① 李叶、谢磊：《加快打造水清岸绿产业优的美丽长江（安徽）经济带　携手推动长三角地区实现更高质量的一体化发展》，《安徽日报》2018年6月16日。

左右缩短到2小时30分钟，时空距离的拉近，将为未来进一步的产业协作提供动力。在合力打通省际“断头路”方面，涉及安徽省的就有5条，像黄山至千岛湖高速公路通车后，合肥人自驾前往千岛湖游玩的时间可节省至少1小时。除了铁路、公路方面，还要促进区域机场群、港口群的联动互补和错位发展。通过“皖电东送”加强与长三角的合作，推进能源一体化，实现基础设施联通“一张网”。

8. 促进公共服务共建共享

持续推进社会保险待遇资格认证，全面实现跨省异地就医直接结算。比如推出异地就医实时结算，通过和医疗机构联网结算，异地就医的患者可以省去“垫资”“跑腿”的烦恼。全国首个异地就医门诊实时结算平台——长三角跨区域就医门诊费用直接结算系统已经上线试运行①，马鞍山和滁州作为首批试点统筹地区，未来还将逐步拓展到所有统筹区域，实现长三角“医保一体化”。除了就医方面，长三角还推出了公共交通一卡通、旅游惠民一卡通等便民服务。过去到苏浙沪，除了身份证外，还要携带当地的地铁卡、公交卡等。未来一卡多用，合肥的地铁卡可以在苏浙沪扫码便捷通行，一起共同步入同城时代，支持主要城市间开通公共交通线路，共建普惠便利民生网。

9. 推动生态环境联防联治

牢固树立新发展理念，坚持绿水青山就是金山银山，共同推进完善长三角跨区域环境污染联防联治机制，加强与苏浙沪生态环境保护方面的共治管理，健全统一的碳排放标准、固废排放等监管体系。建立长三角区域生态环境违法“黑名单”制度，落实联合惩戒措施，完善新安江流域生产补偿机制、产业疏解转移中的利益共享机制、跨行政区的规划实施资金保障机制等，大力实施“林长制”，打造生态文明建设安徽样板，形成人与自然和谐发展的新格局，共建绿色美好家园。

10. 构筑都市圈竞合新模式

经济、社会发展水平的地区差异，不构成一体化发展的障碍，其困难在于体制机制。目前上海仍处在增长极的初期，对周边地区的“极化效应”大于

① 史一兵：《实现长三角“医保一体化”对接部级异地结算平台》，http：//www.yidianzixun.com/article/0Kt3kQmG。

“扩散效应”，导致区域经济发展非一体化，表现为竞争大于合作。如在产业布局上各自为政，重复布点严重，产业结构趋同状况加剧。为此，长三角地区也要比照京津冀协同发展的要求，在两省一市层面成立行政协调领导小组，统一一体化发展事宜，形成规范合理的竞合新模式。同时，也要学习欧洲人务实的精神，从具体的项目做起，避免在广泛的领域中进行抽象的议论。还要充分发挥各种国家战略类政策在一体化中的作用，加强更广泛领域的交流合作，促进“双向共赢”。

全方位深化与苏浙沪的分工合作，使内部各城市间相互整合、相互协同，进而产生 1 + 1 > 2 的聚合效应，这也是当前安徽实现高质量发展的关键所在。引用习总书记的话来说，长三角“如同一朵花上的花朵，瓣瓣不同，却瓣瓣同心”。但需要说明的是，一体化不是一样化，是分步走分层级的高质量发展。要从落实区域协调发展战略的高度，立足省情，坚持扬皖所长，在服从国家战略的同时找准安徽定位、彰显安徽作用。

参考文献

陈雯、王钰：《基于成本—收益的长三角地方政府的区域合作行为机制案例分析》，《地理学报》2019 年第 1 期。

毛玫菁、陆乐：《长三角三年行动计划发布》，中新社 - 浙江新闻客户端，2018 年 6 月 3 日。

魏敏：《“长三角一体化”如何在江苏落地生根》，http://district.ce.cn/newarea/roll/201610/11/t20161011_ 16631785.shtml。

李叶、谢磊：《加快打造水清岸绿产业优的美丽长江（安徽）经济带　携手推动长三角地区实现更高质量的一体化发展》，《安徽日报》2018 年 6 月 16 日。

张学良、林永然：《长三角区域一体化发展机制演进：经验总结与发展趋向》，《安徽大学学报》（哲学社会科学版）2019 年第 1 期。

人口发展篇

Demographic Development

B.5 改革开放40年安徽人口发展变化及展望

孙中锋　方汝燕*

摘　要： 改革开放40年以来，安徽省人口发展变化巨大，人口控制工作逐步深入和完善，为经济社会发展提供了强有力的保障。40年来，安徽省人口总量惯性增长，人口控制显成效；受教育水平迅速提高，人口素质不断改善；市镇数量不断增加，城镇化进程稳步推进；人口流动日趋频繁，流动呈现新特点；人口老龄化速度加快，人口年龄结构变化显著。未来安徽省将在“人才强省”“健康安徽”战略下，稳步推进“全面二孩”政策的落实，全面开创现代化五大发展美好安徽建设新局面。

关键词： 改革开放40年　安徽　人口变化

---

* 孙中锋，安徽大学社会与政治学院副教授，研究方向为人口社会学、社区人口等；方汝燕，安徽大学社会与政治学院硕士研究生，研究方向为人口社会学、流动人口等。

改革开放40年来，随着人口控制工作逐步深入和完善，安徽省人口发展类型完成了由传统型向现代型的历史性跨越，人口素质大幅提高，人口分布与区域发展更加协调，形成了有利于经济发展的“人口红利”期，创造了经济快速发展与人口合理控制的两大奇迹，为经济社会发展提供了强有力的保证，也为安徽省实现可持续发展和全面建设小康社会创造了良好的人口环境。

进入21世纪特别是“十二五”时期以来，伴随着人口发展的内在动力和外部条件的改变，中国对计划生育政策进行了适当调整。为全面贯彻落实《中共中央、国务院关于实施全面两孩政策改革完善计划生育服务管理的决定》，安徽省制定出台了《中共安徽省委、安徽省人民政府关于实施全面两孩政策改革完善计划生育服务管理的意见》《关于修改〈安徽省人口与计划生育条例〉的决定》等一系列相关文件。“全面两孩”政策的实施是逐步调整完善生育政策、促进人口长期均衡发展的重要举措。

一　人口总量惯性增长，人口控制显成效

人口总量大是安徽的基本省情特征之一。安徽省人口总量的变化随着经济社会发展起伏而具有明显的时代特征，先后经历了中华人民共和国成立初期、三年困难时期之后、20世纪80年代后期、21世纪初四次生育高峰。改革开放后，安徽省总人口由1978年的4713万人逐步增加到2016年的户籍人口7027万人，常住人口6196万人。常住人口总量居全国第8位，占全国总人口的比重在4.5%左右。2017年底安徽省户籍人口达7059.2万人，常住人口6254.8万人。[①] 改革开放至今的这段时间安徽人口发展呈现较为明显的阶段性特征，大致可分为四个阶段（见图1）。

第一阶段（1978～1990年），人口控制初期阶段。这个阶段的主要特征是：人口出生率和自然增长率呈V形波动、死亡率呈上升之势，波动幅度较大。20世纪70年代初期，尽管当时计划生育政策尚未纳入我国基本国策之中，但“晚、稀、少”的生育准则已经对人们的生育行为产生了一定的影响，

① 文章数据若未说明，均来源于国家统计局与安徽省统计局及安徽省历年统计年鉴，其中安徽省1978年总人口数据缺少常住人口，只有户籍人口数据。

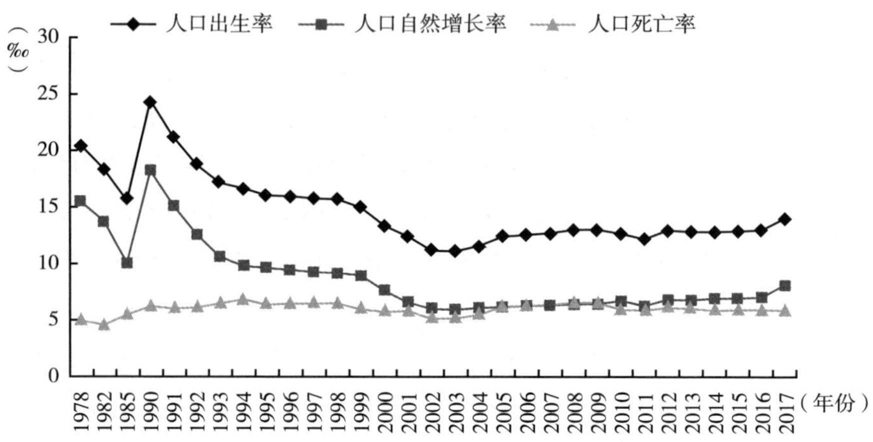

图1　安徽省改革开放40年来人口增长变动情况

安徽省的人口出生率有了一定程度的下降，人口增长势头得到有效控制。1982年随着计划生育政策成为我国基本国策之一，政府开始提倡"晚婚晚育，少生优生""一对夫妇只生一个孩子"，制定了较为明确的人口控制目标和发展规划。同时，避孕节育技术的发展，大大降低了我国的出生人口数量，安徽省总和生育率由1970年的6.5降到了1990年的2.5，人口出生率由1978年的20.49‰下降到1985年的15.61‰。但值得注意的是，由于受第二次出生人口生育高峰的影响，20世纪80年代后期省内出现了第三次人口出生高峰，人口出生率由1985年的最低值15.61‰回升至1990年的24.47‰。

1978~1990年全省人口死亡率总体呈上升之势。1982年前人口死亡率在4.6‰到4.8‰之间波动，1983~1990年人口死亡率在5‰~6‰。综观整个阶段人口死亡率虽不断起伏，但总体呈上升之势。

改革开放初期，受限于当时较为严格的户籍制度管控，再加上安徽省农耕文明发达，跨省流动的人口数量较小，人口的自然变动是影响安徽省人口变动的主要因素。从改革开放初期到20世纪90年代，安徽省人口数量12年间净增948万人，年均增加率为1.54%。

第二阶段（1991~2003年），人口控制初显成效阶段。这个阶段的主要特征是：人口出生率和死亡率下降迅速，自然增长率随之呈缓慢下降的趋势。从这个时期开始，中国政府提高了对人口与发展问题的重视度，强调人口增长要始终与国家经济社会发展相协调。安徽省政府响应国家号召，自 1991 年省统计局组织开展每年一次全省性的百万人口抽查调查，并将结果作为考核县、市计划生育工作的重要依据，考核结果不合格者，实行一票否决权。这一时期，在严格的计划生育政策的管控下，全省人口增长速度迅速减缓，从 1991 年至 2003 年末，12 年间人口净增 666 万人，年均增长率仅为 0.92% 。人口出生率由 1991 年的 21.2‰下降到 2003 年的 11.15‰；自然增长率则由 15.13‰下降到 8.6‰，总和生育率下降到更替水平以下，达到世界发达国家低生育水平。安徽在当时经济相对欠发达的情况下，用较短的时间完成了从“高、低、高”向“三低”的人口再生产类型转变。

第三阶段（2004～2014 年），人口增长进入新的高峰期，但人口控制步入良性循环阶段。这一阶段人口发展的主要特征是：出生率、死亡率有了一定上升，自然增长率仍然保持总体稳定水平。从 21 世纪初开始，受全国第三次出生人口生育高峰的影响，我国的育龄妇女数量达到一个小高峰。同时，涌现出大批进入生育年龄的独生子女，安徽省的出生人口数量明显增加，进入新一轮生育高峰。虽然面临育龄妇女人数处在高峰期的沉重压力，但人口控制力度的加大，使出生率得到有效平抑，拉平了第四次人口出生高峰的峰值。2014 年与 2003 年低谷年相比，人口出生率 11 年间上升 1.71 个千分点。和前几次生育高峰相比，速度明显放缓，如 1989 年和低谷的 1985 年相比，仅 4 年时间就上升 8 个千分点。受人口老龄化速度加快的影响，人口死亡率开始上升，由 2003 年的 5.2‰上升到 2014 年的 5.89‰。人口自然增长率变动幅度大体在 6‰～7‰区间内窄幅变化。

第四阶段（2015 年至今），“全面两孩”政策实施，人口总量进入缓慢有效增长阶段。这一阶段人口发展的主要特征是：出生率继续缓慢上升，死亡率波浪形变动，自然增长率稳定提升。受 20 世纪 80 年代后期第三次出生高峰的继续影响以及国家计划生育政策的转变，尤其是 2015 年 10 月 29 日起中国正式颁布“全面实施一对夫妇可生育两个孩子政策”，促使这一阶段安徽省人口出生率出现了小幅度的增长。2017 年底，安徽省人口出生率达 14.07‰，自然增长率达 8.17‰，比 2014 年分别增长了 1.21 个千分点、1.2 个千分点。由图 2 数据可知，安徽省自“全面两孩”政策实施以来，育龄妇女生育率有了明显提升，其中二孩生育率增长幅度最大，由 2014 年的 11.15% 增长到 2016 年的

14.41‰。2017 年全省出生人口 87.6 万人，二孩出生数首次超过一孩，出生率 14.07‰，自然增长率 8.17‰，均达到 2000 年以来最高值。

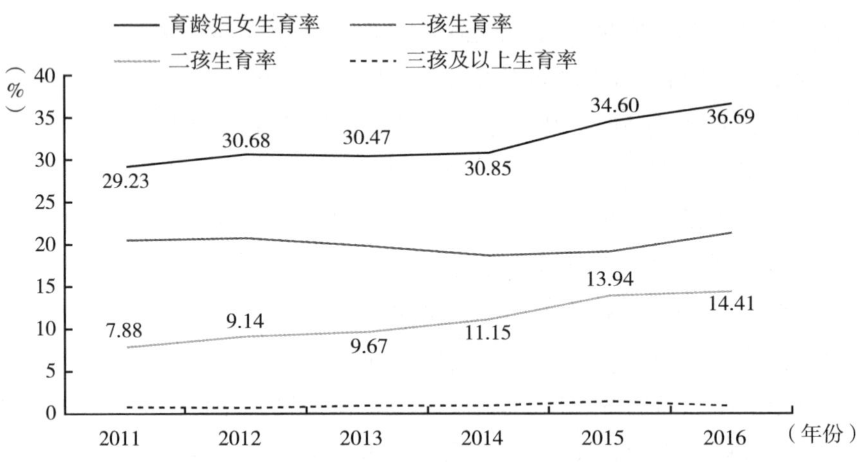

图 2　安徽省 2011～2016 年育龄妇女生育率

改革开放以来，安徽人口再生产类型已逐步从 20 世纪 90 年代初的"高出生、低死亡、高增长"成功地转变为"低出生、低死亡、低增长"模式，人口步入低速稳定发展阶段。反映妇女生育水平的总和生育率由 1981 年的 2.8 下降到目前的 1.8 左右。"全面两孩"政策实施以来，安徽省制定出台了相关文件，一定程度上促进了人口出生率尤其是二孩出生率的增长，由于现代生育观念的改变，目前人口总量实现了真正有效的稳定增长。

二　受教育水平迅速提高，人口素质不断改善

改革开放 40 年来，尤其是近十几年来，安徽省人口在规模扩大的同时，受教育水平迅速提高，人口素质大大改善。

人口总体文化素质不断提高。改革开放后，随着我国高考体制的恢复以及九年义务教育制度的普及，安徽省人口素质不断改善，其中平均每十万人受大专及以上教育的人数由 1982 年的 408 人增加到 2016 年的 12468 人，增长了近 2956%，增长速度最快；平均每十万人受高中和中专教育的人数则由第三次人

口普查的3977人增加到2016年的13896人；平均每十万人受初中教育的人数由第三次人口普查的14236人增加到2016年的36393人，增长近155.6%；而受小学教育的人数则大大减少，从1982年到2016年减少了6245人，约减少了21%（见表1）。同时，全省平均受教育年限增加到2017年的9.27年（其中男性9.77年，女性8.79年），具体如图3所示。

表1　安徽人口受教育程度情况

单位：人，%

类别	每十万人口拥有的各种文化程度人数				总人口文盲率
	大专及以上	高中和中专	初中	小学	
1982年(第三次人口普查)	408	3977	14236	29716	33.70
1990年(第四次人口普查)	882	5039	19969	34701	24.60
1995年	1310	5433	26508	37519	14.09
2000年(第五次人口普查)	2312	7653	32826	37362	10.06
2005年	3581	8582	34102	31357	14.80
2010年(第六次人口普查)	6733	10840	38604	27763	8.10
2011年	6376	11855	38062	28414	7.34
2012年	6763	11911	37435	28760	6.80
2013年	6623	11133	38439	28348	6.12
2014年	8676	11270	38164	27027	6.10
2015年	10848	12816	36905	25678	5.79
2016年	12468	13896	36393	23471	5.60
2017年	暂无				5.45

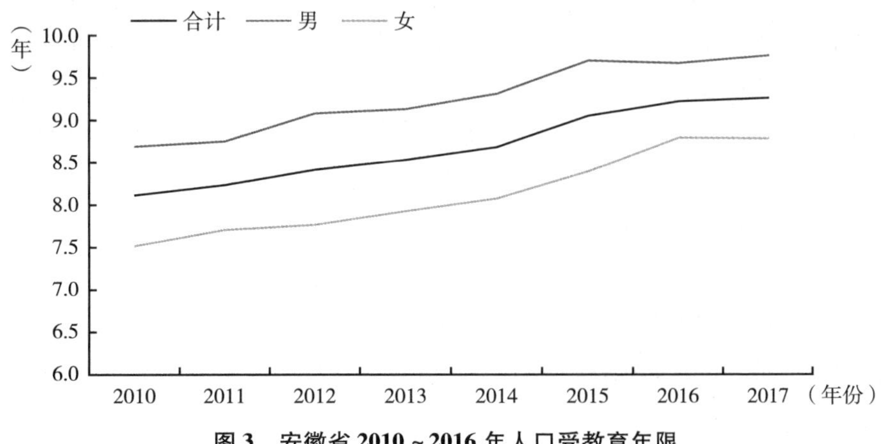

图3　安徽省2010～2016年人口受教育年限

总人口文盲率大幅下降。改革开放40年来，安徽省总人口文盲率有效降低。改革初期至2010年30年间下降幅度较大，全省总人口文盲率由1982年的33.7%降至2010年的8.1%，下降了25.6个百分点（见图4）。近7年间，文盲率缓慢有效降低，2017年达5.45%，平均每年降低近0.4个百分点。此外，截至2016年安徽省15岁及以上文盲人口34804人，占全省15岁及以上人口的6.3%，略高于全国水平（5.28%）。除了受年龄结构变动和老年文盲人口自然减员的影响外，九年义务教育的普及是降低文盲率的有效方法，全省2016～2017学年小学净入学率达99.97%，初中净入学率达99.68%。

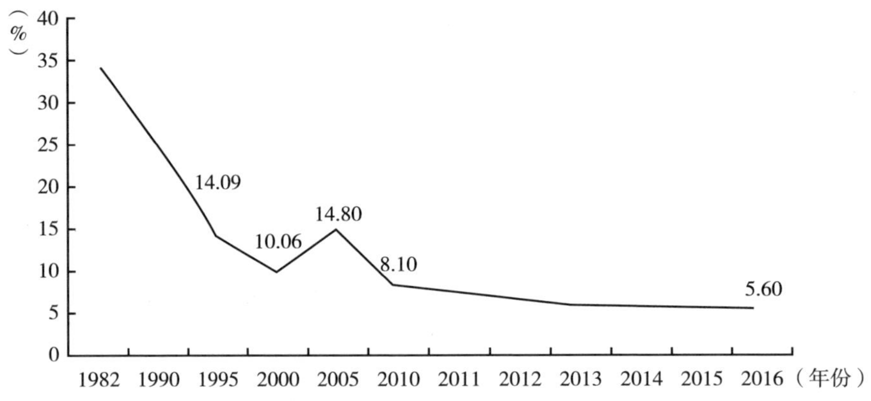

图4 安徽省1982～2016年总人口文盲率

人口健康状况不断改善。人口文化素质不断提高的同时，由于医疗卫生水平提高、人居生态环境改善、老龄人口颐养保障等，人口健康素质也在不断提高。从身体素质看，全省婴儿死亡率明显下降，20世纪60年代以前，安徽省婴儿死亡率在50‰以上，1978年国家在妇幼保健工作中实行“儿童保健系统管理”和“科学接生，住院分娩”两项制度，使婴儿死亡率不断下降，1982年第三次人口普查时安徽婴儿死亡率为31.55‰，到2010年第六次人口普查时已降至25.5‰。2016年进一步降到4.5‰，5岁以下儿童死亡率由1981年的42.87‰下降为2016年的6.21‰。[①] 从人均预期寿命看，安徽省人口平均预期寿命也大大延长了。据统计，2010年安徽省人口平均预期寿命已达75.08岁，

① 资料来源于安徽省2017年卫生计生事业发展统计公报。

预计2020年达77.3岁。[①] 与第六次人口普查时相比，人口平均预期寿命将提高2岁多。

经济的增长归根结底是人才的增长，而当代社会，仅仅依靠人口数量的增加已不能适应信息时代的到来，人口质量尤其是人口素质的提高，关系着安徽省今后的经济发展与社会进步。只有大力提高安徽省的人口素质，才能真正推动省内经济水平的提高，实现经济由高速度向高质量发展转变。

三　市镇数量不断增加，城镇化进程稳步推进

人口城镇化是农村人口向城镇转移，导致城镇人口占总人口的比重不断提高的过程。具体表现为城镇人口数量增多，城镇数目增多，城镇体系进一步形成和完善。改革开放以来，在经济迅速发展的大背景下，安徽省人口城镇化快速发展。

中华人民共和国成立以来，安徽省人口城镇化发展几经停顿，迂回曲折，走过了一段不平凡的道路。中华人民共和国诞生之时，安徽省设市11个，在全国28个省份中居前。但到1978年，安徽省城镇化水平仍然很低，仅达到12.6%。

市镇数量不断增加。党的十一届三中全会以后，全党工作的重点转移到经济建设上来，经济体制改革逐步深化。至十一届三中全会以后，安徽省经济建设快速发展，城镇化率迅速提升，一方面城市规模不断扩大，部分中等城市升级为大城市，一部分县级市升级为地级市；另一方面涌现了一批新兴城市，20多年间安徽省先后增设了界首、天长、明光、宁国和桐城5个县级市以及黄山、安庆、滁州、阜阳等地级市。2011年，省委、省政府撤销巢湖市，并将其辖区划分给合肥、芜湖和马鞍山，形成了如今16个地级市6个县级市44个直辖区946个镇的格局。

城镇化进程稳步推进。改革开放40年以来，伴随着省内经济的飞速发展和人口的大规模流动，安徽省的城镇化进程一直稳步推进，可大致分为三个阶段。第一阶段（1978～1998年）：城镇化进入新的发展时期，城镇化水平逐年

① 资料来源于人民网，http：//ah.people.com.cn/GB/n2/2017/0628/c358428－30389296.html，2017年6月28日。

提高。到 1998 年底，全省城镇人口比重达到 22.33%，比 1978 年提高 9.73 个百分点，年均增加 0.49 个百分点，城镇化逐渐步入稳步发展的轨道。第二阶段（1999～2007 年）：城镇化加速发展阶段。这一时期，是中华人民共和国成立以来安徽省城镇化水平发展最为迅速的阶段，短短 9 年间省内城镇化率由 1998 年的 22.33% 增长至 2007 年的 38.70%，年均增长率为 1.82%。这一时期，省内城镇化水平不断向全国平均水平靠拢，由 2000 年的低 8.4 个百分点缩小到 2007 年末的低 6.2 个百分点。第三阶段（2008～2017 年）：城镇化缓慢有效增长阶段。2017 年末，全省常住人口 6254.8 万人，城镇化率达 53.49%，比 2007 年增加 14.79 个百分点，年均增长率达 1.48%（见图 5）。

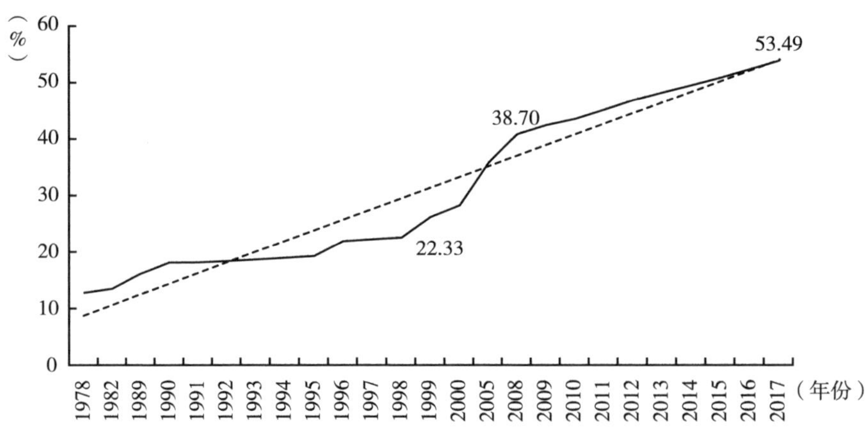

图 5　安徽省 1978～2016 年常住人口城镇化率

四　人口流动日趋频繁，流动呈现新特点

中华人民共和国成立初期，我国实行严格的户籍管理制度，城乡二元体制大大限制着农村人口的流动。改革开放以来，伴随着农村家庭联产承包责任制的实施，农村生产力大大解放，大量剩余劳动力涌向城镇，促进了流入地与流出地的经济发展。近几年，国家日益认识到城乡二元体制的弊端，破解城乡二元结构，消除城乡壁垒势在必行，人口流动日趋频繁。

1990 年以前严格限制人口迁移，人口流动量较少。改革开放初期，我国由严格的计划经济向市场经济转变，出现少量流动人口。这一时期的人口流动以农村劳动力向城市流动为主，即初代农民工。由于家庭联产承包责任制解放了生产力，初代农民工选择在农闲时前往临近城镇务工，补贴家用，农忙时则返回家乡继续从事农业生产活动。这一时期的人口流动具有流量小、流动时间短等特点。安徽省统计局第四次人口普查数据显示，1990 年省内流动人口总量达 174 万人，以省内流动为主，其中省内流动人口达 86.95 万人；跨省流出人口 53.3 万人，主要流向经济发达的地区；跨省流入人口达 33.8 万人，流入地以江苏、四川为主，占跨省流入人口的 1/3。

1990 年后人口流动日趋频繁。随着我国种种限制人口流动政策的改革，我国流动人口的规模与日俱增，尤其是近年来流动人口服务均等化与城乡二元体制改革，人口流动日益频繁。安徽省作为流动人口输出大省，截至 2016 年底全省外出半年以上人口占总人口的 22.2%，即平均每五个安徽人就有一人流动。其中，流向省外半年以上人口为 64966 人，主要流向苏浙沪长三角地区。近些年来，随着安徽省经济水平的提高，流出人口回流意愿明显增强，2013 年省内跨省流出人口（半年以上人口）比 2012 年减少了 15.3 万人，安徽省第一次出现人口回流现象。

人口流动呈现一些新的特点。一是人口流动原因日益多元化。由最初的单纯以经济因素为主导的外出务工到如今受获取优质教育资源、获得更宽阔的发展空间、婚嫁、医疗等多元化因素共同影响。改革开放初期，人口流动的主导因素是经济因素，涌现出一大批背井离乡前往经济发达地区务工的“农民工”，他们多数从事劳动强度大、环境恶劣且利益保障低的工作。如今，人口的流动已不单单考虑经济因素，更包括教育、医疗、婚嫁等多种因素。二是流动群体规模日益家庭化。改革开放初期，流动人口往往跟随同乡亲友结伴流动，家庭规模为 1 人或 2 人，导致农村出现大批的留守妇女、留守儿童与留守老人。如今，流动人口家庭规模增大，夫妻流动时常常将子女或父母一起带往流入地，大大增强了流动人口的稳定性。三是青壮年一直是流动人口的主体，具有较高的文化程度。全省流动人口中，20 ~ 49 岁占比最大，达 73.65%。2017 年，安徽省外出半年以上 15 岁及以上人口文盲率达 1.69%，其中男性 0.66%，女性 3.06%。

安徽省一直是人口输出大省，相对于流出人口，流入人口规模较小，主要为临近省份流动人口，如河南、江苏、浙江、江西等。“十二五”期间，安徽省流入人口特点鲜明，主要表现在：一是受教育程度逐年提高，以初高中为主且高中比例逐渐提升；二是以 20～45 岁的青壮年劳动力为主，男女性别比例趋于平衡。

五 人口老龄化速度加快，人口年龄结构变化显著

人口老龄化速度逐步加快。经济社会的发展，必然会伴随人口的老龄化。当前，0～14 岁少年儿童比重在 30% 以下、65 岁及以上老年人口比重在 7% 以上就构成了老年型社会。1990 年，相较于 1982 年安徽省少年儿童系数（36.14%）下降了 7.75 个百分点，相较于 1982 年 65 岁及以上老年人口系数（4.06%）上升了 1.35 个百分点。1990 年年龄中位数（24.02 岁）比 1982 年增长了 3.82 岁，安徽正式迈入了成年人口型社会。从 1990 年到 2010 年，65 岁及以上老年人口数从 303.7 万人增加到 608.5 万人，增长了 100%，平均每年约增长 5%。2010 年，安徽省少年儿童系数为 17.77%，老年人口系数为 10.23%（见表 2），年龄中位数为 36.4 岁，是名副其实的老年型社会。截至 2017 年，65 岁及以上人口占比高达 12.38%，安徽省老龄化程度进一步加深。

表 2 历年人口系数变化情况

单位：%

年份	0～14 岁少年儿童系数	65 岁及以上老年人口系数	年份	0～14 岁少年儿童系数	65 岁及以上老年人口系数
1982	36.14	4.06	2003	23.43	9.19
1990	28.39	5.41	2004	22.82	9.30
1995	27.33	6.73	2005	23.09	10.09
1996	26.63	6.50	2006	21.48	10.16
1997	26.04	6.71	2007	20.41	10.72
1998	24.95	7.02	2008	19.81	11.15
1999	24.60	7.38	2009	19.40	11.43
2000	25.52	7.45	2010	17.77	10.23
2001	24.27	8.12	2011	18.59	11.41
2002	24.36	8.50	2012	18.35	12.08

续表

年份	0～14 岁少年儿童系数	65 岁及以上老年人口系数	年份	0～14 岁少年儿童系数	65 岁及以上老年人口系数
2013	18.51	12.24	2016	18.31	12.00
2014	18.68	11.71	2017	18.60	12.38
2015	18.21	11.73			

老年人口增加对安徽省人口养老模式提出新挑战。一是老年人口绝对量增加，社会养老压力加大。老年人口抚养比从 2000 年的 11.4% 上升到 2017 年的 17.94%，上升了 6.54 个百分点。二是高龄老人增多，老年人口自我养老能力下降。随着人口寿命的延长，老年人口中高龄老人占比加大，且由于高龄老人中文盲、半文盲比例大，文化素质偏低，缺乏社会保障，随着年龄增长和健康状况的恶化，自我养老能力逐渐减弱。三是家庭规模趋向小型化，户均供养老人数增多，家庭养老模式弱化。三人及以上户占家庭户总数的比例由 2000 年的 77.2% 下降到 2016 年的 28.3%。家庭规模和结构的小型化、核心化，使过去多对夫妇供养一对老人，变成如今的一对夫妇供养两对或两对以上老人。四是独居老人增多，社会养老需求增大。因此，探索和建立健全合乎时代要求的养老模式日益成为家庭、社会、政府共同关注的问题。

六　研究展望

改革开放以来，安徽人口发展趋于良性循环，但也应清醒地看到，作为农业人口大省的基础条件没有改变，出生性别比相对其他省份仍较高，受教育程度整体偏低，低素质劳动力与经济发展需求不相适应，结构性失业现象严重。人口加速老龄化带来的“未富先老”的养老压力开始显现，“全面两孩”政策实施后二孩出生率的上升对妇幼保健、医疗卫生以及教育资源提出新挑战、新要求。对此，建议安徽省从实际情况出发，通过经济、教育、养老、医疗等方面建设“美好安徽”。

实施人才强省战略，进一步促进省内经济建设。坚持以经济建设为中心是党的基本路线的核心。在当代社会，经济建设的关键在于人才，人才资源是第一资源。对此，安徽省应以实施人才强省战略为牵引，着力集聚爱国奉献的各方面优秀人才。要推动人才发展体制机制改革向纵深发展，不断细化、实化人才发展体制机制改革的时间表和施工图，明确重要领域和关键环节体制机制改革的责任主体，需要制定一系列人才准入、流动、监督评估制度。营造良好的人才氛围，要不断完善公共服务，为人才创业提供资金和优惠政策，充分将经济发展对人才的需求机制同人才建设的供给机制相结合。

聚焦育龄妇女，实现人口可持续发展。自“全面二孩”政策实施以来，安徽省育龄妇女生育率有了明显提升，其中二孩生育率增长幅度最大，由2014年的11.15%增长到2016年的14.41%。2017年全省出生人口87.6万人，二孩出生数首次超过一孩，出生率14.07‰，自然增长率8.17‰，均达到2000年以来最高值。对此，安徽省应有序推动“全面二孩”政策实施，同时针对“两非”即非法鉴定和非法终止妊娠行为给予严厉打击，促进总和生育率回升至2.1左右，实现性别比例平衡。聚焦育龄妇女，切实保障育龄妇女的基本权益，通过延长父母“育儿假期”、保障女性就业公平、加强公共托幼体系建设、降低家庭生育成本等措施，在全社会形成良好的生育文化，从而实现全省人口可持续发展。

加大学前教育资源投入力度，打造儿童养育长效机制。安徽省是人口流动大省，也是人口流出大省。随着青壮年劳动力外出务工，农村留守儿童现象严重。而目前安徽省在托儿所和幼儿园资源方面存在巨大缺口，尤其是广大农村地区。学前教育对于儿童终身发展起着至关重要的作用，有研究表明早期环境对大脑发育有着长期影响，因此儿童早期发展战略尤为重要。政府要加大对农村贫困地区的财政支持力度，完善儿童早期养育所需的场所、设施和资源等公共服务，将其纳入政府财政预算。同时，要鼓励计生协会、福利基金会等社会组织充分发挥社会力量在早期儿童教育和营养支出方面的支撑作用。通过互联网、多媒体等农村大众喜闻乐见的方式实现线上线下宣传，普及早期教育的重要性以及正确健康的实施方式，尤其要针对隔代照料孙辈的老人普及儿童养育知识，为儿童的生长营造健康的社会环境。

积极应对人口老龄化，加快完善养老服务体系。党的十九大报告提出“积极应对人口老龄化，构建养老、孝老、敬老政策体系和社会环境，推进医养结合，加快老龄事业和产业发展”的要求，为老龄事业和产业发展描绘了蓝图。安徽省是人口大省，也是步入老龄社会的省份之一，截至2017年，安徽省 65 岁及以上老年人口占总人口的比重达 12.38%。对此，安徽省将“积极应对人口老龄化”作为“促进人口均衡发展”的重要手段，提前谋划布局。《安徽省“十三五”人口发展规划（2016～2020 年）》提出实施医养结合工程，加快推进养老服务业发展。《安徽省“十三五”基本公共服务均等化规划》明确提出实施养老服务体系提质增量工程。发展养老服务业，应优先发展社区居家养老服务。在城市，打造“20 分钟社区居家养老服务圈”。在农村，建立对高龄、空巢和留守老人的探视走访网络，建立对失能老年人的集中住养和照料服务网络。同时，大力推动养老机构提质增效，统筹推进医养融合发展，并通过加大土地供应力度、简政放权力度、财政金融扶持力度、人才培养力度等办法不断优化养老服务发展环境。

打造专业健康教育队伍，建立多元化人口健康支撑网络。民之所望，政之所向。“健康中国 2030”战略的实施，围绕生活、服务、产业、保障进行全方位全周期布局，为实现两个百年梦打下坚实的健康基础。安徽省委、省政府一直高度重视人民健康，从建设五大发展美好安徽的全局和战略高度，引领安徽省卫生与健康事业实现新跨越。自 2012 年以来安徽省深化医疗改革，以改革试点为抓手，自上而下建立分层分级诊疗制度，加大药品采购环节监控力度，保障药品安全；全面取消以药养医，进一步建立社会医疗卫生保障制度，加强基层卫生服务体系建设，加强全科医生等专业人才队伍建设。同时，应借助信息时代大数据平台的力量，打造完善的“互联网 + 医疗”体系，以互联网为载体和技术手段，实现健康教育、医疗信息查询、电子健康档案、疾病风险评估、在线疾病咨询、电子处方、远程会诊及远程治疗和康复等多种形式的健康医疗服务，建立多元化人口健康支撑网络。

B.6
改革开放以来安徽中等收入群体的形成与变化*

姚德薇**

摘　要： 当前，我国已经步入中等收入国家行列。扩大中等收入群体是“十三五”规划的重要内容之一，也是全面建成小康社会的关键指标。安徽作为人口大省，中等收入群体的扩大对于我国形成橄榄形社会分层结构具有重要意义。改革开放以来，安徽中等收入群体经历了产生、发展与壮大的过程，抓住当前中部崛起计划、长江经济带以及长三角区域一体化等重要战略机遇，通过区域合作开放、薪酬体系改革、完善基本公共服务等途径，未来安徽在扩大中等收入群体规模和提升质量上有望取得较大进展。

关键词： 中等收入群体　非公有制经济　中产阶级

随着改革开放的逐步推进，我国社会结构向更为合理的现代社会结构转变。经济结构、人口结构、消费结构等领域发生了明显变化，社会分层结构也出现相应变动。“十三五”以来，受国内外因素的综合影响，我国社会进入经济发展的新常态和社会结构转型的关键时刻。成功跨越“中等收入陷阱”，避免贫富差距过大，形成一个中等收入群体占主体的“橄榄形”社会结构，是

---

* 基金项目：本文系国家社科基金项目“网络化时代的社会认同分化与整合机制研究”（13BSH036）阶段性成果。

** 姚德薇，安徽大学社会与政治学院副教授，社会学博士，硕士生导师，研究方向为理论社会学、农村社会学。

全面建成小康社会的重要指标。安徽是中东部地区的人口大省和农业大省，目前尚是欠发达省份，摸清其中等收入群体的构成、数量和质量，分析影响其发展的诸多因素，对于扩大该群体的规模、改善安徽社会结构、确保“十三五”目标的实现，具有极为重要的意义。

一　中等收入群体的相关概念

在当代中国，随着社会中间群体持续扩大，各界对于这一群体的兴趣也日益增加。关于这一群体的定义，在不甚严格的意义上，有“中等收入群体”“中产阶级/中间阶层”“新社会阶层”等几种不同的用语，而且在每一种用语中还会出现狭义或者广义的以及基于不同学科视角的定义。因此，在研究中首先必须厘清相关近似术语，明确界定中等收入群体的概念及其在本文中的所指，从而对其主要特征和社会功能有个清晰的认识。

（一）中产阶级/中间阶层

人们对社会中间群体的关注，起源于这一群体的发展壮大，并在现代社会作用显著。“中产阶级”或“中间阶层”、“中等阶级”（middle-class、middle-classes）是一个源自西方的概念。Middle-class 一词出现于 18 世纪的英国，最初是指处于上层阶级贵族和下层阶级农民之间的社会群体，包括新兴的资产阶级（商人或工场主）、城镇定居者（平民或市民）。19 世纪，它的意思等同于“资产阶级”，即法文的 bourgeoisie 之意。恩格斯曾明确指出，它表示的是有产阶级，“尤其是和所谓的贵族不同的有产阶级，这个阶级在法国和英国是直接地，而在德国是作为‘社会舆论’间接地掌握着国家政权”①。可见，middle-classes 在当时是被理解为与传统贵族（旧有的封建领主、土地贵族等）相对的新的有产者、新兴资产阶级，他们在与旧制度的不懈斗争中最终获取了政治话语权，成为资本主义国家政权的主人。其对立面则是工人或无产者，而“工人阶级”、“没有财产的阶级”和“无产阶级”是被当作

① 《马克思恩格斯文选》（第一卷），中央编译出版社，2009，第 387 页。

同义语来使用的。

当资本主义已经战胜封建体制，以不可阻挡的趋势崛起的时候，社会中间群体的人员构成也随之变化。19 世纪，大资产阶级成长为社会的上层阶级，受其压迫的工人阶级是下层阶级，中间群体则由小资产阶级（小业主和知识分子）、农民构成。进入 20 世纪后，在工业革命的基础上，电力革命和信息产业革命使人类社会的生产力得到极大的释放。特别是第二次世界大战以来，伴随世界新秩序的相对稳定，资本主义进入发展的鼎盛时期。经过不懈的斗争，工人阶级的总体生活状况和工作条件也有了很大改善。20 世纪 60 年代以来，资本主义进入“后工业社会”或“晚期资本主义”时期，生产方式较之前期有了较大改变，阶级构成也发生了新的变化。在上层阶级中，除了占有较多生产资料的大资本家或企业主外，掌握现代社会运行所需重要权力或技术的人群也跻身进来，而缺乏资本、技术和组织权力等各项资源的工人阶级和非技术工人成为下层阶级。那些在生产资料、组织资产、技术/文凭资产方面占有程度处于中间位置的小雇主及自雇阶层、专业技术及管理人员阶层、公务人员阶层构成社会中间群体。美国社会学家莱特·米尔斯在其著作《白领：美国的中产阶级》中描绘了 20 世纪中叶美国社会的中间等级。“老式中产阶级”（以小业主、商人和自由职业者为主体）队伍中，逐渐加入“新式中产阶级”（管理者、工薪专业工作者、销售人员、办公室工作人员等非体力劳动者），即白领。① 这种按照职业来划分中等阶级/中间阶层的方法也是西方国家阶层分类的传统方法。这种从社会结构、社会位置方面研究社会中间群体的学科视角，大多是社会学取向，“中间阶层”的状况是社会学家衡量现代社会发展程度的重要指标。

在我国经济进入新常态过程中，第三产业逐渐超越第二产业，成为新的经济增长点，经济发生了结构性转型，服务业成为国民经济的主体产业，也是劳动力人口的主要就业领域。从事非体力劳动的“白领”越来越多，随之而来的将是一个“中产化时代”“中产化的社会”（middle-class society）。据中国社会科学院 2013 年 GSS 调查，中产阶层在所有劳动力人口

① 〔美〕C. 莱特·米尔斯：《白领：美国的中产阶级》，周晓虹译，南京大学出版社，2006，第 50 页。

中，所占比重达到31.6%。[①] 伴随工业化进程和经济结构调整，中产阶层的崛起推动我国社会结构朝着橄榄形转型。因此，中产阶层自身的发展及其在经济社会生活中的重要地位与影响，越来越受到学术界的关注，有关讨论已经从学术层面延伸到社会政策层面，力图为国家发展战略提供咨政的理论支持。

（二）新社会阶层

"新社会阶层"是与"中产阶级"相近的概念，是我国政府针对社会阶层结构变动中新出现的社会群体的界定。简单而言，就是指在公有制传统"体制外"成长起来的新中产阶层。2006 年颁发的《中共中央关于巩固和壮大新世纪新阶段统一战线的意见》，将新社会阶层定义为："改革开放以来出现的民营科技企业的创业人员和技术人员、受聘于外资企业的管理技术人员、个体户、私营企业主、中介组织的从业人员、自由职业人员等新的社会阶层，主要由非公有制经济人士和自由择业知识分子组成，集中分布在新经济组织、新社会组织中。"[②]《意见》明确指出新社会阶层是完善社会主义市场经济体制和推动经济社会发展的新兴力量。2015 年，中共中央印发《中国共产党统一战线工作条例（试行）》，将"新的社会阶层人士"与"非公有制经济人士"并列为统战工作对象。[③] 2016 年，中共中央统战部组建"新的社会阶层人士工作局"（以下简称八局），针对新的社会阶层代表人士开展专门联系、培养等工作。[④] 政府部门对"新的社会阶层人士"概念的界定也发生了变化，其所涵盖的群体被明确为四类人员：私营企业和外资企业的管理人员和技术人员、社会组织从业人员、自由职业人员和新媒体从业人员，并对每一群体的人员构成也

---

① 张翼：《社会新常态：后工业化社会与中产化社会的来临》，《江苏社会科学》2016 年第 1 期。

② 《中共中央关于巩固和壮大新世纪新阶段统一战线的意见》，共产党新闻网，http：//cpc. people. com. cn/GB/64162/71380/102565/182142/10993375. html，2006 年 7 月 24 日。

③ 《中国共产党统一战线工作条例（试行）》，人民网，http：//politics. people. com. cn/n/2015/0923/c1001 -27623257. html，2015 年 9 月 23 日。

④ 《中央统战部八局成立　专司新的社会阶层人士工作》，团结网，http：//www. tuanjiebao. com/2016 -07/04/content_ 68358. htm，2016 年 7 月 4 日。

做了解读。①

通过上述概念梳理可以看到，随着改革开放和我国现代化进程的推进，私营企业主、个体工商户这两类原来的新社会阶层人士，因其在国民经济发展中的特别地位，而被归入“非公有制经济人士”。其余四类群体基本覆盖了传统体制难以涵括的传统单位体制外的就业人员，特殊的职业地位、新生的职业形态，以及在社会舆论引导方面的影响力，都构成新社会阶层的特征。

政府部门以从业群体来定义的“新社会阶层”概念，类似于社会学家所说的职业中产阶层，但是对“新”的强调又使其忽略了传统体制内（党政机关、事业单位、国有和集体企业）的职业中产阶层和广义新社会阶层中的非公有制经济成分（私营企业主、个体工商户）。由此可知，作为统战工作的重点目标人群，“新社会阶层”是体制外新中产阶层的代表（未包括体制外所有的白领从业者），② 其范围小于“中产阶级/阶层”。2017 年，其数量约为 7200 万人。③

（三）中等收入群体

“中等收入群体”（middle income group 或 middle-income）或“社会中间群体”（middle income group），顾名思义，是侧重从收入层面进行定义的概念，是以人们的收入、财产或消费等经济指标按照上、中、下的序列来划分和定义的社会中间层。家庭财富、可支配收入，与人们在社会中所处的位置、职业与教育状况往往是密切相关的。因此，从经济指标进行定义的社会中间群体，逐

① 润智：《你是“新的社会阶层人士”么?》，中国统一战线新闻网，http：//tyzx. people. cn/n/2015/0804/c396781 - 27409657. html，2015 年 8 月 4 日。其中，私营企业和外资企业的管理人员和技术人员，是指受聘于私营企业和外资企业，掌握企业核心技术和经营管理的专门知识的人员；社会组织从业人员，包括律师、会计师、评估师、税务师、专利代理人等提供知识性产品服务的社会专业人士，以及社会团体、基金会、民办非企业单位从业人员；自由职业人员，是指不供职于任何经济组织、事业单位或政府部门，在国家法律、法规、政策允许的范围内，凭借自己的知识、技能与专长，为社会提供某种服务并获取报酬的人员；新媒体从业人员，是指以新媒体为平台或对象，从事或代表特定机构从事投融资、技术研发、内容生产发布以及经营管理活动的人员，包括新媒体企业出资人、经营管理人员、采编人员和技术人员等。

② 李春玲：《新社会阶层的规模和构成特征》，《中央社会主义学院学报》2017 年第 4 期。

③ 《中国“新社会阶层”有 7200 万年薪高消费惊人》，《21 世纪经济报道》2017 年 1 月 8 日。

渐成为学术界尤其是经济学家研究经济形势的重要参考因素，同时社会公众也可以对照收入、财产和消费等经济指标判断自己在社会中所处的位置。这种测度方法由于较为直观清晰，很快在现代社会各国广为流行。一方面，由于这种分类容易操作，与人们能够直接感受到的经济形势密切相关，从而更易为大众媒体传播和社会公众接受，产生较大的社会效应。① 另一方面，中等收入群体的走势，关乎一国经济社会发展的前景甚至政治稳定。因此，以中等收入群体定义的社会中间群体研究正在成为跨学科发展的议题。

但是，对于何种收入水平才算是“中等”却存在不同理解，不同部门不同机构对于中等收入群体的概念界定和衡量标准也存在差异。是在全球范围内确定“中等”标准，还是根据一国内部具体情况确定“中等”标准，结果是不一样的。换句话说，对“下等”（穷人或贫困线）的理解直接影响到人们对“中等”的判断。

国际通行的标准一般以贫困线为基准，按照折算成美元的购买力水平，上浮一定倍数作为中等收入群体的界定标准。世界银行曾在1990年以当时一组最穷国家的贫困线为依据，测算出日均1～2美元为贫困线（或低收入标准），超出2美元的人群即为中等收入群体，这个也被当作广义中等收入群体的分类标准。② 2015年，世界银行将贫困线标准提至1.9～3.8美元，中等收入标准随之上调。国际上以收入和财富定义中等收入群体通常有三种标准。

第一，以日均收入10美元为下限、100美元为上限定义中等收入区间。其中，2012年，世界银行经济学家Branko Milanovic和Shlomo Yitzhaki提出，日均10～50美元的人群为中等收入群体。据此标准，世界人口的11%属于中等收入群体。2010年，Homi Kharas在其《发展中国家的新兴中间阶层》中提出，日均收入10～100美元的人群为中等收入群体。这一标准提高了定义中间群体的上限，考虑了人们在消费与生活方式上的弹性状况。据此标准，2009年全球中等收入群体约为18亿人，约占世界人口（68.05亿人）的26%。

第二，以收入中位数的50%或70%为下限、125%或150%为上限定义中等收入区间。2002年，经济学家Nancy Birdsall等人提出用一国收入中位数

① 李春玲：《中等收入群体与中间阶层的概念定义》，《国家行政学院学报》2016年第6期。

② 李春玲：《中等收入群体与中间阶层的概念定义》，《国家行政学院学报》2016年第6期。

50% ~125% 的区间定义中等收入群体。美国皮尤研究中心（Pew Research Center）在研究报告中，用收入中位数 75% ~150% 或 67% ~200% 的区间定义美国中等收入群体。

第三，以个人财产/财富在 5 万 ~50 万美元区间定义中等收入家庭成年人标准。2000 年，瑞信研究院（Credit Suisse）开始在其《全球财富报告》中用个人净资产 5 万 ~50 万美元定义中间群体，并按照购买力平价进行汇率换算，把中国人中个人净资产在 2.8 万 ~28 万美元的群体定义为中等收入者。与收入相比，财产/财富更能体现个人长期稳定的生活状态。瑞信研究院发布的《全球财富报告 2015》中，以当期币值及本地购买力计算，中国的中等收入群体（报告中称为“中产阶级”）达到 1.09 亿人，数量上位列全球第一。[①]

我国学者在研究中等收入群体时，对上述人均收入、收入中位数和个人财富三种标准都有借鉴采纳。

其一，因国内收入结算通常以月和年为周期，故日均收入方法一般不用，而用“年人均收入”和“年家庭平均收入”作为标准。李培林、张翼以城镇人均收入为基准，将人均年收入达到平均线及其以上 2.5 倍区间的人群定义为“中等收入层”。[②] 李春玲在此基础上进行了修正，将城镇人均年收入的 2.5 倍（2006 年 28272 元）以及城镇家庭人均年收入的 2.5 倍（2006 年 21715 元），作为中等收入（家庭）标准线。该修正考虑了家庭因素对中等收入群体的影响。另外，鉴于住房市场化对实际生活水平的影响，一些学者主张在定义中等收入群体时，除了社会平均收入 2.5 倍的基本标准外，还应将年人均收入和家庭住房标准叠加在一起衡量。如 2013 年劳动者年人均收入在 6 万 ~15 万元，或家庭收入在 8.5 万 ~22.5 万元，家庭人均住房达到全国平均水平且另有一定数量资产者，才可以算作中等收入群体。[③]

其二，以城乡居民收入五等分分组定义中等收入群体。统计上将城镇和农村居民分别按照“高收入户、中等偏上户、中等收入户、中等偏下户、低收入户”分为五组，比较各组在总收入中所占的份额。根据《中国统计年鉴

---

① 《中国中等收入人数 1.09 亿　全球第一》，新浪网，http://finance.sina.com.cn/china/20151015/113023483374.shtml，2015 年 10 月 15 日。

② 李培林、张翼：《中国中产阶级的规模、认同和社会态度》，《社会》2008 年第 2 期。

③ 苏海南：《我国中等收入群体的产生、发展和现状》，《人事天地》2016 年第 12 期。

2014》测算，2013 年，全国处于中等收入群体上下限的人数约有 2.5 亿，成为中等收入群体的人口占当年全国人口的 18.4%。① 由于数据使用和计算方式的差异，有的学者以 2006 年中等收入群体的标准为固定标准，测算出 2013 年中等收入区间的人口占比为 25.28%。②

其三，采用个人净资产/财富 5 万～50 万美元标准，中国家庭金融调查与研究中心估算出 2015 年中国社会中等收入家庭占比为 21.4%，其中成年人口数量约为 2.17 亿人。

在国家重要文件中，对中等收入群体的明确关注出现于 2002 年党的十六大报告："以共同富裕为目标，扩大中等收入者比重。"此后，"中等收入者""中等收入群体""中等收入阶层"等概念成为政府文件对我国社会中间群体的官方称谓和广为传播的大众词汇。"培育和扩大中等收入群体"逐渐成为我国社会发展的一项重大战略决策。2013 年，中国人均 GDP 突破 7000 美元，正式进入中等收入国家行列。2017 年，中国人均 GDP 已接近 9000 美元，进入上中等收入国家的行列，并进入服务业主导的经济发展阶段，中等收入群体不断扩大。③

以上简要梳理了目前对中等收入群体的不同研究视角与相应的多种理解。在诸多概念中，"新社会阶层"是突出了新职业或新业态从业者特征的概念，是"中等收入群体"中的新增力量。"中产阶级"与"中间阶层"是两个意义基本相同的社会学概念，"中等收入群体"是从经济学视角对社会中间群体收入的界定。在实证研究中，学术界对于"中等收入群体"的具体定义和测量标准仍然存在分歧。本文侧重于在社会学意义上使用"中等收入群体"概念，即综合考虑这一群体在社会结构和社会变迁中的作用。尽管目前学术界尚未达成对"中等收入群体"概念的准确共识，但是越来越多地认可中等收入群体在收入、财富、消费、职业、教育、价值观等方面的相关性，并认为中间群体的扩大是维持现代社会稳定和发展的重要指标与力量。就中国的研究语境而言，本文采纳对中等收入群体的如下定义：随改革开放产生并发展起来的、家

① 其中，城镇家庭中占比约为 30%，农村家庭中占比约为 5%。

② 田丰：《中等收入群体变动趋势和结构性分析：2006～2015》，《河北学刊》2017 年第 2 期。

③ 《国家统计局新闻发言人就 2018 年一季度国民经济运行情况答记者问》，国家统计局网，http://www.stats.gov.cn/tjsj/sjjd/201804/t20180417_1594433.html，2018 年 4 月 17 日。

庭人均收入和财产处于社会平均收入水平与较高水平之间、生活水平达到全面小康与比较富裕之间的程度、从事职业和受教育程度居于社会中等层级及其附近、价值观和行为与时代要求大体一致、能够对社会主流价值判断发挥正面引导作用的社会群体。①

二　安徽中等收入群体的基本状况

安徽是农业大省和人口大省，也是农村改革开放的发源地。1978 年小岗村的“大包干”创举掀起农村改革的序幕，随后家庭联产承包责任制取代“一大二公”的公社化体制。1979 年，中央批准广东和福建在对外经贸活动中采取开放灵活措施。1984 年，中共十二届三中全会通过了《中共中央关于经济体制改革的决定》，确立了在保持国有经济主导地位的同时，发展多种经济形式的基本方针政策。在政策措施的鼓励和保障下，城乡人民的劳动积极性得到极大开发，一部分人通过埋头苦干，加之懂技术善经营，成为“专业户”“万元户”，迅速富裕起来。

（一）改革开放前期中等收入群体的产生与发展

改革开放以后，多种所有制形式和多种经营方式逐步发展。1992 年，国务院颁布并实施《全民所有制工业企业转换经营机制条例》，占社会主体部分的全民所有制企业获得了在经营决策、劳务定价、工资与奖金分配等重要方面的自主权②。1993 年，《中共中央办公厅、国务院办公厅关于转发国家经贸委〈关于党政机关与所办经济实体脱钩的规定〉的通知》，通过机构改革施行政企分流，释放社会生产力。③ 安徽经济社会的发展基本保持与全国同步，地区生产总值构成中，农业所占比例持续下降。从 1978 年至 1998 年，第一产业所

① 苏海南：《我国中等收入群体的产生、发展和现状》，《人事天地》2016 年第 12 期。

② 《全民所有制工业企业转换经营机制条例》，国务院 1992 年令第 103 号，人民网，http://www.people.com.cn/item/flfgk/gwyfg/1992/112501199221.html，1992 年 11 月 25 日。

③ 《中共中央办公厅、国务院办公厅关于转发国家经贸委〈关于党政机关与所办经济实体脱钩的规定〉的通知》，人民网，http://www.people.com.cn/item/flfgk/gwyfg/1993/112802199342.html，1993 年 11 月 28 日。

占比重从48.96%降至27.43%，第二产业所占比重则从32.07%增至45.50%，第三产业所占比重从18.97%增至27.10%。1998年末，全省地区生产总值居全国22位。①

鉴于中等收入群体的职业构成多为第二、第三产业管理或专业技术岗位，在缺乏改革开放早期具体统计资料的情况下，从安徽省第二、第三产业从业人员的变化中进行推断。表1反映了第一产业从业人员持续下降，第二、第三产业从业人员有序增加的基本态势，其中，第三产业增长迅速。从1978年到1998年的20年间，第一产业从业人员占比从81.7%降至59.4%，年均降幅约1.12个百分点；第二产业从业人员占比在1995年之前增速明显，年均增幅为0.63个百分点，之后略有下降；第三产业从业人员占比增加了16.1个百分点，年均增幅为0.81个百分点。资料显示，第二、第三产业从业人员分别从1978年的192.2万人、150.8万人增加到1998年的559.0万人、812.5万人，分别增加191%、439%。

表1　改革开放前期安徽三次产业从业人员变化情况

单位：%

从业人员构成	1978年	1985年	1990年	1995年	1997年	1998年
第一产业	81.7	72.2	69.2	60.7	59.6	59.4
第二产业	10.3	15.2	15.8	17.9	16.7	16.5
第三产业	8.0	12.6	15.0	21.4	23.7	24.1

资料来源：《安徽统计年鉴1999》：5-1。

三次产业人员变动显示出，占人口绝大多数的农业人口逐步向第二、第三产业转移。与此相应，在所有制结构上，联营经济、股份制经济、有限责任公司、外商投资、港澳台投资等多种经济单位也出现从无到有、从少到多的变化，如表2所示。1990年以前，缺乏多种所有制经济单位的统计资料，从20世纪90年代初到90年代末，各种所有制形式获得蓬勃发展。其中，城镇个体户和乡村个体户发展最为迅速，到1998年，这两个群体的从业人员占到整个

① 参见《安徽统计年鉴1999》，3-3国内生产总值构成；21-6全国分省（市）主要年份人均国内生产总值及位次。

非公有制经济单位从业人员总数的77%。

经济结构的改变，必然引起收入结构的改变。表2中，股份制经济、有限责任公司以及外商投资经济、港澳台投资经济等单位的从业人员，往往具备丰富的管理经验或者较高的专业技术水平。城乡私营企业主群体，不仅具备灵活的经营头脑，而且拥有比一般人更多的创业资金优势，这些人构成了当时社会中等收入群体的上层；而其中的从业人员工资收入要远高于社会平均收入水平，他们和城乡个体户一起，构成中等收入群体的主体成员。去除“城镇其他经济”“城镇其他”两个与经济结构、收入结构关系不大且从业人员较少的群体，非公经济或非传统所有制经济单位的从业人员，可视为社会中等收入群体（含中高、中等、中低）。至1998年底，中等收入群体为396.1万人，占当年全部从业人员（3379.3万人）的11.72%，在全省人口（6152万人）中占比为6.44%。1999年，中等收入群体为463.7万人，占当年全部从业人员（3398.6万人）的13.64%，在全省人口（6206万人）中占比为7.47%，呈现小幅上升态势。

表2　改革开放前期安徽非公经济体制从业人员情况

单位：万人

所有制形式	1978年	1990年	1995年	1997年	1998年	1999年
联营经济	—	—	0.7	0.8	0.8	9.1
股份制经济	—	—	8.7	21.6	29.0	1.1
有限责任公司	—	—	—	—	23.3	19.8
外商投资经济	—	—	3.8	4.0	3.7	38.6
港澳台投资经济	—	—	2.8	2.3	2.4	2.6
城镇其他经济	—	—	0.2	1.5	0.2	4.3
城镇私营企业	—	—	10.1	17.8	26.2	32.8
城镇个体	—	—	81.9	109.9	125.0	135.7
城镇其他	—	—	0.1	0.4	0.6	0.8
乡村私营企业	—	—	—	11.6	16.3	22.3
乡村个体	—	—	—	155.9	179.4	201.7
合　计	—	—	108.3	325.8	396.9	468.8

资料来源：《安徽统计年鉴》1999～2000年：5－1。

在改革进程中，企业与事业单位、企业与企业、企业内部职工之间的收入差距逐渐拉大。在经商热潮的引领下，贸易行业、金融行业快速发展，从业人员收入较高。在工业企业领域中市场销售人员、中高层管理人员、中高级技术人员的工资与奖金收入大幅超过一般职工。根据《安徽统计年鉴 1999》，1998 年末，城镇居民家庭最高收入户平均每人可支配收入为 8828. 01 元，是当年城镇最低收入户平均每人可支配收入（4770. 47 元）的 1. 85 倍。

（二）21 世纪以来中等收入群体的壮大

21 世纪以来，我国中等收入群体迎来了新的发展机遇期，国家将其作为构建橄榄形社会结构、建成小康社会、实现社会主义现代化的重要内容，纳入国家整体发展纲要中。2002 年，“扩大中等收入者比重”的发展目标首次被写入党的十六大报告；2015 年，党的十八届五中全会把“扩大中等收入群体”作为全面建成小康社会的重要内容，并纳入“十三五”规划纲要之中；2017 年，党的十九大报告中明确提出中等收入群体比例要在 2020 ~ 2035 年明显提高。安徽省作为新时期改革开放的重要参与者，其在人口结构、经济指标、教育水平、职业分布等方面也有新的特点。从 2000 年至 2017 年，地区生产总值中第一产业所占比重持续降低，从 24. 10% 降至 9. 56%；第二产业所占比重则从 42. 67% 增至 47. 52%；第三产业所占比重上升最快，从 33. 23% 增至 42. 92%。2017 年末，全省地区生产总值居全国第 13 位。① 其间，安徽省产业结构呈现了第二、第三产业比重持续增长且第三产业增速快于第二产业，第一产业比重持续下降的显著趋势。

21 世纪以来，安徽省对外开放水平进一步提高，在对外承接产业转移、对内孵化高新技术产业等方面做出了诸多实践。在大力推进省内产业结构调整的步伐中，三次产业的从业人员构成也有了全新的变化，如表 3 所示。从 2000 年到 2017 年，第一产业从业人员占比从 58. 5% 降至 31. 1%，年均降幅约 1. 61 个百分点；第二产业从业人员在 2000 年到 2010 年之间增长迅速，年均增幅为 0. 82 个百分点，之后增速下降明显；第三产业从业人员占比增加了 15. 5

① 参见《安徽统计年鉴 2018》，2 - 2 安徽生产总值构成；23 - 1 全国分省（市）主要年份人均国内生产总值及位次。

个百分点，年均增幅0.91个百分点。资料显示，第二、第三产业从业人员分别从2000年的584.8万人、847万人增加到2017年的1259.5万人、1755.1万人，分别增加115%、107%。[①] 由此可见，安徽省第一产业的人口数量正在加速向第二、第三产业转移，为中等收入群体的成长提供了良好的经济环境。

表3　21世纪以来安徽三次产业从业人员变化情况

单位：%

从业人员构成	2000年	2005年	2010年	2015年	2016年	2017年
第一产业	58.5	48.6	39.1	32.1	31.7	31.1
第二产业	16.9	21.4	25.1	28.4	28.6	28.8
第三产业	24.6	30.0	35.8	39.5	39.7	40.1

资料来源：《安徽统计年鉴》2001～2018年：5－1。

新世纪以来，安徽省产业结构的调整使得省内非公经济得到较快发展，业态日益多元化，进而对从业者的收入和生活质量产生较大影响。由于中等收入群体在收入、教育、职业等方面处于社会的中间位置，表4中的非公经济形式能在较大程度上代表中等收入群体划分标准的最大公约数。至2000年底，中等收入群体为432.9万人，占当年全部从业人员（3450.7万人）的12.55%，在全省人口（6278万人）中占比为6.90%。2017年末，中等收入群体为1095.6万人，占当年全部从业人员（4377.9万人）的25.03%，在全省人口（7059万人）中占比为15.52%，呈现大幅上升态势。另外，城镇个体从业人员在2005年之后呈逐年上升趋势，相比之下，乡村个体从业人员则波动明显，自2009年开始维持在百万人以下的规模。这也从一个侧面说明农村主要人口转向城市寻找工作机会。

与此同时，城乡居民家庭人均收入也有了大幅增长。根据2011～2018年《安徽统计年鉴》，2000～2017年，城镇居民家庭人均可支配收入从5293.55元提高到31640.32元，提高了498%；农村居民家庭人均纯收入从1934.57元提高到16983.01元，提高了778%。城乡居民收入的显著性增长对于扩大安徽省

① 参见《安徽统计年鉴2018》，4－1就业基本情况。

表 4　21 世纪以来安徽非公经济体制从业人员情况

单位：万人

所有制形式	2000 年	2005 年	2010 年	2015 年	2016 年	2017 年
股份合作单位	3.4	3.9	4.7	3.3	3.6	2.9
联营单位	1.2	0.8	0.8	0.3	0.3	0.2
有限责任公司	38.0	52.3	80.0	203.7	204.4	213.8
股份有限公司	20.2	24.8	37.7	60.8	62.0	61.5
港澳台商投资单位	2.3	3.7	7.0	15.9	15.4	15.7
外商投资单位	3.8	6.7	14.7	19.8	19.6	18.4
城镇个体	134.8	123.6	264.1	423.1	493.3	564.0
乡村私营企业	27.6	79.2	105.9	102.0	110.0	139.2
乡村个体	201.6	143.3	67.5	56.9	66.4	79.9
合　计	432.9	438.3	582.4	885.8	975.0	1095.6

资料来源：《安徽统计年鉴》2001～2018 年：4－1、4－5、4－6、4－7。

中等收入群体具有重要意义。此外，安徽省普通本专科学校招生规模从 2000 年的 76186 人增加到 2017 年的 165945 人；本专科高校毕业生从 2000 年的 25923 人增加到 2017 年的 152059 人。① 接受高等教育人数的增加，为扩大中等收入群体规模提供了技能、文化素质和人力资源等诸多要素支撑。

三　安徽中等收入群体的未来变化趋势

根据安徽非公经济体制从业人员情况（2000～2017 年）推测出中等收入群体的状况，安徽中等收入群体占全省从业人员的比重，在此期间从 12.55% 增长到 25.03%，呈现大幅上升态势。新时代安徽在国家深化经济社会改革的背景下，加快调整和完善产业结构，转换发展动力，在为企业和个人的发展减负增能、促进就业创业、完善社会保障制度、建设健康安徽等方面出台诸多保障措施，这为新时代安徽中等收入群体的持续扩大打下了坚实的基础。②

① 参见《安徽统计年鉴 2018》，19－3 普通高等学校本科分科学生数。

② 《安徽省国民经济和社会发展第十三个五年规划纲要》，http：//www.ahpc.gov.cn/zwgk/zwgk_ content.jsp? newsId = 16982080 － 565D － 420D － 8506 － 1034EBE7B577&classCode = 060000，2016 年 6 月 1 日。

（一）新时代安徽中等收入群体的变化

安徽中等收入群体持续扩大，但比重相对较低。近年来安徽省经济和社会发展迅速，城乡居民人均可支配收入持续增长，中等收入群体不断扩大，但与国内发展充分的省份相比仍有较大的差距。从2000年至2017年底，中等收入群体增加了662.7万人，占比增长了8.62个百分点。根据《安徽统计年鉴》中按收入等级分的城镇居民家庭年人均可支配收入的数据（见表5），城镇居民各收入等级的年人均收入处于增长态势，为安徽中等收入群体的发展提供了收入支持。

表5　按收入等级分的城镇居民家庭年人均可支配收入情况

单位：元

分组	2010年	2015年	2016年	2017年
低收入户	9156.65	11465.54	10958.59	14064.20
中低收入户	11894.66	19200.29	20403.44	20954.21
中等收入户	15367.31	25477.62	27127.55	27716.38
中高收入户	20010.76	33237.92	36630.88	35757.86
高收入户	26952.32	53694.67	61738.65	57514.15

资料来源：《安徽统计年鉴》2011年、2016~2018年：9-3。

中等收入群体的生活质量逐步提高，消费结构向发展型转变。安徽省城乡居民的恩格尔系数分别由1981年的60.5%、61.0%下降到2017年的32.1%和33.5%。城乡居民的人均住房面积分别由1981年的6.6平方米、10.3平方米增加到2017年的37.4平方米和50.74平方米，[①]这表明安徽人民的生活已然达到小康水平，人们生活质量有了较大提高。目前，中等收入群体主要生活在城镇区域，分析安徽城镇居民的人均消费构成对把握中等收入群体的消费情况具有较为显著的代表性意义。在安徽省城镇居民平

① 《改革开放40周年系列新闻发布会》，安徽省统计局网站，http：//www.ahtjj.gov.cn/tjjweb/web/info_ view.jsp？strId=e8df6b0ee8b74291acd69e2689b46b85，2018年12月14日。

均每人消费性支出构成中（见表6），食品、衣着的支出比重持续下降，但用于食品消费的比重仍居于消费性支出构成的第一位，而居民用于居住、交通和通信以及教育文化娱乐服务的消费比重呈上升态势，表明其消费结构正在向发展型、科学型转变。

表6　安徽省城镇居民平均每人消费性支出构成（人均消费性支出 =100）

单位：%

消费构成	2010 年	2015 年	2016 年	2017 年
食　品	37.96	33.67	32.55	32.14
衣　着	10.65	8.14	7.60	7.45
居　住	10.68	20.08	20.05	20.42
生活用品及服务	5.90	5.38	5.70	5.86
交通和通信	6.40	13.15	14.02	14.05
教育文化娱乐服务	11.78	11.10	11.39	11.44
医疗保健	12.85	6.23	6.47	6.15
其他用品和服务	3.78	2.26	2.21	2.51
合　计	100	100	100	100

资料来源：《安徽统计年鉴》2010 年、2015 ~ 2018 年：9 - 2。

值得注意的是，安徽省城镇居民平均每人消费性支出构成中，用于住房消费的比重增速过快，正在挤压非住房性消费，在一定程度上表明中等收入群体的住房消费正通过财富效应和收入效应影响其消费结构，成为这一群体的沉重负担，有可能让该群体陷入债务危机，使之成为“伪中产”群体。

2017 年，安徽城镇私营单位就业人员平均工资为 41199 元，如表 7 所示，居于中部六省份之首，显示出安徽非公有制经济良好的发展态势。城镇非私营单位就业人员平均工资仅次于湖北，居第二位。[①] 两项指标均表明安徽在中部区域的快速发展势头，从侧面反映了其中等收入群体的壮大。但是在长三角地区，安徽的指标却落在上海、江苏、浙江的后面，与发达省份的差距依然明显。

① 参见《中国统计年鉴 2018》：4 - 16，http：//www.stats.gov.cn/tjsj/ndsj/2018/indexch.htm。

表 7　2017 年末中部省份城镇单位就业人员平均工资情况

单位：元

就业人员分布	安徽	湖北	湖南	河南	江西	山西
城镇非私营单位	65150	65912	63690	55495	61429	60061
城镇私营单位	41199	37142	36978	36730	40310	31745

资料来源：《中国统计年鉴 2018》：4－15、4－16。

（二）新时代安徽扩大中等收入群体的措施

近年来，安徽中等收入群体不断扩大，这对构建美好安徽、实现五大发展战略具有重大意义。虽然安徽经济持续快速增长，为中等收入群体的稳定和发展提供了基础保障，但如何保质保量地继续扩大中等收入群体规模，促使更多低收入人群迈入中等收入行列，改善他们的生存环境，必须积极调动相关社会资源和政策力量，提出适应新时代发展要求的“保不降、促提升”措施，激发中等收入群体的发展活力。

1. 打造开放新高地，保障中等收入群体持续稳定

首先，安徽省应主动融入国家发展战略，积极推进全方位、多层次、宽领域的对外开放格局。自 2006 年国务院出台《关于促进中部地区崛起的若干意见》以来，安徽抓住战略机遇，积极与区域内兄弟省份加强沟通与合作，大力招商引资，建立承接东部产业转移、基础设施对接、市场统一建设等重要区域协作机制，取得了重要成就，在中部地区脱颖而出。2016 年，国家发展改革委印发《促进中部地区崛起“十三五”规划》，明确要把中部地区建设成“全国重要先进制造业中心、全国新型城镇化重点区、全国现代农业发展核心区、全国生态文明建设示范区、全方位开放重要支撑区”①。同年，国务院批复《中原城市群发展规划》，② 包括淮北、蚌埠、宿州、阜阳、亳州在内的安徽五市被纳入其中，以城市间立体综合交通网络建设带动产业集群发展。安徽

① 《国家发展改革委关于印发促进中部地区崛起“十三五”规划的通知》，国家发改委网站，http：//www. ndrc. gov. cn/zcfb/zcfbtz/201612/t20161226_ 832527. html，2016 年 12 月 26 日。

② 《国家发展改革委关于印发中原城市群发展规划的通知》，国家发改委网站，http：//www. ndrc. gov. cn/gzdt/201701/t20170105_ 834454. html，2017 年 1 月 5 日。

应当抓住中部崛起战略机遇，继续站稳在中部地区的优势地位，坚持以开放促改革促发展，加快推进自贸区创建，进而形成双向互动、内外联动的内陆开放新高地。

2016 年，国家发展改革委印发《长江经济带发展规划纲要》，以长江为连接的 11 省市的土地、人口和经济总量在全国举足轻重，承担着国家推进新型城镇化、统筹城乡发展的重要任务。2018 年，《长三角地区一体化发展三年行动计划（2018－2020 年）》正式印发，随后，长三角一体化上升为国家战略。安徽作为长三角地区唯一的内陆省份，拥有承东启西的独特区位优势以及丰富的自然资源、人口资源，应当积极谋划与其他省份的合作计划，积极主动推进皖江、苏滁、苏皖等产业合作平台建设，加快打造安徽皖江城市带，以促进省内产业结构优化升级，激发未来经济发展潜力和增长动力，为保障中等收入群体持续稳定奠定坚实的经济基础。

其次，大力推进供给侧结构性改革，积极推进新时代乡村振兴、新型城镇化、科技创新、产业融合、绿色发展和精准脱贫等工作，紧抓新时代国家经济社会改革的重要战略机遇期，全力融入国家“一带一路”建设等，充分发挥省内独特的区位优势，深度参与长三角、珠三角、海西经济区信息共享平台建设。实施贸易便利行动，坚持新业态与新模式并重，培育壮大新的经济增长点，着力增强外贸发展动力，利用服务业扩大开放的机遇，全力推进产业转型升级。适时制定和实施轻工大省、工业强省、制造强省等重要战略，增强区域核心竞争力和抵御市场风险的能力，积极探索体现新时代促进美好安徽发展的新路子，创造惠及更多人的安徽发展模式，使其共享新时代安徽经济社会发展成果，提高安徽省中等收入群体生活质量并拓展其发展前景。

2. 构建新时代薪酬体系，促进更多劳动者的收入增长

十九大报告提出：“破除妨碍劳动力、人才社会性流动的体制机制弊端，使人人都有通过辛勤劳动实现自身发展的机会。”① 深化收入分配体制改革，不断激发广大劳动者的积极性、主动性、创造性，完善薪酬福利、社会保障等体制机制，消除垄断和不公平竞争，确保收入分配公平合理，实现安徽经济增

① 《习近平：决胜全面建成小康社会　夺取新时代中国特色社会主义伟大胜利》，人民网，http：//politics. people. com. cn/n1/2017/1028/c1001－29613514. html，2017 年 10 月 28 日。

长与广大劳动者增收互促共进，为扩大中等收入群体，形成一个中等收入群体占主体的“橄榄形”社会结构，提供完备的制度保障和政策支撑。

具体而言，在薪酬福利方面，安徽省应在现有的分配制度下，积极深化收入分配制度改革，缩小不同群体的收入差距，带动城乡劳动者收入增长。深入贯彻落实《国务院批转发展改革委等部门关于深化收入分配制度改革若干意见的通知》[①] 和《国务院关于激发重点群体活力带动城乡居民增收的实施意见》[②] 精神，完善初次分配机制和再分配调节机制，促进中低收入劳动者收入合理增长，健全技术要素参与分配机制，健全税收、社会保障等再次分配手段，建立各行业工资水平规范机制和增长机制，构建常态化的薪酬福利协商机制，规范收入分配秩序，不断缩小不同群体间的收入差距，让更多劳动者进入中等收入群体行列。

3. 完善基本公共服务，打通跨向中等收入群体的通道

首先，安徽应深化人事管理体制机制改革。新时代背景下的人员流动日益频繁，城市与城市、城市与农村等户籍之间存在资源分配不均衡现象，二元城乡差异在短期内难以消除，劳动力市场上仍然存在户籍歧视等制度性障碍，进而造成社会不公平以及进入中等收入群体的通道阻力增加。因此，在户籍管理方面，安徽应打破身份限制，深化户籍制度改革，放宽户籍准入政策，破除通往中等收入群体行列的户籍制度壁垒。

其次，深化公共服务体制改革。新时代社会成员的生活成本显著提升，享受住房、教育、医疗等服务的成本居高不下，制约了个人财富的积累，严重侵蚀了中等收入群体的生活。加快推进住房、教育、医疗、养老等公共服务体制改革，推进社会成员受教育机会、医疗资源均等化，抑制房价过度上涨，完善社会保障体系，降低人们生活成本，有利于让更多低收入者成为中等收入群体，同时也有利于提高中等收入群体抵御风险的能力。

最后，建立新的激励机制。营造尊重劳动、尊重人才、尊重创造的良好发展氛围，破除要素市场、公共服务、产权制度等方面的制度壁垒，打破阻碍公

① 《国务院批转发展改革委等部门关于深化收入分配制度改革若干意见的通知》，中国政府网，http：//www. gov. cn/zwgk/2013 –02/05/content_ 2327531. htm，2013 年 2 月 5 日。

② 《国务院关于激发重点群体活力带动城乡居民增收的实施意见》，中国政府网，http：//www. gov. cn/zhengce/content/2016 –10/21/content_ 5122769. htm，2016 年 10 月 21 日。

共资源合理配置的藩篱，建立竞争型的资源共享平台，让优质公共服务资源在更大范围内充分流动，并向外辐射，带动城乡协同发展。激励人们开展更大范围的创造性成果转化，让企业家、工人、农民、知识分子等群体各尽其能、各得其所。持续完善公共服务环境，营造零障碍、低成本、高效率的政务环境，构建“亲”“清”新型政商关系，为社会成员提供更为开放、平等的发展空间和顺畅的流动通道。

结　语

新时代安徽经济社会发展正处于现代化转型的关键时刻，也迎来了重大发展机遇和挑战。当前安徽中等收入群体的扩充速度较快，但比例仍然偏低，处于低水平、不稳定的发展局面。如何确保安徽中等收入群体又好又快发展，亟须政府、市场、个人等多方合力深入贯彻新发展理念，对社会成员迈入中等收入群体的体制机制壁垒进行全面深化改革，共同推进收入分配制度改革，完善公共服务体系，确保社会公共资源合理流动，合理有序推进城市化进程，以开放促改革，坚持互利共赢的对外开放战略，积极主动融入“一带一路”建设和长江经济带、长三角一体化等重大战略，努力营造公平、开放的发展环境，打造内陆开放新高地，激发社会主体的发展动力和发展活力，这对于安徽成功跨越“中等收入陷阱”，构建中等收入群体占主体的“橄榄形”社会结构，实现现代化五大发展美好安徽建设具有重大意义。

参考文献

《马克思恩格斯文选》（第一卷），中央编译出版社，2009。

〔美〕C. 莱特·米尔斯：《白领：美国的中产阶级》，周晓虹译，南京大学出版社，2006。

张翼：《社会新常态：后工业化社会与中产化社会的来临》，《江苏社会科学》2016年第1期。

李春玲：《新社会阶层的规模和构成特征》，《中央社会主义学院学报》2017年第4期。

《中国“新社会阶层”有7200万年薪高消费惊人》，《21世纪经济报道》2017年1月8日。

李春玲：《中等收入群体与中间阶层的概念定义》，《国家行政学院学报》2016年第6期。

李培林、张翼：《中国中产阶级的规模、认同和社会态度》，《社会》2008年第2期。

苏海南：《我国中等收入群体的产生、发展和现状》，《人事天地》2016年第12期。

田丰：《中等收入群体变动趋势和结构性分析：2006～2015》，《河北学刊》2017年第2期。

B.7

合肥市人口承载力研究*

丁仁船　王荷娜**

摘　要： 合肥市作为安徽省省会，将自身目标设定为建成区域性特大城市。根据《合肥市城市总体规划（2011－2020年）》，到2020年，合肥市总人口达到960万人，人均城市建设用地100平方米。本文使用文献研究法和定量研究法，建立综合人口承载力模型，通过对合肥市就业、住宅、道路、排水等因素的分析，分别得出各因素2017～2025年的人口承载量，即到2025年就业承载量为542.71万人，住宅承载量为1630.50万人，道路面积承载量为929.08万人，供水承载量为864.47万人，用地承载量为960.71万人，绿地承载量为729.45万人，排水承载量为2083.53万人。并采用各因素短板和赋予权重两种方法进行分析，最终得出合肥市综合人口承载量为1033.22万人。最后结合合肥市目前面临的问题，如市区道路拥挤、排水系统不畅、公共危机预防能力低等，对合肥市人口承载量进行对比，提出如下建议：构建立体交通网、促进经济发展、合理布局排水系统、增加基础设施面积。

关键词： 人口承载量　综合人口承载力模型　合肥市

---

* 基金项目：本文系安徽省2018年“三项课题”研究成果。

** 丁仁船，安徽建筑大学公共管理学院院长、教授、人口学博士，研究方向为人口统计；王荷娜，安徽大学管理学院硕士研究生，研究方向为人口管理学。

一 引言

人们对人口承载力的关注和研究由来已久，“承载力”一词源于生态学，由于人口和环境资源问题的出现，人类学家和生物学家将承载力的概念扩展到人类生态学，并对人类生态的承载能力进行了研究。因此，对人口承载力的研究从本质上说就是对人口与经济、资源、环境之间相互关系的研究。

工业革命以来，经济发展为人们提供了丰富的物质产品，也造成了大量的废水、废气和噪声等环境污染。20 世纪 70 年代以来，随着全球经济的快速发展，一系列全球性环境问题越来越严重，环境污染、生态破坏和资源枯竭已经成为影响人类发展的主要限制因素之一。如何处理环境与经济之间的矛盾使之相“协调”，已成为人类社会可持续发展的重大问题。这不仅是发达国家面临的课题，也是发展中国家在大力发展经济的同时必须高度关注和妥善解决的课题。

在中国城市发展过程中，一些问题需要高度关注。第一，城市规模不合理。城市规模取决于城市的经济发展水平、土地资源、水资源等因素。一位批评西方城市规划的研究者李津逵说，工业化水平不高，城市人口规模双增长的设计显然是一个不可行的计划。对于长江三角洲等经济发达的地区而言，必须根据实际情况合理确定城市规模，实现可持续发展。第二，环境问题。江苏太湖蓝藻、巢湖蓝藻的暴发，让我们认识到环境问题也是城市建设不能忽视的问题。第三，严重的“城市病”。“城市病”表现为“人口膨胀、交通拥堵、环境恶化、住房紧张、就业困难”等，这些问题会加重城市负担，制约城市化的发展，造成市民身心疾病等。第四，城市“废墟化”。房地产市场的高利润，让城市建设如火如荼。房产投机导致大量楼宇空置，而城市吸引力也让一部分城市过度开发并造成资源浪费。

合肥市作为中国中部的一座新兴之城，同样不可避免且或多或少地存在着上述问题。未雨绸缪，防患于未然。我们在合肥市建设速度加快的前提下，根据实际，研究合肥市的合理人口承载力，制定科学、合理的城市发展规划，促进合肥市健康、可持续发展。

二　研究综述

人口承载力是在一定的时空范围内，某地区所能承载的最大人口数。即在不损害生物圈或不耗尽可合理利用的不可更新资源的条件下，各种资源在长期稳定的基础上所能供养的人口数量。学者们分别从土地资源、水资源、经济资源、交通资源、社会服务、环境等角度出发，研究某一地域的人口承载力。美国学者威廉（1940）提出了土地人口承载力研究的问题，即土地所能容纳的人口数量是由土地的生产潜力决定的。郑娟尔、周伟、袁国华（2017）从耕地和建设用地人口承载力的角度研究了土地承载力。可持续发展是由经济、自然和社会三个子系统组成的复杂生态系统。人是承载力的承载对象，其他自然资源对人类的贡献最终转化为经济资源供人们使用。因此，仅对经济承载力进行研究就显得尤为重要。区域人口承载力的决定性因素为经济发展指数，特别是第二、第三产业的发展程度，相对于自然资源而言，社会经济发展对区域人口的影响越来越大。就业承载力与经济、产业发展、技术进步等因素正相关，但正相关有减弱趋势。Liqiang（2016）以水资源为变量，对中国水域生态系统的人口承载力进行研究，结果表明，中国的水资源承载力从2000年的每人每年0.176×10^9立方米增加到2010年的每人每年0.255×10^9立方米，并且预测到2030年，中国水域生态系统的人口承载潜力将进一步被发掘。城市交通承载力是指在一定时间内，在一定服务水平下，保证城市系统的环境、功能和结构维持良好的可持续发展状态，交通系统所能承受的标准车辆数。邓娜、袁振洲（2017）采用传统的时空耗散法模型，提出了以相邻信号控制交叉口间路段为出发点进行交通承载力分析改进的理论模型，通过计算不同等级道路的交通承载力，构建了全路网的交通承载力计算模型。Akamstsu和Miyawaki（2010）建立了路网承载力的单层模型，利用饱和流量公式和变换网络图法解决了弹性需求用户的均衡问题。环境承载力作为连接社会系统、环境系统与经济系统之间的纽带，是协调人口、资源与环境这一相互联系又彼此相对独立的矛盾统一体的关键所在。刘文政、朱瑾（2017）主张从地理学综合视角重新审视资源环境承载力研究的理论框架和今后研究的优先主题，提出未来相关研究应围绕资源环境承载力关键要素的变化及驱动机制、资源环境承载力综合评价的理论与方法、资源环境承载力的动态监测与预警、基于资源环境承载力的国土功能区划与管控、重点区域资源环境承载力的恢复与提升途径。

适度人口测量方法有单因素和综合因素法。薛英岚、吴昊、吴舜泽等人（2016）以北海市为例，以环境承载力的几个主要变量为人口规模的限制因子，分别计算各限制因子约束下的适度人口规模，根据木桶原理，取最小值作为环境承载力约束下的城市适度人口规模。代富强等（2012）提出结合生态足迹法和“可能满意度”法的适度人口规模预测方法，应用该法预测重庆市适度人口规模为3306万人，由于该方法取决于土地用途变更、消费者偏好变化，所以人口规模的提高需要更好的土地利用总体规划以及消费引导。林晓娟、方世峰等人（2017）利用主成分分析和熵值法确定生态、经济和资源承载系统的权重。李秀夏（2017）利用状态空间方法构建了该区域适度人口模型，并利用主成分分析法计算了吉林省2005～2014年的人口权重，讨论了人口形成的原因，并提出了解决问题的途径和对策分析。

三　合肥市人口现状

2015年合肥市进行了1%人口抽样调查，该市常住人口为779万人。与2010年11月1日第六次全国人口普查中的570万人相比，五年时间人口增加209万人，增加了36.7%，年平均增长7.32%。全市抽样调查时登记的户籍人口为717.72万人，同2010年11月1日第六次全国人口普查相比，五年时间共增加215.77万人，增长43.0%，年平均增长8.6%。全市常住人口241.42万户，每户平均户籍人口2.98人，比2010年第六次全国人口普查增加0.15人。

根据世界大城市发展的规律和教训，“大城市病”主要出现在城市地区，因为城市人口规模对未来城市的合理空间、承载能力和人口发展起着重要作用。而郊区和郊区县的发展仍有较大的空间容量。因此，本研究主要探讨合肥城市人口的合理承载力。

合肥市区是指瑶海、庐阳、蜀山和包河地区。到2018年底，城市居民人口为6063000人，市区面积为1126平方公里，人口密度是5384.55人/平方公里。

总体来看，合肥市人口具有以下几个特征。第一，合肥市人口城镇化率比较高，城镇人口不断增加，城镇化水平逐年提高。2018 年底，合肥市城镇人口首次突破600 万，达到606.3 万人，占总人口的74.97%，比上年提高1.22 个百分点，而乡村人口为202.4 万人，仅占总人口的25.03%，且比上年减少6.7 万人。第二，合肥市人口老龄化问题加重。人口老龄化的衡量标准是一国家或地区60 岁及以上的老年人口占总人口的10%或65 岁及以上的老年人口占总人口的7%，老年人口相对增加，而在2018 年底，合肥市常住人口中15 ~ 64 岁人口579.9 万人，增加2.9 万人，占总人口的71.7%，65 岁及以上人口101.8 万人，增加5.2 万人，占总人口的12.6%。从这一增长趋势来看，合肥市老龄化问题不断加剧，即将进入老龄化阶段。第三，合肥市人口质量提高，人口受教育程度提升。2018 年底，合肥市15 岁及以上常住人口中，大学（指大专及以上）文化程度人口占26.8%，比全省平均水平高11.1 个百分点；高中文化程度人口占20.3%；初中、小学文化程度人口占48.3%。全市人均受教育年限11.27 年，比上年提高0.01 年，比全省平均水平高1.97 年。其中，男性人均受教育年限11.91 年，女性人均受教育年限10.6 年。第四，合肥市男女比例相对均衡。合肥市常住人口中男性413.5 万人，比上年增加7.8 万人，占总人口的51.1%；女性395.2 万人，增加4.4 万人，占总人口的48.9%。总人口性别比（以女性为100，男性对女性的比例）为104.6，男女比例相对均衡，对于社会的良性运行具有较好的稳定作用。

四　合肥市资源现状

对城市人口合理承载量的研究，需要考虑自然、经济、社会等因素，并对这些因素进行综合分析。我们将从就业人数的角度来研究合肥市经济人口容量；并从人均居住面积、人均道路面积、城市供水量等方面对合肥市合理人口容量进行了研究；从城市生态环境因素中人均用地面积、人均绿地面积等角度研究合肥市生态人口容量。最后，通过对比，得出合肥市综合人口容量。

下面将从就业、住房、道路、供水、用地、绿地、排水等角度，分别阐述合肥市资源现状。

（一）就业角度人口承载量

从合肥市2017年统计年鉴中我们得出2012~2016年就业人口数，计算得出2012~2016年就业人口增长率分别为8.3%、20.2%、5.1%、0.3%、3.1%。根据合肥市2017年统计年鉴中市区国民经济主要指标，我们得出市区2012~2016年生产总值。

就业弹性是指经济增长每变化一个百分点所对应的就业数量变化的百分比，反映的是经济增长对就业增长的影响力，其取决于产业结构等因素。计算公式：就业弹性=就业人口增长率÷经济增长率（见表1）。

表1 合肥市就业人口增长率

类别＼年份	2012	2013	2014	2015	2016	2017
就业人口数（万人）	79.64	95.74	100.64	100.93	104.04	—
增长率（%）	8.3	20.2	5.1	0.3	3.1	—
生产总值（亿元）	2754.58	3077.7	3407.06	3766.96	4191.7	—
增长率（%）	14.8	11.7	10.7	10.6	10.3	8.5
就业弹性（%）	56.1	172.6	47.7	2.8	30.1	—

1990年，合肥市劳动适龄人口为84.55万人，其中就业人口为66.43万人，劳动参与率为79.40%。2000年劳动适龄人口为102.30万人，增长20.99%，其中经济活动人口71.9万，仅增长7.0%，劳动参与率降低了9.19个百分点，下降幅度较大。2010年合肥市劳动适龄人口为441.87万，经济活动人口为70.07万，劳动参与率为81.36%，与2000年相比，经济活动人口减少了1.83万人，劳动适龄人口增加了339.57万人，增长幅度相当大，劳动参与率仅提高11.08个百分点，相对来说劳动参与率增长幅度较小，增速放缓。

劳动参与率是指经济活动人口（包括就业者和失业者）占劳动适龄人口的比例，劳动参与率反映了一个地方的就业状况，对预测当地的人口承载量具有重要的参考价值。计算公式：劳动参与率=（有工作的人数+目前正在找工作的人数）/（16~64岁人口数）×100%（见表2）。

表 2　合肥市 15 ~ 64 岁人口劳动参与状况

单位：万人，%

年份 \ 类别	就业人口	失业人口	劳动适龄人口	劳动参与率
1990	66.43	0.77	84.55	79.40
2000	63.60	8.30	102.30	70.28
2010	55.07	15.00	441.87	81.36
2015	523.80	14.68	571.90	94.16

合肥市 2012 ~ 2016 年生产总值增长率、就业弹性的平均值分别为 11.62%、61.84%。因为就业弹性 = 劳动力就业增长率 ÷ 经济增长率，用生产总值、就业弹性增长率来计算就业人口增长率，结果是 7.2%。

随着城市化进程的发展，合肥市的城市化水平不断提高，城市化发展速度会逐渐降低，经济发展速度随之减缓。因此，未来的就业人口增长速度也会逐渐放慢，在这里，我们分别计算出 2017 ~2025 年合肥市就业人口数。

根据近五年的统计数据，由线性回归分析得出，合肥市就业人口每年增加 5.399 万人，合肥市的劳动参与率为 81%，即就业人口与总人口的比重为 81%，城市化率要达到 75% ~80%，我们用 75% 来计算合肥市人口数，得出合肥市就业口角度合理人口承载量（见表 3）。

表 3　合肥市 2017 ~ 2025 年就业角度合理人口承载量

单位：万人

类别 \ 年份	2017	2018	2019	2020	2021	2022	2023	2024	2025
就业人口	535.70	541.10	546.50	551.90	557.30	562.69	568.09	573.49	578.89
总人口数	669.62	676.37	683.12	689.87	696.62	703.37	710.12	716.87	723.61
人口承载量	502.22	507.28	512.34	517.40	522.46	527.53	532.59	537.65	542.71

（二）住房角度人口承载量

2015 年合肥市 1% 人口抽样调查资料显示，合肥市家庭户人均住房建筑面积为35.3平方米。全市共有家庭户867110户，家庭户人口为717.72万人，平均每个家庭户的人口为2.98人。因此，全市住房总面积为25335.52万平方米。

根据合肥市2010～2017年统计年鉴，分别得出2011～2016年合肥市住宅竣工面积，如表4所示。

表4 合肥市住宅面积增长率

单位：万平方米，%

类别＼年份	2011	2012	2013	2014	2015	2016
住宅竣工面积	455.24	3497.57	3973.04	4287.27	4470.13	860.61
住宅面积	25790.76	29288.33	33261.37	37548.64	42018.77	42879.38
住宅面积增长率	—	13.56	13.56	12.89	11.90	2.05

从以上数据得出，合肥市2016年住宅面积为42879.38万平方米。2012～2016年的住宅面积增长率分别为13.56%、13.56%、12.89%、11.90%、2.05%，2013年小庙镇划入合肥市，因此，2013年的数据不具有参考价值，但我们仍然可以看出合肥市住宅面积增长速度在逐渐变慢。

2003年1月23日，住房和城乡建设部公布小康社会住房标准是“户均一套房、人均一间房、功能配套、设备齐全”。小康指标体系中，人均住房面积是30平方米。2016年，国家统计局发布了一篇名为《居民收入持续较快增长 人民生活质量不断提高》的文章，文章指出，2016年全国居民人均住房建筑面积为40.8平方米，其中，城镇居民人均住房面积36.6平方米。①

德国在二战后住房被严重摧毁，为了解决人民的住房问题，德国政府在1949～1978年共建造住房约1800万套，到2016年末，德国的人均居住面积为43.8平方米，已经拥有存量住房4170万套，租房者和自有建房者人均住房面积分别达到49.9平方米、37.4平方米。② 参照德国的人均住房面积，将

① 国家统计局：《居民收入持续较快增长人民生活质量不断提高》，http：//www.stats.gov.cn/was5/web/adv.jsp，2016。

② 《2017年全球发达国家人均面积及德国建造房屋数量分析》，行业频道，http：//www.chyxx.com/industry/201711/580346.htm，2017。

我们的人均住房面积设为45平方米，计算得出合肥市2017～2025年的人口承载容量。

根据合肥市现有的住宅面积数据，对其进行回归检验，得出合肥市住房面积每年增加4690.77平方千米，我们计算出合肥市2017～2025年的住房面积，如表5所示。

表5　合肥市2017～2025年住房角度合理人口承载量

单位：平方千米，万人

类别＼年份	2017	2018	2020	2021	2022	2023	2024	2025
住宅面积	35846.38	40537.14	49918.68	54609.45	59300.21	63990.99	68681.75	73372.52
人口承载量	796.59	900.83	1109.30	1213.54	1317.78	1422.02	1526.26	1630.50

（三）道路面积角度人口承载量

城市道路面积率是反映城市建成区内城市道路拥有量的重要经济技术指标。这里所说的城市道路指城市主干路、次干路、支路，不包括居住区内的道路。

中国城市公交协会研究表明，地铁的运输能力是公交车的18倍，高架桥的运输能力是公交车的3倍，地铁运营时间间隔是公交车的3倍。

建成区的城市道路面积率计算公式如下：城市道路面积率＝建成区道路用地总面积/建成区用地总面积。从合肥市2017年统计年鉴中可以得到2012～2016年合肥市道路面积率的变化情况（见表6）。

表6　合肥市2012～2016年道路面积率

类别＼年份	2012	2013	2014	2015	2016
道路长度（公里）	2068.3	2110.7	2140.3	2206.47	2417.35
道路面积（平方公里）	48.54	54.70	58.50	63.48	68.20
建成区面积（平方公里）	393.10	393.00	403.00	438.20	428.00
道路面积率（%）	12.35	13.92	14.52	14.48	15.93
道路面积增长率（%）	—	12.69	6.95	8.51	7.44

城市人均道路面积指的是城市中每一位居民平均占有的道路面积。人均拥有城市道路面积，就是用城市道路的面积除以该城市的人口数，以显示该城市道路面积是否合理。

2013～2016 年合肥市道路面积增长率分别为 12.69%、6.95%、8.51%、7.44%，道路面积每年平均增长 4.81 平方公里，从而计算得出 2017～2025 年合肥市道路面积。参照国际上欧美国家城市人均道路面积 12 平方米，确定全面小康目标值为 12 平方米。因此，从道路面积角度得出合肥市合理人口承载量，如表 7 所示。

表 7 合肥市 2017～2025 年道路角度合理人口承载量

单位：平方公里，万人

类别＼年份	2017	2018	2019	2020	2021	2022	2023	2024	2025
道路面积	73.01	77.82	82.63	87.44	92.25	97.06	101.87	106.68	111.49
人口承载量	608.42	648.50	688.58	728.67	768.75	808.83	848.92	889.00	929.08

（四）供水角度人口承载量

城市供水分为地表水源供水量、地下水源供水量、其他水源供水量。地表水源供水量又分为蓄水、引水、提水、跨流域调水。蓄水是指因城市用水需求，将水蓄积以备后用；引水是指将地势高处的水资源，引至城市供城市使用；提水是指将地势低处的水，使用外力，提到城市供城市使用；跨流域调水是指从不同的流域引水至城市，供城市生活生产使用。

从 2016 年合肥水资源公报可以得到以下数据，如表 8 所示。

表 8 合肥市 2016 年供水量

单位：亿立方米

市城区	地表水源供水量					地下水源供水量	其他水源供水量	总供水量
	蓄水	引水	提水	跨流域调水	小计			
	2.53	0.00	0.03	4.22	6.78	0.02	0.58	7.38

合肥市 2016 年市区常住人口为 385.36 万人，因此可以得出，2016 年合肥市人均供水量为 191.51 立方米。目前合肥市生活用水来自董铺水库和大房郢

水库，随着合肥市人口的增加，两大水库将难以满足需求。补充水源可以有三个途径，一是利用巢湖水，二是引长江水，三是利用大别山区的水。巢湖污染严重不能作为生活用水直接使用，污染治理既需要大量的资金投入，也需要较高的社会发展水平相匹配，且治理时间将会很长。从长江引水则工程巨大，也面临资金投入大及工期长的困境，再者，长江流域水资源也不是取之不尽用之不竭的。相比之下，从相距最近的淠史杭灌区购买水资源是最切实可行的，而且，近年每逢旱情到来，合肥市都会到灌区购买水资源。

淠史杭灌区共有6个水库，水资源丰富，据安徽省水利厅淠史杭灌区管理处2018年5月的水情报告，所属水库总蓄水量达37.61亿立方米，足以弥补两大水库的缺口（见表9）。

表9　淠史杭灌区水库蓄水量

灌区	水库	水位（米）	日均流量（立方米/秒）	蓄水（亿立方米）
淠河灌区	佛子岭	123.77	73.50	3.25
	磨子潭	184.90	51.00	1.57
	白连崖	200.68	0.37	1.52
	响洪甸	126.77	70.60	13.35
	小　计	—	144.00	19.69
史河灌区 杭埠河灌区	梅　山	127.25	118.00	13.13
	龙河口	67.51	76.00	4.79
全灌区	合　计	—	338.00	37.61

从张勤、李慧敏《城市供水规划中人均综合用水量指标的确定方法》一文中可以知道，人均综合用水量近期为455升/天，远期为540升/天。实际计算结果与目前小区规划中使用的数据（500～550升/天）相吻合，说明这一方法与该城市用水量的实际状况基本相符，其计算结果较合理。因此本文按照每人每天540升，即0.54立方米来计算，每人每年需水量为197立方米。

2016年合肥市供水量为4.79亿立方米，到2025年合肥市需水量为19.7亿立方米。假设每年城市供水量相等，可以计算出每年需增加的供水量为

1.36 亿立方米。根据以上数据，计算出 2017～2025 年合肥市供水角度的合理人口承载量，如表 10 所示。

表 10　合肥市 2017～2025 年供水角度合理人口承载量

单位：亿立方米，万人

类别＼年份	2017	2018	2019	2020	2021	2022	2023	2024	2025
城区供水量	7.51	8.87	10.23	10.23	11.59	12.95	14.31	15.67	17.03
人口承载量	312.18	381.22	450.25	519.29	588.32	657.36	726.40	795.43	864.47

到 2025 年，合肥市供水量 17.03 亿立方米，与 2016 年合肥市供水量 4.79 亿立方米相比，缺口为 12.24 亿立方米。淠史杭灌区六大水库总蓄水量为 37.61 亿立方米，足以弥补合肥市 12.24 亿立方米的缺口。

（五）用地角度人口承载量

由合肥市 2017 年统计年鉴可以得到合肥市 2012～2016 年的城市面积。2012～2016 年合肥市面积增长较快，2016 年较 2012 年增加 387.26 平方公里（含巢湖水域 12.93 平方公里），2013 年，小庙镇由肥西县划归合肥市蜀山区管辖（见表 11）。

表 11　合肥市 2012～2016 年面积

单位：平方公里

年份	2012	2013	2014	2015	2016
城市面积	925.20	1126.63	1312.48	1312.48	1312.46

1991 年住建部颁发的《城市用地分类与规划建设用地标准》中，将城市人均用地面积指标分为四级，最低为 60 平方米，最高为 120 平方米。根据《2011 年城市用地分类与规划建设用地标准》规定，人均建设为用地标准分不同的建设气候区进行划分，将位于Ⅰ、Ⅱ、Ⅵ、Ⅶ气候区的城市人均用地面积指标定为 65.0～115.0 平方米，并将Ⅲ、Ⅳ、Ⅴ气候区的人均用地面积定为 65.0～110.0 平方米。根据《建筑气候规划标准》，合肥市处于第Ⅱ气候区。

国际上的一些大都市，例如纽约、伦敦、巴黎、洛杉矶等将人均用地面积标准定为 140～200 平方米，结合国内外的参考标准，将合肥市的人均用地面积标准定为140平方米。

因此，在合肥市区面积没有进一步增长的前提下，人均土地面积角度的人口承载量即为定值960.71万人。

（六）绿地角度人口承载量

城市绿地率是指城市建成区各类绿地总面积与建成区面积的比值。城市绿地率是反映城市环境质量的重要指标。根据政府文件，城市绿地有五种类型：①公共绿地，它指的是各种公园、动物园、植物园、墓地、小公园和街道广场的绿地。②环境绿化用地，指工厂、办公室、学校、医院、部队等单位和居住区的绿化用地。③生产绿地，即园林绿化，是指苗圃、花卉苗圃、花卉园等。④防护绿地，指在城市中用于隔离、卫生、安全和其他保护目的的林带和绿地。⑤城市、郊区风景名胜区。

从合肥市2011～2017年统计年鉴中，我们可以得到2012～2016年合肥市园林绿地、建成区面积，并通过公式，计算得出合肥市绿地率（见表12）。

表12　合肥市2012～2016年绿地率

单位：平方公里，%

类别＼年份	2012	2013	2014	2015	2016
园林绿地面积	129.36	158.30	159.30	167.61	176.82
建成区面积	378.00	393.00	403.00	438.20	428.00
绿地率	34.22	40.28	39.53	38.25	41.31
增长率	—	22.37	0.63	5.22	5.49

2013～2016年合肥市园林绿地面积的增长率分别为22.37%、0.63%、5.22%、5.49%，经过回归分析得出，合肥市每年园林绿地面积增长10.423平方公里。

2016年住房和城乡建设部印发《国家园林城市系列标准》，规定人均建设用地小于105平方米的城市，人均绿地面积要大于等于8.00平方米；人均建设用地大于等于105平方米的城市，人均绿地面积要大于等于9.00平方米。合肥市的人均建设用地面积小于105平方米，因此，合肥市人均绿地面积应大于等于8.00平方米。

综上所述，可以分别计算出 2017～2025 年人均绿地角度的人口承载量（见表 13）。

表 13　合肥市 2017～2025 年绿地角度合理人口承载量

单位：平方公里，万人

类别＼年份	2017	2018	2019	2020	2021	2022	2023	2024	2025
绿地面积	187.24	197.67	208.09	218.50	228.94	239.36	249.78	260.20	270.63
人口承载量	504.70	532.79	560.89	588.98	617.07	645.17	673.26	701.36	729.45

（七）排水角度人口承载量

排水管道是指汇集和排放雨水、污水、废水等的水渠管道及其附带的管道系统，一个城市排水系统结构的合理性，决定着城市的交通状况、生活用水的安全性、环境的质量以及城市的安全等。近年来，合肥市每逢大暴雨、强降雨天气，市内就积满了雨水，排水系统的不合理布局导致了合肥市生态环境的脆弱性。合肥市近五年的人均排水管道为 2.70 米，和国际人均管道 4 米相比，合肥市排水管道系统仍有很大的发展空间。

从 2011～2017 年合肥市统计年鉴中，我们可以得到合肥市 2012～2016 年排水管道长度，并计算出合肥市排水管道长度的增长率（见表 14）。

表 14　合肥市 2012～2016 年排水管道情况

类别＼年份	2012	2013	2014	2015	2016
排水管道长度(千米)	5963.10	6678.90	7623.50	5934.69	6404.18
增长率(%)	—	12.00	14.14	-22.15	7.90
人均管道长度(米)	2.68	2.86	3.11	2.36	2.47

合肥市 2013～2016 年排水管道长度的增长率分别为 12.00%、14.14%、-22.15%、7.90%，排水管道长度的平均增长率为 2.97%。可以看出，合肥市的排水管道建设缓慢。

根据国际上发达国家人均排水管道 4 米的标准，可以计算出合肥市2017～2025 年排水角度的人口承载量（见表 15），合肥市的排水管道直径相对于发达国家来说是比较窄的，但是目前没有其他具体的数据，只能从排水管道长度的角度来计算。

表 15　合肥市 2017 ~ 2025 年排水角度合理人口承载量

单位：千米，万人

类别＼年份	2017	2018	2019	2020	2021	2022	2023	2024	2025
排水管道长度	6594. 38	6790. 24	6991. 90	7199. 57	7413. 39	7633. 57	7860. 29	8093. 74	8334. 12
人口承载量	1648. 60	1697. 56	1747. 98	1799. 89	1853. 35	1908. 39	1965. 07	2023. 43	2083. 53

五　综合人口承载力

除了上述就业、住房、道路、供水、用地、绿地、排水七类因素，还有供电和环卫因素。因为电力的供应大部分靠外部输入，所以就合肥市本地区而言，没有太大的参考价值。垃圾产出量以及垃圾处理能力对人口数量具有限制性作用，但我们研究的是合肥市区的人口承载量，环卫因素对市区人口的制约作用不是很明显，在此，也不做深入分析。

从就业、住宅、道路、供水、用地、绿地、排水七类因素出发，研究得出各要素对合肥市人口的制约作用，通过定量分析得出表 16 数据，其后可利用两种方法，获得最终的合肥市合理的人口承载量。第一种方法是取每种因素的最小值，即人口承载力的最大制约因素。

表 16　合肥市各要素承载量

单位：万人

类别＼年份	2017	2018	2019	2020	2021	2022	2023	2024	2025
就业	502. 22	507. 28	512. 34	517. 40	522. 46	527. 53	532. 59	537. 65	542. 71
住房	796. 59	900. 83	1005. 06	1109. 30	1213. 54	1317. 78	1422. 02	1526. 26	1630. 50
道路	608. 42	648. 50	688. 58	728. 67	768. 75	808. 83	848. 92	889. 00	929. 08
供水	312. 18	381. 22	450. 25	519. 29	588. 32	657. 36	726. 40	795. 43	864. 47
用地	960. 71	960. 71	960. 71	960. 71	960. 71	960. 71	960. 71	960. 71	960. 71
绿地	504. 70	532. 79	560. 89	588. 99	617. 08	645. 17	673. 26	701. 36	729. 45
排水	1648. 60	1697. 56	1747. 98	1799. 89	1853. 35	1908. 39	1965. 07	2023. 43	2083. 53

由方法一我们可以得出合肥市 2017 ~ 2025 年的人口承载量，如表 17 所示。

表 17　合肥市 2017 ~ 2025 年最小因素人口承载量

单位：万人

年份	2017	2018	2019	2020	2021	2022	2023	2024	2025
人口承载量	312. 18	381. 22	450. 25	517. 40	522. 46	527. 53	532. 59	537. 65	542. 71

相对于第一种方法，第二种方法认为各要素之间相互联系、相互制约，因此我们根据实际，赋予每个因素一个权数，综合分析得出合肥市人口承载量。根据目前合肥市的实际情况，经济发展水平对人口承载量的影响最大，因此我们赋值 30%，道路、排水对合肥市的人口承载量影响较大，我们分别赋值 15%，剩下住房、供水、用地、绿地四个要素分别赋值 10%。经计算，得到表 18 数据。

表 18　合肥市 2017 ~ 2025 年加权人口承载量

单位：万人

年份	2017	2018	2019	2020	2021	2022	2023	2024	2025
人口承载量	746. 64	781. 65	816. 88	852. 33	888. 02	923. 94	960. 12	996. 54	1033. 22

六　对策建议

（一）构建立体交通网

1. 增加地下交通网

目前，合肥市交通拥堵严重，尤其是上下班的高峰期和东西南北交会处的五里墩路口，五里墩是合肥市唯一一个交会处，如果出现意外事故，整个合肥市的交通就会瘫痪。因此，合肥市在增加地铁运行线路的同时，要寻找可替代的路线。

目前，国内的地铁换乘模式主要分为以下几种：同站台换乘、十字换乘、

T形换乘和L形换乘、通道换乘与站外换乘，每种换乘方式都有其优劣之处。总体来看，十字换乘能够满足未来较大客流量的要求，T形换乘和L形换乘使换乘更加方便。根据城市的具体情况，可以选择十字换乘、T形换乘和L形换乘，这不仅可缩短市民换乘的时间、容纳更多的客流量，还可以节约建造成本。

2. 增加地上交通网

根据最新发布的《合肥市公交换乘细则》，合肥市将继续增加公交车的投放量，同时增加BRT封闭站台内的免费换乘，使其不受时间限制。

未来，合肥市人口将大大增加，在增加公共交通车辆的同时，也要进行道路的合理规划，在工业园区、写字楼、购物中心、车站等人流量密集的地方，增加公交车辆，修建多条通道，拓宽车辆通行道路，减少公交换乘时间。另外，在公交运行路线规划上，针对人流量比较小、比较偏远的地方，可以适当减少公交车的投放，延长公交运营路线的长度。

3. 做好“最后一公里”服务

针对地铁、公交到达不了的“最后一公里”问题，要加强其他出行方式的规划，争取在每一段路程中，都能为市民提供最便捷的服务，增加市民流动性，缩短市民在重要交通路口的停留时间，倡导人们公共出行。

随着共享经济的发展，市场上的共享产品越来越多，共享单车、共享电动车、共享汽车等越来越多的共享产品深入市民的生活中，但是，也出现了车辆乱停乱放、过量投放、投放不合理等现象。我们不仅要引进而且要合理利用这些共享产品，合理规划地区的投放量，整顿乱停乱放的现象，在“最后一公里”的路程中，合理利用共享产品，加强对共享单车、共享电动车、共享汽车的监督管理，让共享真正地发挥作用，减轻市区的交通压力。

（二）加快经济建设

合肥市将建设区域性特大城市，各因素的分析结果显示，合肥市的经济发展水平是未来几年阻碍合肥市人口发展的重要制约因素，对于城市化的发展而言，经济因素是主导因素，它决定了一个城市发展的速度、方向和质量。因此，合肥市要从以下两个方面促进经济的发展。

第一，大力发展第三产业，促进第三产业和创新产业的发展，提升发展的质量和水平，带动周边地区的发展，构建城市发展群，促进规模发展。

第二，合理出台相应的就业创业和保障政策，增加就业。合肥市作为承接产业转移的带头城市，需要实施积极的企业引进战略，并引导高素质劳动力的合理流动。

（三）合理布局排水系统

合肥市属于亚热带季风气候，夏季高温多雨，暴雨持续时间长，降水量比较大。在排水系统布局不够合理的情况下，合肥市经常遭受暴雨等自然灾害，城市经常发生内涝，对市民的生活造成极大的影响。

结合合肥市的实际情况，一方面，可以借鉴青岛市排水系统修建经验，采用“雨污分流”的方式，将雨水、生活污水、工厂污水分开排放，增加排水管道的直径，最宽直径可达两米，这样既有利于排水的畅通，又降低了内涝对城市的危害；另一方面，利用合肥市中部高、南北低的地势，将排水管道的下游尽量往南北部引，畅通排水路径，同时扩大绿地面积，增加路面的下渗率，减缓水的流速。

（四）增加基础设施面积

1. 增加绿地面积

合肥市是国家级园林城市，现阶段人均园林绿地面积较大，但是如果建成区域性特大城市，随着人口的急剧增加，其对绿地面积的要求也会增加。所以，合肥市若要增加人口承载量，就要增加绿地面积。

2. 增加供水渠道

合肥市的生活用水主要来源于董铺水库和大房郢水库，供水渠道单一，每年旱季来临之时，合肥市都会到灌区购买水资源。随着城市人口的不断增加，合肥市需要开辟尽可能多的供水渠道，防止公共危机的突发影响城市生活用水。

一方面，合肥市要创新调水引水的技术，提高利用周边水源的能力，比如合肥市可以合理利用大别山的水资源，以满足城市生活用水的需求；另一方面，积极引进先进的技术，提高对城市降水的利用率，建造“海绵城市”，同时提高废水的重复利用率，提高节水技术，合理利用水资源。

参考文献

李秀霞、孟玫：《基于综合承载力的吉林省适度人口研究》，《应用生态学报》2017年第10期。

郑娟尔、周伟、袁国华：《安徽省土地承载力研究》，《国土资源科技管理》2017年第5期。

薛英岚、吴昊、吴舜泽等：《基于环境承载力的适度人口规模研究——以北海市为例》，《环境保护科学》2016年第1期。

康立、王国梁：《安徽省土地资源人口承载力研究》，《现代农业科技》2016年第7期。

孙军、江激宇：《区域可持续相对人口承载力测算——以合肥市为例》，《山西农业大学学报》（社会科学版）2014年第10期。

丁仁船、骆克任：《人口结构变动对城市劳动参与率的影响——以合肥市为例》，《统计教育》2007年第2期。

乡村振兴篇

Rural Rejuvenation

B.8 安徽省农村社会发展报告*

安徽省社会科学院课题组**

摘　要： 改革开放以来，安徽省农村社会各方面发生了巨大的变化。农村整体生产规模增加，产业结构优化，农民收入增加，经营主体规模壮大；农村村民自治和基层党组织建设取得巨大进步；农村公共文化基础设施不断完善，文化惠民和服务能力得到提升；农村生态环境在农村环境治理工程、美好乡村建设、“三线三边”的实施中得到改善。报告从农村经济、政治、公共文化和环境治理四个方面梳理了改革开放以来安徽省农村社会发展状况，客观分析了安徽农村社会在改革发展中存在的问题，并提出了相应的对策建议。

关键词： 安徽农村　乡村振兴　社会发展　农村建设

---

* 本文系安徽省社会科学院重点学科建设项目“安徽乡村振兴战略实施路径研究”、合肥市软科学研究项目“合肥市乡村产业发展政策研究”的阶段性成果。

** 课题组组长：孔令刚，研究员，研究方向为区域经济学；课题组成员许红、吴寅恺、李颖、严静系本文执笔人。

一　安徽农村社会发展现状

（一）农村经济发展状况

1. 农业生产规模不断扩大

改革开放以来，农民生产积极性增强，农业生产效率大幅提高，农业生产总值不断上升，安徽省农业经济发展迅速。1978～1997 年的 20 年，由于家庭联产承包制的实施，农业生产效率提高，农业生产能力不断增强，农业发展迅猛。1978～1987 年，安徽省农业生产总值从 53.77 亿元①增长到 176.35 亿元，年均增长率 14.1%；1988～1997 年，安徽省农业生产总值从 210.53 亿元增长到 736.26 亿元，年均增长率 14.93%。

从 1998 年到 2017 年的 20 年，农业进入发展相对稳定的阶段，农业生产总值跨进千亿元行列。1998～2007 年，安徽省农业生产总值从 744.08 亿元增长到 1200 亿元，年均增长率 5.43%；2008～2017 年，安徽省农业生产总值从 1418.09 亿元增加到 2582.27 亿元，年均增长率 6.88%（见图 1）。

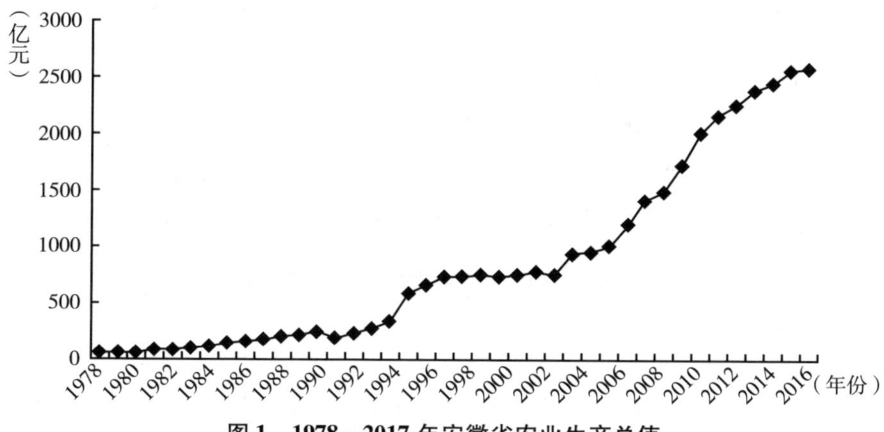

图 1　1978～2017 年安徽省农业生产总值

资料来源：历年《安徽统计年鉴》。

① 农业生产总值按当年价格计算，以下同。

2. 农业产业结构逐步优化

农业产业内部结构趋于完善，种植业比重逐渐下降，林业、牧业、渔业比重逐步提高。1998 年，安徽省农、林、牧、渔、服务业占农业总产值的比重分别是53.80∶4.97∶29.97∶11.26∶0；2017 年，安徽省农、林、牧、渔、服务业占农业总产值的比重分别是49.36∶6.75∶27.20∶11.09∶5.60。30 年来，种植业和畜牧业分别下降了4.44 个和2.77 个百分点，而林业和服务业比重分别上升了1.78 个和5.6 个百分点。

3. 农民收入增长明显

改革开放以来，随着农业生产力水平不断提高，农民收入保持较快增长。1995～2017 年，安徽省农民人均可支配收入从 1214.95 元增长到 12758.22 元（见图 2），按当年价格计算，增长了 950%，年均增长 11.28%。农村居民家庭恩格尔系数由1995 年的58.37%下降到2017 年的33.55%，农民生活质量不断提高（见表 1）。

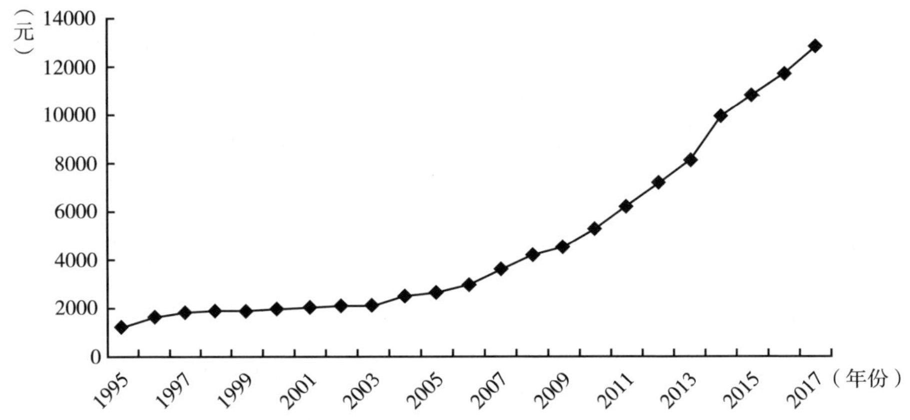

图 2　1995～2017 年安徽省农民人均可支配收入

资料来源：历年《安徽统计年鉴》。

表 1　1995 年以来安徽省农村居民收入结构

单位：元，%

指标＼年份	1995	2000	2005	2010	2015	2016	2017
人均总收入	2016.35	2585.56	3669.00	6895.62	13752.45	15514.88	16983.01
工资性收入	234.21	547.83	1010.05	2203.94	3983.12	4291.10	4624.02
家庭经营收入	1688.53	1910.31	2471.25	4145.98	6845.00	8033.47	8875.53

续表

指标 \ 年份	1995	2000	2005	2010	2015	2016	2017
财产性收入	93.61	127.41	187.71	141.95	182.94	211.76	252.77
转移性收入				403.76	2741.40	2978.25	3230.69
恩格尔系数	58.37	52.45	45.52	40.70	35.79	34.25	33.55

资料来源：历年《安徽统计年鉴》。

农民收入结构发生了明显的变化，工资性收入是农民收入中增长较快的部分。改革开放后，大量农村劳动力外出务工，农民工资性收入随之不断提高，在总收入中的比重也不断增加，逐渐成为总收入的重要组成部分。1995 年，安徽农民人均工资性收入为 234.21 元，占总收入的 11.62%；2010 年，工资性收入比重上升到 31.96%；2017 年，安徽农民人均工资性收入为 4624.02 元，占总收入的 27.23%。近几年，农民工资性收入的比重略有下降，但从整个改革进程来看，仍是呈增长态势。

家庭经营收入比重逐步下降，但仍然是农民总收入的主要来源。1995 年，安徽农民人均家庭经营性收入 1688.53 元，占农民人均总收入的 83.74%；2017 年，农民人均家庭经营性收入 8875.53 元，占农民人均总收入的比重下降到 52.26%。随着改革开放和城镇化进程的推进，就业环境不断改善，农民就业范围逐步拓宽，家庭经营收入的比重逐年下降。

农民的转移性收入快速增长。一方面，随着改革开放和城镇化进程的推进，城市规模不断扩大并修建了公路、铁路等基础设施，农民来自征地补偿的收入增加；另一方面，国家不断加大农村惠民政策力度，对农民种田给予粮食直补、农机补贴等各种补贴，并加大各项社会保障制度和民生工程实施力度，推动农民转移性收入较快增长。2017 年，安徽农民转移性收入是 3230.69 元，占农民人均总收入的比重为 19.02%；而 1995 年，农民财产性和转移性收入共计 93.61 元，占农民人均总收入的比重为 4.64%。

4. 农业经营主体规模发展壮大

2007 年起，安徽省在郎溪县、天长市、宿州市、合肥市等 4 个县市试点新型农业经营主体的培育，取得了良好的效果。2013 年中央一号文件强调指出要“培育和壮大新型农业生产经营组织”，安徽省加快布局新型农业经营主体，构建新型农业经营体系。大力推进农民合作社规范化建设，培育发展家庭农场，出台培育现代农业产业化联合体和农业产业化龙头企业“甲级队”的意见，打造引领行业发展的排头兵。经过多年的发展，安徽省农业经营主体规模呈现爆发式增长态势。2017 年，安徽省农民专业合作社 8.9 万个，农业产业化龙头企业超过 6500 家，家庭农场 7.7 万家，农业产业化联合体超过 1200 个（见表 2）。其中，家庭农场和现代农业产业化联合体从无到有，发展迅速。

表 2　2011～2017 年安徽省新型农业经营主体数量状况

单位：个，家

年份	农民专业合作社	规模以上农业产业化龙头企业	家庭农场	农业产业化联合体
2011	20420	3522	—	—
2012	29282	4292	422	16
2013	41801	4942	7305	68
2014	53401	5388	18866	112
2015	63000	5930	32000	900
2016	77000	6398	54000	1000
2017	89000	6531	77000	1235

资料来源：安徽省农业委员会统计资料汇总整理形成。

（二）农村基层民主政治建设现状

1. 农村村民自治取得巨大进步

以村民自治为主要形式的农村基层民主政治建设是中国特色社会主义政治发展道路的重要内容，也是农村社会治理的关键。实行村民自治，依靠农民群众的自我管理、自我教育、自我服务，充分调动农民群众当家做主的积极性、主动性和创造性，有力促进农村经济发展和社会稳定，是解放和发展农村生产力的制度保障。近年来，安徽省农村基层民主政治建设取得了巨大的进步，主要体现在以下几方面。

一是民主选举步入正常轨道。自 1988 年以来，安徽先后经历了十届村民委员会换届选举工作，实现了由户代表或村民代表参加选举变为村民直接投票选举、由等额选举变为差额选举、由协商确定候选人变为无记名投票提名产生候选人三个重大转变。为了进一步扩大农村基层民主治理，安徽省积极探索村委会选举新模式，2008 年以来开展了观察员制度、“一票制”选举、定岗选举三项改革试点，这三项改革较好地解决了村委会选举监督薄弱的问题，提高了选举公信力，同时降低了选举成本，提高了选举透明度，也有效改善了村委会的结构，选出了更适合的人才。

二是村务公开不断深入。从 1990 年起，安徽的村务公开工作逐步开展，1998 年安徽省委办公厅和省政府办公厅联合印发了《关于在农村普遍实行村务公开和民主管理制度有关事项的通知》，并召开了全省村务公开工作会议，强调要以“六规范一满意”为标准，完善村务公开制度。2003 年，安徽出台了《安徽省村务公开暂行办法》，对安徽省村务公开的程序、形式、时间、内容、责任等方面进行了规范和统一。2014 年 12 月，安徽省就深化村务公开民主管理出台意见，明确把村务公开的内容分为政务公开事项、财务公开事项和村级事务公开事项三类，并对村务公开内容、程序、形式及村级事务民主决策、民主管理和民主监督议事规则做出全面规范。多年来，安徽省村务公开的制度化、规范化不断深入完善，村民知情权、参与权和监督权不断扩大，极大地推进了农村基层民主政治建设。

三是民主决策、管理逐渐集中规范。1989 年以来，全省村级民主决策制度逐渐建立并推广。各地区相继建立了以村民会议和村民代表会议为主要载体的民主决策的组织形式，基本上每个村每年能召开一次以上的村民会议、两次以上的村民代表会议，不定期召开村委会及各下设委员会会议。由表 3 可以看出，党的十八大之后，安徽省乡镇数和村民委员会的数量经历了先增后减的过程，2014 年起，村委会数量从 15102 个减少到 2017 年的 14482 个，体现了安徽省正在科学合理地调整村委会规模、降低社会管理成本、提高农村管理水平，这一过程有利于优化农村资源配置、壮大农村集体经济，从而保障村民利益。

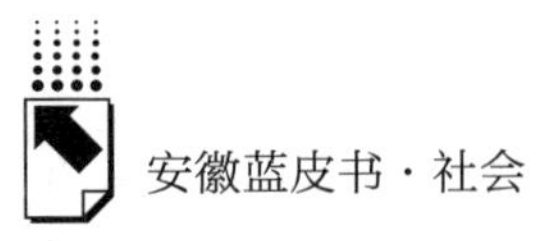

表 3　安徽省村民委会员数量变化情况

单位：个

类别＼年份	2013	2014	2015	2016	2017
乡镇数	1217	1251	1249	1242	1240
村民委员会	14851	15102	14688	14586	14482

资料来源：2014～2018 年《安徽统计年鉴》。

四是民主监督日益透明高效。民主监督是保证村委会正确行使权力必不可少的措施，也是村民自治得以落实的关键。2010 年初，安徽省委办公厅联合安徽省政府办公厅印发了《关于推进“阳光村务工程”建设的意见》，开始启动以村务公开、民主管理、“三资”清理、村务监督委员会建设、村级事务流程化管理等为主要内容的“阳光村务工程”建设，并全面推行村务监督委员会制度。2017 年，安徽省委办公厅、省政府办公厅印发了《关于以村民小组或自然村为基本单元的村民自治试点实施方案》，提出根据群众意愿建立村民理事会，代表村民对本集体组织范围内的公共事务开展议事协商，实行民主管理和监督。村民理事会的设立，有利于协调村民之间的利益关系，能够有效化解村民间的矛盾纠纷，并维护村民权益，作为协商主体参与村级协商，反映村组群众的利益诉求，突出了调解矛盾纠纷和倡导文明新风两大功能，村民理事会的成立促进了村民自治实践的进一步深化，丰富了村民自治的内容和形式。

2. 基层党组织建设进一步加强

加强和改进农村基层党组织建设，不断增强其创造力、凝聚力、战斗力，既是党的建设新的伟大工程的重要内容，也是促进农村经济社会发展进步、推动农村改革发展的重大举措。改革开放以来特别是党的十八大以来，安徽深入贯彻学习党的十八大、十九大以及习近平总书记系列重要讲话精神，紧紧围绕“四个全面”战略布局，把抓好农村基层党组织建设工作作为长远之计和固本之举，在农村基层党组织建设方面取得了辉煌的成就，获得了丰富的经验，为打造“三个强省”、建设美好安徽、推动“四个全面”战略布局在安徽落地生根提供了坚强的组织保证和有力支撑。

一是基层党组织建设制度更加完善。为了强化基层党组织政治功能，落实服务功能，实现组织设置更加科学优化、领导班子更加坚强有力、党员队伍更加充满活力、场所功能更加务实管用、工作载体更加形式多样、制度机制更加健全完善、基础保障更加充分有力、工作业绩更加突出有效的目标，2017 年安徽省委组织部出台了《关于推进基层党组织标准化建设的意见》，提出按照“一年推广打基础、二年深化出成效、三年全面上台阶”的要求，有力有序有效推进，力争经过 3 年努力，使全省基层党组织达到标准化建设要求，并在《安徽省农村基层党组织建设标准（试行)》中明确了农村基层党组织设置、班子队伍建设、党员教育管理、党内组织生活、为民便民服务、场所建设管理、工作运行机制以及基本经费保障等方面的内容。同年，安徽省委印发了《关于进一步加强农村基层党组织建设的意见》，提出安徽省农村基层党组织要建设坚强有力的领导班子，打造本领过硬的骨干队伍，建成功能实用的服务场所，创新形式多样的活动载体，形成健全完善的体制机制，创造群众满意的工作业绩。

二是基层党组织带头人素质整体提升。为充分发挥村党组织带头人在美好乡村建设中的带头作用，安徽省深入实施村党组织带头人“532”工程，把思想政治素质高、“带富”能力强、发展潜力大、年轻有为的村党组书记作为培养重点，并加强与安徽大学、安徽农业大学等省属涉农高校的合作，有针对性地为“532”工程党组书记提供高学历教育和“双技”培训，增强其履职能力。至 2017 年，安徽省连续 17 年选派 2 万多名机关年轻干部到村担任第一书记，分 10 批选聘选调 1 万多名大学生村官到村任职，推动大学生村官与选调生衔接，优化了村级干部队伍结构，提高了村干部整体素质，开辟了选拔培养干部的新途径。

三是基层党组织强化服务职能。安徽是全国率先实行农村税费改革的省份，农村基层党组织的职能也随着农业税的全面取消发生了变化。2002 年，宣城、长丰等地率先启动了为民服务全程代理试点工作。2013 年 10 月，安徽省委办公厅和安徽省政府办公厅联合印发了《关于进一步完善农村为民服务全程代理制的意见》，提出要进一步拓展服务范围和规范操作程序，进一步落实工作责任，进一步完善内部管理制度、政务公开制度、部门责任制度以及绩效考核制度，进一步创新服务方式，进一步夯实基础工作五项内容。为民服务全程代理是安徽农村基层党组织建设的一大亮点，不仅方便了群众，成为深受农民欢迎的“民心工程”，而且提高了基层执政能力，转变了政府职能，改变

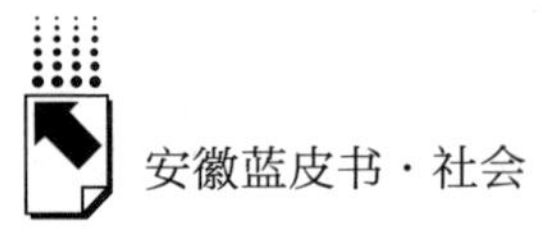

了干部作风，密切了党群干群关系，增强了基层党组织的号召力、亲和力与凝聚力。

（三）农村公共文化建设状况

繁荣兴盛农村文化，推进乡风文明建设，是贯彻习近平新时代中国特色社会主义思想的内在要求，是满足农民群众日益增长的美好生活需要的有效途径，是推进现代化五大发展美好安徽建设的重要支撑，对安徽省培育乡村发展新动能、构建乡村治理新体系、塑造美丽乡村新风貌、增强农村群众获得感、实现新时代乡村全面振兴具有重要作用。

1. 农村公共文化基础设施

近年来，安徽省从建设美好安徽和文化强省战略出发，高度重视、全力推动公共文化服务体系建设，公共文化设施网络不断完善，管理服务持续创新，群众文化生活日益丰富，公共文化服务体系建设取得明显成效。

2018 年，安徽省纳入免费开放民生工程的共 1789 个公共文化场馆，其中：公共图书馆 123 个、文化馆 121 个、文化站 1438 个、美术馆 18 个、博物馆 89 个，这些场馆的公共空间设施全部免费开放，并开展丰富多彩的惠民文化活动，满足群众需求。安徽省“农家书屋”工程为农民建立了家门口的图书馆，目前已经覆盖 15442 个行政村，占全省全部行政村总量的 99. 37%，拥有书籍 4000 多万册，2018 年全省完成出版物补充更新 110 万册。安徽省正在实施无线数字化覆盖工程，目前一期已经完成建设，共完成 17 个台站 12 套中央电视节目、23 个台站 3 套中央广播节目的无线数字化覆盖。截至 2018 年，安徽省广播电视无线数字化覆盖面积已超 90%，覆盖节目包括中央台，省、市、县地方台。直播卫星户户通工程目前涵盖 15 个市 69 个县区，为 81. 32 万农户解决了听广播、看电视的问题，并长期免费提供 47 套广播和 58 套电视节目。

2. 农村文化惠民工程

为完善安徽省农村公共文化服务体系、切实保障广大农民群众的基本文化权益，安徽省高质量推进广播电视村村通向户户通升级、应急广播体系建设、农家书屋建设、农村电影放映和全民阅读等文化惠民工程。目前，文化惠民工程在安徽省广大农村得到全面推广实施。

针对村级文化设施不足、资源分散、活动组织难等问题，安徽省建设农村综合文化活动中心——农民文化乐园，旨在打通农村公共文化服务“最后一公里”。全省深入推进县域公共图书总分馆制建设，让县城图书馆的优质图书定期流转到村里农家书屋。为提升群众的观影体验和观影效果，安徽省首批220个室外放映点和21个室内放映点建设完工，并投入使用。2018年下半年，财政部门投入专项资金，覆盖16个市60多个县区，再建270个室外固定放映点和50个室内固定放映点，并对老旧放映设备进行更新。全省农村共放映电影19.29万场。深入实施“送戏进万村”惠民工程，全省完成“送戏”2.1万多场。全面推进县级文化馆总分馆制建设，实现县域群众文化资源联动共享。将文化惠民工程的实施落实到人，与省、市、县逐级签订责任书，将农家书屋、广播电视“村村通”、农村公益电影放映等纳入干部年度重点工作目标进行考核。

3. 农村文化服务能力

创新农村公共文化服务机制。建起来，更要“转起来”，安徽省重点加强基层公共文化服务功能建设，贯彻落实《关于加强基层基本公共服务功能建设的意见》，积极探索公共文化供给方式，有点有面，以贫困地区、行蓄洪区为重点，以乡镇、街道、行政村、社区综合文化服务中心为依托，采用政府采购、社会托管等方式，开门办文化，扩大农村公共文化产品供给，提高农村公共文化服务效能。以“三馆一院联盟”为依托，发挥省级馆（院）示范带动作用，促进省级文化资源向县一级和村一级等基层流动，以促进文化服务向农村延伸。推进农村公共数字文化建设，建设“安徽文化云”公共文化服务管理平台。

积极推进村级公共文化服务改革。目前，已经在安徽省102个县试点推广，建成1500多个村农民文化乐园（中心），聘用2894名村级文化协管员和文物保护员，在1500多个行政村试点采购公共文化服务，在20个国家级贫困县新建村级综合文化服务中心109个。农村公共文化服务发生四大变化，即功能设施标准化、服务内容多样化、文化活动常态化、保障措施制度化，夯实了农村公共文化服务体系的基础。①

---

① 曹征海：《稳步推进村级公共文化服务的有效路径》，《求是》2015年第9期。

加大农村公共文化供给力度。注重深化农家书屋延伸服务，2017 年共完成全省农家书屋 111.2 万册出版物补充更新任务。推动数字农家书屋建设，有效破解农家书屋开门难、管理难、活动难的问题。积极推动农家书屋搬入居住密集、活动集中的地方，使农家书屋的服务和乡村综合文化中心、便民服务场所、中小学留守儿童家庭、村邮代办站、文化热心大户等场所的各项活动结合起来，从而实现资源共享。2018 年，“书香安徽”建设工程不断完善全民阅读工作机制，持续开展阅读活动，积极推动重点群体阅读，全力构建全民阅读推广服务保障体系。

加强农村公共文化人才队伍建设。全省群众文化辅导员人数达 1.1 万人，通过政府购买服务方式，招募文化协管员（文物保护员）2800 多名，补齐基层场馆缺少活动、缺人管理的短板。

4. 农村公共文化建设政策文件

2014 年，安徽被确定为国家基层综合性文化服务中心试点省之后，先后制定出台《安徽省基本公共文化服务实施标准》《基层综合文化服务中心建设实施方案》等文件。省文化厅会同有关部门制定了《安徽省“十三五”时期贫困地区公共文化建设实施意见》。2016 年，安徽出台《关于加快构建现代公共文化服务体系的实施意见》，提出促进城乡基本公共文化服务均等化，加强基层乡土人才队伍建设。

2017 年，安徽省文化厅《“十三五”时期文化改革发展规划》（以下简称《规划》）正式出台。《规划》提出，到 2020 年，基本建成覆盖城乡、便捷高效、保基本、促公平、具有安徽特色的现代公共文化服务体系。2018 年，安徽省文化厅印发《关于繁荣兴盛农村文化推进乡风文明建设的实施意见》（以下简称《意见》）。《意见》提出，在安徽全省实施农村文化设施建设工程、农村题材艺术创作工程、送戏进万村工程、百馆千村文化结对工程、乡村文化遗产保护工程、乡村文化产业发展工程、农村文化市场繁荣发展工程、乡村文化人才队伍建设工程等八大工程。

（四）农村环境治理现状

1. 加强农村环境治理机构设置

按照国家环境管理体制，安徽省农村环境治理机构按照省—市—县三级管理体制设置。目前，县级环境监察机构在所辖乡镇或联片设立了分支机构。近几年县级环保机构的环境执法职能得到加强，并强调向一线下移，充实基层环境执法力量。具体来说，目前安徽省农村环境治理负责机构主要分为以下几个方面：各级农业部门负责美丽乡村建设的实施，各级城乡建设部门负责农村的污水治理、厕所改造等，县级城管部门负责农村的卫生管理。

2. 实施农村环境治理工程

2006 年，安徽省开始实施全省范围内的“千村百镇”示范工程，推进部门帮扶工作和“千企联千村”活动。为不断加强农村环境保护工作，积极推进生态安徽和社会主义新农村建设，提高农民生活质量和健康水平，2009 年 7 月，安徽省人民政府办公厅转发省环保厅等部门出台的《关于加强农村环境保护工作的意见》，该《意见》指出加强农村环境保护，是落实科学发展观、构建社会主义和谐社会的必然要求；是促进农村经济社会可持续发展、建设社会主义新农村的重大任务；是推进生态文明建设，构建资源节约型、环境友好型社会的重要内容；是建设生态安徽、切实改善民生的客观需要。在工程实施的推进下，全省所有示范村都开展了新农村建设规划，村庄建设规划得到完善。示范点农村社会事业有了新的发展，一批示范点铺上了水泥主干道，建成了路灯等基础设施，水、电、厕所等生活基础设施的建设成果显著。所有示范村基本完成了村庄环境整治，镇容村貌发生了明显变化。

3. 推进美好乡村建设和生态环境治理

随着“千村百镇”示范工程的推进，安徽省农村环境治理达到了预期建设目标的要求。为进一步落实“生态省”建设的战略部署以及新农村建设，2012 年 5 月省委、省政府下发了《安徽省“十二五”时期社会主义新农村建设规划纲要》，全面部署了全省美好乡村建设工作。同年 9 月，省委、省政府做出了《关于全面推进美好乡村建设的决定》，同时在安徽省政府下发的《安徽省美好乡村建设规划（2012－2020 年）》（皖政〔2012〕97 号）中，把美好乡村建设的目标定为“生态宜居村庄美、兴业富民生活美、文明和谐乡风美”。美好乡村建设既是加快建设经济繁荣、生态良好、人民幸福、社会和谐的美好安徽的重要基石，也是打造生态强省的具体行动体现。

在美好乡村建设规划指引下，安徽省不断加大对农村基础设施建设的投入，着力补齐农村环卫建设和生态文明建设的短板。全省年均实施的民生工程达30多项，一半以上的项目用于改善农村基础设施，包括电力、饮水、危房改造、医疗卫生等公共设施。2010年以来，安徽省全面启动农村环境“三大变革”，实施了农村“清洁工程”、农村生活垃圾治理专项行动，不断改善农村环卫设施，逐步缓解“垃圾围村”的困境。

4. 实施“三线三边”环境治理

在开展美好乡村建设的同时，为了进一步巩固乡村环境治理的成果，安徽省委、省政府召开了全省美好乡村建设推进会。会议对“三线三边”与“四治理一提升”行动做了详细安排，做出推进城乡环境综合治理的重大决策，聚焦城乡环境突出问题，下大决心、花大功夫推进乡村环境治理工作，着力改善城乡人居和发展环境，从整体上有序、持续改善城乡人居环境和发展环境。自实施“三线三边”环境治理以来，安徽省共关停非煤矿山1000余座，“三线三边”绿化面积达111.7万亩，16537公里高速及国省道路、3275公里铁路、6525公里内河航道得到初步治理。经过全省上下的不懈努力，全省沿线沿边环境面貌得到很大改善，路变得更干净，水面变得更清洁，景观变得更美。这些改变带动了区域生态建设和发展环境的整体提升，也进一步提高了人民群众的满意度和幸福感。

二　安徽农村社会发展存在的问题

（一）农村经济发展

1. 农业基础设施不完善

乡村振兴战略要求大力发展现代农业，而现代农业必须由现代化的设施来装备。与发达省份相比，安徽省农业基础设施薄弱，水利基础设施、标准化农田建设相对滞后，没有达到发展现代农业的标准要求。一是农业机械化程度整体不高。农机化作业水平偏低，农业生产机械化规模较小，新技术设备推广不够，农机服务组织化程度较低。2017年安徽省农业机械总动力是6312.86万千瓦，单位面积农机动力是7.21千瓦/公顷。同年，浙江省农业机械总动力是2095万千瓦，单位面积农机动力是9.78千瓦/公顷。安徽省单位面积农机动力低于浙江省，表明安徽省在农机使用推广和机械化程度上落后于浙江省。二是农田水利设施建设相对滞后，在资金投入、水利管理等方面与发达省份相比还存在明显差距。2017 年，安徽有效灌溉面积为4504.14 千公顷，占总播种面积比重为50.87%，而同年，江苏省有效灌溉面积比重为54.36%，浙江省有效灌溉面积比重为67.44%。三是设施农业现代化程度较低。以大棚日光温室为主，设施装备简易，只具有简单的环境调控能力，抗御自然灾害的能力有限。并且，生产经营主体中个体农户居多，实现规模化、标准化生产难度较大，信息技术应用程度较低。

2. 农业生产性服务业发展滞后

作为农业大省，安徽省农业生产性服务业、农产品市场体系和农业支持保护体系尚不够健全完善。一是农业生产性服务业发展不成熟，市场化程度较低。同时，安徽省传统小农户家庭经营减弱了农业生产性服务的中间需求，造成农业生产性服务社会化程度低。二是农业信息服务、金融服务等不足，影响现代农业发展。随着现代农业和特色农业的推广，农民对农业生产性服务的需求日益多元化和专业化。农村信息服务提供的信息种类不全面，缺乏针对性和有效性，不能充分发挥指导作用。三是龙头企业和合作经济组织服务能力较低。龙头企业与农户之间的利益链接机制不完善，合作社运行制度不健全，导致农业生产性服务能力不强。

3. 农业产业化经营组织程度不高

农业产业化经营组织程度不高主要表现在两个方面。一是农产品加工水平较低，仍以农产品初加工为主，产品附加值不高，农业生产经营组织化程度较低。二是农业产业化龙头企业辐射带动力不强，带动能力强的大型龙头企业数量较少。由于受企业规模、技术水平的限制，大多数农产品加工企业处于传统食品初加工阶段，市场竞争力不强。农产品加工产业集群普遍规模较小、产业链条短，发展层次不高，效益不高。

4. 农业科技创新性不足

安徽省是一个农业大省，但并不是一个农业强省。一方面，农业科技创新能力不强，农产品科技含量偏低，高附加值农产品较少，农产品知名度比较低。农业科技推广能力较弱，农业科研成果转化率和科技进步贡献率不高。2017 年，安徽省谷物单位面积产量为 395.7 公斤/亩、棉花单位面积产量为 64.7 公斤/亩；而浙江省谷物单位面积产量为 436.1 公斤/亩，棉花单位面积产量为88.3公斤/亩。相比较，安徽省谷物和棉花的单位面积产量均低于浙江省，表明安徽省农业科技水平和应用推广力度较低。

另一方面，农业科技成果转化率较低，农业科技与农业生产相脱节，企业参与农业科技创新不够。基层农业技术推广体系滞后，农业专业技术人才不足，农业生产发展需求存在缺口。同时，基层农业技术推广人员存在技能更新慢、知识储备不足等问题，不能适应农业实用技术的发展。

（二）农村基层民主政治建设

1. “两委”职能未充分发挥

村民自治组织与乡镇人民政府之间并不存在行政上的领导与被领导关系，而是指导与被指导的关系。但在现实状况下，由于村民参政议政能力整体不强，再加上许多领导干部权力边界意识模糊，乡镇人民政府甚至更上一级政府基于国家行政权力，常常通过一系列行为对村民自治事务加以干涉，许多本不应该由行政权力介入的事务却由公权力或按照一直以来形成的工作惯性进行处理，导致其运行过程往往体现为村党组织的权力超过村委会的权力，党组织缺乏相应的法律监督权，同时村委会在村级管理中发挥不了实质性作用，使村民对村委会的问责效果也大打折扣。

2. 村民理事会的作用发挥和群众期待有距离

一方面，部分理事会成员文化程度不高，民主观念、主体意识不强，自我管理能力和工作能力都很有限。另一方面，村民理事会发展面临人、财、物不足的制约，村民理事会大多没有固定的活动场所，出现了“办公打游击，活动找场地”的尴尬局面，且部分理事会主要依靠成员的影响力和责任心开展工作，缺乏激励机制，影响了理事会的工作效率。此外，部分村民理事会议事规则、财务管理、村规民约的科学性、可操作性仍需进一步探究。

3. 农村“空心化”对基层治理的影响日益突出

外出务工人员不断增加使得他们与家乡的联系变得不通畅，即使知道选举事务，因为回家成本过高，多数人也会选择委托选举，而委托选举并不能完全反映其选举意愿，甚至有的人就直接放弃选举，造成外出务工人员很难有效行使法律赋予的民主权利，影响村民自治制度的发展，削弱了村民和村委会的自治能力。

（三）农村公共文化建设

1. 农村公共文化财政投入不足

农村公共文化的发展壮大，离不开文化事业建设的资金投入。尽管安徽省人均文化事业费在不断增长，从2005年的不足5元增加到2016年的28.34元，但在全国的排名始终靠后，基本上在倒数第四和倒数第五之间徘徊，与各年人均文化事业费较高地区相比，差距甚远（见图3）。虽然安徽省农村公共文化财政投入逐年提高，但基数太低，总量不足，安徽省文化事业费总量和人均水平都在全国处于中间偏后位置，在长三角地区中最低，在中部六省也处于下游水平。2016年，安徽省文化事业费为17.56亿元，居全国第20位，中部六省第5位，文化事业费占同年全省财政支出的0.28%，从1995年的全国第14位一路下降至第31位，全省人均文化事业费28.34元，为全国平均水平（55.74元）的50.8%，居全国第28位，居中部六省第4位。人均购书经费0.78元，是全国平均水平（1.56元）的50%，人均公共图书馆藏书量0.35册，是全国平均水平（0.65册）的53.8%（见图4）。

近年来农村文化得到各级政府的重视，但是与满足农村居民文化生活的需

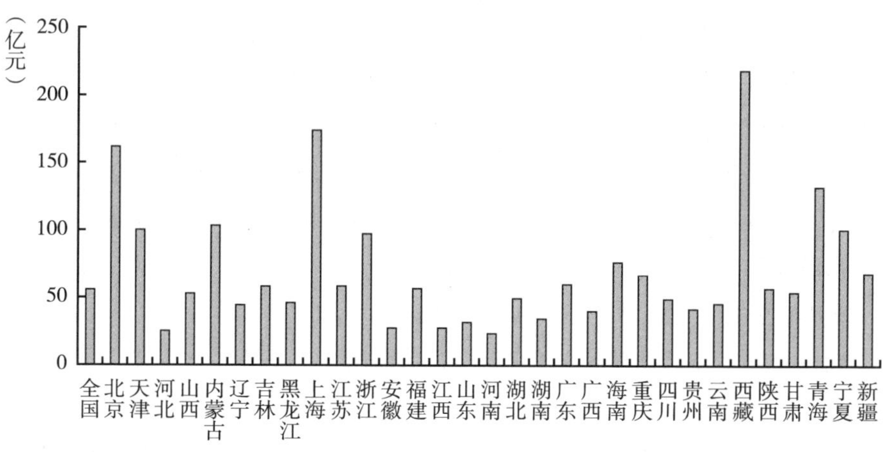

图3　2016年全国人均文化事业费

资料来源：《2017文化发展统计分析报告》。

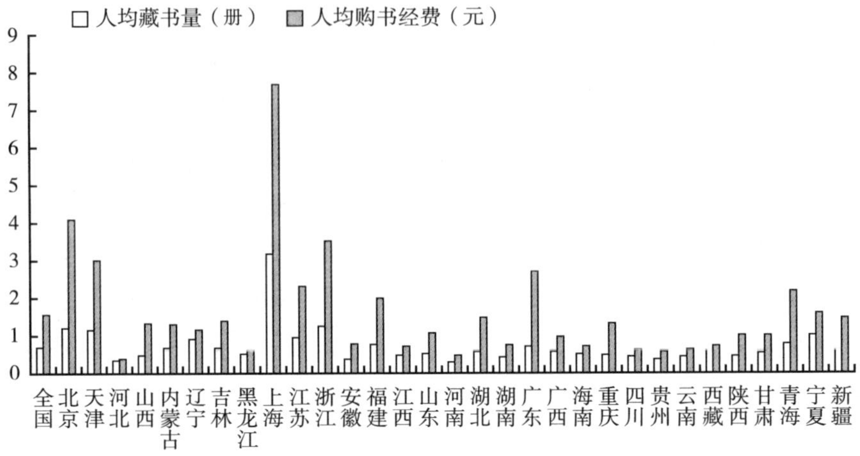

图4　2016 年全国人均藏书与人均购书经费

资料来源：《2017 文化发展统计分析报告》。

求相比，安徽省广大农村地区还存在公共文化服务短缺、错位的现象，与城市公共文化投入水平相比，存在总量少、比例低的状况。

2. 农村公共文化基础薄弱

农村公共文化基础设施是公共文化服务体系的物质基础，也是促进农村公共文化发展的坚实基础。尽管安徽针对农村公共文化服务设施建设逐步加大了投入，但由于长期以来的历史欠账太多，安徽农村公共文化服务设施建设仍显滞后。2016 年安徽每万人拥有图书馆建筑面积 71. 7 平方米，每万人拥有群众文化机构面积 171. 平方米（见图5），在全国排名倒数第三，仅分别相当于全国平均水平的 70% 和 60%，每万人图书馆建筑面积分别相当于上海、江苏和浙江的 41. 2%、49. 3% 和 39. 6%，每万人群众文化机构面积分别相当于上海、江苏和浙江的 29. 3%、34. 8% 和 23. 4%。

3. 农村公共文化人才不足，结构不合理

农村文化工作队伍建设依然存在着诸多问题。一是文化工作者结构失衡，当前的文化工作者中有相当比例是在国有企业中工作，就业比例远远高于集体企业和私营企业，其中私营企业的文化工作者比重最低。同时还存在着专业人员和从业人员结构失衡现象，当前主要缺乏专业人员。二是公共文化人才二元化特征明显，每个市区公共文化服务配备的工作人员数量都要高于各个乡镇。

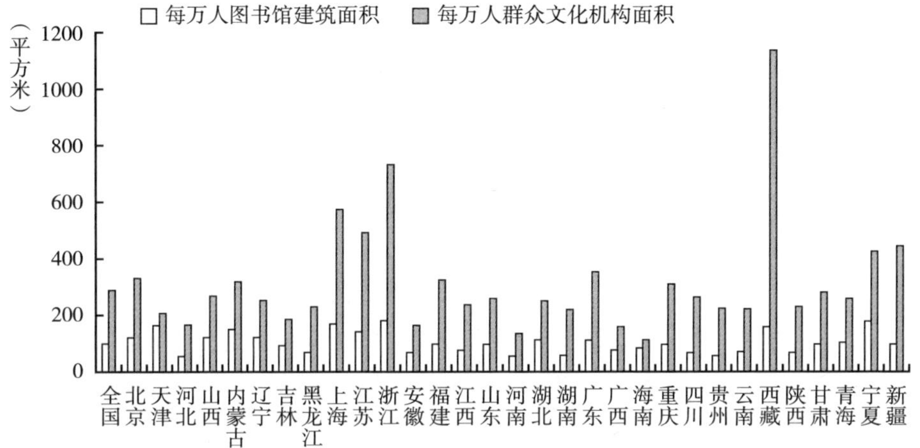

图5　2016年全国每万人图书馆建筑面积与每万人群众文化机构面积

资料来源：《2017文化发展统计分析报告》。

三是农村公共文化管理体制僵硬，文化站干部的管辖权在乡镇，县一级文化主管部门管理难度大，缺少及时的沟通交流，基层地方公共文化工作的组织管理职能弱化，没有切实履行组织引导、鼓励参与、艺术辅导等职责，基层文化单位也较少组织一些经常性的受农民喜爱的文化娱乐活动。

4. 农村公共文化服务质量有待提高

农村公共文化服务供给中，文化部门更为看重的是建成的场馆数量和活动次数，对内容质量缺少关注。以农家书屋为例，村活动室里摆放的书籍大多是出版时间较久的，返乡创业者期望获得的技术类书籍和创业创新方面的指导类书籍较少，书籍更新时间长，大多农家书屋建成后没有书籍更新，跟踪科技时事发展的书籍种类少。公共文化服务供给的对象是农村居民，当前的文化服务数量有限、质量不高，致使农村居民的需求难以得到满足。农村居民普遍认为当前的公共文化服务项目供需难以匹配，致使很多原本出发点很好的农村文化服务项目被农民误认为是政府的形象工程，导致农民参与积极性不高，也缺乏开展文化服务项目的持续性。农村公共文化服务存在供需“非均衡性”现象，其主要原因不在于经济发展水平，而在于缺乏规范合理的体制机制。

（四）农村环境治理

1. 农村生态面源污染严重

所谓农村面源污染，是指在雨水的冲刷或径流过程中，农业生产及生活中的污染物随着水流作用，以地下渗漏、农田排水或地表径流的方式进入受纳水体中，从而造成污染。生态面源污染包括农村生活垃圾污染和农业面源污染两大方面。农村生活垃圾收集、清运不及时，生活污水任意排放问题突出；建筑垃圾、电子产品等产生的垃圾比例越来越大；厕所乱搭乱建，粪池露天，粪便随意处置问题在经济发展相对落后的县域也普遍存在。而农业面源污染严重问题也依然存在。养殖场处理设施不健全，造成畜禽粪便污染；农药、化肥过度使用加剧了农村土壤和水资源污染；农作物秸秆焚烧使得农村空气环境污染程度加深。

2. 农村生产方式相对落后

农村生产方式落后主要指乡镇企业生产方式污染强度高，环境保护措施不到位。部分乡镇企业为了扩大再生产，盲目搞建设、上项目、添设备，不能很好地长远规划，仅仅追求眼前效益，急功近利，不顾社会的整体利益，因而容易带来环境污染问题。生产方式落后主要体现在三个方面。首先，缺乏环境保护意识。农民包括不少基层工作人员对环境保护的重要性认识不深刻，缺乏积极的环境保护措施。如果没有硬性任务的要求基层环保工作者就对环保工作放任不管。其次，乡镇企业由于规模小、资金少、缺少长远发展的理念，对企业与环境保护协调发展没有足够的认知，将企业利益最大化放在首位，而无视经营行为带来的环境污染。最后，乡镇企业缺乏环境保护法治思维。部分乡镇企业主没有从法律的层面看待环境污染问题，对经营行为产生的污染事故采取掩盖或者消极处理的方式，这也加大了相关职能部门行使监督权、处罚权的难度。

3. 农民生活方式不合理

农民生活方式不合理，一方面，农村居民缺乏环境保护意识。环境保护意识薄弱是农村生态环境遭到肆意破坏、逐年恶化的内在根源。在日常生活中随意丢垃圾、随意排放废水的现象依然屡见不鲜，对环境保护没有任何责任感和使命感。另一方面，大多数村庄还普遍存在垃圾乱倒和柴草乱堆等脏、乱、差现象，农村生活垃圾、废水处理问题突出。面对现代技术，传统的农民生活方式带有很强的随意性，垃圾随处乱丢，建筑不规整。传统农村建筑也有垃圾处理系统，但它们总体不适应现代垃圾处理技术的发展需要。

三　安徽农村社会发展的对策建议

（一）大力推进农村经济发展

1. 提升农业现代化水平

加大农业基础建设资金投入力度，完善农田水利道路基础设施建设，改善种田条件，保障基本农业收益。一方面，财政预算适度向农田基础设施倾斜，多渠道筹集资金，逐步改善农业基础设施；另一方面，积极做好基本农田保护区的规划，制定重点农田基础设施工程项目，消除农田、水利、道路等方面存在的隐患。提高农业生产机械化水平，鼓励农业机械生产企业发展，不断进行农机技术创新，支持并推广应用新技术、新农机设备，持续对生产企业实施减免税、降低税率等优惠政策。同时，出台鼓励农民使用农机的政策，对于价格较高的机械设备，可以采取农业金融融资或集体出资买下再出租的形式。扩大农资购买和投资渠道，提高农机的使用率，提高农作物耕种收综合机械化率，从而提高农业生产效率，促进现代农业发展。

2. 发展农业生产性服务业

加强政府对农业生产性服务业的扶持、引导和推动，尤其是农技开发、农机推广、良种培育和烘干收储等服务行业。同时，引导和吸收民间资本进入，健全经营性服务资本管理体制机制。通过现代农业示范区、农业科技园区等服务平台，多渠道建设服务信息收集和共享平台，提高服务效率。完善农业信息采集与发布制度，降低营销成本，发展现代物流体系，促进农产品流通。完善农产品监督制度，加强农产品质量安全追溯体系建设。

3. 提升农业产业化发展水平

安徽省农业经济要走产业化道路，通过产业化实现小生产与大市场的有效衔接，延伸农产品产业链条，发展农业经济。一是打造农业龙头企业，发挥龙头企业的带动引领作用。培育一批有规模、处于产品链顶端的龙头企业，注重提升企业科技水平，提高产品附加值，加强企业自身品牌、市场等方面能力的建设；对符合条件的农业龙头企业进行引导和扶持，并给予财税优惠政策，推动企业做大做强，提高农业企业的核心竞争力以及带动能力。二是延伸产业化链条，通过不断完善招商环境，简化审批手续，提供更加完善的公共服务，吸引相关产业上下游企业落户，不断延展农业产业链，促进产业集聚，提高农业产业化水平。三是与互联网结合，将互联网技术与农业生产、加工、销售等环节相结合，衔接体系内外资源，促进线上线下业务融合，以公益性服务与经营性服务为支撑，拓展农产品市场，推动农业信息化发展。

4. 提高农业科技创新能力

建立稳定的科技投入机制，不断增加农业科技研发投入，鼓励农业企业参与科技创新研发。制定奖励机制，激发企业科研热情。对于认定的国家高新科技企业，给予政策性奖励。加强农业科技人才培育，提升农业科技创新能力。一方面，建立以农业技术教育和农民职业培训为主的农业教育体系，对农民进行农业现代技术的教育培训，提高从业人员的农业技术水平，建立高素质的农业科技队伍；另一方面，联合农业科研机构和高新技术企业，建立农业技术研发和创新平台，不断提高农业科技水平。

（二）持续加强农村基层政治建设

1. 提升基层党组织领导力

党的基层组织是政治组织，是农村各种组织和各项工作的领导核心。提升基层党组织领导力，一是要精心选育基层党组织带头人，加强对软弱涣散基层党组织的整顿转化，同时，深入开展扫黑除恶专项斗争，深挖把持基层政权、垄断农村资源和“村霸村闹”等问题的线索，彻底铲除黑恶势力滋生土壤。二是要建立经常性学习教育机制，始终把政治建设放在首位，积极运用农村党员干部现代远程教育、电视夜校等手段第一时间传播党的新时代主张、传达新时代精神，推进基层党员干部政治学习和党性教育经常化，使主流意识形态牢牢主导基层阵地。三是要完善基层党组织覆盖机制，坚持把党组织发展与群众组织发展融为一体，推行基层党组织全覆盖，使基层党组织有效嵌入群众性自治组织、经合组织、综治维稳组织等各类社会组织，带领群众一起抓稳定、闯市场、搞生产，把党的政治优势转化为管理优势、发展优势。

2. 推进基层政府职能转变

农村基层政府要转变职能，一方面，需要厘清基层政府与村民自治组织的职责边界，进一步明确基层政府履行公共服务和行政管理职责的内容和范围、支持并帮助村委会工作的基本内容和形式，逐步以法律形式予以固化，以权责明晰的法制体系规范乡村关系，形成基层政府依法行政和村民依法自治的良性互动局面。另一方面，要充分简政放权，明确县、乡、村政府权限和责任，推动建立服务型、法治型、责任型政府，将基层政府的工作重心转移到公共服务和社会治理上来。

3. 充分利用村民理事会

一是要扩大村民理事会的职权范围，使其逐步发展为常设机构，向促进村庄综合治理和长效自治的方向发展。二是要给予村民理事会合法地位，并出台政策办法，以保证其具有公认性、代表性和稳定性，同时形成民事民议、民办、民管的村民自治的基层协商格局。三是应通过财政转移支付、集体经济收入补充等方式，为村民理事会的日常运行和相关人员、活动开支等提供资金支持，并建立奖励激励机制。四是要吸纳和重用乡贤等社会精英，充实村民理事会力量。

4. 加强农村社区化建设

要以社区化建设破解农村“空心化”基层治理难题。一是推动农村社区治理信息化建设。以农村“互联网＋”信息化建设为发展契机，在农村社区治理中引入信息化的手段和技术，实现农村社区治理的信息全覆盖，为村民提供便捷绿色的服务通道，以此提升基层治理的反应能力并且提高基层公共服务水平。二是提升农村公共服务能力。通过深入推进农村社区化进程，加强农村教育、医疗、卫生、公路、铁路、水利和网络等公共服务基础设施建设，提升农村基层公共服务的能力和水平。三是推进美丽乡村建设，改善农村社区人居环境。以建设美丽乡村为契机，大力改善农村人居环境，同时复兴传统社会文化，提升村民整体素质，最终实现“人”的现代化、国家治理体系以及治理能力现代化的目标。

（三）推进农村公共文化建设

1. 加大资金投入，建立和完善政策保障机制

积极争取国家资金对安徽省农村公共文化建设的投入，要进一步强化政府投入的主体责任，加大投入力度，确保财政对农村公共文化建设投入

的增长幅度高于省级财政经常性收入增长幅度，提高农村公共文化占财政支出的比例。同时，要积极引导社会力量参与农村公共文化建设和活动，多渠道拓宽农村公共文化资金来源。推广政府和社会资本合作模式，探索拨改投方式，鼓励引导社会和民间资本进入农村公共文化基础设施开发利用和博物馆建设等领域。

2. 优化人才结构，加强人才队伍建设

队伍是基础，人才是关键。要注重中坚力量建设，努力造就一批高层次领军人物和高素质文化人才队伍；要大力加强基层文化队伍建设，夯实文化事业发展的基础；要建立人才培养、选拔任用等保障机制，努力开创和营造人才辈出、人尽其用的良好氛围和制度环境。支持省内教育机构强化文化事业学历教育、职业教育，通过学历教育、委托培养、“师承制”、学术带头人、赴外交流学习等途径，大力培养与引进复合型高层次人才，力争培养一支既懂农村公共文化业务又有管理知识、年龄梯次和专业结构基本合理的新型农村公共文化专业人才队伍。探索文化单位人事制度改革新路，合理配置并激活现有人力资源，加强事业单位人力资源管理和开发研究，加强部门协调，解决部分农村文化单位机构编制和专业人员结构方面存在的问题，为引进各类高级专业人才和管理人才创造条件。

3. 针对农村公共文化市场发展与管理并重

确保农村公共文化市场健康有序发展，对文化市场要认真规划、科学引导、强化教育、加强管理，不断提升安徽省农村公共文化市场总体经营管理水平。要把握文化市场发展新趋势，引导各类市场主体创规模、创品牌，使文化市场各个门类无论是规模、档次，还是效益、服务，都有一个质的增长和品位的提升。

4. 加强农村公共文化管理整合

农村公共文化建设涉及多个部门，重复建设，多头投入，导致资金利用率不高，建议文化、新闻出版广电等相关部门加强合作协调，建立相应的机制，整合资源，凝聚部门力量，推动安徽省农村公共文化事业加快发展。

（四）加大农村环境治理力度

1. 提高环境保护思想认识

建议各级主管部门加大对美丽乡村建设中环境保护重要性的宣传力度，通过多种形式推广好的经验做法，广泛宣传美丽乡村建设当中环境保护措施做得好的新典型。充分发挥农村基层党组织的战斗堡垒作用和党员的先锋模范作用，积极采纳党员代表和村民代表的合理意见，激发和调动农民群众参与环境保护的热情。

2. 加大农村环境治理资金投入

随着环境整治的深入，特别是污水处理设施建设工程资金投入大，环境设施的长效维护资金需求增加。应继续实行以政府为主导、社会支持、村民参与的资金投入机制，确保治理项目的资金需求。在当前经济增长压力加大、财政增长困难的情况下，继续确保政府资金投入力度非常重要，可通过设立专项基金、建立融资平台、申请世界银行项目等多渠道筹集资金。省级财政要重点向财政实力相对弱的县倾斜。整合新农村建设、农户改造、乡村旅游、公路村村通等涉农资金，统筹安排、形成合力。完善村级公益事业建设一事一议财政奖补机制，调动农民参与农村人居环境建设的积极性；建立引导激励机制，鼓励社会资本参与建设。科学合理运用财政补助资金，加强对项目管理和资金使用的监督，创新补助方式，增强资金的导向作用和激励作用。定期组织项目评估和验收，及时拨付补助和奖励资金。

3. 加强人居环境基础设施建设

一是以规划为引领，对农房改造、公共设施和通信线路建设等实施统一规划设计、综合考虑安排。规划要有超前性，污水管网工程设计时，要实行雨污分流，管径要满足未来发展的需求；主干道建设时，需要满足排污排水和线路“上改下”的需求。二是加强污水处理基础设施建设。在编制污水处理设施建设规划的基础上，有计划分步骤加以推进，在建设主管网的同时，同步建设入户纳污管。选择运行成本低、维护方便、处理效果达标的污水处理系统，针对条件好的村庄可以考虑将管线接入城镇污水处理设施。加强工程建设质量的监督管理，严格验收标准，实行工程质量与资金补助挂钩政策。对暂时无法纳入管网的农户，大力推广新型三格式污水处理池，实行雨污分离改造，并给予一定的经费补助。三是实施环境绿化工程。推进村庄森林化、道路林荫化、庭院花果化；实施河道整治和河岸绿化工程，修建健身休闲绿道，美化水域环境。

4. 完善人居环境设施的长效管理机制

随着农村环境治理的推进，环境设施的管理维护、环境保护的制度安排显得日益重要，应重点建立四个长效管理机制。一是污水管网和道路的日常管理与维护制度，避免重建设轻管理的问题，建立固定的维修资金筹措渠道，及时组织人员维修损坏的管网和路面。二是污水处理站的管理和监督制度，确定有相应专业技能的人员负责日常管理，环保部门要定期巡查各村的污水处理站，对排放废水进行定期监测，确保污水处理站的正常运行和处理效果。三是卫生长效保洁制度，根据村域面积配备相应数量的保洁人员，明确保洁人员的职责、考核和奖惩办法；建立垃圾清运监督制度，对未按时清运的行为采用相应的处罚措施。四是农村居民环境监督考核制度，针对农村环境设施建设、工程项目质量、日常管理和维护等，建立符合当地实情的、科学的考核评价监督制度，考核结果与长效管理资金拨付挂钩，通过考核推动农村环境的改善。

5. 积极推进垃圾分类，实现垃圾资源化

垃圾处理是改善农村生活方式的重中之重。推进垃圾分类处理，对垃圾的减量化、资源化，减少环境污染有重要意义。一是实行分类投放，垃圾分类不宜过细，分为可回收垃圾、厨房垃圾和其他垃圾三类，并分类设置垃圾桶。二是分类回收运输，可回收利用的废品垃圾，根据品种和数量按市场价格收购，厨房垃圾每天定时上门回收，其他垃圾集中回收运输，统一填埋。三是分类处理，重点是建立科学高效的厨房垃圾处理系统，根据厨房垃圾的数量、构成、处理成本等因素合理选择沼气池、堆肥、专用设备等处理方式。垃圾分类和处理需要各方面共同参与及支持，村委会应加强宣传引导，以此激励农村居民参与到垃圾分类行动中来，县镇政府应在资金、设备采购、使用培训等方面给予长期的支持。

参考文献

曾磊、刘静：《美丽乡村视野下我国农业经济发展的问题与对策》，《农业经济》2018 年第 7 期。

何平：《村民自治在安徽的实践探索与发展路径》，《安徽行政学院学报》2016 年第 5 期。

潘杨：《美丽乡村建设背景下农村生态环境治理问题研究》，曲阜师范大学硕士学位论文，2018。

王丽琼、李子蓉、张云峰：《乡村振兴战略下农村环境协同治理关键因素识别研究》，《中国生态农业学报》2019 年第 10 期。

B.9
安徽省乡村振兴战略实施路径探索

吴建飞　徐 华　俞文舒*

摘　要： 习近平总书记在党的十九大提出强国富民战略安排之一——乡村振兴战略，是现阶段缩小城乡差距的重要举措，2018 年 9 月 26 日国家层面正式印发《乡村振兴战略规划（2018－2022 年）》，从顶层设计上科学详细地部署一系列重大工程、重大计划和重大行动，为各地市落实乡村振兴战略提供行动指南。安徽省是农业大省，农产品产量和规模位居全国前列，但跨向农业强省的步伐还有待提速，本文围绕二十字总要求总结分析全国各省、各地市先行先试经验，基于安徽省乡村振兴优劣势分析提出相应的对策建议，旨在为安徽省坚决打赢脱贫攻坚战、进一步落实乡村振兴战略建言献策。

关键词： 安徽　乡村振兴　产业兴旺

在党的十九大报告中，习近平总书记首次提出“乡村振兴”战略，明确“要坚持农业农村优先发展，按照产业兴旺、生态宜居、乡风文明、治理有效、生活富裕的总要求，建立健全城乡融合发展体制机制和政策体系，加快推进农业农村现代化”。2018 年 9 月 26 日，中共中央、国务院正式印发《乡村振兴战略规划（2018－2022 年）》，部署一系列重大工程、重大计划、重大行动，是统筹谋划和科学推进乡村振兴战略的行动纲领。实施乡村振兴战略，是

---

* 吴建飞，安徽省安策智库咨询有限公司副总经理；徐华，安徽大学社会与政治学院教授，博士，主要研究方向为社会学、社会工作；俞文舒，安徽省安策智库咨询有限公司部长助理。

以习近平同志为核心的党中央着眼于党和国家事业全局，对“三农”工作做出的重大决策部署，是新时代做好“三农”工作的总抓手。安徽省立足省情农情，顺势而为，乘势而上，坚持科学推进乡村规划建设，按照规划先行、谋定后动，因村制宜、分类推进，彰显特色、提升风貌的要求，着力打造生态宜居美丽乡村，于2018年5月通过《安徽省乡村振兴战略规划（2018－2022年）》。本研究从安徽省农村实际状况出发，探索乡村振兴实施路径，扬优势、补短板，为谱写新时代乡村全面振兴的安徽篇章建言献策。

一　安徽省落实乡村振兴规划的战略意义

（一）贯彻落实习近平总书记在安徽视察重要讲话精神的重大决策部署

习近平总书记在安徽考察时明确指出，要坚定不移深化农村改革，坚定不移加快农村发展，坚定不移维护农村和谐稳定。作为全国农业大省和农村改革主要发源地，为实施好乡村振兴战略，安徽省必须深入学习贯彻“三农”思想，全面贯彻落实党的十九大和中央农村工作会议精神，认真贯彻落实习近平总书记视察安徽特别是在小岗村农村改革座谈会上的重要讲话精神，按照习近平总书记“三个必须”、“三个不能”和“三个坚定不移”的总要求，大力弘扬改革创新、敢为人先的大包干精神，在深化农村改革中发挥引领示范作用，把党中央实施乡村振兴重大战略落实在江淮大地上，奋力推动安徽乡村振兴走在全国前列，为进一步丰富党的“三农”理论做出贡献。

（二）推动安徽省由农业大省向农业强省转变的重要路径

安徽地处中国华东腹地，近海邻江，区位优势显著，农业资源丰富，是典型的农业大省。作为中国重要的农业生产基地之一，近年来安徽农业农村总体发展势头良好，正在由农业大省向农业强省转变，为全面建设小康农村奠定良好的基础。但是农业发展质量不高、城乡发展差距扩大等问题依然存在，农业强省建设步伐较为缓慢。实施乡村振兴战略，全力推进农业供给侧结构性改革，让农业从传统农业走向现代农业，推进农业绿色化、优质化、特色化、品牌化，加快农业发展由数量扩张向质量提升转变，对增加农民收入、加快实现由农业大省向农业强省的跨越具有重要意义。

（三）解决发展不平衡不充分问题的必然要求

近年来，安徽城乡一体化水平稳步提高，城乡居民收入与消费水平差距缩小，城乡经济联系进一步加强，产业结构趋向合理，城乡空间联系也更便捷，但城乡基本公共服务在质量和数量方面差距仍然较大。实施乡村振兴战略，有利于从根本上解决乡村发展不平衡不充分的问题，从根本上抛弃将农村视为剩余劳动力和贫困人口的“蓄水池”的观点，推动城乡融合发展，补齐农业农村发展短板，促进公共教育、医疗卫生、社会保障等资源向农村倾斜，逐步建立健全全民覆盖、普惠共享、城乡一体的基本公共服务体系，以城市的产业发展解决农村剩余劳动力问题，同时打赢脱贫攻坚战，实现乡村产业兴旺、生态宜居、乡风文明、治理有效和生活富裕，日益满足广大农民对美好生活的需要。

（四）安徽省全面建成小康社会的战略选择

安徽省全面建成小康社会，农村地区是重中之重、难中之难。实施乡村振兴战略，要密切关注农村发展，加强对农村建设的指导，促进政策、资金等资源要素向农村倾斜，改善农民生活、生产状况，实现农业强、农村美、农民富的目标，逐渐缩小城乡差距，这与全面建成小康社会的目标不谋而合。实施乡村振兴战略，有利于攻克“三农”难点、夯实“三农”基础、挖掘“三农”潜力，有效提升“三农”发展的协同性、关联性、整体性，为农业发展、农村建设、农民增收注入新的强大动力，确保城乡全面建成小康社会，加快实现社会主义现代化。

二　乡村振兴模式总结与分析

近年来，美丽乡村建设在全国各地区得到广泛发展，并取得显著成就，出现了一些典型代表，为乡村振兴提供参考依据，在很大程度上促进了乡村的发展。本文主要从产业振兴、文化振兴、生态振兴等方面着手，对可借鉴的模式进行分析总结，具体如下。

（一）产业兴旺模式

产业兴旺模式主要是基于一地或地区某支柱产业，如高效农业、生态旅游等，发展特色农业、乡村手工业、融合产业，深入挖掘当地农业资源和乡村社会文化资源，充分发挥农业和农村的多种功能与价值，促进乡村经济实现多元化发展。以产业为重点的乡村振兴模式主要集中在东部沿海、农业发展基础较好、旅游资源丰富的地区，大致可归纳为以下思路。

1. 以优势特色产业带动产业发展

这种发展思路主要是着力培育农业农村发展新动能，形成具有明显优势和特色的产业，推动家庭农场、农民专业合作社、农业龙头企业发展，构建“一村一品”“一乡一业”产业发展体系，建设布局合理、特色鲜明、品牌引领、效益凸显、竞相发展的现代农业产业大格局。利用“互联网+”等新手段、新模式，推动产业链向研发、营销延伸，实现农业生产聚集发展，农业产业链条向高端化延伸。

案例一：江苏省张家港市南丰镇永联村以工业反哺农业，坚持绿色、共享发展理念，强化农业产业化经营，以农业发展为依托，创新发展以农业观光、农事体验、生态休闲、自然景观、农耕文化为主的休闲观光农业，走农业现代化发展之路，现已打造集苏州江南农耕文化园、鲜切花基地、苗木公司、现代粮食基地、特种水产养殖基地、垂钓中心于一体的休闲观光农业产业链，成为集苏南花园工厂、现代农庄、乡风文明于一体的“中国农村现代画”。

案例二：浙江省金华市王宅镇四八店村根据外部环境变化，实施“互联网+”行动，加强农业信息化建设，运用物联网对种植基地进行控制，完成自动灌溉、施肥、防雪、防风等多项任务。同时充分运用互联网，大力发展电子商务，推动互联网向流通、销售等环节拓展，通过信息化手段拓展农产品市场，解决销路问题。

2. 依托高效农业推动产业振兴

高效农业发展主要集中于农业主产区，特点是以农业作物生产为主，具备一定的农田水利等农业基础设施且相对完善，地区人均耕地资源较为丰富，发展规模化种植与生产，提升农产品商品化率和农业机械化水平。

案例一：福建省漳州市三坪村以创建美丽乡村为目标，充分发挥林地资源优势，创造性地打造“林药模式”，建设金线莲、铁皮石斛、蕨菜种植基地，突出玫瑰园建设对花卉产业发展的带动作用，壮大兰花种植基地，做大做强现代高效农业。整合优势资源，建立千亩柚园、万亩竹海等特色观光旅游基地，构建观光旅游示范点，提高吸纳、转移、承载三平景区游客的能力。

案例二：安徽省芜湖市芜湖县湾址镇九连山茶场将养鸡和种茶有机结合起来，创造“茶园养鸡”模式，实现养鸡种茶互补互用，有效抑制茶园杂草及虫害的发生，引导茶区发展绿色茶园。整体上茶园长势好、开园早、收园晚、产量高，茶叶品质提档升级，以绿色生态茶叶迎合市场需求，提升农业生产效率。

3. 以休闲旅游为主体助力产业发展

主要是在生态资源、旅游资源等相对丰富的地区，具备发展乡村旅游的基础条件，一般是住宿、餐饮、休闲娱乐设施完善齐备，交通便捷，距离城市较近，适合休闲度假，发展乡村旅游潜力大。

案例一：江西婺源县江湾镇依托梦里江湾5A级旅游景区、古埠名祠汪口4A级旅游景区等丰富的文化生态旅游资源，积极发展乡村旅游，着力打造乡村旅游示范镇，促进乡村旅游与农业、农民和农村发展有机结合，使作为乡村旅游参与主体的农民成为受益主体。

案例二：安徽黄山市汤口镇是黄山汤泉水出山之口，以服务黄山风景区为主要目标，随着山区经济和黄山旅游事业的发展，迅速发展为一个以旅游服务业为主的新兴集镇，各类宾馆、饭店、商店、摊点林立，成为黄山的主要生活服务基地和旅游接待基地。

（二）生态宜居模式

生态宜居模式主要是注重对乡村生态环境的治理与保护，根据不同地区、不同乡村、不同阶段分类指导、分别规划，探索各具特色的美丽乡村建设方式，综合考虑地理、民俗、发展水平和农民关切，科学确定环境保护与环境整治目标任务，推动乡村整洁、卫生、环保、美丽。

1. 以生态保护为重点

主要集中在生态优美、环境污染少的地区，自然条件优越，水资源和森林资源丰富。这些地区大多具有传统的田园风光和乡村特色，环境优势明显，生态旅游资源丰富，生态经济化、经济生态化潜力巨大，绿色发展成为乡村振兴的强大动力。

案例一：浙江省安吉县高家堂村将自然生态与美丽乡村完美结合，围绕“生态立村——生态经济村”核心，在保护生态环境的基础上，充分利用环境优势，把生态环境优势转变为经济优势，现阶段已形成竹产业生态、生态型观光型高效竹林基地、竹林鸡养殖规模，富有浓厚乡村气息的农家生态旅游等生态经济。

案例二：河南省安阳市通过青贮饲料加工、秸秆粉碎还田利用、制作沼气原料等方法，改善农村环境质量，提高农民生活水平。安阳县白璧镇东街村实施大型秸秆沼气利用工程，最大力度推动秸秆综合利用，保护农业农村环境。

2. 以环境整治为手段

环境整治一般是在农村脏乱差问题突出的地区，其特点是农村环境基础设施建设滞后，环境污染问题严重，当地农民群众对环境整治的呼声高、反映强烈，通过环境整治，当地环境得到良好改善，逐步形成生态宜居的美丽田园。

案例一：广西恭城瑶族自治县红岩村积极推动生活污水处理系统建设工程，不断加强村内环境治理，脏乱差问题得到极大改善。围绕新农村建设二十字方针，大力发展休闲生态农业旅游，促进全村生态旅游业的发展，成为开展乡村旅游致富的典范。

案例二：贵州黔南布依族苗族自治州荔波县创新责任落实机制化、专项行动常态化、宣传教育长效化、村规民约规范化、经费保障制度化“五化”模式，提升乡村环境卫生质量，推进乡村绿色发展，优化乡村人居环境，强化乡村振兴环境卫生综合治理。

（三）乡风文明模式

乡风文明模式主要是突出乡风文明特色，重点围绕乡村文化的独特性和多样性，着重弘扬社会主义核心价值观，彰显地域文化特色，特别是注重历史文化名村、文物古迹、传统村落、民族村寨、传统建筑等文化遗产的保护工作，挖掘文化资源优势，从优秀传统文化、乡村精神文化活动等多方面描绘乡村的美好未来。

案例一：河南省洛阳市孟津县平乐村按照“有名气、有特色、有依托、有基础”的“四有”标准，以牡丹画产业发展为龙头，扩大乡村旅游产业规模，探索出一条新时期依靠文化传承建设“美丽乡村”的发展模式。

（四）治理有效模式

治理有效模式以基层党组织建设为主，创新乡村治理体制，探索创新改革经验，构建“自治”“法治”“德治”相结合的乡村治理模式，促进乡村治理体系和治理能力现代化。

案例一：山东省诸城市打破原有村庄界限，创新推行“五四三二”工作模式，建立起以社区为平台的综治维稳工作机制、网格化监管服务机制、多元化矛盾化解机制和立体化治安防控体系，形成了科学有效的社区治理体制。

案例二：浙江省桐乡市越丰村是自治、法治、德治“三治融合”的发源地，其主要以“红船精神”为引领，坚持问题导向、目标导向、效果导向，敢为人先，打造“三治融合”高地，引导老百姓进行自我管理、自我服务、自我教育、自我监督，营造“大事一起干、好事大家判、事事有人管”的好氛围。

综上，各地按照“产业兴旺、生态宜居、乡风文明、治理有效、生活富裕”的总要求，根据当地的特色优势和发展水平，探索形成了部分可借鉴的经验。2019 年是乡村振兴全面落实的一年，也是全面建成小康社会的关键年，安徽省要依据自身乡村发展的特点，以当前农业、产业发展水平为基础，因地制宜，分类推进乡村发展，探索具有安徽特色的乡村发展模式。根据不同地区的资源禀赋、发展基础，发挥“绣花”精神，在不同地区积极探索适宜自身的具体形式，精准分类施策，变“同质”为“提质”，变“高产”为“高质”；坚持“钉子”精神，依据当地乡村发展基础、区位条件、资源禀赋，明确实施集聚提升、城郊融合、特色保护、搬迁撤并四类乡村分类推进战略，确保一张蓝图绘到底。

三　安徽省实施乡村振兴战略优劣势分析

（一）优势分析

1. 农业发展基础较好

安徽省具有良好的农业发展基础，无论是农产品产量还是规模都位居全国前列，且种类丰富，农业技术水平较高。在粮食生产上，常年农作物种植面积超过1.3亿亩，其中粮食作物面积占75%以上，总产量3500万吨，面积居全国第4位，总产量居全国第6~8位。粮食作物主要有小麦、稻谷、玉米、大豆、薯类和其他旱粮作物，其他如茶叶、蚕茧、水果、中药材等都是重要的经济作物，农作物种类多样。[①] 在畜牧业生产上，近年来通过深入实施畜牧业升级计划，推进畜牧业绿色低碳循环发展，畜牧业现代化进程加快。全省共有44个畜禽品种资源，皖西白鹅、淮猪、安庆六白猪、皖南黑猪和中蜂等5个品种列入国家级保护名录。在渔业生产上，池塘、湖泊、水库、河沟及稻田等内陆水域总面积位居全国第二。通过推进生态健康养殖、调整优化品种结构，虾蟹、鳜鱼、龟鳖、泥鳅、黄鳝以及湖库有机鱼等综合生产能力基本处在全国前五位，安徽成为泛长三角地区重要的优质水产品生产供应基地。在农业技术上，通过构建“十字形”架构的15个现代农业产业技术体系、搭建以共商共建共享为鲜明特征的农业政产学研推协作联盟，农业科技协同创新迈出新步伐。积极探索公益性推广机构与经营性服务融合发展机制、率先开展“农民满意农技员”评选、建立健全以“包村联户”为主要形式的农技推广服务责任制。在农机化发展上，近年来安徽省农机化工作以“提质增效转方式、稳粮增收可持续”为主线，着力落实强农惠农富农政策，深入推进农机化供给侧结构性改革，加快促进农机农艺农信融合，农机化发展取得显著成效，为粮食增产、农业增效和农民增收提供了有力的装备和科技支撑。

2. 地域特色优势明显

安徽省地域广大，省内各地域特色优势明显，主要可分为皖北地区、皖中地区、皖南地区，不同地区资源禀赋不同，发展基础不同。

皖北地区。一是战略区位优势。皖北地区地处中国中部、安徽省北部，承东启西、连南贯北，交通便捷，位于苏鲁豫皖四省的交会处，紧靠长三角，区位优势明显。二是土地资源优势。皖北地区的地势以平原为主，拥有广袤的淮北平原，土地面积39149平方公里，占安徽省土地面积的33.3%。耕地面积3206.5万亩，占安徽省耕地面积的47.8%，土地连片，适合大规模机械化作业。三是人口资源优势。皖北地区的一大特点就是“人多”，一方面可有效推

---

① 资料来源于安徽省农村农业厅。

动皖北地区消费市场的发展，带动地区消费；另一方面劳动力丰富，为乡村振兴提供充足的人力支撑。四是农业产业优势。皖北光照充足，雨量适中，农业生产条件优越，粮食产量占全省的70%以上，肉类、蔬菜、水果产量占全省的60%以上，是全国重要的粮食和农产品基地。

皖中地区。皖中地跨安徽省长江流域、淮河流域，是安徽经济、文化和旅游的重要组成部分，是引导全省经济发展的战略高地。一是自然条件优势。皖中地跨两大水系——长江与淮河，河流湖泊众多，地理位置优越，气候类型多样，属于典型的长江中下游平原，具备农作物生产的良好自然条件，具备有利于农业发展的比较优势。二是科学技术优势。皖中汇集合肥、蚌埠等众多科创城市，合肥综合性科技创新中心、合芜蚌创新示范区集聚于此，拥有众多基层农技推广组织，农业科技类从业人员众多，农业生产科技水平较高，具有科学技术比较优势。

皖南地区。一是特色农产品资源优势。皖南地区生态环境良好，自然旅游资源丰富，有九华山、黄山、天柱山等，低缓坡地多，村庄规模较小，古村落、古民居众多，农特产品丰富，茶叶、板栗、油茶等经济作物地位突出。二是旅游资源优势。皖南山区旅游资源丰富，不仅有黄山、九华山等著名景点，还是古徽州文化、徽商文化等的发源地，文化底蕴深厚，在乡村旅游发展上具有很大的优势。

3. 创新经验不断涌现

作为农村改革的重要发源地之一，安徽省不同地区在农业农村发展上不断探索，充分把握地区差异和特点，涌现出诸多创新经验，可初步总结出三个地区的先行先试案例。

舒城县以“垃圾兑换超市”推动生态宜居乡村建设。舒城县桃溪镇在持续推进“城乡环卫一体化”工作中积极探索，在全镇13个村（街）创新成立可回收垃圾兑换超市，以“垃圾兑换超市”为突破口，破除农村环境整治问题，推动美丽宜居乡村建设。以可回收垃圾兑换超市为平台，建立兑换机制，如废弃的塑料袋、饮料瓶、矿泉水瓶等可再利用资源可兑换成垃圾桶、牙膏、肥皂、洗衣粉等生活用品，垃圾达到一定数量将装车销往指定的地方作为生产原材料再利用。农民通过兑换可以换取所需物品，改善家庭生活条件，节约资源，解决资源浪费问题。通过小超市的兑换，不仅美化了乡村环境、推动了美丽乡村建设，更引导了群众自觉参与到环境保护中来。

蒙城县"一块田"改革突破农地"零碎化"瓶颈。为解决农地细碎化经营的问题，2013 年安徽省蒙城县号召全县 19 个乡镇各选择 1 个干群基础比较好的村进行试点，将农户的零碎地合并成大地块，实现由"一户多块田"向"一户一块田"转变。健全奖励机制，采取以奖代补方式，凡完成"一块田"改革工作的镇、村，县里每亩奖补 10 元，激发了广大干群参与的积极性。"一块田"改革一定程度上减少了垄沟、水渠、生产道路等的占地面积，对一些荒废地、闲置地进行了整理，增加了土地面积。"一块田"改革使农户土地相对集中，原先块均一亩地、少则几分地，互换后块均 5 ~7 亩，少数地块突破 30 亩，为改善农田水利基础设施配套提供了良好条件，对提高粮食综合生产能力发挥了积极作用。

青阳县"劝耕贷"激发农业发展动力。青阳县推行"劝耕贷"，支持农业产业化龙头企业、家庭农场、种养殖（植）大户、农民专业合作社等新型农业经营主体发展，促进农业适度规模经营，破解新型农业经营主体融资难、融资贵、融资慢问题。针对经营主体类型、规模和生产周期等不同情况，制定不同贷款条件或期限，一般情况下，"劝耕贷"单户额度起点为 10 万元，最高 100 万元，贷款期限 1 ~3 年；对周期较长的生产经营贷款，适度放宽期限。2016 年 7 月 29 日，青阳县与省农业信贷担保有限公司签订了战略合作协议，标志着青阳县政担合作在三农领域进入新的时代，安排 1000 万元农村综合金融改革基金作为"劝耕贷"风险补偿资金、农业小额保证保险贷款风险补偿资金、税融通贷款风险补偿资金合并统筹使用。

（二）劣势分析

1. 规划建设体系不健全

镇村建设规划体系尚未健全，镇村规划与土地利用、农业发展、历史文化村落保护等单项规划之间衔接不够，缺少对县、镇总体规划的整合，彼此之间联系性不强，规划合理性与科学性不足。当前，乡村规划中对乡村发展特色的挖掘不够，"千村一面"等问题依然值得关注，区域功能、居民住宅、产业发展、休闲旅游等的定位不明确，对于乡村固有的乡土文化、民俗风情、人文资源、建筑风格等资源挖掘利用不够，"一村一景""一村一业""一村一品"的特色不够鲜明。村庄建设缺乏科学规划，在引领村庄合理布局、人口居住相对集中等方面所起的作用不够。

2. 乡村人才相对缺失

随着农业科技的推广和农机的广泛应用，全省农业劳动生产效率大幅提高，农村劳动力加快转移，农业从业人员不断减少，从业人员结构发生深刻变化，城乡人口对流机制尚未形成，农村内部优质人才不断外流，外部优秀人才进入农村也面临诸多障碍，乡村振兴面临人才不足的压力。此外，农村人口老龄化问题表现较为突出，未富先老的矛盾十分尖锐，导致缺乏必要的农村适龄劳动人口，“为自食而种地”的现象增多，造成农业兼业化、粗放化、“谁来种地”等问题。新时代下，有文化、懂技术、会经营的新型职业农民数量偏少，能够承接网络经济时代的旅游文化产业、新业态电商产业的复合型人才更少。

3. 农村基础设施建设薄弱

由于历史欠账较多、资金投入不足、融资渠道不畅等因素制约，大部分村庄的基础设施建设还相对落后，道路、供排水和教育、卫生、文化等基础条件依然是农村发展的短板，农村基础设施建设总体上依然明显滞后。贫困地区通达、通畅任务艰巨，道路建设难度大、投资大。农村河道管护、污水处理等建设投入力度不够，村庄污水处理设施覆盖率低，农村人口外流造成部分已建成的污水处理设施收集不到污水，设施难以运行。此外，杂物乱堆放、垃圾乱抛洒等现象给黑臭水体整治、美丽村庄建设、农田基础设施长效管理带来一定困难。

四　安徽省实施乡村振兴战略的对策建议

安徽省实施乡村振兴战略有自身的优势，但也存在一些劣势。因此要从安徽省农村实际情况出发，扭转劣势，凸显优势，应聚焦以下六个方面。

（一）坚持乡村振兴规划引领

坚持乡村规划引领，明确任务目标，做到一张蓝图绘到底，久久为功搞建设。从全省发展实际出发，准确把握层级重点，以规划为指导实现乡村振兴体制机制创新，树立城乡融合、一体设计、多规合一理念，优化乡村空间格局和产业布局。统筹推动“多规合一”，统筹规划工业、服务业与农业，城镇与乡村，城镇居民与农村居民，提高规划的前瞻性、约束性、指导性、操作性。全盘考虑城乡融合、产业发展、生态建设和公共服务，特别是脱贫工作等方面，注重规划间相互衔接、部门间相互联动。按照乡村振兴五大要求与乡村发展特色、规律，根据不同乡村资源禀赋、产业基础、区位优势等，因地制宜、分类施策，注重地域特色，体现乡土风情，增强规划的引领作用。

（二）聚焦优势产业振兴乡村

产业兴旺居二十字总要求之首，是乡村振兴的重点。产业兴则农民富，安徽省是农业大省，如何变成农业强省，产业兴旺至关重要。从产业发展看，应充分发挥安徽省资源优势，比如皖北，应重点发展适度规模农业，以规模化生产提高农业生产效率，在这个过程中重点引入科技元素和绿色生产理念，以健康绿色粮食以及精深加工产品满足人民日益增长的美好生活需求，同时要强链补链，重点从初加工向精深加工转变；亳州地区，要重点发展中医药精深加工，努力打造“世界中医药之都”。皖南地区，多山区，重点发展精致农业、生态经济，比如安徽石台是全国三大富硒地区之一，生态环境优，拥有 7 个 4A 级景区，应重点发展生态旅游（民宿经济）、富硒产品以及相关的精深加工；皖南同时拥有“祁红屯绿”品牌，应围绕茶文化、茶产品做品牌文章。皖中以合肥为首，坐拥 800 万人口，应致力于打造近郊农业，为市民周末休闲度假提供良好去处。从载体上看，围绕特色小镇建设，打造一批农字号特色小镇、田园综合体，既能集聚农业资源要素，又能提升品牌影响力，以产城融合、产业融合（农村一二三产融合）进一步形成资源集聚核，将城市资源逐步向农村转移转化。

（三）合理开发利用农村资源

坚决落实农村“三变”改革（资源变资产、资金变股金、农民变股东），全面梳理乡村资源总量，摸清家底，包括城乡建设用地、居住用地、生态用地等土地资源，以及房屋、水利等设施资源，不断挖掘乡村资源潜力。强化乡村治理，着力解决当前农村“空心化”与多置住房等问题，将盘活农村闲置土地资源、开展农村土地综合整治、建设美好乡村和拓展城市建设用地空间有机结合，统筹规划与利用农村闲置土地。深入挖掘农村生态资源、文化资源、民宿资源，促进资源优势转化为经济优势，大力发展观光农业、生态旅游、文化旅游、健康养老、休闲养生等生态产业，加快培育壮大生态经济、文化经济。

（四）强化乡村人才队伍建设

增加财政投入，更多关注劳动者素质的提高，发展农村教育，比如培育新型职业农民、农业生产性服务业人才，同时要考虑培养产业所需的技能人才，解决农村剩余劳动力就业问题，解决农业生产效率提高、城镇化率提升带来的农村转移人口就业问题。建立健全城乡人口对流机制，畅通进城与下乡通道，引导并吸引更多的人才向乡村流动。全面建立职业农民制度，强化对新型职业农民的培训，建立健全政府主导、部门协作、统筹安排、产业带动、社会参与的培训机制，重点对农业产业政策、农业科学技术、农产品市场等生产和销售相关领域议题进行培训，培养更多爱农业、懂技术、善经营的新型职业农民。积极鼓励各类人才回归乡村，建立完善农村人才吸纳机制，推动高等学校、职业院校等教育培训资源与乡村发展人才需求对接，为乡村振兴培养专业化人才。营造人才发展的良好环境，促进人才向农村集聚，从政策、制度等层面完善人才培养成长、管理服务、使用激励机制，研究制定乡村振兴人才发展环境的相关政策，探索多样化的人才培养模式，优化基层引才保障措施。

（五）补齐乡村基础设施短板

以改造提升农村基础设施网络为抓手，推动水利、公路、水运、管道、电网、信息、物流等基础设施建设资源向农村延伸，全面补齐乡村基础设施建设短板，为推进农业农村现代化提供基础支撑。以“建好”“管好”“护好”“运营好”为总要求，加快推进“四好农村路”建设，推进城乡基础设施互联互通。深入实施农村“三大革命”，大力推进农村改厕，加快推进农村垃圾处理，积极探索农村垃圾处理利用新模式。加快推进生活污水处理，统筹乡村污水处理厂建设，探索推广污水处理新技术，建立健全污水处理设施运维管理体系。全面改善农村生产生活设施条件，推进新一轮农村电网改造，加快“数字乡村”建设，鼓励互联网金融、网络远程教育、网络创业等“互联网＋”向自然村延伸。

（六）完善资金投入保障机制

建立健全实施乡村振兴战略的财政投入保障制度，坚持把农业农村作为财政保障和预算安排的优先领域，加大公共财政向“三农”的倾斜力度，充分发挥财政资金的引导作用，撬动金融和社会资本更多投向乡村振兴。加快建立涉农资金统筹整合长效机制，紧紧围绕乡村振兴项目建设、产业发展和区域建设、基础设施等，优化财政供给结构，扩大地方自主统筹空间，加强对涉农资金的集中统一管理，根据形势任务变化与工作进展情况，合理确定资金支出方向与重点，避免“广撒胡椒面”，集中财力保重点、办大事。积极引入社会资本参与乡村振兴，逐步放宽社会资本可投资范围，设立乡村振兴产业发展基金，实施和完善融资贷款、配套设施建设补助、税费减免等扶持政策，不断拓宽资金筹集渠道。

参考文献

陈俊峰、刘娜：《台湾城乡一体化对安徽城乡发展的启示研究》，《中国名城》2016年第7期。

党国英：《乡村振兴长策思考》，《农村工作通讯》2017年第21期。

唐志强：《安徽省全面建成小康社会的定量评价与足迹分析》，《现代商贸工业》2018年第34期。

颜小云：《基于国外经验浅谈我国乡村振兴战略的实施》，《南方论刊》2018年第11期。

B.10
安徽乡村建设规划与乡村振兴着力点研究

王云飞*

摘　要： 随着城市化进程的加快，农村社会发生着深刻的变化，这些变化表现为农村结构的变化，以及因结构变化而带来的农村经济基础的变化，由此农村的发展放缓，甚至趋于停滞。中央政府适时地做出一些战略调整，从新农村建设到美丽乡村建设再到新型城镇化建设。十九大报告提出了“乡村振兴”战略。在对中央政策的回应方面，安徽省每一个历史时期都能做到积极贯彻中央的政策精神，在政策和实践中都能做到先行探索、及时落实。本文在梳理中央政策的基础上，结合安徽省乡村社会规划和发展的情况、问题，探讨安徽省实施“乡村振兴”战略的着力点和有效路径。

关键词： 安徽　乡村建设　乡村振兴

改革开放以来，农村的劳动力不断向城市转移，农村社会的发展趋于停滞，从城市和乡村发展的比较中可以看出，农村发展没有和城市同步前进，城乡差距进一步显现出来。安徽省具有一定的典型性。近20年来，从中央到地方一直在改变农村的面貌方面做出了各种努力，出台了一系列政策。本文以中央的战略决策为线索，梳理安徽省对中央政策的细化以及贯彻执行情况，重点

* 王云飞，安徽大学社会与政治学院副教授，博士，硕士生导师，研究方向为法律社会学、农村社会学。

是十九大报告提出“乡村振兴”战略以来安徽省的政策制定和具体实施情况，对实施过程中暴露的问题进行分析，进而提出具有可行性的乡村振兴路径选择。

一 选题的缘由

十九大报告提出“乡村振兴”战略之后，笔者便开始对安徽省的部分地区进行调研。安徽省作为农业大省，其乡村社会的发展不仅关系本省经济社会的发展全局，而且，作为改革开放标志的小岗村具有示范作用，安徽省的发展从某种意义上来说，一方面涉及国家层面整体的战略布局，另一方面也是改革开放以来农村发展成果的展示和示范。改革开放以来，中国乡村和城市在发展的各个方面都出现了较大的差异。一方面城市发展迅猛，另一方面有些乡村地区所显示的不仅是差距，而且是乡村社会的衰落。住建部《全国村庄调查报告》数据显示：1978～2012 年，中国行政村总数从 69 万个减少到 58.8 万个，自然村总数从 1984 年的 420 万个减少到 2012 年的 267 万个，年均减少 5.5 万个。乡村社会是中国文化的载体，深层次看，乡村社会的衰落便是文化的衰落。另外，国家统计局 2018 年 4 月发布的《2017 年农民工监测调查报告》数据显示，2017 年农民工总量达到 2.8 亿人，比 2016 年增加 481 万人，增长 1.7%。从男女农民工的比例情况看，男性占全部农民工总数的 65.6%，女性占 34.4%。该项调查数据还显示农民工的年龄结构是，40 岁以下的农民工所占比例为 52.4%，50 岁以上的比例为 21.3%。而男女农民工的平均年龄为 39.7 岁，比 2016 年农民工的平均年龄增加 0.7 岁。

安徽省是农业大省，也是全国最早输出农民工的大省，农村、农业的振兴和发展既需要资金，也需要人才，而农村的劳动力如果不能够参与到农村的发展和建设中来，那么所谓乡村振兴也只能是空话。根据国家统计局安徽农民工监测数据，2017 年安徽农民工总数 1918.1 万人，较上年增长 2.1%。其中，外出农民工 1415.4 万人，较上年增长 2.6%；本地农民工 502.6 万人，较上年增长 0.8%。从性别看，男性占 66.3%，女性占 33.7%。从年龄结构看，2017 年安徽 29 岁及以下年龄段农民工占全部农民工的 29.3%，较上年下降 2.7 个百分点；30～50 岁年龄段农民工占比 51.2%，较上年略增 0.1 个百分点；51

岁及以上年龄段农民工占比 19.5%，较上年上升 1.6 个百分点。从文化程度看，农民工文化程度有所提高。2017 年安徽农民工高中及以上文化程度占 18.2%，较上年提高 1.1 个百分点；初中占 65.3%，较上年下降 0.7 个百分点；小学及以下占 16.5%，较上年下降 0.4 个百分点。对全国及安徽省农民工情况进行数据分析，可以看出，农村的主要劳动力基本上转移到城市工作。农村失去大量劳动力，由此，不难理解乡村社会发展后劲不足的问题，也不难理解乡村社会的发展和建设一直以来都是党和政府所关注的时代主题。

本文拟首先简单回顾 20 世纪初就开始的乡村建设方面的脉络，梳理 21 世纪初以来党中央国务院制定的关于乡村发展的相关政策、安徽省根据中央的精神而相应制定的政策，以及这些政策的实施和落实情况。分析十九大报告提出“乡村振兴”战略之后安徽省部分地区制定和落实相关政策的情况，选择安徽省皖中的合肥地区、皖南的芜湖地区、皖西的安庆地区、皖北的阜阳地区等部分具有一定特色的下辖县市等作为样本。主要依据是这些地区出台的“乡村振兴”相关政策，通过实地调研，结合互联网资源中获取的相关信息，由此了解政策落实情况以及在实施政策过程中遇到的困难。在这些材料基础上进行再分析，从而试图找到一条具有普遍意义的适合安徽省乡村振兴的着力方向。

二　乡村振兴的历史演进

20 世纪初乡村社会的发展就成为志士仁人的研究目标，1920 年周作人在中国宣传并实践“新村运动”；20 ~ 30 年代以晏阳初、梁漱溟等为代表的中国知识分子掀起了一场影响深远的乡村建设运动；随后 50 年代、60 年代、80 年代和 90 年代在中国共产党的文件中多次出现过“社会主义新农村”和“建设社会主义新农村”的概念。党的十九大报告提出“乡村振兴”战略，由此“乡村振兴”的主题便再次走进政策和决策者的视野。“乡村振兴”战略本质上就是将经济发展的成果让全社会共享。21 世纪初以来，安徽省制定和落实乡村建设方面的决策对理解当下的乡村振兴具有重要价值。

（一）社会主义新农村建设

2005 年 10 月，十六届五中全会通过的《中共中央关于第十一个五年规划

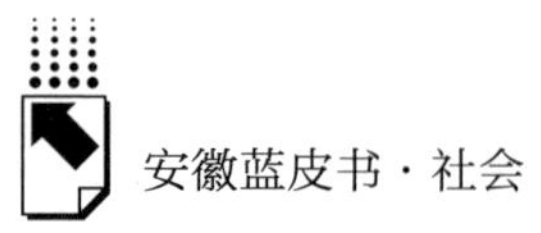

纲要》中提出“社会主义新农村建设”。新农村建设的指导思想是农村的发展要符合“生产发展、生活宽裕、乡风文明、村容整洁、管理民主”的要求。

新农村建设是政府主导下自上而下推动实施的过程。全国各地根据中央的精神制定新农村规划，规划的目标明确而又具体。2006 年，中共安徽省委办公厅、安徽省人民政府办公厅，制定了新农村建设“千村百镇示范工程”实施意见。从建设的结果看，这一轮新农村建设实践中，整个建设思路以政府工程为主，因而乡村基层政府显示出对财政支持“等靠要”的依赖心态，在建设过程中，农民缺乏主观能动性。

新农村建设过程中，主体认识、产业发展和组织管理等方面与政策的预期有一定的差距。同时，在推动建设的过程中，地方政府过分追求农村基础设施建设以及村庄面貌的表面变化，忽视了对农村产业发展、公共服务、组织和管理的支持。

当然，新农村建设取得了巨大的成就。但是为了实现农村地区发展的升级，并对建设中出现的偏差进行调整，也为了更进一步的发展，党的十八大中，中央又制定了新的发展政策和目标。安徽省委、省政府随之适时制定了新的战略决策和实施方案。

（二）美丽乡村建设

党的十八大提出：“把生态文明建设放在突出地位，融入经济建设、政治建设、文化建设、社会建设各方面和全过程，努力建设美丽中国，实现中华民族永续发展。”安徽省人民政府印发《安徽省美好乡村建设规划（2012－2020年）》，为指导美好乡村建设，构筑分区、分类、分步骤的美好乡村建设路径，实现“生态宜居村庄美、兴业富民生活美、文明和谐乡风美”的总体目标，制定了该建设规划。“美丽乡村”建设充分突出了生态文明建设的地位，在建设中要求社会发展与和谐的统一。

安徽省各县市成立“美办”，建设目标是将新农村建设与生态文明建设有机结合，创造宜居、宜业、宜人的“美丽乡村”。但在相对短期的实践过程中也存在着与新农村建设实践中类似的一些问题，比如重视硬件设施建设，忽视了总体规划，从而导致发展的后劲不足。在安徽蚌埠、阜阳、淮北、宿州等部分地区的调研过程中发现，由于资金短缺，“美丽乡村”建设大多停留在示范层面。虽然示范村的建设达到了政策的目标，但是，示范村往往本身就是经济基础比较好的地区，美丽乡村建设变成了示范村建设，建设方面存在着形式主义的弊端。

另外，正如新农村建设一样，政府主导整个建设过程，从而导致市场机制失灵，社会力量缺乏。作为主体的农民积极性和创造性没有得到应有的发挥，投入的设施往往成了摆设，并未能发挥应有的效用。

（三）新型城镇化建设

2014 年 3 月，新华社发布《国家新型城镇化规划（2014－2020 年）》。该《规划》根据十八大报告、《中共中央关于全面深化改革若干重大问题的决定》、中央城镇化工作会议精神、《中华人民共和国国民经济和社会发展第十二个五年规划纲要》和《全国主体功能区规划》编制。按照走中国特色新型城镇化道路、全面提高城镇化质量的新要求，明确未来城镇化的发展路径、主要目标和战略任务，统筹相关领域制度和政策创新。

2015 年 2 月，安徽省人民政府印发并制定了国家新型城镇化试点省安徽总体方案，提出总体要求和试点目标、试点任务和保障措施。2017 年 6 月，省政府正式印发《安徽省新型城镇化发展规划（2016－2025 年）》。该《规划》的内容丰富，从背景开始分别提出以下几个方面的要求：规划发展态势和总体要求，推进农业转移人口市民化，优化城镇化布局和形态，提升城镇宜居宜业支撑能力，大力推进新型城市建设，推进城乡发展一体化，完善城镇化发展体制机制，保障规划实施。规划提出到 2020 年，安徽省常住人口城镇化率达到 56%，户籍人口城镇化率达到 35%。到 2025 年，常住人口城镇化率达到 62%，户籍人口城镇化率达到 45%，户籍人口城镇化率与常住人口城镇化率差距逐步缩小。

安徽省是全国首批新型城镇化试点省，其主要任务就是改革城乡二元结构，以推进产城一体化带动城乡一体化和城镇化建设，促进产业和城镇融合发展。虽说新型城镇化的核心不是以牺牲农业和粮食、生态和环境为代价，而是要求发展以农民为中心，涵盖农村，实现城乡基础设施一体化和公共服务均等化，促进经济和社会的发展，但是在安徽部分地区调研中发现，政策在实施过程中出现了偏差，“美丽乡村”建设的问题是“示范村”占用了建设的几乎全部资源，由于资金有限，所做的工作只能是“锦上添花”而不能“雪中送炭”。新型城镇化也存在将资源集中在基础条件好的乡镇，建设了乡镇而忽略了其他广大的乡村，甚至乡镇建设本身是建立在牺牲农村发展的基础之上的现象。

总之，21 世纪初，安徽省为了落实中央文件和精神，制定了具体的规划和实施方案，这些都体现在安徽省委、省政府的报告及实践中。有些规划和方案正在稳步推进和落实，并且在新农村建设中取得了很好的成效，但是因为政策制定时没有综合考虑农村的社会文化、社会结构以及各地特点，因而没有充分发挥好农民的主体作用，加上建设过程中受到主观和客观条件的限制，虽然付出了努力，绩效却不明显。十九大报告提出了“乡村振兴”，再次将乡村社会的发展提到战略性的高度。安徽省根据报告的精神也制定了相应的政策和规划，本报告是基于全省部分地区落实“乡村振兴”战略政策和规划的行动而写成的。

三　“乡村振兴”的内涵和重要意义

自十九大报告提出“乡村振兴”战略以来，学者们关于“乡村振兴”的研究基本上处于各地出台的政策等层面，这些包括对中央和地方政策措施的解读和宣讲，缺乏理论层面的研究，新闻报道层面中零散地提出了一些具有可行性的理论假设和理论探讨，如如何在组织建设、制度建设、产业发展、金融政策等层面支持乡村振兴。这些理论探讨还缺少一定的深度且没有形成体系，甚至“振兴”的内涵都没有界定清楚。从实证层面看，由于乡村振兴的实践开展较晚，有些成效还没有体现出来。

（一）“乡村振兴”的内涵及提出的原因

振兴，振作的意思。振兴是从颓废和萎靡的状态突然转向积极进取的一种状态。振兴是一种状态的改变，是通过主观努力或者客观环境改变，而改变了客观事物的存在状态。振兴是让处于发展慢速或者停滞状态下的事物恢复或保持曾经有过的发展态势，或者再次激发其内在的动力，从而表现出快速发展的状态。总之，振兴即将处于被忽略、不活跃状态下的事物再次激活，让其发挥该事物原有的影响和功能。乡村振兴即将乡村社会处于低迷发展的状态激活，从而再次形成活力，目的是改变农村的面貌，也就是解决“三农”问题。“乡村振兴”战略首先是对近年来现实生活中存在的矛盾和问题的一种呼应，是对农村人口老龄化、农村空心化、城乡公共服务均等化等问题的一种回应；其次是针对社会主要矛盾变化的相应部署，“乡村振兴”战略不仅涵盖农民对美好生活的需要，也是适应城市居民对美好生活的需要，农村要为整个社会提供优良的生态环境，即产业兴旺、生态宜居、乡风文明、治理有效、生活富裕。

（二）实施“乡村振兴”的保障

近年来，关于“乡村振兴”的研究主要集中在以下层面：有的学者从国家法律层面谈乡村振兴的司法保障，有的学者从制度建设层面谈振兴，有的学者从经济层面谈振兴，有的学者从文化层面谈振兴。

从司法保障层面看，司法领域提供法律保障，如 2018 年 11 月，最高人民法院出台了《关于为实施乡村振兴战略提供司法服务和保障的意见》，对于如何服务和保障现代农业发展、乡村生态文明建设、文明和谐平安乡村建设、促进乡村治理体系和治理能力现代化以及保护农民合法权益等做出了规定。

从制度建设层面，关于乡村振兴的制度建设方面，学者汪浩的观点具有一定的代表性，如强化基层党组织建设，以制度规范权力运行，实行有效的财务民主管理制度，以“乡贤 + 自治”模式助推乡村治理有序，推出全方位清廉文化建设模式。

从经济发展层面，有的研究人员认为，“乡村产业振兴应该从以下几个方面着力。一要打通现代农业产业融合链条。二要联通现代农业—健康食品产业的链条。三要大力发展农业农村现代服务业。运用大数据、信息化、平台搭建的创新手段，此外，还要推进城乡产业融合互动发展，全面推进‘现代农业 +’创新发展新业态。”归结起来，从经济学层面谈乡村振兴的基本上落到建立现代农业产业，以及依托互联网，在“互联网 +”层面找到农村经济发展的出路，比如乡村淘宝的产品上线、实现农产品的网络销售等。

从文化层面看，专家学者们探讨乡村文化的发展问题，有的认为振兴乡村首先要振兴乡村文化，沈一兵指出“文化振兴是乡村振兴之魂，乡村文化自信是乡村文化振兴之根本”。徐勇认为“要振兴乡村，首先得振兴人的精神文化。因此，在乡村振兴中，文化振兴比任何时候都更为紧迫”。吴理财等从“文化治理”视角，指出“乡村文化振兴与乡村振兴战略目标的多维耦合”。也有人认为必须复兴乡村文化。董祚继认为“乡村文化的复兴在乡村振兴中具有基础和战略意义，是乡村振兴的关键之举”。

此外，金融部门也以乡村振兴为主题，提出“农发行高质量服务乡村振兴战略要兼顾顶层设计、基层探索和试点先行”的目标，认为“高质量服务乡村振兴战略，是农发行新时代支农工作的总抓手和核心使命”。总之，为实现“乡村振兴”战略，全社会的相关资源都被调动起来。

（三）“乡村振兴”战略的综合观点

关于“乡村振兴”战略的定性，有学者认为，“乡村振兴”战略“是解决当前国家发展不平衡问题的一个重大举措。乡村振兴是‘新农村建设’、‘美丽乡村’等农村建设项目的逻辑推进”。一直以来乡村社会的发展过程和路径，似乎也证实这一观点。但是从安徽省的经验来看，与其说是逻辑推进，倒不如说是在实践中政策运行出现问题之后的不断修正，是探索过程中乡村建设的不断升级。

关于“乡村振兴”的可用资源，有学者在总结时指出研究要注意三种思路。一是行政化，通过政党下乡将乡村整合为高度组织化的政治社会。二是乡村制度建设，依靠教育手段，重建社会组织，引入现代科学来复兴乡村。三是市场化，认为农村自下而上的农村市场化改革和资本下乡可以解决乡村经济发展、就业等一系列难题，也是振兴乡村的手段。

总之，无论在学术层面还是在实践层面，“乡村振兴”主题是全社会有识之士及各级政府所关注的焦点。2018 年中央部署“乡村振兴”战略以来，安徽省反应非常迅速，主要表现为落实十九大报告精神的政策出台，以及将报告的精神细化为各种可具体操作的规划，安徽省各级政府制定了具体政策并围绕落实情况进行努力。那么，安徽省是如何和中央政策形成呼应的呢？

四　安徽省制定的“乡村振兴”战略政策与规划

安徽省委、省政府制定的“乡村振兴”战略是在中央政府的精神指导下的行为，是对中央精神的一种贯彻和执行，同时也是根据安徽省的具体情况，在中央精神的指引下对以前政策的一种发展和完善。安徽省各级党委和政府制定的政策和措施是在省委、省政府的统一部署下进行的，既是对中央精神的贯彻，也是根据省情和地区情况制定的一种具体规划。透过中央的政策和决策，然后在比较中分析安徽省的相关政策和决策，这样对理解安徽省实施的政策会更有方向感，同时，也能够进一步理解地方政府的决策依据。

（一）政策规划

2017 年 10 月，党的十九大报告中习近平总书记提出了“乡村振兴”战略，报告指出，农业、农村、农民问题是关系国计民生的根本性问题，必须始终把解决好“三农”问题作为全党工作的重中之重，实施“乡村振兴”战略。2018 年 3 月，国务院总理李克强在政府工作报告中提到要“大力实施乡村振兴战略”。2018 年 9 月，中共中央、国务院印发了《乡村振兴战略规划（2018 – 2022 年)》，该《规划》指出实施“乡村振兴”战略是建设现代化经济体系的重要基础。

2018 年 2 月 7 日至 8 日，安徽省委农村工作会议在凤阳县小岗村召开。全面部署“乡村振兴”工作，是对中央一号文件的贯彻和落实。2018 年 2 月，安徽省委、省政府适时通过《中共安徽省委安徽省人民政府关于推进乡村振兴战略的实施意见》。安徽省“乡村振兴”战略的推进体现在地方政府制定的政策过程中。安徽省地方各级党委政府，如皖南、皖北、皖中和皖西等地区制定的政策，在落实安徽省委、省政府的政策精神基础上，体现出贯彻中央的“乡村振兴”战略决策。芜湖市、阜阳市、六安市等市委、市政府根据安徽省的战略规划分别在 2018 年 8 月 3 日、7 月 31 日和 3 月 21 日制定本市的关于全面推进乡村振兴战略的实施意见，将中央和省委的精神进一步具体化；2018 年 9 月，蚌埠市根据中央及省委的精神提出了具体的实施意见。安庆市根据《乡村振兴战略规划（2018 – 2022 年)》通过具体行动加以落实。各地级市的下辖县市如安庆市下辖的桐城市、宿松县纷纷跟进制定类似的乡村战略规划和实施办法，阜阳市下辖的界首市等也制定了一些具体的规划和实施办法。

总体上看，安徽省各地方党委和政府制定的“实施意见”的结构大多分为：主要目标、基本原则、重点任务和保障措施。“意见”基本上是中央和省

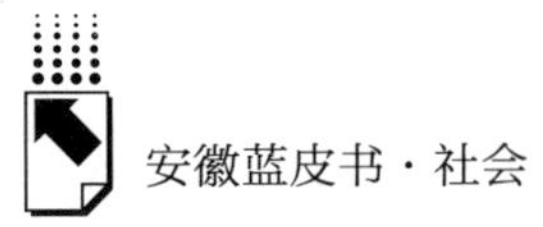

委、省政府精神的再现，只是进一步做了细化。整体上看，每一部实施意见都较为烦琐，规定过于细致，以至于显得较为零散，实施起来也很难做到各地区的协调推进。既已制定了政策及具体执行方案，那么，据此便可分析安徽省实施“乡村振兴”战略的条件、优势和劣势以及可行性。

（二）发展情况

近年来，安徽省各界组织和地方政府都从不同领域和不同层面探索乡村社会发展的方法。省一级进行宏观布局，提供基础设施、科技和金融层面的支持；县市一级充分利用各级资源制定规划，进行具体的乡村建设实践。不过，这些表面现象的背后，还存在着一些难以克服的困难。

1. 省级层面规划的发展情况

从安徽省政府层面的规划看，其已经开始重视特色小镇的建设发展并取得了显著成效，目前已有省级以上建制镇特色小镇 25 个（其中 15 个为国家级特色小镇），省级“非镇非区”特色小镇 43 个（含 18 个省级试验特色小镇）。

安徽省信息网络基础设施发展水平快速提升，供给能力显著增强，光缆通达所有行政村，移动宽带用户普及率从 13.9% 提高到 63.9%，电子商务进农村实现全覆盖。在“一根网线”的牵动下，安徽省 2018 年上半年实现农产品电子商务交易额 169.9 亿元，开展农业物联网建设应用的新型农业经营主体 709 家。可以看出，网络设施的完善为“互联网 +”产业提供了坚实的基础。2014 年，阿里巴巴集团通过农村淘宝项目与地方政府合作，推出“千县万村计划”，计划在三至五年内投资 100 亿元，建立 1000 个县级运营中心和 10 万个村级服务站。由于阿里巴巴集团的大力推进，至 2018 年底，安徽省乡村的大部分地区以“阿里服务站”为代表的企业，已经深入参与到乡村社会的发展当中。

金融也积极助推乡村振兴战略落地生根，农行安徽省分行把更多金融资源配置到农村经济社会发展的重点领域和薄弱环节，提供更全面的金融服务，2015 年至 2018 年 4 月，累计投放涉农贷款 1553.8 亿元。截至 2018 年 4 月底，涉农贷款较年初增加 114.8 亿元，涉农贷款增速达 9.9%，高于全行贷款 2.8 个百分点。据统计，自 2016 年底精准扶贫快捷贷开办以来，农行安徽省分行累计发放快捷贷 614 笔共计 1.4 亿元，直接带动 1400 户建档立卡贫困户增收

420 余万元。

安徽省农科院从农村科技层面，落实乡村振兴战略，制定了《安徽省农业科学院乡村振兴科技支撑行动计划（2018－2022 年）》，提出科技支撑产业振兴；科技支撑脱贫攻坚；科技支撑生态环境振兴；科技支撑质量振兴；科技支撑人才振兴。自实施乡村振兴战略以来，安徽省农科院共计推广农作物新品种 86 个、新技术 60 项，成果转让 5 个，提供产业规划 10 个。帮助建立粮棉油产业基地、果蔬产业基地，推广越夏避雨栽培技术等，实现良种覆盖率 80% 以上，新技术覆盖率 70%，主产品增产 10% 以上，增效 15% 左右。

2. 各地区乡村振兴的规划和发展

阜阳市制定较为长远的乡村振兴战略“三步走”路线图：到 2020 年，乡村振兴取得重要进展，制度框架和政策体系基本形成；到 2035 年，乡村振兴取得决定性进展；到 2050 年，乡村全面振兴。实施第一步的目标是到 2020 年发展专用品牌粮食 300 万亩；实施花卉产业发展规划，建设六大花卉产业带，到 2020 年全市花卉种植面积达到 100 万亩、产值突破 300 亿元。实施质量兴农战略，到 2020 年，新建优势特色种植业基地 100 万亩。

六安市乡村振兴的口号是兴产业、优环境、振乡风，具体做法是成立绿色振兴开发有限公司，申请国开行贷款 100 亿元。集聚资金、人才、科技要素，健全“三农”投入稳定增长机制，发挥首期规模 2 亿元的“六安市乡村振兴基金”支持贫困户发展产业的作用。落实《乡村振兴新青年计划》，依托科技特派员及各类农业科技专家等平台，推进科技兴农。另外，该市先期 7 个乡村文化振兴项目正式启动，分别是：乡村振兴青年志愿服务，“梦想小屋”建设，爱心保险，乡村振兴留守儿童家庭教育课堂，青春教育扶贫，“红领巾心向党”农村小学少先队活动室建设，“让爱留守”夏令营。

芜湖市通过发展特色产业将脱贫攻坚和乡村振兴联系在一起，将下辖的无为县和南陵县作为示范点，2017 年从省、市农业财政项目中统筹安排 159 万元，将 19 个项目落实到无为县、南陵县 19 个贫困村，同时市财政增加资金投入 1120 万元，在无为县、南陵县建设综合性农事服务中心（农机大院）项目 7 个、秸秆肥料化利用试点项目 2 个、高标准绿叶菜基地项目 3 个，无为县、南陵县财政资金投资强度分别达到 4129. 88 元/户、7102 元/户。在具体实施乡村振兴战略过程中，提出城乡融合发展的六大体系建设，即乡村统筹、以城带

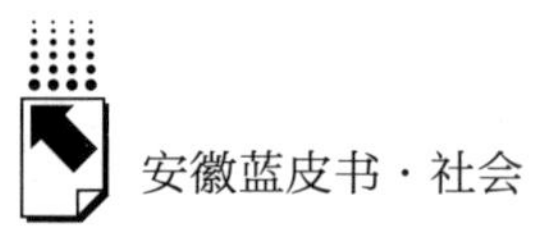

乡、以城补乡、城乡交融、城乡一体、城乡均衡。

合肥经开区 2018 年谋划项目共计 223 项（含续建、新建、储备三类），较 2017 年增加近 49%，总投资 410.4 亿元，2018 年计划完成投资 86.8 亿元。其中市级投融资项目 51 项，总投资 189.8 亿元，2018 年计划完成投资 28.7 亿元。11 月 28 日，合肥市实施乡村振兴战略领导小组第一次全体会议召开，计划总投资达 61.62 亿元的包河圩美磨滩、蜀山将军岭等 8 个首批市级乡村振兴项目出炉，将打造合肥实施乡村振兴的先行区、农业农村现代化的样板区，引领带动全市乡村有序振兴。在乡村振兴项目推进过程中，以首批市级乡村振兴重点项目为突破口，以市、县两级乡村振兴投资公司为平台，按照“谋划一批、规划设计一批、入库一批、建设一批、建成一批”的“五个一批”要求，建立了实施乡村振兴战略项目库制度，目前入库项目总数 196 个，计划总投资 1283.19 亿元。

总之，从样本地区的乡村振兴规划可以看出，有的是从规划层面入手，再层层往前推进和落实，在推进中带动乡村社会的发展。有的地区建立项目基金，通过项目的资金投入和主题项目建设推动乡村经济发展，进而实现乡村社会振兴。还有的地区直接以投资的形式带动各种项目，在完成项目目标的同时，实现乡村社会发展。

五 “乡村振兴”规划中存在的问题

分析安徽省各地乡村战略规划，以及 21 世纪初以来的乡村发展情况，可以看出，无论在规划层面设计得多么翔实，考虑得多么周全，在实际运行中依然存在各种问题。这些问题一方面是规划得过于宏观而无法落实；另一方面是规划的落实需要各种先决条件，但是先决条件并不具备。出于各种原因，归纳一直以来的做法，大致发现存在以下一些倾向和问题。

一是注重全面宏观规划而忽视细化落实。调研中发现，地方政府所提供的乡村振兴规划和做法，往往给出的地点是在新农村建设时期发展起来的“明星村”“明星镇”，对各地区根据中央精神而制定的乡村振兴宏观规划很清楚，但是在落实层面又回到了传统发展经济的老路。比如，安徽省特色小镇建设还面临着一些问题和挑战，存在传统城镇化倾向、产业园区倾向、房地产化倾向、突击开发倾向等。这些传统建设思路，制约了特色小镇建设质量和效果的进一步提升。

二是重视依靠外部资本和政府建设而忽视内生动力。21 世纪以来，从新农村建设到新型城镇化建设都严重依赖外部力量，即政府的规划和投入，以及外来企业资本的投入。但是没有充分利用乡村建设最重要的主体，即村民自治组织和广大的农民群众。从各地的发展规划和实施步骤中，无不体现了这样一种对外来建设力量的依赖性，而忽视农村主体能力建设。

三是注重外在形象建设而忽视培育机制建设。乡村建设最终成果的最重要部分当然体现在农村基础设施建设、人居环境整治等的改变之中。调查地区的制度建设不够完善，乡村振兴战略所依托的依然是既有的机制，显然制度建设并没有跟上。制度不能适应新的发展形势，一方面取得的成绩无法保持，另一方面发展的后劲不足，已取得的成绩也会丧失，甚至不会产生新的发展成果。

四是重视经济层面的战略部署而忽视发展的整体性。乡村振兴不仅是经济层面的产业振兴，其还包括制度建设，即要在制度建设中实现治理的绩效，包括生态环境建设以及乡风文明建设等。只有做到建设的整体性，才能真正实现乡村振兴的目标，实现乡村社会的和谐发展。

总之，从安徽省及各地区具体落实中央政策的情况看，既取得了成绩，又发现了问题。成绩和问题也都是这些年来农村建设中的问题。要解决这些问题必须明确发展思路，在新的形势下既要解放思想，敢于突破传统的农村建设思路，又要维持既有发展成果。

六　实现“乡村振兴”战略的着力点

实现乡村振兴，首先要理解乡村振兴的内涵和乡村振兴的目标。乡村振兴的内涵和目标都体现在十九大报告的提法当中，这些也是乡村振兴的重要指标，即产业兴旺、生态宜居、乡风文明、治理有效、生活富裕。在政策机制上，建立城乡人地资本融合发展的政策机制，统筹城乡的经济建设、政治建设、文化建设、社会建设。由此，乡村振兴的路径选择必须围绕着这几个方面展开。

（一）产业振兴是“乡村振兴”的基础

乡村振兴的基础是发展产业，是产业振兴，通过产业发展占有市场份额。产业发展的一方面是发展传统的农业，以保障农村的基本消费需求，另一方面是发展高附加值的农产品深加工企业。产业的发展要与现代技术手段相联系，在发展乡村产业时，要充分利用互联网资源，利用互联网资源一方面是提升产品推广能力，另一方面是围绕互联网发展产业。

从产业振兴看，首先是作为涉农产业实体的发展，比如围绕着人民群众生活需要的农产品生产相关产业的发展，其次是利用现有的技术资源使产业得以顺利进入市场，实现利润。在实现传统产业的振兴方面，要整合农村市场资源，加快相关生产要素在农村地区涉农产业集聚，使涉农产业朝着市场主体的公司化、集团化、规模化方向发展，这样可以将传统产业做大做强。

从增强产业的市场竞争能力看，占有并扩大市场才是实现利润的前提。互联网彻底改变了人们的思维习惯和行为模式，它带来了经济形式的变化，这些变化为乡村经济振兴提供一个新的经济增长点。互联网技术的进步和互联网的普及又给乡村经济、社会和文化发展带来了机遇。

随着“互联网+”概念的提出，与农村相关的服务会迅速展开，如农村电子商务、农产品物流、农业现代化、农业服务、乡村旅游、农村扶贫、农村金融等会深深地影响到乡村的综合发展，进一步影响和改变农民的生产方式和生活方式。更为重要的是，可以促进农业生产和消费观念的改变，激发农村地区的生产能力，从而引起乡村社会的深刻变革。

（二）制度和人才建设是“乡村振兴”的保障

乡村振兴是在一定制度规定中发挥人的积极性和主动性的过程，其离不开制度建设。制度建设中的首要问题便是政治制度的保证。政治制度保障要依靠地方各级党委和政府，只有在党和政府的层面才能够汇聚社会各方面的资源。要充分发挥村民自治的功能，让村民自治组织成为乡村振兴的组织支持，以此为纽带把农民的积极性、主动性和主体能动性调动起来。发挥村民自治组织的作用，需要加强农村基层组织建设，提高村“两委”班子的领导水平，着力加强农村基层组织建设，努力提高村级班子的整体素质。从安徽省的调研情况看，在组织建设方面并没有看出有什么特别创新之处。

另外，制度建设还要求制度的明确性，比如，要明确坚持农村土地集体所有制性质，发展新型集体经济，走共同富裕道路。只有这样，才能建立健全城乡融合发展的体制机制和政策体系，才能为新时代城乡社会和谐、稳定、健康、持续有活力提供制度性的保障。安徽省一些地区在土地征收过程中，表现得比较随意，使得部分地区农民无所适从，以为又有了什么新的政策。这表明政策和制度的明确和规范性十分重要。只有制度明确，群众才能踏踏实实跟着政策走，才能保证政策的贯彻和落实。

当然，任何建设和发展都离不开人才，离不开人民群众的智慧和才能。振兴乡村就要依靠人才来振兴，人才振兴是乡村振兴的逻辑前提。一方面要积极引导更多人才流向乡村，鼓励有为青年到农村开展现代农村示范、试验工作；另一方面要注重农村的人才队伍建设，既要培养乡村治理层面的管理人才，也要培养新型职业化的农民。引进人才和培养人才的目的是解决农村建设主体能力不足的问题，也就是培养新的适应市场经济的农村新型主体，是一种主体的建构。

应该注意的是，乡村振兴是一项系统工程，不能依赖单一主体来完成，必须注重多元主体的共同参与。依赖单方面的力量根本不能在乡村治理中显现出治理的绩效。虽然安徽省提出了各种政策，但政府作为单一主体来推进，往往都停留在文件层面。并且，即便已经开始推进了，效果也不明显。

（三）乡风文明是乡村和谐的本质要求

乡风文明是乡村振兴的重要环节，是乡村建设的软环境。一方面，只有良好的乡风才能逐渐改变人们落后的思想观念，养成文明的习惯，树立现代文明的生活方式，才能自觉地摈弃来自各个方面陈规陋习和不良价值观念的影响。另一方面，乡风文明也是乡村社会产生凝聚力的源泉。

乡风文明建设的首要任务便是建立乡村公平、公正的社会环境。公平、公正的社会环境建构的前提是使乡村基层政权的权力受到正常约束，同时也要防止受到公权力保护的具有黑社会背景的乡村恶霸的出现。可以说，公平、公正是“纲”，抓住“纲”来解决问题，人民群众就会心情舒畅，也就能够积极地参加到社会公益当中。

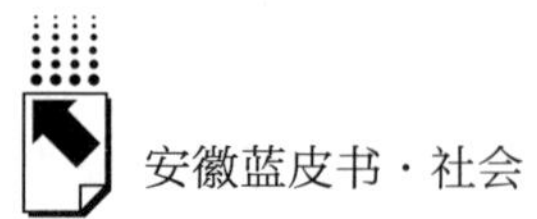

乡风文明建设的另一重要内容是做到学有所教、劳有所得、病有所医、老有所养、住有所居。由于大量劳动力外出，农村留守儿童一直困扰着许多创业者家庭，他们不得不分出巨大的精力来解决这些问题。同样，对于农村留守老人来说，不仅老有所养、老有所医问题突出，而且因病返贫现象也十分突出。这些问题是悬在乡村社会中一把随时可能落下的利剑，而农村社会保障制度的建立是解决后顾之忧的关键。

另外，乡风文明与乡村宜居乃至乡村的富足等都是相辅相成的。伴随着城市化的发展，乡村的人口迅速向城市迁移。迁移背后一方面是长期形成的"城乡二元结构"形成的城乡差别，另一方面是乡村经济和社会的凋敝。即使农民收入不断提高，但资金并没有流向乡村，乡村社会并没有共享经济高速增长的成果，因而不能体现乡村社会的富足。乡村的富足应该建立在"自救"进而"他救"的基础上，就是说，不仅是引进外来资本，同时要让本来属于乡村的资本留住。

本报告所依据的是安徽部分地区的情况，着力方向也是根据安徽部分地区的薄弱环节而提出的，具有一定的代表性，因而围绕着上述方向解决问题也更具有针对性。当然，各地具体情况存在差异，在发展中也要因地制宜，找到适合本土发展的乡村振兴之路。

总之，乡村振兴战略是一直以来乡村发展政策的延续，也正如所有的乡村发展战略一样，要想取得成效必须深化改革，制定切实可行的政策措施，要防止大而空的战略规划。各级党委和地方政府要根据十九大报告所提出的目标，认真抓好规划落实，在制度建设、经济支持、人才支撑、文化培育等方面努力。比如具体要做到制度建设，完善乡村社会的治理结构。要进行制度创新，确保人才向农村地区回流。要扩大对广大农村地区基础设施的投入，促进城乡之间的良性互动。乡村建设不能仅仅限于"明星村"建设。发展乡村的支撑产业固然重要，但是利用互联网技术消化现有的产能更为重要。

参考文献

《安徽农民工总数 2017 年 1918.1 万人　规模持续扩大》，http：//www.ahwang.cn/

anhui/20180323/1750733. shtml。

安再祥等：《安徽省产业集群专业镇发展迅速》，《中国工业报》2015 年 3 月 26 日，第 A04 版。

宁满秀等：《乡村振兴：国际经验与中国实践》，《中国农村经济》2018 年第 12 期。

汪浩：《乡村振兴战略背景下清廉乡村制度建设研究》，《湖州师范学院学报》2018 年第 11 期。

王晶晶：《乡村振兴战略核心：实现“五个振兴”》，《中国经济时报》2018 年 4 月 25 日。

沈一兵：《乡村振兴中的文化危机及其文化自信的重构——基于文化社会学的视角》，《学术界》2018 年第 10 期。

徐勇：《乡村文化振兴与文化供给侧改革》，《东南学术》2018 年第 5 期。

吴理财、解胜利：《文化治理视角下的乡村文化振兴：价值耦合与体系建构》，《华中农业大学学报》（社会科学版）2019 年第 1 期。

董祚继：《乡村振兴呼唤文化复兴》，《国土资源》2018 年第 2 期。

张晓军：《从方法论视角看服务乡村振兴战略》，《乡村振兴战略与农发行》2018 年第 8 期。

张光勇：《乡村振兴要激活乡村社会的内生资源——“米提斯”知识与认识论的视角》，《浙江社会科学》2018 年第 5 期。

张丙宣等：《激励结构、内生能力与乡村振兴》，《浙江社会科学》2018 年第 5 期。

李国宏等：《以乡村振兴战略助推安徽特色小镇发展》，《区域经济》2019 年第 1 期。

《“互联网 +”助力安徽乡村振兴》，http：//www. sohu. com/a/259866838_ 697216。

《聚焦农村电商　阿里投资 100 亿元启动千县万村计划》，https：//www. guancha. cn/economy/2014_ 10_ 15_ 276393. shtml。

《为县域发展配置更多金融资源》，http：//www. financialnews. com. cn/ncjr/focus/201807/t20180705_ 141447. html。

《安徽省农业科学院乡村振兴科技支撑行动计划（2018 – 2022 年）》，http：//www. aaas. org. cn/4302994/7645003. html。

窦丽等：《农业科研单位科技支撑乡村振兴战略的实践与思考》，《农业科技管理》2019 年第 2 期。

《以乡村振兴战略推动农业农村现代化》，http：//fy. wenming. cn/nccj/201807/t20180723_ 5341540. html。

《我市推进乡村振兴　打造安居乐业美丽家园》，http：//www. luan. gov. cn/content/detail/5ba1959bfbe7d0900c000007. html。

《安徽六安发布乡村振兴 · 文化振兴新青年项目》，http：//news. cyol. com/yuanchuang/2018 – 11/13/content_ 17778826. htm。

《芜湖：发展农村特色产业为脱贫攻坚和乡村振兴强筋壮骨》，http：//www. wuhu.

gov. cn/content/detail/5afcd1e77f8b9a70252fd2f3. html。

《合肥国家级经开区范围确定》，https：//www. sohu. com/a/248171475_ 559100。

《合肥市首批 8 个乡村振兴项目出炉》，http：//ah. sina. com. cn/news/s/2018 - 11 - 29/detail - ihmutuec4649563. shtml。

文化建设篇

Cultural Development

B.11 新时代徽州传统文化遗存的开发与价值评估*

刘伯山　王培鑫**

摘　要： 徽州传统文化在当代有大量遗存，它们有许多得到了开发，融入现代社会。徽州传统物质文化遗存的开发直接促进了徽州人文旅游事业的发展，徽州传统非物质文化遗存的开发直接促进了徽州传统技艺的产业化发展，徽州古代文献文书遗存的开发直接促进了徽学事业的发展。这些开发都具有很强的地域特色：徽州人文旅游事业的发展从2012年开始度过了早期发展的初级阶段，正在实现自身结构和内容的调整而进入一个新的发展阶段，生机盎然；徽州传统技艺的产业化开

* 基金项目：本文系教育部人文社会科学重点研究基地重大项目“近代徽州归户文书与报刊资料的整理与研究”成果之一。

** 刘伯山，安徽大学徽学研究中心研究员、博士生导师，研究方向为哲学与徽学；王培鑫，安徽大学历史系2018级考古学在读博士生，研究方向为文化遗产。

发从2012年以后顺利超越了刚开始发展的起步阶段，正处在一个急速发展时期，空间广阔；徽学的研究从2017年之后处在一个活跃预热期，基础资料的整理与公布工作已加快，学术上的多学科研究和现实服务上的智库作用已有展开，正向一个新的发展阶段迈进，前景光明。研究和探讨徽州传统文化遗存在新时代的开发路径及产业培育问题，既具有地域性的价值，也具有普遍性的示范意义。

关键词： 徽州文化遗存　开发路径　价值评估　新时代

传统文化遗存的抢救、保护与开发问题是一个具有全局性的时代课题。徽州传统文化在当代就有大量遗存，它们大多获得了现代社会与文化发展背景下的价值确认，成为文化遗产，许多还得到了有效利用与开发从而活态传承，融入现代社会。2010年，笔者曾就截止到2009年的徽州传统文化遗存保护和开发状况做过专题调查与研究，得出了一些结论。[①] 如今近十年过去了，当下我们已经进入新时代。本文是继续的跟踪调研，以2018年的最新数据为研究基础，就徽州传统文化的遗存情况、开发路径和已开发状况的价值评估等问题进行再探讨。

一　徽州传统文化的遗存

徽州传统文化本质上是以儒家文化为核心的中国乡村民间文化，其崛起于南宋，鼎盛于明清，延续至当代，在思想学术、文学艺术、科学技术、印刷出版、医药卫生、体育竞技、方言俚语、宗教信仰等领域，和社会关系、社会经济、社会生活、传统工艺等方面，都有非凡的创造和突出表现，仅历史上形成并得到社会与历史认同的学术与文化流派就有新安理学、新安医学、新安画

① 刘伯山：《徽州传统文化遗存的开发路径与价值评估》，《探索与争鸣》2010年第12期。

派、徽派朴学、徽派刻书、徽派版画、徽派篆刻、徽派建筑、徽派盆景、徽商、徽菜、徽剧、徽漆、徽州文房四宝、徽州三雕艺术、徽州方言等。徽州文化有一个极大的魅力，就是她不是废墟遗址文化、考古挖掘文化、历史传说文化，而是有着很强现实性的文化，在今天有大量的文化遗存。

（一）物质文化的遗存

“徽州”是一个历史文化地理的概念，其区划空间特指北宋宣和三年（1121）设立徽州府后所辖的歙县、黟县、休宁、祁门、绩溪、婺源六个县，俗称“一府六县”。其长期保持稳定，直至民国。当下的行政区划，歙县、黟县、休宁、祁门四县归属于安徽省的黄山市；绩溪县归属于安徽省的宣城市；婺源县归属于江西省的上饶市。本文所说的“徽州传统文化遗存”仅指历史上徽州府所辖六县的文化遗存。

目前，安徽省境内已查明至今保存完好属于徽州文化类的古街镇、古村落、古民居、古祠堂、古牌坊等地面文物就达6000多处。这其中，黟县的西递和宏村在2000年11月被联合国教科文组织列入世界文化遗产名录；属于国家级重点文物保护单位的有34处（见表1）；属于省级重点文物保护单位的有100处（见表2）；属于市级重点文物保护单位的有188处；属于县、区级重点文物保护单位的有342处。

表1　截至2018年12月安徽省境内徽州文化类国家级重点文物保护单位名录

序号	名称	年代	地址	公布时间
1	程氏三宅	明	黄山市屯溪区	2001年6月
2	程大位故居	明	黄山市屯溪区	2013年3月
3	潜口民宅	明至清	黄山市徽州区	1988年1月
4	老屋阁及绿绕亭	明	黄山市徽州区	1996年11月
5	罗东舒祠	明	黄山市徽州区	1996年11月
6	呈坎村古建筑群	明至清	黄山市徽州区	2001年6月
7	岩寺新四军军部旧址	1938年	黄山市徽州区	2013年3月
8	许国石坊	明	歙县	1988年1月
9	棠樾石牌坊群	明至清	歙县	1996年11月
10	渔梁坝	唐至清	歙县	2001年6月

续表

序号	名称	年代	地址	公布时间
11	许村古建筑群	明至民国	歙县	2006 年 5 月
12	竹山书院	清	歙县	2006 年 5 月
13	郑氏宗祠	明	歙县	2006 年 5 月
14	长庆寺塔	宋	歙县	2013 年 3 月
15	洪氏宗祠(敬本堂)	明至清	歙县	2013 年 3 月
16	棠樾古民居	明至民国	歙县	2013 年 3 月
17	北岸吴氏宗祠	清	歙县	2013 年 3 月
18	员公支祠	清	歙县	2013 年 3 月
19	昌溪周氏宗祠	清	歙县	2013 年 3 月
20	北岸廊桥	清	歙县	2013 年 3 月
21	宏村古建筑群	明至清	黟县	2001 年 6 月
22	西递村古建筑群	清	黟县	2001 年 6 月
23	南屏村古建筑群	明至清	黟县	2006 年 5 月
24	齐云山石刻	宋至清	休宁县	2006 年 5 月
25	溪头三槐堂	明	休宁县	2006 年 5 月
26	黄村进士第	明	休宁县	2013 年 5 月
27	祁门古戏台	明至清	祁门县	2006 年 5 月
28	洪家大屋	清	祁门县	2013 年 3 月
29	黄山登山古道及古建筑	唐至民国	黄山市黄山风景区	2013 年 3 月
30	黄山摩崖石刻群	唐至近代	黄山市黄山风景区	2013 年 3 月
31	龙川胡氏宗祠	明至清	绩溪县	1988 年 1 月
32	奕世尚书坊和胡炳衡宅	明至清	绩溪县	2013 年 3 月
33	上庄古建筑群	明至清	绩溪县	2013 年 3 月
34	徽杭古道绩溪段	宋至清	绩溪县	2013 年 3 月

表 2　截至 2018 年 12 月安徽省境内徽州文化类省级重点文物保护单位名录

序号	名称	年代	地址	公布时间
1	同德仁药店	清至民国	黄山市屯溪区	2012 年 12 月 26 日
2	南溪南村牌坊	明至清	黄山市屯溪区	2012 年 6 月 21 日
3	镇海桥	明	黄山市屯溪区	2012 年 6 月 21 日
4	程氏宗祠	明	黄山市屯溪区	1998 年 5 月 4 日
5	花山石窟群	元至明	黄山市屯溪区	2004 年 10 月 28 日
6	中共皖南特委机关旧址	近现代	黄山市屯溪区	2012 年 6 月 21 日
7	灵山村古建筑群	明至清	黄山市徽州区	2012 年 6 月 21 日

续表

序号	名称	年代	地址	公布时间
8	洪坑牌坊群及洪氏家庙	明至清	黄山市徽州区	2004 年 10 月 28 日
9	檀干园	清	黄山市徽州区	1998 年 5 月 4 日
10	蜀源牌坊群及思恕堂	明至清	黄山市徽州区	2012 年 6 月 21 日
11	金紫祠	明	黄山市徽州区	2004 年 10 月 28 日
12	南方八省红军游击队集中地旧址	民国	黄山市徽州区	1981 年 9 月 8 日
13	渐江墓	清	歙县	1986 年 7 月 3 日
14	汪华墓	唐	歙县	2012 年 6 月 21 日
15	昱岭关	五代至民国	歙县	2012 年 6 月 21 日
16	东谯楼	宋	歙县	2004 年 10 月 28 日
17	新州石塔	南宋	歙县	1981 年 9 月 8 日
18	大母堨	元至明	歙县	2012 年 6 月 21 日
19	昌溪庙坦及水口	元至清	歙县	2012 年 6 月 21 日
20	张林福宅	明	歙县	1981 年 9 月 8 日
21	方春福宅	明	歙县	1981 年 9 月 8 日
22	方士载宅	明	歙县	1981 年 9 月 8 日
23	贞白门(贞白里坊)	明	歙县	1981 年 9 月 8 日
24	圣僧庵壁画	明	歙县	1981 年 9 月 8 日
25	郑村忠烈坊	明	歙县	1986 年 7 月 3 日
26	丰口四面坊	明	歙县	1998 年 5 月 4 日
27	殷尚书坊及大司徒坊	明	歙县	1998 年 5 月 4 日
28	天心堂	明	歙县	2004 年 10 月 28 日
29	紫阳桥	明	歙县	2012 年 6 月 21 日
30	石潭吴氏宗祠	明	歙县	2012 年 6 月 21 日
31	曹氏二宅	清	歙县	2004 年 10 月 28 日
32	蕃村鲍氏宗祠	清	歙县	2012 年 6 月 21 日
33	丛林寺	清	歙县	2012 年 12 月 26 日
34	璜田戏台	清	歙县	2012 年 12 月 26 日
35	王氏故宅	清	歙县	2012 年 6 月 21 日
36	郑村和义堂	清	歙县	2012 年 6 月 21 日
37	徽州府衙	明至现代	歙县	2012 年 6 月 21 日
38	潘氏宗祠	清	歙县	1998 年 5 月 4 日
39	雄村五石坊	清	歙县	2012 年 6 月 21 日
40	吴承仕宅	清	歙县	2012 年 6 月 21 日
41	尚宾坊	明	歙县	2012 年 12 月 26 日
42	稠墅牌坊群	明至清	歙县	2004 年 10 月 28 日

续表

序号	名称	年代	地址	公布时间
43	槐塘双坊	明至清	歙县	2012年6月21日
44	巴慰祖宅	明至清	歙县	2012年6月21日
45	万年桥	明	歙县	2012年6月21日
46	黄宾虹故居	清至民国	歙县	1989年5月27日
47	太湖祠	明	歙县	2012年6月21日
48	太平桥	明至清	歙县	1981年9月8日
49	许氏宗祠(敦睦堂)	明	歙县	2012年12月26日
50	南谯楼	明至清	歙县	1989年5月27日
51	新安碑园石刻	宋至清	歙县	1986年7月3日
52	蜈蚣岭梯田及大队部旧址	现代	歙县	2012年6月21日
53	张曙故居	清	歙县	2012年6月21日
54	程氏宅	明	黟县	1986年7月3日
55	韩氏宗祠	明至清	黟县	1998年5月4日
56	赛金花故居	清	黟县	2004年10月28日
57	屏山村古建筑群	明至清	黟县	2004年10月28日
58	仁公祠(何氏祠堂)	清	黟县	2012年12月26日
59	卢村志诚堂	清	黟县	2012年6月21日
60	吾爱吾庐民宅	清	黟县	2012年6月21日
61	皖南苏区江边特区革命委员会旧址	民国	黟县	1981年9月8日
62	戴东原墓	清	休宁县	1981年9月8日
63	海阳四塔	明	休宁县	2012年12月26日
64	古城岩明清建筑群	明至清	休宁县	2004年10月28日
65	钟鼓楼	清	休宁县	2004年10月28日
66	登封桥	明至清	休宁县	2012年12月26日
67	拱北桥	清	休宁县	2012年6月21日
68	胡正言宅	清	休宁县	2012年6月21日
69	玉虚宫牌坊	明	休宁县	1998年5月4日
70	梓坞祠堂	明	休宁县	1998年5月4日
71	汪晓娣等宅(孙起孟旧居)	清	休宁县	2004年10月28日
72	汪由敦墓石刻	清	休宁县	1989年5月27日
73	周诒春故居	清	休宁县	2012年12月26日
74	程家柽墓	民国	休宁县	2012年12月26日
75	中共皖浙赣省委驻地旧址	1936～1937年	休宁县	1998年5月4日
76	中土坑遗址	新石器	祁门县	2004年10月28日
77	大洪岭古道	明	祁门县	2012年12月26日

续表

序号	名称	年代	地址	公布时间
78	徽州古道西线(榉根岭古道)	唐至清	东至县、祁门县	2012 年 6 月 21 日
79	郑之珍墓	明	祁门县	1989 年 5 月 27 日
80	合一堂	明至清	祁门县	2004 年 10 月 28 日
81	一本堂	明	祁门县	2012 年 12 月 26 日
82	历溪村古建筑群	明至清	祁门县	2012 年 6 月 21 日
83	倪望重宅(“一府六县”)	清	祁门县	2004 年 10 月 28 日
84	环砂村叙伦堂	明	祁门县	2012 年 12 月 26 日
85	桃源村古建筑群	明至清	祁门县	2012 年 12 月 26 日
86	贞一堂	民国	祁门县	1998 年 5 月 4 日
87	伟溪塔	南宋	祁门县	1989 年 5 月 27 日
88	旺川太平天国壁画	清	绩溪县	1961 年 9 月 8 日
89	胡家村遗址	新石器	绩溪县	1961 年 9 月 8 日
90	霞间窑址	五代至宋	绩溪县	1989 年 5 月 27 日
91	进士第坊	明	绩溪县	1989 年 5 月 27 日
92	周氏宗祠	清	绩溪县	1998 年 5 月 4 日
93	绩溪文庙和明伦堂考棚	清	绩溪县	1998 年 5 月 4 日 2012 年 6 月 21 日明伦堂考棚并入
94	五教堂	明	绩溪县	1998 年 5 月 4 日
95	汪氏住宅	清	绩溪县	1998 年 5 月 4 日
96	湖村民居(余社旺宅、章祖望宅、章祖强宅、章秀珍宅)和章氏宗祠	清	绩溪县	1998 年 5 月 4 日 2012 年 6 月 21 日湖村章氏宗祠并入
97	许氏宗祠及听泉楼	明至清	绩溪县	1998 年 5 月 4 日
98	石家村古建筑群	清	绩溪县	2004 年 10 月 28 日
99	中正坊	宋至民国初	绩溪县	2012 年 6 月 21 日
100	磡头村节妇坊	明	绩溪县	2012 年 6 月 21 日

（二）非物质文化的遗存

2003 年 10 月，《保护非物质文化遗产公约》在联合国教科文组织第 32 届大会上通过并于 2006 年 4 月生效；2005 年，中国文化部在全国范围内启动第一次非物质文化遗产的普查活动，之后，黄山市和宣城市分别开展了全市性的非物质文化遗存的普查、分类、立项和申报工作；2011 年 2 月，第十一届全国人民代表大会常务委员会第十九次会议通过了《中华人民共和国非物质文化遗产法》，自2011年6月1日起施行；2014年8月，安徽省十二届人大常委会第十三次会议通过了《安徽省非物质文化遗产条例》，自2014年10月1日施行。至2018年12月31日，在安徽省境内属于徽州文化类的非物质文化遗产中，已列入联合国教科文组织“人类口头和非物质文化遗产代表作”名录的有2项，即徽州传统木结构营造技艺和程大位珠算法；徽剧、万安罗盘制作技艺等21项列入中国国家级非物质文化遗产保护名录（见表3）；徽派版画、徽州篆刻等68项列入安徽省省级非物质文化遗产保护名录（见表4）；徽州民谚、徽州毛豆腐等89项列入黄山市市级非物质文化遗产保护名录（见表5）；另有数百项列入县（区）级非物质文化遗产保护名录。

表3　截至2018年12月安徽省国家级徽州文化类非物质文化遗产保护名录

序号	项目名称	申报地区	备注
1	歙砚制作技艺	歙县	2006年第一批
2	徽墨制作技艺	黄山市屯溪区、歙县	2006年第一批
3	万安罗盘制作技艺	休宁县	2006年第一批
4	徽剧	黄山市	2006年第一批
5	徽州三雕	黄山市	2006年第一批
6	徽州目连戏	祁门县	2006年第一批
7	徽派传统民居营造技艺	黄山市	2008年第二批
8	绿茶制作技艺:黄山毛峰	黄山市徽州区	2008年第二批
9	徽派盆景技艺	歙县	2008年第二批
10	徽州民歌	黄山市	2008年第二批
11	徽州漆器髹饰技艺	黄山市屯溪区	2008年第二批
12	祁门红茶制作技艺	祁门县	2008年第二批
13	程大位珠算法	黄山市屯溪区	2008年第二批扩展
14	齐云山道教音乐	休宁县	2008年第二批扩展
15	祁门傩舞	祁门县	2008年第二批扩展
16	张一帖内科疗法	歙县	2009年第三批
17	徽笔制作技艺	黄山市屯溪区	2014年第四批扩展
18	竹刻(徽州竹雕)	黄山市徽州区	2014年第四批扩展
19	西园喉科医术	歙县	2014年第四批扩展
20	徽州祠祭	祁门县、黟县	2014年第四批扩展
21	手龙舞	绩溪县	2014年第四批扩展

表4　截至2018年12月安徽省省级徽州文化类非物质文化遗产保护名录

序号	项目名称	申报地区	备注
1	徽菜	黄山市、绩溪县	2007年第一批
2	新安医学	黄山市	2007年第一批
3	徽州民谣	黄山市	2007年第一批
4	黎阳仗鼓	黄山市屯溪区	2007年第一批
5	绿茶制作技艺:屯溪绿茶、松萝茶	黄山市屯溪区	2007年第一批
6	松萝茶制作技艺	休宁县	2007年第一批
7	徽州篆刻	黟县	2007年第一批
8	徽派版画	歙县	2007年第一批
9	徽州楹联匾额	黟县	2007年第一批
10	徽州民谣:绩溪民歌民谣	绩溪县	2008年第一批扩展
11	徽剧:徽戏童子班	绩溪县	2008年第一批扩展
12	湖村抬阁	绩溪县	2008年第一批扩展
13	徽州竹编	黄山市屯溪区	2008年第二批
14	隆阜台搁	黄山市屯溪区	2008年第二批
15	皖南火腿腌制技艺:兰花火腿腌制技艺、汤口火腿腌制技艺	休宁县、黄山市黄山区	2008年第二批
16	五城豆腐干制作技艺	休宁县	2008年第二批
17	徽州根雕	黄山市	2008年第二批
18	上九庙会	黄山市徽州区	2008年第二批
19	徽州板凳龙	黄山市徽州区、休宁县	2008年第二批
20	顶谷大方制作技艺	歙县	2008年第二批
21	观音豆腐制作技艺	歙县	2008年第二批
22	叶村叠罗汉	歙县	2008年第二批
23	五城米酒制作技艺	休宁县	2008年第二批
24	采茶扑蝶舞	祁门县	2008年第二批
25	舞徊	绩溪县	2008年第二批
26	火狮舞	绩溪县	2008年第二批
27	安苗节	绩溪县	2008年第二批
28	赛琼碗	绩溪县	2008年第二批
29	花车转阁	绩溪县	2008年第二批
30	齐云山道场表演	休宁县	2011年第三批
31	三阳打秋千	歙县	2011年第三批
32	黟县彩绘壁画	黟县	2011年第三批
33	余香石笛制作技艺	黟县	2011年第三批

续表

序号	项目名称	申报地区	备注
34	利源手工制麻技艺	黟县	2011 年第三批
35	跳钟馗	黄山市徽州区	2011 年第三批
		歙县	2017 年第五批扩展
36	火马舞	绩溪县	2011 年第三批
37	游龙舟、抬五帝、跳旗	绩溪县	2011 年第三批
38	祭社	绩溪县	2011 年第三批
39	徽州武术	黄山市	2014 年第四批
40	野鸡坞外科	黄山市	2014 年第四批
41	徽州手工瓷制作技艺	祁门县	2014 年第四批
42	徽州顶市酥制作技艺	黄山市屯溪区	2014 年第四批
43	徽州烧饼制作技艺	黄山市屯溪区	2014 年第四批
44	徽作家具制作技艺	黄山市徽州区	2014 年第四批
45	黄山贡菊(徽州贡菊)制作技艺	歙县	2014 年第四批
46	吴鲁衡日晷制作技艺	休宁县	2014 年第四批
47	徽州楹联匾额传统制作技艺	黟县	2014 年第四批
48	祁门胡氏骨伤科	祁门县	2014 年第四批
49	安茶制作技艺	祁门县	2014 年第四批
50	徽州墙头画	绩溪县	2014 年第四批
51	徽州三雕	绩溪县	2014 年第四批
52	髹漆技艺	绩溪县	2014 年第四批
53	休宁得胜鼓	休宁县	2017 年第五批
54	黟县傩舞	黟县	2017 年第五批
55	雉山凤舞	黟县	2017 年第五批
56	珠兰花茶制作技艺	歙县	2017 年第五批
57	黟县石墨茶制作技艺	黟县	2017 年第五批
58	徽州漆砂砚制作技艺	黄山市屯溪区	2017 年第五批
59	徽州古建砖瓦制作技艺	黄山市徽州区	2017 年第五批
60	嵌字豆糖制作技艺	祁门县	2017 年第五批
61	祁门蛇伤疗法	祁门县	2017 年第五批
62	吴山铺伤科	歙县	2017 年第五批
63	沛隆堂程氏内科	休宁县	2017 年第五批
64	许村大刀灯	歙县	2017 年第五批
65	游太阳习俗	祁门县	2017 年第五批
66	徽州剪纸	歙县	2017 年第五批扩展
67	歙县木榨油技艺	歙县	2017 年第五批扩展
68	休宁县木榨油技艺	休宁县	2017 年第五批扩展

表 5　截至 2018 年 12 月黄山市市级徽州文化类非物质文化遗产保护名录

序号	项目名称	申报地区和单位	备注
1	徽州水口——唐模	徽州区文化馆	2007 年第一批
2	徽州民谚	黄山市文化馆	2008 年第二批
3	徽州民间故事	黄山市文化馆	2008 年第二批
4	新安画派	黄山市文化馆	2008 年第二批
5	皖南古民居门罩艺术	黄山市文化馆	2008 年第二批
6	徽州毛豆腐	黄山市文化馆	2008 年第二批
7	狮子舞	屯溪区屯光镇文化站、歙县文化馆	2008 年第二批
8	徽州水口建筑技艺	黄山市文化馆	2008 年第二批
9	黟县女人歌	黟县徽文化研究所	2008 年第二批
10	柳翠娘	徽州区文化馆	2008 年第二批
11	渔翁戏蚌	徽州区文化馆	2008 年第二批
12	呈坎混合遗产	徽州区呈坎八卦村旅游有限公司	2008 年第二批增补
13	斩尾龙挂纸风暴	歙县文化馆	2008 年第二批
14	麒麟舞	歙县文化馆	2008 年第二批
15	字舞	歙县文化馆	2008 年第二批
16	蛤蜊舞	歙县文化馆	2008 年第二批
17	花棍舞	歙县文化馆	2008 年第二批
18	讨饭灯	歙县文化馆	2008 年第二批
19	黄山银钩制作技艺	歙县大谷茶厂	2008 年第二批增补
20	鱼灯	歙县文化馆	2008 年第二批
21	龙凤呈祥（板凳龙）	黟县文化馆	2008 年第二批
22	山越之秋（赶野猪）	黟县文化馆	2008 年第二批
23	“黟县青”与石雕艺术	黟县徽文化研究所	2008 年第二批
24	黟县米塑艺术	黟县碧阳镇	2008 年第二批
25	食桃制作技艺	黟县渔亭镇	2008 年第二批
26	腊八豆腐制作技艺	黟县徽文化联谊会	2008 年第二批
27	渔亭糕制作技艺	黟县渔亭镇	2008 年第二批
28	孩童传统鞋帽制作技艺	黟县徽文化联谊会	2008 年第二批
29	宏村水系建筑技艺	黟县文化馆	2008 年第二批
30	锡格子茶	黟县徽文化研究所	2008 年第二批
31	女婿上门习俗	黟县徽文化研究所	2008 年第二批
32	五都清明	黟县徽文化研究所	2008 年第二批
33	九都做社	黟县徽文化研究所	2008 年第二批
34	出地方	黟县文化馆	2008 年第二批

续表

序号	项目名称	申报地区和单位	备注
35	闹灯会	黟县文化馆	2008 年第二批
36	地戏	黟县文化馆	2008 年第二批
37	放飏灯	歙县文化馆	2008 年第二批
38	游太阳	黟县文化馆	2008 年第二批
39	打莲湘	祁门县历溪村	2008 年第二批
40	十番锣鼓	祁门县历口、渚口乡文化站	2008 年第二批
41	黟县童谣	黟县示范幼儿园	2010 年 4 月增补
42	徽州民间器乐曲	歙县徽艺传承俱乐部	2012 年第三批
43	徽府菜制作技艺	歙县披云山庄有限公司	2012 年第三批
44	徽式家具制作技艺	黄山市徽博非物质文化遗产馆	2012 年第三批
45	徽式装裱修复技艺	黄山市非物质文化遗产保护中心	2012 年第三批
46	徽州寸金糖制作技艺	黄山市筱苏州食品有限公司	2012 年第三批
47	紫云臭鳜鱼制作技艺	黄山紫云美食有限责任公司	2012 年第三批
48	徽州挞馃技艺	屯溪区秀嫂挞馃店	2012 年第三批
49	徽派古建材料制作传统技艺	黄山市阮式徽派古建材料厂	2012 年第三批
50	江可爱的故事	黟县文化馆	2012 年第三批
51	黟县谜语	黟县徽文化研究所	2012 年第三批
52	屏山润生堂烫伤灵	黟县屏山润生堂	2012 年第三批
53	徽州名人宴	黄山西海饭店	2012 年第三批
54	龙川胡氏医学	黄山市中医院	2013 年第四批
55	徽州抬汪公民俗	黄山市汪华文化研究会	2013 年第四批
56	紫霞贡茶制作技艺	黄山紫霞茶业有限公司	2013 年第四批
57	徽州碑帖拓印	黄山市德馨居旅游贸易有限公司	2013 年第四批
58	古黟风筝习俗	黟县文化馆	2013 年第四批
59	歙县民间故事(雄村民间故事)	歙县文化馆	2013 年第四批
60	歙县民间故事(许村民间故事)	歙县文化馆	2013 年第四批
61	徽州民间舞蹈(十绣鞋)	歙县文化馆	2013 年第四批
62	徽州民间舞蹈(葡萄架)	歙县文化馆	2013 年第四批
63	耍钹	歙县文艺创作研究室	2013 年第四批
64	徽派建筑壁画	歙县文化馆	2013 年第四批
65	徽州旗袍制作技艺	黄山蓝天方圆实业有限公司	2013 年第四批
66	锡器制作技艺	黄山市应苏明锡器工作室	2013 年第四批
67	徽派鼻烟壶制作技艺	歙县鼻烟壶艺术协会	2013 年第四批
68	黄山白茶(徽州白茶)制作技艺	黄山甘白香白茶生态园	2013 年第四批
69	三阳乡中村狮灯	歙县三阳乡中村文艺俱乐部	2013 年第四批

续表

序号	项目名称	申报地区和单位	备注
70	苞芦松制作技艺	黄山市新安源有机农产品开发有限公司	2013 年第四批
71	徽州墓祭(王璧墓祭)	祁门县王璧文化研究会	2013 年第四批
72	寄信割驴草	歙县文艺创作研究室	2015 年第五批
73	龙舟竞渡	祁门芦溪乡文化广播电视站	2015 年第五批
74	徽州饰盒制作技艺	黄山市飞华饰盒厂	2015 年第五批
75	徽州古琴斫琴技艺	黄山市竹溪堂徽雕艺术有限公司	2015 年第五批
76	利源手工麦芽糖果制作技艺	黟县文化馆	2015 年第五批
77	打土墙技艺	歙县深渡镇约源村扶贫互助社	2015 年第五批
78	徽州贡烟制作技艺	歙县老科技工作者协会	2015 年第五批
79	金丝琥珀蜜枣制作技艺	歙县三阳崇山四宝苗圃	2015 年第五批
80	徽州果膏制作技艺	黄山市徽善堂果品有限公司	2015 年第五批
81	徽州铁器制作技艺	歙县民间文艺家协会	2015 年第五批
82	祁门中和汤制作技艺	祁门县梅城人家酒店	2015 年第五批
83	徽州婚俗	黄山市天虹文化艺术传播有限公司	2015 年第五批
84	水竹坑跳神狮	歙县文化馆	2015 年第五批
85	徽州民歌(滚声哈哈腔、民间小调)	安徽省行知学校	2015 年第五批扩展
86	徽州篆刻	黄山市书画院	2015 年第五批扩展
87	徽州剪纸(古黟剪纸艺术)	黟县文化馆	2015 年第五批扩展
88	徽州竹编(祁门竹编传统制作技艺)	祁门县工艺厂	2015 年第五批扩展
89	徽州毛豆腐(呈坎毛豆腐)	徽州区呈坎罗氏毛豆腐制品厂	2015 年第五批扩展

除此之外，目前黄山市还拥有2项被农业部确认并公布的“中国重要农业文化遗产”，即2015年10月10日第三批公布的“安徽休宁山泉流水养鱼系统”、2017年6月28日第四批公布的“安徽黄山太平猴魁茶文化系统”。

（三）文献文书的遗存

首先是徽州典籍文献。徽州历史上素有“东南邹鲁”“文献之邦”“典籍之海”之称，至今仍然遗存大量典籍文献。2014年12月，安徽教育出版社出版了胡益民教授用十几年心血完成的《徽州文献综录》上下卷，其“前言”中指出：“我们经过对近千种公私目录、藏书志及各种版本的府县志、正史、诗文集、笔记的仔细普查，统计出见诸著录的徽人经史子集各类著作有近二万种，目前存世者尚有近六千种，未见诸著录而散存于徽州民间的稿本、家刻本和散落在海外的孤本或手稿也占一定数量。”① 而据笔者的了解与掌握的情况，这种未见诸著录而散存于徽州民间的印制本、稿本、手写本的数量实际上是非常大的，据不完全统计，存世数量当在2000种以上。

其次是徽州谱牒。2008年上海古籍出版社出版的《中国家谱总目》被誉为“迄今为止收藏中国家谱最多的专题性目录”②。这其中属于徽州的家谱占了较大的比重，据安徽师范大学历史与社会学院徐斌教授提供的《徽州家谱编年数目统计》，数量达到1568部，编年上有明代谱338部，清代谱852部，民国至今的谱317部，时间不详的谱61部。而据笔者的调查，目前已经发现且已经被各收藏单位和私家收藏尚未著录的至少有2000部，特别是至今还散藏于民间为谱主拥有、属于尚待发现的徽州谱牒数量更大。笔者长期以来一直注重乡村田野调查，20多年来已经调研了300多个徽州的自然村。在调研时，总能发现一些农户家里还保存有自己家族的谱牒，有成部、成套的印制本，有成册的手写本，清明祭祀簿更多，有的一个村可以发现好几部。如祁门县古溪乡的黄龙口村就珍藏有4部汪氏宗谱，分别是明隆庆四年（1570）修《汪氏统宗正脉》18册、清乾隆五十八年（1793）修《汪氏通宗世谱》140卷38册、清光绪十八年（1892）修《文溪汪氏支谱》1册、民国35年（1946）修《文溪汪氏支谱》6册，祁门历口镇叶村一个村民家藏有民国己巳年（1929）重修《沙堤叶氏宗谱》12册、民国甲戌年（1934）叶涤烦抄《要录》，等等。我们所调研的大部分村庄都有如此发现，这直接反映的是徽州人尊祖敬宗观念在当下的延续与传承。徽州所属六县至今还有七八千个自然村，按每个村还保留有一部谱牒计，数量达七八千部；取其二分之一，也有三四千部。由之可见，散存于徽州乡村的谱牒数量之大。③

最后是徽州文书，它遗存的数量甚巨，20世纪50年代第一次被大规模发现时有10万余件，当时就被誉为20世纪继甲骨文、汉晋简帛、敦煌文书、明清档案发现之后中国历史文化上的第五大发现；至20世纪末，已知被各地图

① 胡益民编著《徽州文献综录》（上卷），安徽教育出版社，2014，第5页。

② 王鹤鸣主编《中国家谱总目》（第一卷），上海古籍出版社，2008，第1页。

③ 刘伯山、张平平：《徽州谱牒知多少》，《光明日报》2018年6月23日，国学版。

书馆、博物馆、档案馆、大专院校、科研单位收藏的约25万件；进入21世纪之后，徽州文书的发现进入高峰期。至2018年底，依笔者所见，已发现的徽州文书的数量不下于80万份；而可资研究利用、目前还散落在民间、属于尚待发现文书的数量又该有20万份左右，两者相加就是100万份左右。这些徽州文书，上溯至南宋，下至20世纪80年代，均“是历史上的徽州人在其具体的社会生产、生活与交往过程中为各自切身利益形成的原始凭据、字据、记录，它是徽州社会、文化发展以及生产劳动、社会交往、风俗习惯、宗教信仰等状况的最真实、具体的反映”①。

二　徽州传统文化遗存的开发

文化是一种资源。一个区域历史文化的发展及遗存情况是这一区域经济社会发展软实力的重要体现。徽州传统文化在今天的遗存，大多融入了现代社会，许多重新获得了现代社会与文化发展背景下的价值确认，得到了有效利用和开发，从而滋生和培育了一批新的经济与文化的发展点。就目前情况来看，遗存的徽州传统文化得到开发的具体路径包括以下几个方面。

（一）徽州传统物质文化遗存的开发直接促进了徽州人文旅游事业的发展

徽州传统物质文化的遗存具有很高的历史、文化和精神价值。它是徽州文化的重要载体，具有不可替代性。作为文化遗产，其融入现代社会，直接催生和促进了徽州人文旅游事业的发展。这项工作起始于20世纪80年代中期的黄山市，最初的目的是通过开发人文旅游以促进文物的保护；20世纪90年代后，徽州人文旅游事业得到很大发展，徽州物质文化遗存与旅游相结合的目的已不仅是出于单纯文物保护的需要，而且要将其打造成一个新的经济增长点，帮助乡村农户脱贫致富；至21世纪，以徽州物质文化遗存为主要开发内容的徽州人文旅游事业蓬勃发展，不仅在黄山市，在绩溪县和婺源县也逐渐发展成为一个重要产业，在区域社会经济发展中占据了重要地位。

---

① 刘伯山编著《徽州文书》（第六辑第一册“前言”），广西师范大学出版社，2017，第5页。

以黄山市情况来看，黄山市旅游业发展方面，自从2010年接待游客突破2500万人次、入境游客突破百万人次、旅游总收入突破200亿元、旅游创汇达到3亿美元后，从2012年至2018年，旅游接待人次和旅游收入就一直处于高位运行，2012年，总接待游客3600万人次，其中入境游客160万人次，旅游总收入300亿元，旅游创汇4.8亿美元；至2018年，总接待游客达到了6487万人次，其中入境游客263万人次，旅游总收入达到572亿元，旅游创汇达到8.4亿美元（见表6）。2018年旅游业发展的四项指标分别比2012年增长了80%、64%、90%、75%。这其中，徽州人文旅游业的贡献是很大的。

表6　黄山市2012～2018年旅游接待与收入

年份	旅游接待				旅游收入			
	总人次（万人次）	同比（%）	入境人次（万人次）	同比（%）	总收入（亿元）	同比（%）	旅游创汇（亿美元）	同比（%）
2012	3600.0	—	160.00	—	300.0	—	4.8	—
2013	3732.6	2.5	160.59	0.2	314.5	3.8	4.87	1.04
2014	4165.1	11.6	176.85	10.13	354.4	12.7	5.43	11.48
2015	4666.0	12	195.06	10.30	400.7	13.0	6.04	11.25
2016	5187.1	11.2	215.20	10.3	450.1	12.3	6.72	11.26
2017	5780.0	11.4	238.00	10.43	506.0	12.4	7.50	11.62
2018	6487.0	12.3	263.00	10.6	572.0	13.2	8.40	12.00

资料来源：黄山市《政府工作报告》、黄山市旅游委。

2018年，黄山市纳入旅游统计监测的景点有62处，其中有门票收入的景点是43处，门票总人数22301677人次，门票收入127697.65万元。这其中，利用徽州传统文化中物质文化遗存及相关联的山川田园风貌而开发的本质上属于人文旅游的景点是30处，门票总人数达13573608人次，门票收入达54823.09万元（见表7），如果再考虑旅游的吃、住、行、购等综合因素，徽州人文旅游的实际收入还要乘上几倍。

表7　2017年和2018年黄山市有门票收入的人文旅游景点统计

单位：%

序号	人文旅游景点	门票人数(人次)			营业收入(万元)		
		2017年	2018年	同比(%)	2017年	2018年	同比(%)
1	新安江滨水旅游区	1599896	1623198	1.46	303.52	297.24	-2.07
2	花山谜窟	319086	209615	-34.31	1750.40	1328.08	-24.13
3	醉温泉	203142	144657	-28.79	1855.97	1035.92	-44.18
4	万粹楼	8619	9437	9.49	43.10	47.19	9.48
5	西递	1035542	1108630	7.06	5287.36	5702.44	7.85
6	宏村	2270308	2508321	10.48	12991.73	14406.89	10.89
7	宏村阿菊	135498	150482	11.06	733.02	798.08	8.88
8	塔川木坑	142078	132805	-6.53	236.77	295.03	24.61
9	木雕楼	104186	92335	-11.37	166.22	173.86	4.59
10	赛金花	84707	83306	-1.65	148.93	159.40	7.03
11	南屏	160444	171305	6.77	357.33	385.38	7.85
12	关麓	13235	26157	97.64	19.62	30.45	55.17
13	秀里影视城	101583	125076	23.13	232.33	316.96	36.43
14	屏山	113283	122716	8.33	180.74	215.60	19.29
15	牌坊群·鲍家花园	820675	859054	4.68	3492.64	3778.51	8.18
16	徽州古城	488504	515334	5.49	1446.64	1598.94	10.53
17	新安江山水画廊	318880	328669	3.07	1399.19	1493.09	6.71
18	雄村景区	89991	82628	-8.18	144.26	131.70	-8.71
19	许村古村落	33998	36483	7.31	22.84	40.99	79.48
20	九龙池	433872	465046	7.19	957.13	1028.69	7.48
21	历溪景区	202642	217037	7.10	525.93	565.98	7.62
22	齐云山景区	1510930	1761684	16.60	8125.99	9689.31	19.24
23	古城岩	261274	300975	15.20	522.57	601.95	15.19
24	三溪景区	305790	340800	11.45	611.57	681.60	11.45
25	夹溪河	137905	158479	14.92	413.73	633.92	53.22
26	徽州大峡谷	241760	269134	11.32	1400.41	1562.28	11.56
27	棿潭	192091	231293	20.41	926.73	1156.47	24.79
28	见明堂民俗博物馆	35047	55457	58.24	42.15	106.39	152.40
29	唐模	511174	582819	14.02	1230.78	1420.45	15.41
30	呈坎	749256	860676	14.87	4437.18	5140.30	15.85
合计		12625396	13573608		50006.78	54823.09	

资料来源：黄山市旅游委。

黄山市的旅游最初是以黄山风景区的自然风光游[①]为主体，自20世纪90年代开发了徽州人文旅游后，徽州人文旅游的总人数，在2002年，历史上第一次与黄山风景区持平；在2008年，达到黄山风景区的1.6倍；至2018年，则达到了黄山风景区的4倍。徽州人文旅游早已成为黄山市的支柱产业之一。

（二）徽州传统非物质文化遗存的开发直接促进了徽州传统技艺的产业化开发

徽州传统非物质文化的遗存是徽州文化的直接体现，不仅具有很高的历史、文化和精神价值，更具有在当代的传承和开发价值。特别是徽州传统的工艺和技术，就有许多在今天得到传承和产业化开发。在徽州文化类非物质文化遗产名录中，目前已经得到实质性产业化开发的项目，据笔者的调查，至2018年底，仅黄山市就至少有78项，其中，国家级非物质文化遗产13项、省级非物质文化遗产37项、市级非物质文化遗产28项。另有2项“中国重要农业文化遗产”也在传承与开发中。

它们分为三类。第一类是属于徽州传统产业的技艺与系统，它自古至今一直是获得产业化开发的，如徽墨、歙砚、万安罗盘、各种茶叶制作技艺以及新安医学等，所涉及的非物质文化遗产项目有44项、农业文化遗产2项（见表8）。第二类是原本只用于满足徽州传统社会自给自足的生产、生活、习俗和精神需要的技艺，它是在20世纪80年代以后，随着社会经济和文化事业的发展，特别是黄山市旅游事业的发展而得到再生性开发，从而走向市场、走向产业化经营发展道路的，如新安画派、徽派版画等艺术和徽派传统民居建筑营造技艺、五城豆腐干制作技艺等所涉及的非物质文化遗产项目有34项（见表9）。第三类是一些属于民间文学、曲艺、音乐、表演、仪礼、节庆、民俗类的徽州文化类非物质文化遗产项目，其本身虽然目前还没有得到产业化开发，但已经借助黄山市旅游业的发展和各种社会化活动的开展，参与其中，从而获得了辅助性开发，除了本身也获得了一定的经济效益外，

① 黄山的旅游起始于20世纪80年代初期。1979年夏天，随着“中国改革开放的总工程师”邓小平视察黄山，登高一呼：“把黄山的牌子打出去！”黄山才开始真正意义上的旅游业开发；1990年12月14日，黄山被联合国科教文组织列入“世界文化与自然遗产”名录。

间接产生的旅游经济效益和社会效益更大。如祁门的目连戏演出团队经常到黄山市各区县的旅游接待场所串堂演出，有时还到香港、澳门等地演出；歙县的徽州府衙有旅游的定点演出，节目是根据歙县民间文学“寄信割驴草”改编而来的折子戏“三戒杯”等。如此获得辅助性开发的非物质文化遗产至少有 11 项(见表 10)。

表 8　黄山市传统延续发展产业的技艺与系统名录（截至 2018 年 12 月）

徽墨制作技艺(国家级)	西园喉科(国家级)
歙砚制作技艺(国家级)	祁门胡氏骨伤科(省级)
徽州漆砂砚制作技艺(省级)	祁门蛇伤疗法(省级)
万安罗盘制作技艺(国家级)	吴山铺伤科(省级)
吴鲁衡日晷制作技艺(省级)	沛隆堂程氏内科(省级)
徽州漆器制作技艺(国家级)	野鸡坞外科(省级)
徽州竹编(省级)	龙川胡氏医学(市级)
徽州竹编(祁门竹编传统制作技艺)(市级)	屏山润生堂烫伤灵(市级)
徽派盆景制作技艺(国家级)	徽菜(省级)
祁门红茶制作技艺(国家级)	黄山贡菊(徽州贡菊)制作技艺(省级)
绿茶制作技艺:黄山毛峰、太平猴魁(国家级)	徽州顶市酥制作技艺(省级)
绿茶制作技艺:屯溪绿茶(省级)	徽州寸金糖制作技艺(市级)
松萝茶制作技艺(省级)	金丝琥珀蜜枣制作技艺(市级)
顶谷大方制作技艺(省级)	徽派传统民居营造技艺(国家级)
黄山银钩制作技艺(市级)	徽派古建材料制作传统技艺(市级)
安茶制作技艺(省级)	徽州古建砖瓦制作技艺(省级)
珠兰花茶制作技艺(省级)	皖南古民居门罩艺术(市级)
黟县石墨茶制作技艺(省级)	徽州水口建筑技艺(市级)
黄山白茶(徽州白茶)制作技艺(市级)	徽作家具制作技艺(省级)
紫霞贡茶制作技艺(市级)	徽式家具制作技艺(市级)
太平曹氏纸制作技艺(省级)	三六表纸制作工艺(市级)
新安医学(省级)	休宁山泉流水养鱼系统(国家级农业)
张一帖内科疗法(国家级)	黄山太平猴魁茶文化系统(国家级农业)

表 9　黄山市再生开发为产业的技艺名录（截至 2018 年 12 月）

新安画派（市级）	观音豆腐制作技艺（省级）
徽派版画（省级）	五城豆腐干制作技艺（省级）
徽州篆刻（省级）	五城米酒制作技艺（省级）
徽笔制作技艺（国家级）	皖南火腿腌制技艺（兰花火腿腌制技艺、汤口火腿腌制技艺）（省级）
余香石笛制作技艺（省级）	紫云臭鳜鱼制作技艺（市级）
徽州手工瓷制作技艺（省级）	利源手工麦芽糖果制作技艺（市级）
徽州三雕（国家级）	食桃制作技艺（市级）
竹刻（徽州竹雕）（国家级）	渔亭糕制作技艺（市级）
徽州根雕（省级）	嵌字豆糖制作技艺（省级）
徽州楹联匾额（省级）	徽州果膏制作技艺（市级）
徽州楹联匾额传统制作技艺（省级）	徽州烧饼制作技艺（省级）
“黟县青”与石雕艺术（市级）	徽州挞馃技艺（市级）
徽州饰盒制作技艺（市级）	歙县木榨油技艺（省级）
利源手工制麻技艺（省级）	休宁县木榨油技艺（省级）
徽州毛豆腐（市级）	徽府菜制作技艺（市级）
徽州毛豆腐（呈坎毛豆腐）（市级）	徽州名人宴（市级）
腊八豆腐制作技艺（市级）	祁门中和汤制作技艺（市级）

表 10　黄山市获得辅助性开发的徽州文化类非物质文化遗产名录（截至 2018 年 12 月）

项目名称	申报地区或单位	级别
徽剧	黄山市	国家级
徽州目连戏	祁门县	国家级
齐云山道教音乐	休宁县	国家级
上九庙会	黄山市徽州区	省级
采茶扑蝶舞	祁门县	省级
叶村叠罗汉	歙县	省级
跳钟馗	歙县	省级
齐云山道场表演	休宁县	省级
黟县女人歌	黟县徽文化研究所	市级
寄信割驴草	歙县文艺创作研究室	市级
徽州婚俗	黄山市天虹文化艺术传播有限公司	市级

这些已经获得产业化开发的徽州传统技艺所产生的效益是巨大的。其社会效益，笔者一时难以全面评估，仅以万安罗盘为例。罗盘是中国古代四大发明之一指南针的延续和发展，既能用于辨别方向又能用于风水占卜。万安罗盘是中国现存唯一以传统技艺手工制作的罗盘，因诞生、生产地为休宁县万安而得

名，其制作业至迟兴于元末，明代得到发展，清代中叶进入鼎盛时期；1915年，巴拿马万国博览会上，“吴鲁衡毓记”罗盘、日晷获得了金奖；2006年6月，“万安罗盘制作技艺”入选首批国家级非物质文化遗产名录；2008年，万安罗盘被作为国礼赠送给国际奥委会终身名誉主席萨马兰奇先生；2009年12月，休宁县万安罗盘厂家成功成为中国2010年上海世博会特许生产商，生产的万安罗盘被上海世博会事务协调局认定为2010年上海世博会特许商品礼品；2012年，安徽万安罗经文化博物馆建成开馆并获得首届安徽省“十佳民营博物馆”称号；2013年，万安罗盘获得全国非遗大展金奖；2013年12月31日，当时的国家质检总局批准对“万安罗盘”实施地理标志产品保护等，可谓影响巨大、荣誉满堂。

其经济效益，以黄山市为例，据黄山市统计局发布的《2018年黄山市国民经济和社会发展统计公报》，2018年全市生产总值（GDP）为677.9亿元①。而2018年黄山市所有已经得到产业化开发的非物质文化遗产和农业文化遗产总共产生了多少经济效益，笔者一时难以全面统计，但据笔者的调查，产值超过500万元的开发项目就有18个种类，总产值达到1910192万元（见表11），占2018年全市生产总值的28.2%。

表11　2018年黄山市非物质文化遗产和农业文化遗产开发产值过500万元的项目

项目名称	产值(万元)	资料来源和备注
歙砚制作技艺	29000	黄山市文化委提供基本数据和笔者的市场调查
徽墨制作技艺	8516	黄山市文化委提供
徽纸制作技艺	4000	黄山市文化委提供。包括太平曹氏纸制作技艺、三六表纸制作工艺。
万安罗盘、吴鲁衡日晷制作技艺	526	万安罗经文化博物馆提供
徽州漆器髹饰技艺	500	笔者的调查与汇总
徽州三雕、徽州竹雕	25000	黄山市文化委提供
徽派传统民居营造	16000	仅徽派传统民居修复的官方支付。黄山市文化委提供
徽派盆景技艺	60000	笔者的调查与测算

① 《2018年黄山市国民经济和社会发展统计公报》，《黄山日报》2019年3月28日，第二、三版。

续表

项目名称	产值(万元)	资料来源和备注
徽州传统茶叶制作技艺	342800	据2018年黄山市《政府工作报告》。仅指茶叶一产产值。项目包括国家级非遗2项、省级非遗6项、市级非遗3项;国家级农业文化遗产1项
徽州贡菊制作技艺	69750	黄山市农业委员会提供
徽菜	670000	黄山市餐饮协会提供。据不完全统计
徽州臭鳜鱼制作技艺	300000	黄山市餐饮协会提供
皖南火腿腌制技艺:刀板香	130000	黄山市餐饮协会提供
五城豆腐干制作技艺	29000	黄山市餐饮协会提供
五城米酒制作技艺	2100	休宁县五城镇政府提供
徽州烧饼制作技艺	180000	黄山市餐饮协会提供
徽州毛豆腐	3000	仅指驻房式企业生产。黄山市餐饮协会提供
山泉流水养鱼系统	40000	据2018年《黄山市政府工作报告》
合计	1910192	

（三）徽州古代文献文书遗存的开发直接促进了徽学事业的发展

传统的徽州社会与文化既是中国传统社会与文化发展的典型投影，又是典型缩影，具有“标本”的价值和地位。因此，早在20世纪20年代，国内外就有人专题研究徽州问题；20世纪30年代，歙县籍大画家黄宾虹正式提出了当代意义下的“徽学”概念；进入20世纪80年代，一门以“徽学”命名的新兴学科广为传播，90年代后大踏步地走向世界；在21世纪初，徽学已是被学术界、文化界及社会各界共识为走向世界的显学。① 但徽学这门学科之所以能够成立，大量典籍文献和文书的遗存是极为重要的支撑。特别是徽州文书，它具有极高的研究价值，美国学者约瑟夫·麦克德谟特指出：“徽州文书是研究中国封建后期社会史和经济史不可或缺的关键资料。”② 日本学者臼井佐知子也提出：“对于研究中国封建社会末期政治、经济、文化和探讨其发展规律方

① 刘伯山：《徽学研究的历史轨迹》，《探索与争鸣》2005年第5期。

② 〔美〕约瑟夫·麦克德谟特：《徽州原始资料——研究中华帝国后期社会与经济史的关键》，中译文见1990年《徽学通讯》。

面，徽州文书具有很大价值，起着任何东西无法替代的作用。"[①] 已故的中国社会科学院历史所研究员周绍泉认为：徽州文书的研究"将给宋代以后的中国古代史特别是明清史带来革命性的变化"[②]。没有徽州典籍文献和文书的存在，徽学难以成立，至少不具有学科化存在的价值与意义。而一门具有学科性、全局性和国际影响性的关于徽州历史文化研究的徽学的存在，对于进一步提升徽州区域的文化软实力、促进徽州传统文化产业的开发等，现实性的价值和深远性的意义重大。

三 徽州传统文化遗存开发的价值评估

徽州传统文化遗存有目的抢救、挖掘、保护及充分利用的开发，主要发生在20世纪80年代以后。2010年，笔者曾就徽州传统文化遗存保护和开发问题做过专题调查与研究，得到的结论是：直至2009年，徽州人文旅游事业的发展尚属初级阶段，徽州传统技艺的产业化开发正处起步阶段，徽学的研究还在发展阶段。[③] 通过对此问题的跟踪调查和研究，笔者发现：之后的情况发生了巨大的变化！特别是从2012年以后，徽州传统文化遗存的开发进入了一个急速变化发展的时期，经过了20多年的发展，量变已经导致质变，当下正处在质变过程中量的扩张时期，即将步入一个新的发展阶段。

（一）徽州人文旅游事业的发展目前已经度过了早期发展的初级阶段，正在实现自身结构和内容的调整而进入一个新的发展阶段，生机无限

位于初级阶段的徽州人文旅游业仅是利用徽州物质文化遗存的"物"本身而开发的旅游，未及挖掘和开发其"物"所载的文化与精神内涵，其对徽州传统物质文化遗存的开发利用还只是一种简单、静态、平面的开发利用，所推的旅游项目仅是对古民居、古建筑的游览、观望，内容单一，形式单调；所

① 〔日〕臼井佐知子：《徽州文书与徽州研究》，森正夫等编《明清时代史的基本问题》，汲古书院，1997。

② 周绍泉：《徽州文书与徽学》，《历史研究》2000年第1期。

③ 刘伯山：《徽州传统文化遗存的开发路径与价值评估》，《探索与争鸣》2010年第12期。

获得的经济效益也主要是靠门票的收入，渠道狭窄、收入有限。这种状况在当时尤以黄山市的徽州人文旅游业为著并在整个徽州文化区具有全域性。

2012 年之后，徽州区域尤其是黄山市的旅游市场发生了巨大的变化。

其一，休闲养生游发展速度很快。

进入 21 世纪，中国经济的发展速度很快，2000 年中国还是世界第七大经济体，至 2010 年，一跃成为世界上仅次于美国的第二大经济体。经济快速发展，带来的是人们生活节奏的加快以及身心的疲惫，于是休闲与放松、清新与养生是人们普遍的需求，休闲养生游也就成为中国旅游发展的大势。2010 年以来，黄山市积极利用得天独厚的古徽州文化资源和生态环境资源开发并发展休闲养生游。在旅游资源的配置和产品的提供上，除了继续挖掘徽州人文资源、新开发了一批人文旅游景区并获得了良好的经济效益（见表 12）外，更是注重本着“人文 + 自然”的原则追求新发展。一方面是整治和改造一批既有的老景区，对原本只在开发人文资源的景区强化周边自然环境的整治，对原本只在开发自然资源的景区强化历史文化内涵的挖掘，让人文与自然相得益彰，以适应人们休闲养生的需求，结果是让这些老景区焕发了青春，经济效益获得几倍的增长（见表 13）。另一方面是再开发出一批新的自然山水风光 + 人文田园村落相结合的景区，这些景区的自然景色与人文价值如果各自分立，都达不到旅游的星级标准，而在经过自然环境与人文环境的双向治理与内在整合后，就出现了 1 + 1 > 2 的局面，旅游的品味与级别陡然抬升，经济效益显著，发展势头强劲（见表 14）。

表 12　黄山市 2012 年后新开发的有门票收入主要人文景区旅游接待与收入

类别	门票人数（人次）			营业收入（万元）		
	2017 年	2018 年	同比（%）	2017 年	2018 年	同比（%）
宏村阿菊	135498	150482	11.06	733.02	798.08	8.88
秀里影视城	101583	125076	23.13	232.33	316.96	36.43
屏山	113283	122716	8.33	180.74	215.60	19.29
历溪景区	202642	217037	7.10	525.93	565.98	7.62
见明堂民俗博物馆	35047	55457	58.24	42.15	106.39	152.40
合　计	588053	670768	14.07	1714.17	2003.01	16.85

资料来源：黄山市旅游委。

表 13　黄山市 2012 年后重新整治的有门票收入人文 + 自然主要景区旅游接待与收入对比

类　别	门票人数(人次)			营业收入(万元)		
	2008 年	2018 年	增长%	2008 年	2018 年	增长%
新安江山水画廊	38789	328669	8.47	163.98	1493.09	9.11
塔川木坑	49040	132805	2.70	61.68	295.03	4.78
九龙池	83437	465046	5.57	177.16	1028.69	5.80
三溪景区	57810	340800	5.90	135.18	681.60	5.04
夹溪河	70015	158479	2.26	171.18	633.92	3.70
合　计	299091	1425799	4.77	709.18	4132.33	5.83

资料来源：黄山市旅游委。

表 14　2018 年黄山市 2012 年后新开发有门票收入的人文 + 自然主要景区旅游接待与收入数值

类别	门票人数(人次)	营业收入(万元)
新安江滨水旅游区	1623198	297.24
石门峡	297699	854.24
徽州大峡谷	269134	1562.28
枧潭	231293	1156.47
合　计	2421324	3870.23

资料来源：黄山市旅游委。

休闲养生旅游所带动的人文资源与自然环境双向协同整治与开发，实现的是经济效益和社会效益共赢。2016 年 4 月，在由国家卫计委和安徽省政府主办的第八届世界养生大会上，黄山市获得“养生宜居城市”称号；2017 年 8 月，住房和城乡建设部公布第二批全国特色小镇名单，休宁县齐云山镇凭借独特的生态文化旅游资源优势成功入列，成为黄山市继黟县宏村镇之后又一跻身全国特色小镇行列的建制镇。

其二，乡村游发展势头很猛。

黄山市早在 2006 年就制定出台了《大力发展乡村旅游的若干意见》；2007 年编制了《黄山市乡村旅游发展规划》，同时推出《农家乐（乡村酒店）旅游服务质量等级的划分与评定》《旅游专业村》《乡村旅游服务规范》等一批具有前瞻性的乡村旅游地方标准；2007 年 3 月，在国家旅游局和安徽省旅游局的支持下，中法安徽省徽州（黄山市）乡村旅游合作示范项目正式确立，以开发黄山国际化乡村旅游产品为目标，打造“黄山乡村旅游国际品牌”。黄山市就是以此态势迎接全国性大众旅游热的到来。很快，随着我国“美丽乡村”建设的深入，特别是2012 年启动了中国传统文化村落保护工作以后，黄山市的乡村旅游开始进入全面发展的黄金时期。2012 年 2 月 18 日，法国家庭旅馆联合会会长法赫雅斯在徽州区唐模为中法合作唐模国际乡村旅游项目“法国家庭旅馆”授牌，这标志着这一世界知名乡村旅游国际品牌首次正式落户中国，对中国乡村旅游国际化发展发挥引领示范作用。2014 年，全市接待乡村旅游游客 2918. 33 万人次、乡村旅游总收入 201. 1 亿元①；翡翠谷等 9 家单位被国家旅游局授予“全国农业旅游示范点”称号，黟县荣获首批中国旅游强县和全国休闲农业与乡村旅游示范县称号，全市 7 个区县全部进入安徽省旅游强县行列。2015 年，在黄山市 734 个行政村中有 188 个行政村从事乡村旅游接待，农家乐经营户近 1000 户，其中省星农家乐 151 户，超过 10 万农民从事以旅游为主的第三产业，年人均旅游收入超 8000 元。② 至 2018 年，黄山市的“全域旅游发展势头强劲。积极推进‘旅游 + ’战略，强力推进旅游‘品质革命’，深入实施全域旅游发展规划，全年乡村旅游接待 4725 万人次，占全市游客接待量的三分之二以上，山上山下联动、观光休闲并重的全域旅游格局加速形成，打响了‘中国旅游，从黄山再出发’品牌”③。至此，乡村旅游已经成为黄山市旅游发展的新增长极。

其三，研学游异军突起。

2014 年 8 月 9 日，国务院下发〔2014〕31 号文件《国务院关于促进旅游业改革发展的若干意见》，在提出要积极发展休闲度假旅游、乡村旅游等的同时，更是极富创意地提出了要积极发展研学旅行；2014 年 12 月 9 日，安徽省

① 闫冲冲：《从 1. 0 到 3. 0——全市乡村旅游发展综述系列之一》，《黄山日报》2015 年 8 月 17 日。

② 闫冲冲：《绿水青山就是金山银山——全市乡村旅游发展综述系列之二》，《黄山日报》2015 年 8 月 18 日。

③ 2019 年 1 月 9 日，黄山市市长孔晓宏同志在黄山市第七届人民代表大会第二次会议上所作的《政府工作报告》。

政府下发《安徽省人民政府关于促进旅游业改革发展的实施意见》予以全面贯彻落实；2016 年 1 月 25 日，国家旅游局下发《关于公布首批“中国研学旅游目的地”和“全国研学旅游示范基地”的通知》，黄山市是首批 10 个“中国研学旅游目的地”城市之一；2017 年 4 月 10 日，黄山市旅游委印发《黄山市研学旅游示范点评定基本条件》的通知，并认定“屯蒙学舍”“程大位纪念馆”等 20 家单位为首批黄山市研学旅游示范点，突出徽州文化的特色。至此，研学游在黄山市正式拉开序幕。2017 年，全市共接待研学游客近 50 万人次①；据黄山市旅游委提供的数据，2018 年，黄山市研学游的人数已达到 151 万人次。

考察近六七年来黄山市旅游业的发展，就可发现：休闲养生游的发展一改过去单纯的或自然景观观光游或人文景观游览游的平面静态、目的单一的状况，综合活态、多种旅游形式并存的多元状态形成，“徽州文化生态”② 的概念得到进一步诠释，其资源开始得到全面开发；乡村旅游的发展一改过去仅仅的点、线游而发展为全域游，综合效益得到极大体现；而研学游的发展则要全面展示与挖掘徽州文化的丰富内容与深刻内涵，既充分展示了徽州文化的魅力，也促动了徽学研究成果的转化。在直接的经济效益上，由于休闲养生游、乡村游和研学游都是一种需要较长时间逗留的“慢”旅游，于是其直接带来的就是游客大量在黄山市境内逗留过夜。据黄山市《政府工作报告》公布的数据，2015 年黄山市境内过夜登记游客的人数是 796 万人，至 2018 年已经发展到 1000 万人，平均每天都有 27397 人，这对于至 2017 年末，户籍人口只有 148.46 万人、常住人口只有 138.4 万人的黄山市③来说是个不小的数字，过夜登记游客人数与黄山市的常住人口数的比是平均每天 1∶50。

图 1 与图 2 是基于表 6 绘制成的 2012 ~ 2018 年黄山市旅游接待人次和旅

① 闫冲冲：《我市研学迎来开门红》，《黄山日报》2018 年 1 月 23 日。

② 2008 年 1 月 8 日，文化部正式挂牌成立了“徽州文化生态保护实验区”，范围包括安徽省的黄山市、绩溪县和江西省的婺源县。保护区坚持“保护为主，抢救第一，合理利用，加强管理，传承发展”的基本方针，将文化遗产保护的社会效益放在首位，通过采取有效的保护措施，建设一个物质文化遗产和非物质文化遗产相依存，与人们的生产生活密切相关，与自然环境、经济环境、社会环境协调发展的文化生态区域。

③ 资料来源：黄山市统计局发布《2017 年黄山市国民经济和社会发展统计公报》。

游收入数值对比与增幅变化图。从这两幅图的图形来看，它们的基本态势一致，增幅上，2013 年较 2012 年还是平稳发展，到了 2014 年则出现跳跃式提升，之后还一直保持在高段位上运行。这是表明：从 2014 年开始，黄山市旅游业处在一个急速发展时期，其过程至今还没有结束。

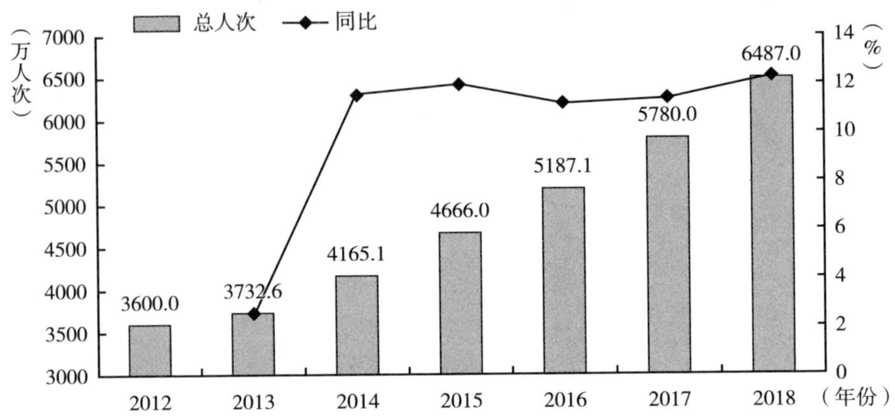

图 1　2012 ~ 2018 年黄山市旅游接待人次对比与增幅变化

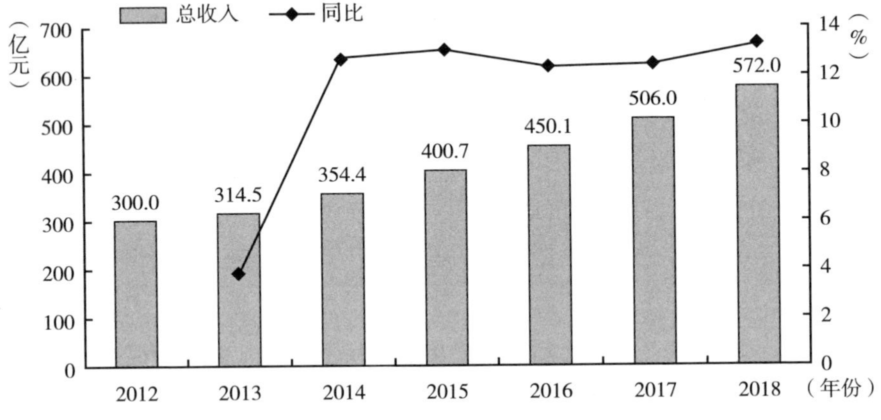

图 2　2012 ~ 2018 年黄山市旅游收入对比与增幅变化

综合评估，笔者的结论是：从 2012 年之后，黄山市的人文旅游事业进入了一个大的、具有根本性的结构调整时期，它正在进行质变，完成质变过程中量的扩张，最终实现的是由初级阶段向新的更高阶段的发展。

（二）徽州传统技艺的产业化开发目前已经顺利超越了起步发展阶段，正处在一个急速发展时期，空间广阔

徽州传统技艺的产业化开发整体起步晚，在2010年之前，发展极不充分。以黄山市为例，据笔者在2010年调查，至2009年底，已经得到产业化开发的非物质文化遗产中的传统技艺只有28项，其中，属于传统延续发展产业的技艺是14项，再生开发为产业的技艺是14项，涉及了11项国家级非物质文化遗产、11项省级非物质文化遗产、6项市级非物质文化遗产（见表15）。不仅被开发的项目少，而且经营的规模还不大，许多再生开发为产业的技艺在2009年所获得的产值仅几十万、几百万。因此，在2010年之前，徽州传统技艺的产业化开发还只是处于起步阶段。

表15　截至2009年12月黄山市已经产业化开发的非物质文化遗产中的传统技艺名录

传统延续发展产业的技艺	再生开发为产业的技艺
徽墨制作技艺(国家级)	新安画派(市级)
歙砚制作技艺(国家级)	徽派版画(省级)
万安罗盘制作技艺(国家级)	徽州篆刻(省级)
徽州漆器髹饰技艺(国家级)	徽州三雕(国家级)
徽派盆景制作技艺(国家级)	“黟县青”与石雕艺术(市级)
祁门红茶制作技艺(国家级)	徽州竹雕(国家级)
绿茶制作技艺:黄山毛峰、太平猴魁(国家级)	徽州根雕(省级)
绿茶制作技艺:屯溪绿茶(省级)	徽派传统民居建筑营造技艺(国家级)
松萝茶制作技艺(省级)	皖南古民居门罩艺术(市级)
顶谷大方制作技艺(省级)	徽州毛豆腐(市级)
黄山银钩制作技艺(市级)	腊八豆腐制作技艺(市级)
新安医学(省级)	五城豆腐干制作技艺(省级)
西园喉科(国家级)	五城米酒制作技艺(省级)
徽菜(省级)	皖南火腿腌制技艺:兰花火腿腌制技艺、汤口火腿腌制技艺(省级)

这种情况，在2012年以后发生了巨大的变化。

其一，随着非物质文化遗产申报与认定工作的加强，已经有越来越多的徽州传统技艺归入非物质文化遗产名录。黄山市所拥有的徽州文化类国家级、省级和市级非物质文化遗产项目，在2010年12月分别是16项、21项、41项，总数为78项；而至2018年12月则扩展到20项、55项、90项，分别增加了4项、34项和49项，总数增了87项，仅增加的数额就大大超过了过去的总数。黄山市目前所拥有的2项中国重要农业文化遗产也是在2015年以后才申报成功的。

其二，随着2010年上海世界博览会的成功举行，中国的社会经济发展实际上进入了“世博后”时代，越来越多的人看到了传统手工制品、工艺品的价值，对中国传统技艺开发的热情更是持续升温。从2012年至2018年，在黄山市的徽州文化类非物质文化遗产中，传统技艺开发的项目新增加了50项，其中国家级2项、省级26项、市级22项，另有2项国家级农业文化遗产也得到开发，所增加的数额就接近过去的2倍；过去一直没有得到有效开发的属于民间文学、曲艺、音乐、表演、仪礼、节庆、民俗类的项目，也已经有11项得到辅助性开发。

其三，2012年5月《舌尖上的中国》在中央电视台的热播，极大地勾起在生活上已解决了温饱、正在奔小康的中国人对美食和美好生活的追求，徽州传统的臭鳜鱼、毛豆腐、刀板香等由于也被采撷而入了镜头，马上得到大家的热捧，再加上“互联网+”和“物流+”给卖家与买家带来的极大便利，于是从2012年以后，徽州传统技艺中食品、饮食类技艺的开发异军突起，发展形势如火如荼，至2018年，在新开发的项目中产值过千万的就有5项，合计产值达到65.3亿元（见表16），占当年黄山市生产总值（GDP）的9.4%，可谓奇迹。从发展速度来看，黄山市5项产值过千万的食品类非物质文化遗产和农业文化遗产的开发在2016年出现了一个跳跃式发展，之后一直处在高位，其中徽州臭鳜鱼制作技艺开发所实现的产值以每年10亿元的速度在增长，目前还归属于皖南火腿腌制技艺的徽州刀板香开发所实现的产值以每年3亿元的速度在增长，徽州烧饼制作技艺开发所实现的产值以每年5亿元的速度在增长，等等；合计的产值，2017年较2016年增长77%，2018年较2017年增长54%。

表 16　2016～2018 年黄山市新开发产值过千万食品类非物质文化遗产和农业文化遗产产值

单位：万元，%

项目名称	2016 年	2017 年	同比增长	2018 年	同比增长
徽州臭鳜鱼制作技艺	100000	200000	100	300000	50
皖南火腿腌制技艺：刀板香	70000	100000	43	130000	30
徽州烧饼制作技艺	80000	130000	63	180000	38
徽州毛豆腐	800	2000	150	3000	50
山泉流水养鱼	5000	20000	300	40000	200
合　计	255800	452000	77	653000	54

资料来源：黄山市文化委、黄山市餐饮协会、笔者的调查与汇总。

综合评估，笔者的结论是：从 2012 年之后，徽州文化类非物质文化遗产和农业文化遗产的产业化开发进入了一个全面急速发展时期，即将顺利跨越刚开始的起步阶段而进入一个新形态，成为社会经济发展的一个重要组成部分，发展空间广阔。

（三）徽学的研究目前正处在活跃预热期，基础资料的整理与公布工作加快，学术上的多学科研究和现实服务上的智库作用已有展开，正要迈入一个新的发展阶段，前景光明

徽学的研究已经有百年的历史，在 20 世纪 90 年代一度十分火热，一些基础性的资料开始得到系统整理并被陆续公布；研究队伍不断扩大，除了国内相继成立了各种研究组织和机构外，日本、韩国、法国等已有了专门的徽学研究组织与团体；国际化的学术交流全面展开，1993 年 10 月，中国社会科学院历史研究所、黄山市社会科学界联合会、安徽大学联合在黄山市主办第一次全国性的徽学学术研讨会，之后的 7 年，有关徽学的国际性学术会议连续性召开了 8 次，其密度之高、影响之大为学界少见；到了 1999 年，作为教育部人文社会科学重点研究基地的安徽大学徽学研究中心成立，标志着徽学正式进入国家队。至此，徽学已经发展为国际性的显学。但 2000 年以后的十几年，徽学的研究仿佛进入一个相对平稳的发展时期，特别是安徽省的徽学研究，基础资料的整理还任重道远，多学科的研究还没有全面展开，徽学研究阵地的打造没有

取得实质性进展，人才队伍的培养不够充沛，国际化的学术交流甚至出现冷清现象，特别是徽学研究为现实社会与文化发展服务的功能得不到很好体现，等等。从安徽大学徽学研究中心的工作情况来看，这十几年来尽管也做了一些工作，开展了一些活动，取得了一些成绩，但综合考察其所做工作和所取得成绩的质与量，将其搁置于作为一个国家级研究平台的地位、放置于进入 21 世纪之后整个人文社会科学发展的大背景来评判，还是显得严重不足。如此的不活跃状态直到 2017 年后才有所改变，具体表现在以下几个方面。

其一，必需的担当。2017 年 1 月 25 日，中共中央办公厅、国务院办公厅联合印发《关于实施中华优秀传统文化传承发展工程的意见》，提出的总体目标是："到 2025 年，中华优秀传统文化传承发展体系基本形成，研究阐发、教育普及、保护传承、创新发展、传播交流等方面协同推进并取得重要成果，具有中国特色、中国风格、中国气派的文化产品更加丰富，文化自觉和文化自信显著增强，国家文化软实力的根基更为坚实，中华文化的国际影响力明显提升。"习近平总书记在党的十九大报告中更是提出："中国特色社会主义文化，源自于中华民族五千多年文明历史所孕育的中华优秀传统文化，熔铸于党领导人民在革命、建设、改革中创造的革命文化和社会主义先进文化，植根于中国特色社会主义伟大实践"，要"深入挖掘中华优秀传统文化蕴含的思想观念、人文精神、道德规范，结合时代要求继承创新，让中华文化展现出永久魅力和时代风采"。① 于是重视和加强并实质性地全面展开作为中华优秀传统文化重要组成部分的徽州文化的研究、探索徽州文化在当代的创造性转化和创新性发展的路径与形式等是时代的要求、社会责任和学科的任务。这是一个必需的担当。

其二，基础资料的整理出版和数据库建设正在加快进行。徽州文书和谱牒目前已发现了 80 多万份（部），尽管到现在为止得到整理的仅 1/10 左右，但这项工程的进度目前正在加快。以徽州文书和谱牒整理后的影印出版来说，据笔者掌握的情况，目前已经出版和已知即将出版的有 21 部共计 244 册（见表 17），这其中在 20 世纪之前出版的仅 1 部 40 册，有 8 部 101 册是

① 习近平：《决胜全面建成小康社会　夺取新时代中国特色社会主义伟大胜利——在中国共产党第十九次全国代表大会上的报告》，人民出版社，2017。

在2017~2019年出版的（预计2019年出版的稿子已经交给了出版社）。与此同时，有关徽州文书资料的数据库建设也在进行，上海交通大学每年都要整理出几千份文书以录入数据库；安徽大学徽学研究中心在2018年一次性征集收购到5万余份徽州文书，目前正在整理以构建数据库。这项工程的开展所产生的影响是很大的，以已经出版的《徽州文书》来说，《徽州文书》的第一至三辑的30卷已获得2009~2010年度安徽省政府优秀社会科学成果一等奖；《徽州文书》第四辑10卷和第五辑10卷分别获得2011年度、2015年度全国优秀古籍图书二等奖；在由中国科学文献计量评价研究中心研制的《中国高被引图书年报》（2016版）中，《徽州文书》名列“中国高被引图书各学科TOP 3名单（1949~2009年高被引图书）”。基础资料的加快整理与公布，是要让更多的人掌握到更多的第一手资料，带来的必然是徽学多学科研究的全面展开。

表17　目前已经和即将影印出版的徽州文书、谱牒资料一览

编者	书名	册数(册)	出版单位	出版时间
王玉欣、周绍泉	《徽州千年契约文书》	40	花山文艺出版社	1991年
陈智超	《明代徽州方氏亲友手札七百通考释》	3	安徽大学出版社	2001年12月
刘伯山	《徽州文书》第一辑	10	广西师范大学出版社	2005年1月
刘伯山	《徽州文书》第二辑	10	广西师范大学出版社	2006年12月
臼井佐知子	《徽州歙县程氏文书·解说》	1	日本东京外国语大学地域文化研究所	2006年
刘伯山	《徽州文书》第三辑	10	广西师范大学出版社	2009年5月
周向华	《安徽师范大学馆藏徽州文书》	1	安徽人民出版社	2009年9月
黄山学院编	《中国徽州文书》(民国编)	10	清华大学出版社版	2010年7月
刘伯山	《徽州文书》第四辑	10	广西师范大学出版社	2011年10月
黄志繁、邵鸿、彭志军	《清至民国婺源县村落契约文书辑录》	18	商务印书馆	2014年12月
李琳琦	《安徽师范大学馆藏千年徽州契约文书集萃》	10	安徽师范大学出版社	2014年12月
刘伯山	《徽州文书》第五辑	10	广西师范大学出版社	2015年3月
黄山学院徽州文化研究中心	《中国徽州文书(民国编)》第二辑	10	合肥工业大学出版社	2016年

续表

编者	书名	册数(册)	出版单位	出版时间
俞江	《徽州合同文书汇编》	11	广西师范大学出版社	2017年2月
刘伯山	《徽州文书》第六辑	10	广西师范大学出版社	2017年7月
王振忠	《徽州民间珍稀文献集成》	30	复旦大学出版社	2018年3月
刘伯山	《徽州谱牒》第一辑	10	广西师范大学出版社	2018年8月
刘伯山	《徽州谱牒》第二辑	10	广西师范大学出版社	2018年9月
刘伯山	《徽州文书》第七辑	10	广西师范大学出版社	2018年已交稿
刘伯山	《徽州谱牒》第三辑	10	广西师范大学出版社	2018年已交稿
刘伯山	《徽州谱牒》第四辑	10	广西师范大学出版社	2018年已交稿

其三，国际化的学术交流正在升温。如2017年5月，安徽大学徽学研究中心、中国社会科学院历史所清史室、上海社会科学院历史所等在合肥联合主办了“文化传承发展与徽学研究”国际学术研讨会，有来自日本、韩国及中国大陆的百余位学者参加；2018年6月，安徽大学欧盟研究中心、法国驻上海总领事馆教育处等在合肥联合主办了首届“‘徽州文化’对话‘法语文化’国际论坛”，共有60余位国内外的专家学者参加；2018年10月，安徽大学徽学研究中心联合中国社会科学院徽学研究中心、黄山市社会科学界联合会在黄山市主办了“徽学与中国传统文化”国际学术研讨会，共有来自英国、法国、日本、韩国和中国大陆及香港地区100多位专家学者参加；等等。据悉，由中共安徽省委宣传部、《光明日报》联合主办的首届国际徽学大会目前正在筹备，预计在2019年6月召开，以后将每年召开一届。

其四，徽学研究服务于现实社会与文化发展的功能正在加强。以往的徽学研究，重在史学研究，现实关照不够；其成果一般停留在学术领域，对现实社会与文化发展的服务不够。这种情况在2017年以后发生了改变。2017年7月，安徽大学徽学研究中心、安徽大学徽文化传承与创新中心在合肥联合主办了“徽州‘记住乡愁’村核心价值观培育与实践研讨会”，共有来自中央电视台、安徽省委宣传部、安徽省文化厅、安徽省政府发展研究中心、安徽大学、安徽省徽学会、黄山市社科联的专家学者，以及安徽省被选为“记住乡愁”村的村干部和所在乡镇领导60余人参加会议，会上，还举行了“安徽大学徽学研究中心与‘记住乡愁’村促进‘两创’发展合作协议”的签字仪式，安徽大学副校长兼安徽大学徽学研究中心主任程雁雷教授代表安徽大学徽学研究中心分别与休宁县万安镇、祁门县渚口乡渚口村、绩溪县瀛洲镇仁里村、黟县宏村镇屏山村、歙县许村签署了合作协议；2017 年 9 月，“徽派传统工艺振兴论坛”在黄山市举行；2017 年 11 月，由光明日报社、中国人民大学和黄山市委与市政府共同举办的“文化徽州高峰对话”在黄山市召开，会议主题是“乡贤、乡土、乡愁——乡村文化振兴的‘徽州探索’”；等等。在安徽省社科联组织开展的“三项课题”研究之“应用对策研究”活动中，属于徽学研究成果转化的成果从 2016 年以后每年递增，并获得奖项；教育部从 2016 年开始，要求所属人文社会科学重点研究基地每年要上传属于“智库”的报告，安徽大学徽学研究中心在 2017 年之前一篇都没有递交，而在 2018 年一年就递交了 4 篇，发展潜力很大。

综合评估，笔者的结论是：从 2017 年之后，徽学的研究开始预热升温，呈现活跃状态，基础资料的整理出版和数据库建设正在加快进行，学术上的多学科研究和现实服务上的智库作用已有展开，正要迈入一个新的发展阶段，前景光明。

结　论

2017 年 10 月，习近平总书记在党的十九大报告中提出：“经过长期努力，中国特色社会主义进入了新时代，这是我国发展新的历史方位。”徽州传统文化遗存的开发正是在这样的大背景下获得机遇，得到发展，步入新时代的。由徽州传统物质文化遗存的开发而最初形成的徽州人文旅游事业，正是在上述大背景下开始并进行自身结构和内容的调整，度过早期发展的初级阶段而进入新的发展阶段；由徽州传统非物质文化遗存的开发而直接促生的徽州传统技艺产业化开发，也正是在上述大背景下得以全面急速发展，即将顺利跨越刚开始的起步阶段而进入一个新形态；由徽州古代文献文书遗存的开发而直接支撑着的徽学研究事业，正在上述大背景下得以升温活跃，即将度过平稳时期而向一个新的发展阶段迈进。徽州传统文化本质上是以儒家文化为核心的中国乡村民间文化，研究和探讨徽州传统文化遗存在新时代的开发路径及产业培育问题，既具有地域性的价值，也具有普遍性的示范意义。

B.12
芜湖县公共文化服务财政保障机制研究*

朱启友**

摘　要： 芜湖县在全面深化改革过程中，高度重视公共文化服务体系建设，建立工作协调机制，县域财政实力不断增强。在此基础上，立足自身实际，持续加大财政投入，扩大政府购买服务，扶持民营文艺团体发展，加强资金运行监管。在逐渐健全的财政保障机制等多种因素支持下，基层公共文化设施全面建立，三级公共文化设施网络初步建成；公共文化服务方式日趋多样，服务能力明显提升；群众文化活动丰富多彩，服务惠民效果显著；全民阅读持续推进，城市文化软实力得到提升。新时代进一步健全公共文化服务财政保障机制以解决公共文化服务发展中的诸多问题，需进一步拓宽资金来源渠道，完善经费稳定增长机制；合理划分事权和支出责任，健全财政分担机制；优化财政投入结构，实现均等化；建立资金投入与绩效评价结果相挂钩的制度，提高资金使用效益；加强基层文化队伍建设，增强服务能力；整合文化事业、旅游业、文化产业资源，走融合发展之路。

关键词： 财政保障　公共文化服务　基层政府　芜湖县

---

* 基金项目：本文为国家社科基金项目“我国农村公共文化服务体系建设研究”（12BKS039）阶段性成果。

** 朱启友，博士，安徽师范大学法学院副教授，硕士生导师，安徽省政治学会常务理事，研究方向为政治学理论、中国政府与政治、政治文化等。

公共文化服务，指的是由党和政府主导、社会力量参与，以公共财政为支撑、以公益性文化事业单位为骨干，以满足群众基本文化需求、保障群众基本文化权益为主要目的，提供包括公共文化设施、公共文化产品、公益性文化活动等在内的相关服务。公共财政是一种以满足社会成员基本公共需求为目的的财政制度安排，“公共性是公共财政投入力度、投入结构、投入效益的重要标尺”；公共文化产品与服务具有的公益性、公共性属性为政府介入提供了必要前提，“而公共财政的资源配置职能决定了其成为政府介入的优先手段”①。保障和促进公共文化服务发展是现代政府和公共财政的一项重要职责。改革开放特别是党的十八大以来，党中央对于建设公共文化服务体系高度重视，加强顶层设计，全面推进，一个覆盖城乡、保基本、普惠性的现代公共文化服务体系初步建成，有力地满足了人民基本文化需求，保障了人民基本文化权益。芜湖县政府围绕十八大报告提出的“加强重大公共文化工程和文化项目建设，完善公共文化服务体系，提高服务效能”的总体要求，不断加大投入力度，增加投入总量，整合资金类型，改革投入方式，拓宽资金来源渠道，加强资金监管和绩效考核，在促进公共文化服务发展过程中发挥了重要的保障、引领与激励作用。

一　芜湖县县情和加大公共文化服务投入的有利条件

改革开放以来，特别是进入 21 世纪以来，芜湖县在县委、县政府的带领下，文化建设亮点颇多。2014 年获得“全国文化先进县”称号，2016 年成功创建省级公共文化服务体系示范区，2017 年由于在推动公共文化服务体系建设、繁荣文艺创作、文化遗产保护、推进文化产业发展、文化体制改革试点工作中取得显著成效，受到省政府通报表扬奖励（全省仅有 3 个县受此表彰，芜湖县也是芜湖市唯一受到表彰的县区）②。文化成绩的背后，有着多种因素在推动，除了芜湖县文化底蕴深厚、芜湖市县各级领导对公共文化服务的重视之

① 刘再杰、魏鹏举：《文化软实力建设：公共财政的功能、思路与对策》，《中国行政管理》2013 年第 1 期。

② 参见《安徽省人民政府办公厅关于对 2016 年落实有关重大政策措施真抓实干成效明显地方予以表扬激励的通报》（皖政办〔2017〕49 号）。

外，县级财政加大投入力度、建立健全公共文化服务财政保障机制也发挥了十分重要的作用。

（一）领导高度重视，为加大公共文化投入提供了可靠的政治保障

文化兴则国运兴，文化强则民族强。围绕中央和省委战略部署，芜湖市党政领导在学习贯彻新发展理念、推动芜湖文化繁荣工作过程中，强调要“围绕人民群众多样化文化需求，加强文化基础设施建设”，提高公共文化服务能力，“构建覆盖城乡、便捷高效、保基本、促公平的现代公共文化服务体系”。[①] 多年来芜湖县委、县政府致力于推动社会主义精神文明与物质文明协调发展，“坚持文化工作和经济工作同步部署，文化阵地建设与城乡基础建设同步推进，经济指标与文化建设同步考核”，建设“文化强县”，[②] 推动全面发展。进入新时代，芜湖县成立了文化建设工作领导组，形成了县、乡（镇）、村（社区）三级共建，社会广泛参与的工作机制；制定并下发了《芜湖县“十二五”文化、广播电影电视、新闻出版发展规划（2011－2015）》等一系列政策文件。2018 年芜湖县政府工作报告中关于文化建设方面，着重强调要“完善公共文化服务体系，实施文化惠民工程，推动基层综合性文化服务中心建设”。各级党政领导的高度重视，为加大公共文化投入提供了可靠的政治保障。

（二）加强统一领导，建立工作协调机制，为加大公共文化投入提供了有力的组织保证

各级领导重视公共文化服务体系建设，不仅体现在思想观念上，更落实在行动中、工作中，统一领导，统一规划，健全文化工作协调与运行机制，提供坚实的组织保障。第一，建立与完善公共文化服务工作机构，建立起由政府统一领导、文化等部门密切配合的工作协调机制，统筹推进工作落实。2014 年 7

---

① 宋国权：《在践行新发展理念上走在前列　为高水平全面建成小康社会而奋斗》，http：//swb. wh. cn/html/doc/201610/16101480JJKJ565DJ501H12A9C. html，2016 年 10 月 16 日。

② 《腹有诗书气自华——芜湖县荣膺“全国文化先进县”》，http：//whx. ahxf. gov. cn/szyw/rdgz/606111. SHTML，2015 年 1 月 14 日。

月，成立芜湖县创建首批省级公共文化服务体系示范区工作领导小组，负责日常创建工作，各镇相应成立创建工作领导小组，具体督促与落实本镇的创建工作。第二，坚持统一部署，各司其职，分级负责。芜湖县人民政府为文化民生项目责任主体，对所属各种项目的资金安排、资金使用、项目管理以及实施效果负总责。县文化广电、新闻出版、体育行政管理部门为项目实施主体，负责各种项目的计划实施、档案管理、信息报送、运管养护和制度建设等工作。县财政部门负责审核、拨付与管理配套资金和项目资金。特别是作为文化民生工程牵头单位的芜湖县文广新局，每月组织召开一次文化民生工程建设协调会，每两个月召开一次文化民生工程建设推进会，掌握各工程进度，协调各方行动，从而确保工程各项目标任务按期完成。第三，规范程序，加强督查。芜湖县结合美好乡村建设，依据《安徽省农村文化建设专项补助民生工程绩效评价办法》，制定文化民生工程实施细则，加强过程监管，及时掌握项目实施进度和成效，并将督查结果及时向县镇各相关方反馈，督促解决实施过程中遇到的问题，共同推动民生工程的实施取得成效。

（三）县域经济和财政实力不断增强，为加大公共文化投入奠定了坚实的物质基础

改革开放以来，芜湖县经济实力在结构调整中不断增强，主要经济指标持续较快增长，经济发展的协调性、稳定性和可持续性不断增强。2007～2017年芜湖县地区生产总值由46.8亿元增加到241.7亿元，年均增长17.9%，人均GDP已进入1万美元之列；全社会固定资产投资由53.8亿元增加到339.8亿元，年均增长20.2%；社会消费品零售总额由14.4亿元增长到61.8亿元，年均增长约16%；特别是财政收入由5.3亿元增长到42.6亿元，增长了704%；农民人均可支配收入由5382元增长到20586元，增长了282%。立足人均角度，近5年芜湖县“人均地区生产总值”这一指标不仅在全省的位次一直处于前列，而且领先全省平均水平的幅度日益扩大，与工业基础较好的芜湖市的差距也在逐渐缩小。从“全年农村常住居民人均可支配收入”这一指标看，近年来芜湖县农村常住居民人均可支配收入不仅高于芜湖市和全省平均水平，而且增长率也高于全省（2016年例外，两者持平）。芜湖县农民的收入水平比较高，增长势头较好。

总之，通过分析近些年芜湖县地区生产总值、固定资产投资、社会消费品零售总额、人均地区生产总值、农村常住居民人均可支配收入、财政收入等数据的变化情况，不管是自身的纵向对比还是横向上与全国、安徽省、芜湖市有关指标的对比，都可以看出增长的数量和幅度是很大的。经济实力的增强，特别是财政收入的快速增长提高了投入能力，为加大对公共文化服务的投入提供了坚实的物质基础。

二　芜湖县公共文化服务财政保障机制建设的主要做法

党的十八大之后，芜湖县坚持以政府为主导、以公共财政为支撑、以全民为服务对象、以行政村为重点，按照体现公益性、基本性、均等性、便利性的要求，着力提高城乡公共文化产品和服务供给能力，进一步满足人民群众的基本文化需求，切实保障人民群众的基本文化权益。其中，公共财政既是基础保障也是重要支撑，为此，必须“建立总量充足、结构合理的公共文化经费投入机制”：“县、镇财政加大对文化事业的资金投入，确保增加的幅度不低于财政同期增长幅度，公共财政逐步向镇、村（社区）倾斜”；立足县域实际创新投入方式；进一步拓宽资金筹措渠道，积极鼓励和引导社会力量，“重点捐助文化广场、文化中心、图书室、文化活动室等文化基础设施建设以及群众性文化体育活动”；对做出突出贡献的单位、团体及个人，予以表彰。① 芜湖县的具体做法如下。

（一）持续加大财政投入力度，公共文化服务经费总量增长迅速

立足于县域层面，首先从两个层面或角度来观察各级财政对芜湖县公共文化的投入及其增长情况：农村文化建设专项及配套资金、免费开放专项及配套资金。

1. 及时拨付文化建设专项配套资金，并根据实际情况提高补助标准

从 2011 年开始，中央财政在整合原先的“农村文化以奖代补专项资金”

---

① 参见《关于印发芜湖县创建首批省级公共文化服务体系示范区建设规划（2014－2016）的通知》。

和“农村电影公益放映场次补贴专项资金”的基础上，新设立“中央补助地方农村文化建设专项资金”，该项资金主要用于支持全国文化信息资源共享工程村级基层服务点建设，补充更新农家书屋出版物，补贴农村电影公益放映，资助基层开展特色文化体育活动，等等。为了规范与加强专项资金的管理及使用，2013 年 4 月，财政部下发《中央补助地方农村文化建设专项资金管理暂行办法》（以下简称《暂行办法》）。根据此暂行办法的规定，农村文化建设补助标准为每个行政村每年 10000 元，其中每村每年全国文化信息资源共享工程村级基层服务点建设补助 2000 元，农村文化演出活动 2400 元，农家书屋出版物补充与更新 2000 元，农村电影公益放映活动 2400 元，农村体育活动 1200 元。《暂行办法》中还提出了中央财政对东部地区、中部地区、西部地区分别按照基本补助标准的 20%、50%、80% 安排补助资金，其余部分由地方统筹安排具体经费分担比例。地方也可以根据本地实际情况提高补助标准，提标所需经费由地方财政自行负担。安徽属于中部省份，所以 1 万元的基本补助标准分担比例是中央财政补助 50%，省级配套 30%，市、县（区）配套 20%。自 2014 年起安徽省每村提标 2000 元，这 2000 元由省、市县财政按 1∶1 分担。芜湖市和芜湖县除了按照文件要求，完成“固定动作”（配套任务）以外，还“自选动作”，在安徽省对每村每年提标 2000 元的基础上，再提标 3200 元（农家书屋超出省定标准 2000 元，电影放映超出省定标准 1200 元），提标的这 3200 元由市、县财政按比例分担。所以，每村每年四级财政共投入 1.52 万元。简单地说，这里出现了三个标准：中央 1 万元、省级 1.2 万元、市县 1.52 万元。

根据以上三个标准以及各级财政分担比例，再结合芜湖县历年行政村数量，可以测算出芜湖县年度农村文化建设专项资金总投入以及各级财政承担部分的数额。2013 年总经费是 142 万元，其中，中央财政承担 56 万元，省级补助 33.6 万元，县配套 22.4 万元，县财政送戏 30 万元（2011 年开始）。2014 年总经费是 162.2 万元，其中，中央财政负责 43.5 万元，省级补助 34.8 万元，县配套 26.1 万元，县再承担提标 27.8 万元，县财政送戏 30 万元。2015 年与 2014 年一样。2016 年、2017 年、2018 年的年度经费都是 153.1 万元，其中，中央财政负责 40.5 万元，省级补助 32.4 万元，县配套 24.3 万元，县再承担提标 25.9 万元，县财政送戏 30 万元。总结来看，6 年来，芜湖县农村文化建设总共投入资金925.7万元，其中，中央财政承担264.5万元，占比28.6%；省级200.4万元，占比21.6%；芜湖县级共承担460.8万元。占比49.8%。仅此一项“农村文化建设专项资金”的投入中，县级财政每年承担的配套等经费占比为50%左右。

2. 及时拨付免费开放县级配套资金，并适当增加补助

在完成农村文化建设专项资金的配套任务和提标的同时，芜湖县财政还承担着公益性文化场馆免费开放专项资金的配套任务。多年来，县财政一直能做到及时足额拨付免费开放专项县级配套资金。根据财政部、文化部《中央补助地方美术馆公共图书馆文化馆（站）免费开放专项资金管理暂行办法》（财教〔2013〕98号）的规定，美术馆、公共图书馆、文化馆行政层级不同，免费开放基本补助标准也有所不同，每年地市级每馆50万元，县级每馆20万元，乡镇综合文化站每站5万元。财政分担按中央财政对东部、中部和西部地区分别按照基本补助标准的20%、50%以及80%的比例安排补助资金，其余部分由地方各级财政负责安排。芜湖县有县图书馆1个、县文化馆1个，每馆每年免费开放基本补助都是20万元；乡镇综合文化站5个，每站每年免费开放基本补助5万元，所以芜湖县每年馆站免费开放基本补助经费共65万元，其中，中央补助32.5万元，省级补助16.25万元，县配套16.25万元（图书馆与文化馆每年共10万元，乡镇文化站每年共6.25万元）。2011~2018年8年间各级财政总共投入免费开放资金520万元，其中芜湖县投入130万元，占比是25%。除了及时将补助经费全部拨付到位以外，芜湖县从实际出发适当增加配套补助。比如，2016年县财政为县图书馆配套购书专项经费20万元，为文化馆配套文化活动经费10万元，为每个文化站每年另外配套工作经费1万元（总共5万元），保证了免费开放各项工作的落实。① 至于博物馆纪念馆免费开放经费，中央文件规定，根据免费开放运行情况、接待参观人次以及服务质量等因素确定补助标准，由中央财政给予补助。笔者没有查找到详细的财政数据，这里就没有办法统计和分析这一项目的经费投入情况。

① 《芜湖县“五到位”推进公共文化场馆免费开放》（芜湖文化信息第6期），http://whw.wuhu.cn/Content.aspx?pSysID=3422，2016年6月29日。

（二）创新财政投入方式，加大政府购买公共文化服务力度

芜湖县在做好文化惠民工程的过程中，改革资金投入方式，由政府财政拨款为主逐步转向多元混合投入为主，特别是加大政府购买公共文化服务力度，包括启动省级公共文化服务体系示范区创建，以购买服务方式配足馆站工作人员、选聘农家书屋管理员，向专业演出团体购买文艺演出服务，购买图书流动服务，等等，这些举措使镇村公共文化服务设施管起来、用起来，群众文化活动顺利开展起来，提高了公共文化服务资金使用效益，打通了文化惠民“最后一公里”。

启动省级公共文化服务体系示范区创建。2014 年，芜湖县政府按照省定标准和省、市一系列文件精神，结合县公共文化服务建设现状，制定并印发《芜湖县创建首批省级公共文化服务体系示范区建设规划（2014－2016）》（芜政办〔2014〕59 号），全面规划落实公共文化设施网络建设、公共文化服务供给、公共文化服务组织支撑、资金人才技术保障、公共文化服务评估等任务，以创促建，争取全面达标，使创建工作成为推动文化创新、文化惠民，促进文化发展的主要抓手，形成“设施网格化、机制长效化、城乡一体化、服务普惠化”的公共文化服务新格局。① 2016 年 11 月示范区建设顺利通过省文化厅的检查验收。2018 年 3 月，被省文化厅评为安徽省公共文化服务体系示范区创建合格单位。

以购买服务方式配足文化馆站工作人员。以前，县文化馆、县图书馆、各乡镇综合文化站工作人员编制少，人手不够，不能满足日常管理和免费开放工作需要，2010 年开始县政府常务会议研究决定，通过购买服务的方式，为县文化馆、图书馆分别聘用了 9 名、6 名具有艺术特长的工作人员，为每个乡镇文化站配备了 3 名专职人员（其中聘用 2 人）。成立招聘领导组和招聘办公室，制订招聘方案，在县监察局全程监督下，严格按照公开、公平、公正的原则，完成了招录工作。镇文化站工作人员由县统一公开招聘，由各镇使用管理。新招录人员由县文广新局统一培训后上岗。每人每月 2000 元（含五险），

---

① 参见《关于印发芜湖县创建首批省级公共文化服务体系示范区建设规划（2014－2016）的通知》。

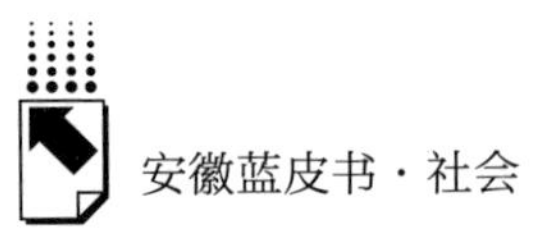

费用由县镇两级按5∶5比例分担。

以购买服务的方式选聘农家书屋管理员。为保障农家书屋正常开放和可持续运行，从2011年1月起，芜湖县立足实际，确立了从农村选贤任能、就地就近购买社会服务的思路，统一制定推荐标准，严格规范工作流程（村民推荐、镇政府统一招聘、县政府备案），从所在村退休教师或干部中选聘农家书屋管理员。县政府将农家书屋管理员工资补助列入政府年度预算，每人每月补助800元，实行县镇财政预算、村级适当补贴的“三级资金保障”，县、镇、村三级按5∶4∶1比例承担。2011年开始，对每个农家书屋每年列支2000元作为补助经费。农家书屋管理员已实现行政村（社区）全覆盖，实行专人专职专岗驻村服务。①

向专业演出团体购买“文化下乡”服务。为丰富群众文化生活，2010年，芜湖县就将购买黄梅戏剧目列入年度财政预算，为5个镇农民及县城市民各采购一次黄梅戏演出，当年采购资金为21万元。2011年开始县财政每年安排30万元，购买黄梅戏等文艺节目，深入乡镇、村（社区）开展送文化下乡活动。为节约招投标时间，政府一般通过组织安排，采用简易的单一来源采购的方式进行招标采购，购买县黄梅戏剧团或庐剧团等优秀民营剧团的专业化演出，每年为每个行政村送正规演出不少于1场。购买的演出剧目以整本大戏为主，比如《冷宫救主》《天仙配》等，演出时间在2小时以上，并在大戏开演前增加了杂技、歌舞等内容，照顾和满足了不同层次群众的不同文化需求。2016年红杨镇为宣传当前政府推进权力清单这项惠民工作，自筹资金8万元，自编小戏《低保申请》《为政府点赞》到各村巡回演出。购买文艺演出服务，“送戏下乡”，既激活了农村文化市场，也惠及了基层群众和民营剧团。

（三）扶持民营文艺团体发展，为政府购买公共文化服务提供合格的承接主体

民营文艺表演团体是繁荣城乡文化市场的生力军，是政府采购文化服务的重要承接主体，在促进城乡公共文化服务发展、满足群众文化基本需求上有着

---

① 《芜湖多举措完善基层公共文化服务　群众共享文化发展成果》，http：//www.wenming.cn/syjj/dfcz/ah/201609/t20160913_3691307.shtml，2016年9月13日。

举足轻重的地位，因此，芜湖县从资金、政策等各个方面加大对民营文艺院团的扶持力度，搭建好发展平台，加强方向引导和业务指导，规范管理，鼓励创新，鼓励先进，营造良好的发展环境。县委宣传部、县文广新局等部门出台奖补办法，鼓励民营院团创新经典剧目，打造舞台精品力作，奖励民营院团获奖作品，积极帮助民营院团申报各类国家和省级文化产业发展项目，同时激励县内民营院团主动参与提供县内各种公共文化服务，不断提升院团影响力。2015年12月红杨镇出台《红杨镇文艺社团奖励扶持办法（试行）》，规定了扶持原则、扶持对象、参评条件、扶持标准等，扶持对象主要是红杨镇辖区范围的营业性文艺演出团体、民间文艺社团和各级政府组织认定并登记的非遗名录个人，以此激发文艺社团的积极性和创造性，鼓励出人才、出精品、出效益。以县黄梅戏剧团、万程黄梅戏剧团为代表的一批民营文化团体脱颖而出，不断提升演出质量和效益，真正把“小舞台做成了大事业”。这里以县黄梅戏剧团（黄梅戏剧团有限公司）的发展壮大为例。

首先，市县领导常去剧团调研，帮助剧团解决排练场地等实际困难，并对剧团给予设备支持。县政府无偿将占地1万平方米、建筑面积2100平方米的原儿童福利院场地提供给黄梅戏剧团作为排练基地，解决了剧团办公、住宿、排练、器材存放的场地问题。县文广新局和县城市管理局共同前往县黄梅戏剧团，对该团所在地进行详细勘查，进行内部环境整治与外立面改造，并最终将其打造成为开放式城市文化公园，也使剧团有了舒适的“家”。2013年1月芜湖县将省文化厅配送的流动舞台车拨给了剧团无偿使用。2014年又将500平方米的黄梅戏多功能排练厅工程列为2014年政府性投资项目，加强实施与管理。该排练厅造价50万元，集排练、小型演出于一体，建成后无偿提供给芜湖县黄梅戏剧团使用。①

其次，政府采购公共文化服务向民营院团倾斜。该剧团演出市场遍布安徽、浙江、江苏等地的城镇乡村，每年演出500多场，服务观众达百万人次。上演的剧目集思想性、艺术性、观赏性于一体，深受观众好评。剧团常年上演的传统剧目如《天仙配》《女驸马》等共计70部100多本，其中特色保留剧

① 《芜湖县支持民营剧团发展再举新措》，http：//whw. wuhu. cn/Content. aspx? pSysID = 1906，2014年10月16日。

目40余部。近几年，芜湖县黄梅戏剧团更是投入巨资，移植重排了《龙女》《江姐》《名优》等经典剧目，新创作剧目有《戴安澜》《铁画记》《王能珍》等，参加全国、省市的文艺戏曲展演活动屡获大奖。在送戏下乡和送戏曲进校园活动中，芜湖县黄梅戏剧团表现突出，2010年至2012年三年，县财政扶持奖励剧团资金58万元，向剧团采购剧目60万元。近年来，芜湖县典梅戏剧团每年都承担了县内200多场次的公益性演出任务，将优秀剧目送到了乡村，把欢乐送给了基层群众。

（四）细化资金管理规定，加强监管，保障资金运行安全和效益发挥

根据国家、省市文件精神，结合本地实际，制定并印发公共文化服务发展专门规划以及文化民生工程实施方案，规范和引导资金投入方向与流程。建立县、镇、村三级经费保障机制和目标管理责任制，确保文化事业经费增加的幅度不低于县财政同期增长幅度。县、镇、村财政在编制年度预算中优先将农村文化建设资金配套、免费开放配套、购买服务所需资金等安排到位，并依据文化民生工程项目类型和资金分担比例，细化文化民生工程资金投入、使用与管理办法，制定各年度芜湖县农村文化建设专项补助实施办法、公共文化场馆免费开放实施办法，下发《做好农村电影放映工作的通知》，等等，明确资金来源、补助范围、补助标准、组织领导、监管与绩效考核等，使资金投入与使用规范有序，确保文化民生工程资金保障及时到位，资金效益得到有效发挥。

加强资金使用绩效考核，并将考核结果与资金拨付相挂钩。依据安徽省《公共文化类民生工程绩效评价暂行办法》《公共文化场馆免费开放绩效评价办法》《公共文化场馆免费开放民生工程绩效评价办法》《公共文化场馆开放绩效评价指标体系》《公共文化服务信息化建设绩效评价指标体系》《农村文化建设专项补助绩效评价指标体系》，芜湖县加强对专项资金使用的过程监管和资金投入的绩效考核。注意考评结果的运用。对农家书屋和书屋专职管理员采取考评结果与资金兑现、考评结果与续聘相挂钩的“双挂钩考核”制度。坚持日常巡查与突击抽查、平时考核和年终考核相结合，对书屋和专职管理员工作做出等次评定，并将考核结果与资金兑现相挂钩。具体做法是：县财政承担的专职管理员工资部分，以400元/月为基数，对评定为优秀等次的管理员

工资补助上浮 75%，良好等次的上浮 25%，一般等次、差等次的分别下调 25%、75%。县财政承担的农家书屋经费补助，以 2000 元/村为基数，对评定为优秀等次的书屋经费补助上浮 75%，良好等次的上浮 25%，一般等次、差等次的分别下调 25%、75%。对考核等次、群众满意度低的管理员，实行谈话诫勉，进行整改；整改不到位的，次年不再续聘。此外，芜湖县大力拓展投入资金筹措渠道，积极鼓励与引导社会力量重点捐助文化基础设施建设以及基层群众文化体育活动，表彰做出突出贡献的单位、团体及个人。同时，美好乡村建设等资金对公共文化服务事业的支持力度也很大。

三　芜湖县公共文化服务体系建设取得明显成效

在党和政府的领导下，在各级财政资金的有力支持下，芜湖县公共文化服务体系建设取得明显成效：文化馆、图书馆、农家书屋等公共文化场馆进一步健全，覆盖全县城乡的设施网络初步建成；持续实施文化惠民工程，服务网络、流动网络加快融合，实现了供需有效对接，公共文化服务能力明显提升；深入开展群众文化活动，进一步丰富群众精神文化生活，公共文化服务惠民效果显著，文化获得感进一步提升。

（一）公共文化设施全面建成，功能逐步健全，三级公共文化设施网络初步形成

在各级财政资金的支持下，芜湖县抓好县图书馆、县文化馆等项目建设，新建或改建镇文化站，统筹建好农家书屋或村级综合文化服务中心，并做好后续管养和维护工作，确保设施正常运行和使用。到 2017 年末，芜湖全县拥有文化馆 1 个（国家一级）；公共图书馆 1 个（国家一级），馆藏图书 24.5 万册；艺术表演团体 4 个；县级广播电台和县级电视台各 1 座，广播人口覆盖率为 100%，电视人口覆盖率 99%；省级重点文物保护单位 4 处；非物质文化遗产名录省级 1 项、市级 11 项、县级 54 项，发现文物遗存 102 处。建成 5 个镇综合文化站，其中湾沚、六郎、花桥 3 镇文化站达到一级站标准，总藏书 4.36 万余册。建成 9 个村级综合文化活动中心、89 个农家书屋（总面积达到 4648 平方米，藏书共 22.3 万余册），建成 70 个村农民体育健身场地，全县公

共体育场地总面积约为57万平方米，人均场地面积约1.63平方米。[①] 县图书馆、县文化馆、镇文化站等基础公共文化设施不仅全面建成，而且内部设施齐全，内外活动场所达标、功能厅室完备、技术设备更新较快、管理规章制度逐步健全，工作人员配备到位，这些条件为各公共文化设施服务功能的发挥提供了很好的阵地和物质条件。这里以县文化馆、红杨镇、农家书屋为例来分析文化设施建立健全情况。

县文化馆：占地约20亩，建筑面积为5078平方米，2018年改建后为5400余平方米，室外广场约2000平方米，总投资为1000余万元，各类功能厅、培训教室等设施较齐全，为“国家一级馆”。近几年依托各类财政补助或配套资金对场馆加大投入，对设备进行维修维护，购置了多媒体教学电视、运动器材及其他技术设备等。[②] 紧紧围绕“文化惠民”，常年开展形式多样、丰富多彩、群众喜闻乐见的文化活动，年承办大型文艺演出20多场，群众性文艺活动50多场。深入基层扎实开展群众性文化辅导活动，不断提高群众的文艺素质和表演水平；已真正成为全县的文化艺术培训中心、展览展示中心，文艺爱好者之家，广大群众的精神文化家园。

红杨镇：红杨镇率先在全县推进村级公共文化标准化建设，现建成6个村级基本公共文化服务中心，6个文化休闲广场，19个“农家书屋”，每个农家书屋平均藏书为2000余册，7个村文体活动中心，7个电子阅览室，每个电子阅览室配备有10台电脑，7个多功能活动厅，27个宣传专栏，28余套室外体育健身设施。全镇现有文化志愿者200多名，并成立多支文化体育队伍，每年举办篮球、乒乓球、书法、广场舞等文体活动。展厅有音响、电视机等全套设备，同时有专门的活动室并配备了运动器材等。公共文化设施的不断完善，进一步提高了全镇公共文化服务能力，为开展各类群众文化活动提供了阵地。[③]

农家书屋：截至2017年底，全县5个乡镇71个行政村建成农家书屋89个，总面积达到4648平方米，藏书共22.3万余册。每个书屋配备图书均达

---

① 参见《芜湖县2017年国民经济和社会发展统计公报》。

② 《芜湖县“五到位”推进公共文化场馆免费开放》（芜湖文化信息第6期），http://whw.wuhu.cn/Content.aspx?pSysID=3422，2016年6月29日。

③ 《芜湖县红杨镇村级基本公共文化服务标准化建设见成效》，http://whx.ahxf.gov.cn/djgz/djzh/881231.SHTML，2016年11月15日。

1800 余种 2000 余册，报纸、期刊 10 种，电子音像制品 100 种（张）。[①] 制定农家书屋管理规定，实行管理制度、借阅制度及管理员职责上墙，备有出版物借阅登记、出版物需求登记等簿册，保证正常开放时间。

（二）文化惠民工程持续推进，公共文化服务方式日益多样，服务能力明显提升

公共文化场馆建立起来，公共文化设施网络初步建成以后，如何有效提升公共文化设施服务效能？芜湖县进行了积极探索，以实施文化惠民工程为依托，结合群众需求，不断创新公共文化服务方式，增加服务内容，提高服务质量。

采取“菜单式”服务方式，实现了供需有效对接。公共文化服务发展面对的一个基本问题是如何平衡群众基本需求与政府服务供给的矛盾问题，以防止出现供需脱节、供需错位等难题。芜湖县在“送戏进万村”等文化活动中探索出的“菜单式”服务方式，提高了群众“要文化”和政府“送文化”的匹配度，实效性较强，深受群众欢迎。首先是“送什么”——畅通群众需求征集与反馈渠道，摸准群众口味“精心配菜”，创新服务模式“对口上菜”。利用新媒体发布途径，让群众熟悉一般公共文化服务菜单内容；通过座谈、走访、填写问卷等方式，广泛了解与征求群众意见，并充分考虑到各村（社区）群众个性化喜好特点，根据服务目录科学设置“菜单”。芜湖县在实践中探索出三种“菜单式”服务模式：“点菜式服务”——以菜单化方式列出所有能够提供的服务项目和内容并预发布出来，以供群众多样选择；“定制式服务”——对菜单中没有列出的基本项目，根据之前了解到的特定村居的民众需求，定制特殊的服务项目及内容，并提供相应的服务；“融合式服务”——基层文化部门根据相关单位的需求和个人的需求提供合作式服务，比如群众创作话剧剧本，由文化馆专业人员提供舞台成品化排演等。[②] 其次是“如何送”——结合农闲时间和群众意愿，合理安排演出地点，创新演出形式。演

---

① 《我县董树超获全国优秀农家书屋管理员》，https：//www. sohu. com/a/214479494_ 786814，2018 年 1 月 3 日。

② 《芜湖县“菜单式”文化民生工程服务让群众乐在其中》，http：//www. mof. gov. cn/xinwenlianbo/anhuicaizhengxinxilianbo/201804/t20180416_ 2868315. htm，2018 年 4 月 16 日。

出时间选择上，在满足一村送一场正规戏曲演出的要求之外，多利用农闲或外出务工人员春节集中返乡时期，集中开展送戏下乡等演出活动。演出地点的选择上，将全县按居住集中与分散程度划分成几个片区，集中4～6个村的场次，在1个中心点搭台连续演出，也可安排每村一场演出，最大限度地聚集农民群众。[①] 最后是“送的文艺怎么样”——规范各个环节，严控演出质量。县政府每年都组织召开专题会议研究部署“送戏进万村”工作，县文广新局负责落实政府采购招标各个环节，统筹协调剧团与镇村任务衔接。根据群众需求，县黄梅戏剧团、县万程黄梅戏剧团等为“送戏进万村”活动，专门打造了一些贴近时代、贴近基层生活、适合农村演出的黄梅小戏。在“送戏进万村”活动过程中，县文广新局、各镇综合文化站派专人做好跟踪服务工作，及时联络各村提前发出演出通知，安排好演出场地、用电、治安等工作，同时加强监督，保证演出质量，满足了群众对戏曲等的期待。

实行错时开放、特色服务，服务质量明显提升。县图书馆、县文化馆和5个乡镇综合文化站的公共空间设施免费向广大群众开放，与其职能相适应的基本文化服务日益健全。首先是加强政策宣传，改善服务条件。文化场馆在馆内外恰当位置公示服务项目与内容，及时补充更新各类设备，改善服务环境，改进管理制度，严格督查和考核。其次是健全基本文化服务项目并免费提供。开展普及性的艺术辅导，进行时政法制科普类教育，指导开展公益性群众文化活动，举办公益性展览展示，培训基层队伍及业余文艺骨干，指导民族民间文化传承及群众文艺作品创作，等等。免费开放工作中一些创造性的做法，比如错时开放以及针对特殊群体开展的特色服务等，更是提高了文化设施的利用效率，扩大了受益群体范围。实行错时开放，做到节假日、双休息日正常开放。县图书馆每周开放时间不少于56小时，全年开放无节假日。县文化馆每天开放，每周开放时间不少于52小时，节假日期间也正常开放。乡镇文化站每周开放时间不少于42小时，每月开放时间不少于26天。利用节假日、双休息日开展各类免费艺术辅导以及初级培训等免费文化活动。错时服务保证了免费开放工作落到实处。开展特色文化服务：专门为未成年人、老年

① 《芜湖县“送戏进万村”全省受表彰》，http：//www.wuhu.gov.cn/content/detail/5a77aa5c7f8b9a956be54831.html，2018年2月5日。

人、残疾人、妇女等群体提供有针对性的文化服务，推出一批特色服务项目。县文化馆开办少儿免费艺术培训班，乡镇综合文化站或文化服务中心中心开设儿童之家、老年活动之家。通过实行错时开放、特色服务、数字文化服务等创新手段，公共文化场馆免费开放取得了良好的社会效果，既使公共文化设施利用率明显提高，又极大地丰富了基层群众的精神文化生活，潜移默化中成为群众的精神乐园。

开展流动式文化服务，让群众就近享受高质量文化服务。除了安排流动文化车、流动舞台送文化到基层活动以外，还推进图书资源互联互通，城乡一体运行。公共图书馆完成了城镇一体化建设，7 个基层点和县总馆已实现互联互通。在总结农村公共图书服务一体化试点经验的基础上，扩展范围，建立起以县公共图书馆为总馆、5 个镇综合文化站为分馆、村农家书屋为基层服务点的农村公共图书服务网络。根据《芜湖县 2016 年公共图书服务一体化建设实施方案》关于流动图书配备的要求，每镇购置 600 册图书，5 个镇总计 3000 册。5 个镇综合文化站每年流转 1 次，共计 5 次，每年每个书屋流转 2 次，计 204 次，全年共计 209 次。芜湖县逐步实现了县乡村三级图书资源互联互通、一体运行，文化资源得到有效利用。

（三）群众文化活动丰富多彩，形成一批特色文化品牌，服务惠民效果显著

在农村文化建设专项补助的支持下，在城乡基层文化服务人员包括志愿人员的推动下，各项群众性文化活动蓬勃开展，有力地保障了群众参加文体活动的基本文化权益。首先，从较长时段来看。据不完全统计，2007 ~ 2017 年芜湖县全县基层群众文化活动开展情况是：大型文化活动由 12 场次增加到 35 场次，增长 190%；大型群众性文化活动由 10 场次增加到 64 场，增长 540%；文艺团体演出（含送文化下乡）由 350 场次增加到 1181 场次，增长 237%；县级全民健身活动由 10 次增加到 32 次，增长 220%；参加活动人员由约 1.0 万人次增加到 4.0 万人次，增长约 300%。其次，从一年的活动次数来看。2017 年这一年，农村公益电影放映实现了“一村一月一场”，共放映了 972 场次；各村开展农村文化活动约 193 场次，农民体育活动 186 场次。2017 年全年举办大型文化活动 35 场（次），大型群众性文化活动 64 场（次），

文艺团体演出1181场（次）（含送文化下乡232场次）①。最后，从某一项具体文化活动来看。据不完全统计，芜湖县“送戏进万村”活动2014年完成116场次，占全年任务的129%；2015年完成140场次，占全年任务的125%；2016年完成118场次，完成率达105%；2017年完成119场次，完成率为147%。多彩的文化活动丰富了群众的精神文化生活，进一步提升了他们的文化获得感。

（四）深入开展全民阅读，建设“书香城市”，城市文化软实力得到提升

全民阅读活动逐渐被纳入公共文化服务之内，且得到政策、资金等的广泛支持。党的十八大报告第一次将“开展全民阅读活动”写进文化强国建设部分，2014～2018年，国务院政府工作报告连续五次提出“倡导全民读书，建设书香社会”。“开展全民阅读活动”已上升为国家文化发展战略的一个新举措。2016年12月，国家新闻出版广电总局发布《全民阅读“十三五”时期发展规划》，明确了全民阅读工作的指导思想、基本原则和主要目标。《公共文化服务保障法》和《公共图书馆法》都要求推广全民阅读。现在我国所有省份都已经开展了读书节、读书月等全民阅读活动，全民阅读氛围更加浓厚。

芜湖县按照省、市关于全民阅读的部署要求，在完善公共文化场馆建设、扩大县图书馆信息资源共享的同时，以丰富知识、开阔视野、启迪智慧、陶冶情操为根本目的，深入开展全民阅读活动②，建设“书香城市”，提升城市文化软实力。

加大全民阅读工作的财政支持力度以及税收优惠力度，全面加强阅读设施建设。在酒店、咖啡厅、银行等场所推广建设自助图书馆或社会阅读点，为广大居民提供就近阅读服务，提高文化辐射力。2018年初，芜湖县已规划了14个社会阅读点，正在逐步建设；在市民广场建成了24小时自助图书馆并投入使用。自助图书馆面积虽不大（约20平方米），但设备齐全，并融合了多种

① 参见《芜湖县2017年国民经济和社会发展统计公报》。

② 《芜湖县召开“书香城市”建设工作推进会》，http：//www.whx.gov.cn/DocHtml/1/2017/11/14/66234566126180.html，2017年11月14日。

高新技术，功能完善，借阅方便。在县城城区、开发区内建设6个小型书吧，添置了书架、阅览桌椅以及图书等内部设施及书吧的标识标牌，制定各项管理制度，环境整洁，文化气氛浓厚。

改进公共财政投入方式，通过政府招标采购新书等方式，增加全民阅读供给。鼓励和引导社会力量提供全民阅读服务，促进全民阅读服务社会化发展。认真落实全民阅读工作年度计划，创新全民阅读服务方式，构建意识形态创新平台，推进全民阅读“八进”工程，即全民阅读进家庭、进学校、进农村、进社区、进机关、进企业、进公共场所、进军营，营造全社会“爱读书、读好书”的良好氛围。在企业、学校、社区等各领域开展演讲、诵读、征文等形式多样的重点阅读活动，交流阅读心得，分享阅读乐趣，居民文化素质得到提高。组织“书香学校”“书香企业”“书香之镇”“书香之村（社区）”评选推介活动，已形成“书香新芜·阅读沚津”文化品牌。“书香城市”建设工作开展以来，阅读活动深入基层、深入群众，覆盖全县的县、镇、村三级阅读服务体系正逐步完善。

民营文艺团体发展壮大，为丰富群众文化生活，推动文化产业发展、文化市场繁荣，创造了独特贡献。比如芜湖县黄梅戏剧团在得到县财政购买服务支持等有利的外部发展环境下，不断优化内部管理，加强人才和剧目建设，已成为全市乃至全省文化事业的一张名片。

四　健全公共文化服务财政保障机制，完善现代公共文化服务体系

支持公共文化服务发展“是公共财政的应尽职责，公共文化领域也是财政预算安排重点支持的领域之一”①。为进一步建立健全公共文化服务财政保障机制，充分发挥财政资金效益，促进公共文化服务均衡与全面发展，根据公共文化服务体系建设的现状，结合目前公共文化服务财政投入与使用中存在的突出问题，特提出以下对策思考和政策建议。

① 《财政部将继续加大公共文化建设投入》，《光明日报》2015年1月28日，第08版。

（一）拓宽公共文化服资金来源渠道，完善经费稳定增长机制

党的十八大以来，尽管公共文化服务事业得到了党和政府的高度重视，各级财政对公共文化服务体系建设的投入力度逐年加大，投入总量增速很快，也收到较好效果，但是从全局和整体上看，与人民群众日益增长的基本文化需求相比，公共文化服务投入总量明显不足；与科技、教育、卫生等其他社会事业相比，文化事业费增速与所占财政支出的比例明显偏低，这也是目前公共文化服务的发展仍很缓慢的一个重要缘由。

为解决当前公共文化服务发展资金投入不足的问题，应做好以下几个方面的工作。第一，从思想上高度重视文化财政保障工作。继续学习、宣传、贯彻《公共文化服务保障法》和《公共图书馆法》，把政府落实“两个提高”情况上升到政府的法定职责高度来看待，把落实情况列入政府年度责任目标考核范围来部署。第二，进一步增加财政预算投入，健全科学合理的转移支付制度，扩大公共财政覆盖范围。转移支付分为一般（性）转移支付和专项（性）转移支付，在公共文化服务体系建设中发挥着不同的作用。一般转移支付在推进公共文化服务标准化、均等化方面主导作用明显；专项转移支付常作为解决某一特定问题的工具，起着辅助作用。因而，需要继续加大对公共文化服务一般转移支付的比重，保证公共文化服务财政投入的持续稳定。第三，进一步拓宽公共文化服务资金来源渠道，创新投入方式，促进形成投入主体和投入方式多元化的新格局，增加内容供给，提高供给效率。需要进一步加大一般公共预算与政府性基金的统筹力度。推动公共文化服务社会化发展，财政部门可采取政府采购、定向资助、项目补贴、贷款贴息、捐赠配比、以奖代补等政策措施，鼓励包括文化企业在内的各类文化机构、其他组织、个人通过直接投资、捐助设备、赞助活动、资助项目、公益众筹、公益创投等方式，参与公共文化服务建设。加大各级财政资金向社会力量购买公共文化服务的投入力度，逐步增加购买公共文化服务的比重，对今后新增的、适于以购买服务方式实现的公共文化服务内容，原则上要以政府购买服务方式实施。为提高公共文化资金使用的透明度，需继续探索与扩大文化类政府性基金管理模式。截至目前已经设立的文化类政府性基金有国家文化发展基金、国家出版基金、国家电影事业发展基金、国家艺术基金等，它们正在各个领域发挥积极作用。今后应遵循公开、公

平、公正原则，逐步改革目前以各级政府决策为主确定公共文化项目的做法，探索公共文化项目基金管理模式，综合运用补贴、奖励等资助方式，实施专家评审、社会公示、绩效考评制度，提高公共文化资金使用的透明度，从而实现社会效益和经济效益的统一。逐步提高各级彩票公益基金用于公共文化服务的比重。第四，发挥政府投入的引领作用，进一步落实和完善社会力量参与公共文化服务的各项优惠政策。

（二）合理划分政府公共文化财政事权和支出责任，健全财政分担机制

按照政府间财政事权与支出责任划分的原则，一般公共文化公共产品的受益范围与政府的财政责任是相匹配的。自从实施分税制改革以来，中央财政持续不断加大对地方的一般转移支付力度，推动公共文化服务发展，但受对文化发展重视程度不够、地方财政困难等因素影响，其中用于文化的支出，特别是用于公共文化服务的支出，比重普遍偏低。同时，部分专项转移支付缺乏具体和严格的事权依据，公共文化服务中央和地方财政职责不清，专项资金的支持重点不突出，导致使用效益不高。因此，必须根据文化发展的特点和规律，合理划分中央、地方政府财政投入责任，达到事权与财力相匹配、权责一致。

《关于加快构建现代公共文化服务体系的意见》提出，合理划分中央政府与地方政府基本公共文化服务支出责任，逐步健全公共文化服务财政保障体制机制。《国家“十三五”时期文化发展规划纲要》再次强调，“合理划分各级政府在文化领域的财政事权和支出责任，明确地方主体责任”。划分原则是什么？《国务院关于推进中央与地方财政事权和支出责任划分改革的指导意见》（国发〔2016〕49 号）就合理划分义务教育与高等教育、科技研发、公共文化、基本养老保险、粮食安全等基本公共服务的财政事权与支出责任，做出原则性规定。依据该文件精神，体现国家主权、受益范围覆盖全国的基本公共文化服务由中央政府负责，即此文化服务项目所对应的政府的财政事权与支出责任就应当为中央政府的；地区性基本文化公共服务由地方政府负责；体现国家战略意图、跨省（区、市）的且具有地域管理信息优势的基本公共文化服务由中央与地方政府共同负责；特别是对公共文化受益范围较广、信息更复杂的财政事权，根据公共文化财政事权的外溢程度，由中央和地方政府按比例或由

中央给予适当补助的方式承担各自支出责任。具体就是，对于中央推动的国家级重点文化工程建设，应以中央财政承担主要部分、省级财政承担其余部分、中央和省级财政共同承担为基本原则；对于一般省级重大公共文化服务设施建设，应采取省级和市县财政按一定比例进行分摊的方法来承担；对于市级、县级重大公共文化服务设施建设，应采取三级财政按比例分摊的办法完成，即省级承担大部分、中央和本级财政分担其余；对于城市社区的公共文化设备购置和活动开展、农村特色节庆文娱活动、基层公共文化服务人才教育培育等项目，因其具有多元性和地域性等特征，应以地方政府为事权和支出责任主体，中央财政根据项目形式和地方财力状况给予一定的补助或奖励。省级政府要根据省以下政府财政事权划分关系、财政体制及基层政府财政收支状况，合理划分与确定省以下各级政府的支出责任，避免基层政府承担过多的财政事权。所以从宏观角度上看，比较理想或适合的公共文化财政支出体系是：建立以中央和省级两级财政为决策主导、以省级财政为资金主导、以县乡财政为资金辅助、在执行上依靠本级政府的一个基本框架。①

（三）优化公共文化服务财政投入结构，实现基层公共文化服务均等化

党的十九大报告明确指出，新时代我国社会的主要矛盾已经转化为人民日益增长的美好生活需要和不平衡不充分的发展之间的矛盾。这一主要矛盾在公共文化服务领域的表现也十分突出，集中体现在公共文化服务投入结构方面。这些年各级财政在公共文化发展中发挥保基本、促均等作用的同时，在投入结构方面出现越来越明显的相对失衡状况，直接导致公共文化服务均等化程度提高缓慢。相对失衡具体表现在以下三个方面。第一，公共文化服务投入城乡差距仍然较大。受到经济发展水平较低、公共文化服务半径过长和居民居住集中度不高等因素的制约，广大农村地区实际享受到的公共文化服务从数量到质量都远低于城市。第二，公共文化服务投入对象上忽视老年人、儿童、妇女、农民工、残疾人等特殊群体基本文化权益的保障。第三，公共文化服务投入区域

① 赵颖：《我国文化事业财政投入研究》，东北财经大学硕士学位论文，2013，第138～139页。

不平衡现象严重。相较于东部地区，中西部省份人均财政投入普遍较低。

优化财政投入结构，深入推进文化惠民，提升公共文化服务效能，难点在基层和农村，尤其是老少边穷地区。这就需要把资金、资源更多地向基层、贫困地区、特殊人群倾斜，实现公共文化服务均衡协调发展。第一，保基本、补短板，优先安排涉及群众切身利益的文化事业项目，重点在于“发挥县级公共文化机构辐射作用，推进基层综合性文化服务中心建设”，围绕读书看报、广播电视、文艺演出、电影放映、文体活动、教育培训、展览展示等方面，保障基层公共文化设施正常运转和开展群众文化活动所需经费，加大力度扶持公共文化机构的技术改造和设备投入，努力打通“最后一公里”，缩小城乡文化发展差距。继续贯彻实施《关于推进基层综合性文化服务中心建设的指导意见》，整合乡村现有的党员教育、普法教育、科学普及、体育健身等设施资源，整合各类重点文化惠民工程，“按照有标准、有网络、有内容、有人才的要求”，建设基层综合性文化服务中心，设置具体文化服务项目，明确文化服务种类、规模、数量和质量要求，实现基层公共文化资源互联互通、共建共享。① 第二，在服务对象上一视同仁，确保公平。要为残疾人、农民工、老人、儿童和农村留守妇女等特殊群体推出一批特色服务项目，提供有针对性的文化服务，满足他们的基本文化需求。第三，完善转移支付制度，加大中央财政、省级财政转移支付力度，重点向贫困地区、民族地区、边疆地区、革命老区倾斜。推动各级政府贯彻落实《“十三五”时期贫困地区公共文化服务体系建设规划纲要》《“十三五”时期文化扶贫工作实施方案》，“反弹琵琶”，补短板，消盲点，推动贫困地区与全国同步实现文化小康。重点是对县、乡公共文化服务设施提档升级，以保证到“十三五”期末全面实现达到国家标准。工作要求是：国家安排的公益性文化建设工程（项目）“取消县及县以下和集中连片特困地区地市级资金配套，加大相关转移支付资金对贫困地区公共文化建设的支持力度”②；继续实施贫困地区民族自治县、边境县村综合文化服务中心覆盖工程；继续实施贫困地区设备购置项目、村文化活动室设备购置项目，实施流动文化车项目；加强贫困地区公共数字文化建设，包括“中西部贫困地区公共数字

① 参见《中共中央国务院关于实施乡村振兴战略的意见》。

② 《“十三五”时期贫困地区公共文化服务体系建设规划纲要》，《文化月刊》2015 年第35 期。

文化服务提档升级”建设项目、边疆万里数字文化长廊建设与服务、“数字图书馆推广工程”；深入开展以三大工程为主的文化志愿服务项目，以重点需求项目为引领，动员各地群众深入开展基层文化志愿服务活动，推动文化资源向老少边穷地区倾斜；进一步提高贫困地区公共文化服务效能，包括改进公共文化机构免费开放工作，探索实行县级文化馆、图书馆总分馆制，等等。①

（四）加强文化资金监管，提高资金使用效益

《中华人民共和国公共文化服务保障法》提出，“县级以上人民政府应当建立健全公共文化服务资金使用的监督和统计公告制度，加强绩效考评”。新《预算法》亦强调，预算编制要有目标、预算执行要有监控、预算完成要有评价，“评价结果有应用、绩效缺失有问责”。从全局和长时段来看，公共文化服务支出的绝对规模上升比较明显，但受到多种因素的影响，财政支出的绩效却不令人乐观。

为提高各级政府公共文化服务支出效率，基于法规政策要求和既有实证研究，提出几条建议。第一，加强对公共文化服务资金投入、管理和使用情况的监督和审计，健全监管机制，降低交易风险和成本。明确资金投入支出各环节的监管责任，并落实到人，同时通过定期的项目绩效考核保证高效率。第二，建立健全财政公共文化预算安排与投入资金绩效评价结果相挂钩制度。随着专项转移支付力度的不断加大，财政资金运行管理的难度也在相应增加，为确保资金运行的安全和资金使用效益的发挥，应在政府的指导与支持下积极采用科学先进的管理手段，通过引进专家咨询制度、社会中介机构评价制度并结合群众民主评议的形式，定期从标准化、公益性文化事业发展、社会贡献、受众满意度、均等化等方面，考核与评估各级政府及文化、财政、广电等部门对公共文化服务投入资金的使用效果，绩效评价结果要定期向社会公布接受监督，并将评估结果作为调整投入数量和投入结构的主要依据。

（五）发挥财政保障和支持功能，加强基层文化队伍建设

进一步发挥财政保障和支持功能，加强基层文化队伍建设，显得十分紧迫

① 《“十三五”时期文化扶贫工作实施方案》，《中国文化报》2017年6月8日，第02版。

和重要。第一，完善人才队伍建设规划、机构编制、学习培训、工作条件、待遇保障等方面的政策措施，完善基层优秀文化人才发现培养机制。遵循“控制总量、盘活存量、优化结构、有减有增”的要求，认真研究、及时制定县乡公共文化机构人员编制标准。根据业务发展状况，设立城乡社区公共文化服务岗位，择优配置由公共财政补贴的工作人员。基本要求：在现有编制总数内，每个乡镇综合文化站（或中心）配备不少于1至2名工作人员，规模较大的乡镇适当增加。打破体制内外人才壁垒，深化工作人员特别是新文艺群体职称评审改革，优化职称评定设置，重视能力实绩，合理设置职称结构，整体设计人才评价体系。第二，按照要求将公共文化服务专业人才培养纳入国民教育体系，建立培训上岗制度，推进基层队伍培训正常化规范化，全面提高从业人员素质。乡镇综合文化站（或中心）从业人员应熟悉现代广播电视技术，应具备组织群众开展文化活动等多方面的服务能力。县级以上公共文化服务机构工作人员每年参加脱产培训的时间不少于15天；乡镇（街道）、村（社区）基层文化专兼职服务人员每年参加集中培训的时间不少于5天。第三，加强基层乡土文化人才建设，扶持民间文艺社团、业余队伍发展，培养民族民间文化传承人尤其是非遗项目代表性传承人，壮大社会体育指导员队伍。第四，重点扶持贫困地区、革命老区、民族地区、边疆地区、西部地区人才队伍建设。继续推进“春雨工程”（即“全国文化志愿者边疆行”，2011年启动）、“阳光工程”（即“中西部农村文化志愿服务行动计划”，2016年启动），发扬志愿精神，开展农村文化活动和乡村学校少年宫艺术培训；继续实施2011年启动的“三区”人才计划专项，为“三区”培养急需的文化、科技、卫生等专业人才；完善文化结对帮扶工作机制，鼓励社会各界参与文化扶贫。

（六）发挥财政引导市场的作用，整合文化事业、旅游业、文化产业资源

第一，进一步完善相关财税优惠政策，对经营性文化单位转企改制继续予以资金支持，并通过调整财政投入方式与结构，推动各文化单位进行内部机制创新，继续深化人事管理、收入分配、社会保障制度改革，明确服务规范，强化服务功能，增强自身发展活力，帮助培育其成为新的文化市场竞争主体。第二，针对公益性文化事业单位，遵循“增加投入、转换机制、增强活力、改

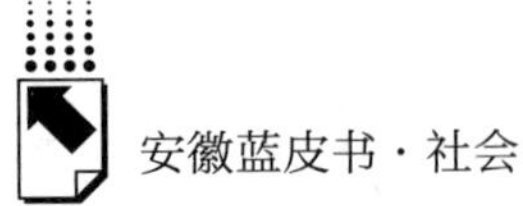

善服务”的方针深化内部机制改革。财政重点支持的方向是帮助其改善服务条件和服务设施，增加专项投入，支持内容建设、功能建设及公共服务平台建设，提高这些文化单位日常运营的财政保障水平。完善公益性文化事业单位运行机制，推动图书馆、文化馆（站）、博物馆、群众艺术馆、美术馆等建立事业单位法人治理结构，组建理事会，吸纳有代表性的社会人士、专业人员以及基层群众参与管理，建立与完善决策、执行和监督机制。第三，在文化与旅游资源比较丰富的地方，创新文化与旅游发展思路，把文化景点、类型、内涵通过不同方式贯穿到旅游中，强化财税政策支持。芜湖县作为安徽省首批休闲农业和乡村旅游示范县，依托“旅游＋文化”模式，积极推动陶辛水韵、西河古镇、珩琅山旅游度假区、和平生态园研学基地、六郎水上慢城、九十殿道教文化园等一批文化旅游项目建设，不断优化旅游空间布局，加快推进旅游产品优化升级，全县旅游产业呈快速发展态势。比如2017年4月开工的西河粮站古韵文化创意园项目，在保护存留原有文化、历史底蕴的基础上，进一步注入现代元素和时尚内涵，引进各类设计、文化、创新等工作室，让文化创意成为红杨镇经济发展新亮点。今后应围绕乡村振兴或精准扶贫战略，推动优秀传统文化资源与创意产品设计、旅游等跨界融合，推进文化资源数字化进程，并将“文化创意产品开发纳入文化产业投融资服务体系支持范围”①，同时吸引社会力量积极参与文化创意产品研发、生产和经营。

① 《让沉睡的文化资源活起来》，《光明日报》2016年5月5日。

B.13

基层德治背景下肥东县“新乡贤文化”建设实践与思考*

毕权胜**

摘　要： 乡村振兴，恰逢其时；治理有效，不可或缺；乡风文明，势在必行。我国农村范围广、人口多，道德建设的重点在农村，难点在农村。肥东县立足于乡村振兴战略的时代视角和文化自信的历史背景，创新基层德治、聚焦模范效应、培育乡风文明，以“乡贤馆”为平台，以“乡贤会”为依托，着力打造“新乡贤文化”，作为乡村文化建设中固本培元的有力抓手，以及乡村治理体系中提标升级的有效举措，进而实现“乡风文明、治理有效”。

关键词： 基层治理　乡风文明　新乡贤文化　乡贤馆　肥东县

习近平总书记在党的十九大报告中，提出实施乡村振兴战略，并具体指出“要加强农村基层基础工作，健全自治、法治、德治相结合的乡村治理体系”，新时代对乡村治理提出了更高要求，更加凸显培育乡风文明、弘扬时代新风。2018 年中央一号文件《中共中央国务院关于实施乡村振兴战略的意见》部署强调，要培育富有地方特色和时代精神的新乡贤文化，积极引导发挥新乡贤在乡村振兴，特别是在乡村治理中的积极作用。在“三治”体系中，自治为基，

* 基金项目：本文系合肥市 2018 年底哲学社会科学规划项目“合肥地区乡村治理研究”的研究成果。

** 毕权胜，中共肥东县委办公室，硕士，研究方向为基层党建、乡村文化等。

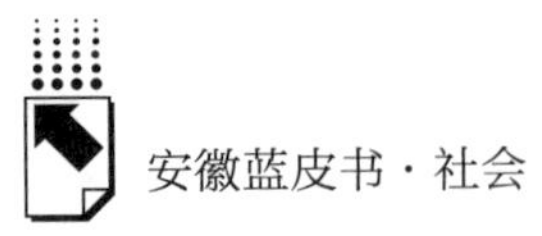

法治为本，德治为先。从社会治理的实践来看，以基层德治强化乡村治理，协同于自治和法治，正是着眼我国深厚的优秀传统文化底蕴，有利于促进广大乡村走向“乡风文明”、实现“治理有效”，为“产业兴旺”“生态宜居”“生活富裕”提供坚实支撑。

中国社会是乡土性的。习近平总书记曾多次指出：“中华文明经历了5000多年历史变迁，但始终一脉相承，积淀着中华民族最深层次的精神追求，代表着中华民族独特的精神标识，为中华民族生生不息、发展壮大提供了丰厚滋养。”中华优秀传统文化强调“与人为善”“仁者爱人”“德不孤，必有邻”“出入相友，守望相助”等内涵，与社会主义核心价值体系相契合、相吻合，习总书记指出：“像这样的思想和理念，不论过去还是现在，都有其鲜明的民族特色，都有其永不褪色的时代价值。这些思想和理念，既随着时间推移和时代变迁而不断与时俱进，又有其自身的连续性和稳定性。”古代乡村地区的社会治理、文化繁荣，很大程度上得益于大批有文化、有实力、有资源的乡贤的存在。传统乡贤文化中蕴含的见贤思齐、崇德向善等属性，用乡情、乡风、乡约教化乡民、泽被乡里的做法，仍值得今天振兴乡村、发展乡村所借鉴，依然有其现实价值。

“乡贤”即乡里贤能，是中国历史进程中的一种产物，每个地方、每片区域都有本土的乡贤资源，担当着治理乡村、风习教化、管理公共事务的重任，填补着乡村公共治理空间的空白。放眼当前，有德行、有才华，成长于乡土，奉献于乡里，在乡民邻里间威望高、口碑好的人，可谓之“新乡贤”；再宽泛一点说，只要有才能、有善念、有行动，愿意为农村建设出力的人，都可以称作“新乡贤”。他们可以利用其自身的人格魅力和本土威望，引导舆论、凝聚人心、端正风气，实现基层治理的和谐发展；或凭借自身的经验、学识、专长、技艺和资源，传播新文化、新思想、新技能，更好地服务于乡村振兴。

一　乡村振兴背景下乡贤文化的理念发展

（一）理论原点

追溯起源，乡贤文化始终扎根于广大乡村的母土文化之中，具备中华优秀传统文化的特征，被视为涵育乡风文明、参与乡村治理的重要力量，地位不可小觑，作用不可替代。

首先，乡村治理是乡村振兴的重要立足点。乡村振兴战略，是国家层面上的综合性战略，追求的是乡村的全面振兴。在“二十字”总要求中，“治理有效”是乡村振兴的目标之一，也是乡村振兴的先决条件。“三治合一”乡村治理体系的提出，为推动社会治理重心向基层下移指明了方向，为乡村由“管理民主”向“治理有效”升级找到了路径。需要正视的是，当前乡村治理体系存在一些亟待深化完善的问题，主要有：乡村治理的顶层设计和体制机制不完善，缺乏治理的针对性和有效性；各治理主体间的利益冲突和矛盾难以短时间消除，影响着乡村的和谐稳定；等等。长此以往，农村这块短板不可避免地会越来越短，也将影响到乡村的整体振兴，进而将在一定程度上“拖”现代化建设的“后腿”。“振兴者”们势必要直面艰巨任务，在乡村治理中找短板、补不足，创新乡村治理体系，走乡村“善治”之路，推进治理体系和治理能力现代化。

其次，乡村德治是乡村治理的重要支撑点。“健全自治、法治、德治相结合的乡村治理体系”意义深远，这“三治合一”“多元共治”的体系，旨在实现以自治为核心、以法治为保障、以德治为引领的差异化治理。其中，德治以伦理道德规范为准则，是社会舆论与自觉修养相结合的“软治理”。无论是法治还是自治，都要通过德治来体现和引导，才能有效破解在乡村治理中法律手段太硬、说服教育太软、行政措施太难等长期存在的难题。所谓“道之以德，齐之以礼，有耻且格”，意思是指用道德来引导民众，用礼节来规范行为，以此培树社会的知耻之心和规矩之行。在我国，乡村是人情社会、熟人社会，维系着道德规范和民风习俗，善加利用引导便可形成与自治、法治相辅相成的德治。长期以来，德治多见于我国基层治理，可资借鉴的“无讼”，便是依靠乡土社会的礼治秩序对人形成规范作用。因此，可以把基层德治作为培育社会主义核心价值观的有力抓手，传播真善美、激发正能量，引向“乡风文明”，走向“治理有效”。

最后，乡贤文化是乡村德治的重要切入点。习近平总书记指出，培育和践行社会主义核心价值观必须立足中华优秀传统文化。乡村振兴离不开资源的投入，也离不开要素的集聚；同理，乡村治理现代化离不开人才的担当，乡贤文化回归正当其时。所谓“乡贤”，即本乡本土有德行、有才能、有声望而深为当地民众所尊重的贤人。由此而来的“乡贤文化”，是一个地区的具有当地精神文化标记的中华优秀传统文化，根植乡土、贴近性强，呈现独特的地域性、人文性、亲善性。特别是蕴含着见贤思齐、崇德向善等优秀文化基因，其文化道德力量可教化乡民、泽被乡里，对于培育文明乡风、良好家风、淳朴民风大有裨益。显而易见，乡贤的影响不是来自行政力，而是来自感染力，春风化雨，润物无声。从现实情况看，农村优秀基层干部、道德模范、身边好人等先进典型，成长于乡土、奉献于乡里，在乡民邻里间威望高、口碑好，正日益成为“新乡贤”的主体。

（二）实践困境

乡村作为传统道德积淀的深厚土壤，虽说长期在坚守，但也面临诸多现实困境，这是强化新时期乡村德治的形势所需，也是构建新乡贤文化的实践所向。

一是市场化的变革给乡村德治带来挑战。改革开放以来，市场经济的改革和发展带动农村与城市同步共振，乡村地区的社会阶层和利益格局在“三农”体系深刻变革中，不得不随之调整。市场经济本身自带的趋利性，在充分调动农民积极性的同时，也使得农民的日常生产活动更加市场化、商品化，促使农村道德水平出现分化。部分农民的人生价值取向产生偏离，利益观念和功利意识有所倾向，个人主义思想“占据”着社会责任感“上风”，拜金主义、享乐主义和利己主义显现，产生了唯利是图、急功近利、见利忘义等负面效应。许多乡村的“沦陷”，不仅仅表现在农村生存的自然条件和社会环境的恶化，更是一种温情的生活样式、行为准则和生存价值的消失。以功利取向为主导的市场经济，对农村道德文明风尚提出了很大程度的挑战。

二是城镇化的转型让乡村德治加大难度。在社会道德领域，人伦常理作为一种长期稳定的价值观念而存在，尤其是传统的中国农村有着浓厚的血亲血缘观念，农民具备强烈的伦理意识，这让“伦理本位”的乡村状态由来已久。但伴随城镇化的大趋势、大背景，农村大多数青壮年劳动力向城镇流动，出现了大量“空心村”，乡村现状堪忧，凋敝、失根现象日趋严重，乡风悄然发生变化。其同步产生的“三留守”家庭，只有老人、妇女、儿童，这算得上是缺员的、残破的。家庭成员长期不在一起居住，血亲血缘出现“断档”，成员间的维系把控出现“真空”，良好的伦理道德在彼此间得不到“无缝”传承，家庭自律逐渐减弱。因此在乡村人群净流失的背景下，其价值观念、行为习惯、精神面貌在这个变迁中发生诸多变化并持续变化，进而导致伦理道德的约束减弱，愚昧与文明相互“冲刷”。

三是现代化的进程使乡村德治更加多元。在解构主义盛行的文化背景下，农村的传统价值观念同新时期的价值理念相互碰撞。特别是社会工业化和互联网时代，重构了长期以来的农耕文明，改变了乡村原有的生产方式和联结方式，带动了其社会结构和社会关系的变化，身处其中的农民不自觉地产生认同危机，进而影响着农民心态与人格的形成。与之相伴，各种思维观念、道德评价“名目繁多”，农民的价值取向更加多元化。在新的道德体系尚未建立的情况下，原本的道德规则向边缘化和碎片化方向发展，乡村文明道德风尚自然出现各种差异，显示多样状态。特别是改革开放以来，乡村社会逐步由相对封闭的静态转型到流动加剧的动态，农业生产方式日益变革、农村社会结构日益分化、农民思想观念日益多元，传统的乡村治理模式越来越难以适应新形势不断变化的要求。

（三）发展趋势

提炼乡贤文化的品质内涵，就是要传颂好古贤，汇聚好今贤，培育好新贤。在新的历史条件下，挖掘更多的新乡贤，让他们积极参与到乡村治理中，这对于“多元”治理主体的构建以及实现乡村的“善治”意义重大。

首先，从政策导向来看。2015 年中央一号文件提出，创新乡贤文化，弘扬善行义举，以乡情乡愁为纽带吸引和凝聚各方人士支持家乡建设，传承乡村文明。中央领导也在多个场合、多次讲话中提到，建设新农村、弘扬社会主义核心价值观要发挥“新乡贤”的作用。早在 2014 年召开的培育和践行社会主义核心价值观工作经验交流会上，中宣部部长刘奇葆强调，要继承和弘扬有益于当代的乡贤文化，发挥“新乡贤”的示范引领作用。“新乡贤文化”这个名词，首次出现于 2016 年全国“两会”讨论的“十三五”规划纲要（草案）中，并解释“新乡贤文化的核心是文明的进步，是一种凝聚力”；该纲要在“加快建设美丽宜居乡村”章节中提出“培育文明乡风、优良家风、新乡贤文化”。“新乡贤”概念于2017年底在第十三届中国农村发展论坛上得以定义。从中办国办印发的《关于进一步加强和改进离退休干部工作的意见》也可见一斑，文件鼓励发挥离退休干部的优势，随之湖南、湖北等地不少退休官员成为“新乡贤”。

其次，从探索经验来看。近年来，全国各地纷纷响应，积极继承和弘扬本地优秀乡贤文化，创建新乡贤文化，助推当地的各项建设。2015年中宣部在浙江召开创新发展乡贤文化现场交流会，指出乡贤文化植根乡土、贴近性强，蕴含见贤思齐、崇德向善的精神力量，是中华优秀传统文化的重要组成部分。2016年《光明日报》推出“新乡贤·新农村”系列报道，挖掘“新乡贤”和“乡贤文化”与新农村建设的人物故事和经验做法，给出了重要启示。浙江省绍兴市上虞区是创建工作起步较早的地区，整个创建工作的成果呈现系统化、规模化。作为中国乡贤之乡，上虞不断发展适应时代精神需求的新乡贤文化，成立乡贤研究会，并先后推出了乡贤文化广场、乡贤馆建设和新乡贤培育“青蓝工程”等一系列举措，有力推动乡贤文化由研究挖掘向培育传承深化。安徽省宿松县大力倡导乡贤文化，印发《创新发展“乡贤文化”的实施意见》，着力培养造就乡土文化人才。

最后，从落实举措来看。当前正值乡村振兴战略起步阶段，顶层设计已然敲定，基层探索正在跟进。《中共中央国务院关于实施乡村振兴战略的意见》做出“提升农民精神风貌，培育文明乡风、良好家风、淳朴民风”的重要部署；安徽省着眼于“满足人民群众对美好生活的向往”这一目标，2018年初召开“开展移风易俗、弘扬时代新风”动员大会。合肥市启动“推动移风易俗、树立文明乡风”系列活动，发布了《合肥市移风易俗八项行动标准》。肥东县启动“推动移风易俗、树立文明新风”活动，党员干部带头示范厉行勤俭节约，反对铺张浪费，特别是在实施乡村振兴战略进程中，把弘扬时代新风摆在突出位置，主动作为、创新施为，创设农村宣传新阵地，因地制宜地建立“乡贤馆”、成立“乡贤会”，着力打造“新乡贤文化”，赋予农村基层治理新视角、新思路。当前，就是要认清、摸准基层德治的内在逻辑和乡贤文化的潜在特质，有效涵育、合理运用，充分激发新乡贤文化在教化乡民、反哺乡里、涵养乡风方面的“德育”功能，在新时代下服务于乡村振兴战略。

二　肥东县打造“新乡贤文化”的实践成效

（一）特色做法

作为新尝试、新探索，肥东县各地纷纷“试水”，着力打造新乡贤文化，以“乡贤馆”为平台，以“乡贤会”为依托，创新基层德治、培育乡风文明，推动乡村治理体系和治理能力现代化。

一是立足于“评”。肥东县突出群众评、评群众，广泛征求评选意见，形成“遵纪守法、品德良好、为人正派、处事公正、群众公认”20个字的遴选标准，并听取各方建议推选，注重把“有威望、能带头、起作用”的榜样人物、先进人物、精英人物选树出来。从时空分布来看，囊括了古代乡贤、红色乡贤、现代乡贤各阶段。现代乡贤人物中，既有德高望重的还乡官员、推陈出新的科技人才，又有反哺桑梓的企业家、发家致富的带头人，还有结合“道德模范”“身边好人”评选活动而广泛挖掘的草根群体、民间力量，有一心为民的老党员老干部，有扶危济困的热心人好心人。在解决“乡贤何在”难题的基础上，整合全县资源，编撰形成肥东的《历代人物》《现代人物》《当代人物》乡贤系列丛书，《优秀家风家训集锦》乡贤文化书籍以及《天南地北肥东人》大型电视纪录片。石塘镇四合村以“革命英烈”、“科苑精英”、“故乡赤子”、“杏坛师表”、“乡贤名流”和“十星好人”为类别，评选出本村范围的27位英烈和36位新乡贤，典型鲜明、清晰明了。

二是着眼于“展”。源于但不囿于初始的乡贤评选，肥东县注重对乡贤的展示宣传，让模范选树工作“长期奏效”。实践中，以“乡贤馆”为概念模式，开发室内场地、开辟德育阵地、开放实体展馆，系统有序地罗列乡贤人物，集中展示其嘉言懿行、成就贡献。众兴乡因地制宜，有效利用闲置资源，将乡贤馆布展于乡综合文化站，建筑面积达120平方米，布展面积近300平方米，按序设置了“淮军将领抵御侵略”“革命火种最早点燃”“抗美援朝保家卫国”“对越战争自卫还击”“市场经济最初萌芽”“人文荟萃道德高地”“众兴精神熠熠生辉”共7个主题板块，精心展现各个时期的典型代表人物共38名。特别是运用了“声、光、电”现代科技，融入“视屏 + 音频”手段，以播放屏提升视觉冲击，以触摸屏提升互动体验，图文并茂、声情并茂，让乡贤文化变得可视可触可摸（见表1）。长临河镇四顶社区乡贤馆，以“印象四顶”为主题，划分村史民情、乡贤人文、美丽四顶、乡村振兴、红土清风五个部分，通过过去老照片和如今新景象的展示对比，全面阐述四顶社区在乡风习俗、产业发展等方面的发展成果。

表1　众兴乡贤馆来访情况

单位：人，%

来访者 共1537人	按来访身份	群众	513	33.4
		学生	335	21.8
		机关单位人员	138	9.0
		企事业单位人员	312	20.3
		乡贤本人及家人	34	2.2
		其他	205	13.3
	按来访形式	团体组织	569	37.0
		个人前来	968	63.0
	按来访缘由	慕名而来	551	35.8
		办事途经	838	54.5
		其他	148	9.6
	按来访距离	0～1千米	576	37.5
		1～5千米	631	41.1
		5千米以上	330	21.5

注：起讫时间为2018年5月10日至6月9日。

三是致力于“用”。作为先进典型，乡贤资源既追求“选得出”，也讲究“用得好”。肥东县再延伸、再深化，充分发挥乡贤在“修身、立业、齐家”方面的示范带动作用。以四合村为例，依托新乡贤的威信力和影响力，组建“乡贤会”，制定出《村规民约》“三字经”，评选出《示范家训》“二十例”，引导村民闲暇之余“学思践悟”，引领培育文明乡风、良好家风、淳朴民风。值得一提的是，四合村以“乡贤会”为主体，组建了村民自治体系“四厅四会”，即百姓说事厅、便民办事厅、普法明事厅、阳光监事厅以及村民议事会、红白理事会、道德评事会、调解和事会。其中的便民办事厅采用“村企一体”为民服务模式，将全程代理服务网络和邮政服务网络进行“并网”，提档升级农村基本公共服务，打通为民服务“最后一公里”；红白理事会系全县首个发起成立的，重在引导移风易俗，破除陈规陋习，倡导“喜事廉办、婚事新办、丧事简办、小事不办”，并推出“包公家宴”简餐菜谱，党员干部带头做起，厉行勤俭节约，“大操大办”之风得以有效遏制。

（二）主要成效

肥东县以“乡贤馆 + 乡贤会”模式为突破，坚持价值引领、文化熏陶、实践养成原则，以发挥模范效应、释放道德张力为理念，深化“软约束”“软治理”，已然成为助推乡村振兴尤其是文化振兴的特色品牌，受到广大群众以及各领域社会人士的推崇和认可。

其一，实现了“精神高地”和“文化标识”有机结合。放眼更高站位，肥东各地在谋划实施过程中，着眼乡、村两级，以“乡贤馆”为突破点，构筑了精神“新高地”、树立了文化“新地标”。目前已建成的有众兴乡贤馆（乡镇级），以及石塘镇四合村、长临河镇四顶社区（村社级）。作为一种实体平台，乡贤馆展示人物、讲述事迹，从功能上看，既是道德礼堂，又是文化展厅，既是名人馆，也是文化馆。比如，众兴乡的乡贤馆围绕社会主义核心价值观，提炼出“爱国、忠诚、团结、向上”，作为新时期的众兴精神，在地域认同上“画出最大同心圆”，以“润物细无声”的方式维系乡情、乡恋、乡愁；同时，结合乡情沿革、资源禀赋，全面展示众兴的人文历史和社会发展，促使“淮军摇篮”“花样小乡”“天然氧吧”“生态众兴”区域文化品牌广泛传播、深入人心，进而助推了当地经济健康发展、社会和谐稳定、公益事业进步、区域文化繁荣。

其二，实现了“乡村自治”和“乡村法治”有效融入。乡贤作为先进典型，其示范引领作用不言而喻。基于此，肥东县推动“新乡贤”群体从“室内”走向“室外”，从“静态”变为“动态”，投身于乡村社会建设、风习教化、公共事务中，引导群众自我教育、自我管理、自我服务。在基层自治方面，村级党组织领导的村民自治机制不断健全、充满活力，以村民小组（自然村）为基本单元的村民自治试点启动实施，村级集体资产股份制改革全县铺开；在基层法治方面，尊法学法守法用法成为农民群众的自觉行动，其获得感、幸福感、安全感更加充实、更有保障、更可持续。四合村原本基础设施落后、集体经济负债，“民声一片怨”，是有名的“空壳村”“后进村”。四年来，通过建立“乡贤馆”、成立“乡贤会”，“四厅四会”发挥功能，“党建 + 乡贤”模式卓有成效，实现了“大变样”，全村上下如今是党风正、清风扬、家风树、民风淳，并成功入选合肥市“廉政文化进农村示范点”。长临河镇四顶社区也“全面开花”，各项工作均走在全县前列，近三年便获得国家级荣誉1项以及省级荣誉5项、市级荣誉6项。

其三，实现了“以德育人”和“以文化人”有力彰显。新乡贤文化以“知贤、颂贤、学贤”有效引导群众崇德向善、见贤思齐，使“仁义礼智信”回归民众共识，更多“新乡贤”得以涌现，更多正能量得以凝聚。肥东县以乡贤之名，评选了先进，选树了典型，“身边人、身边事”让群众易懂易记、对标对表、入脑入心。全县已当选市级以上道德模范和身边好人共82人，其中有3人获得全国道德模范提名，9人入选“中国好人”，新乡贤文化成为培育和践行社会主义核心价值观的原动力。乡、村两级“乡贤馆”扎根乡村本土，建立起“敬”和“畏”的道德体系，融入德孝文化、桑梓文化等文化内涵。“乡贤+”多元化实践发挥其道德指引和示范引领作用，树立新风正气，培育文明风尚，农民精神风貌和乡村社会文明程度不断提升，和美家风、醇美乡风、尚美村风“随风而来”，初步构建起传统乡土社会与现代社会的有效衔接机制，实现了乡土文化的延续、公序良俗的形成。

（三）存在不足

从多地“乡贤馆”“乡贤会”的建设运营来看，一些共性问题在所难免，主要有以下几个方面。一是认识上不重视。乡贤工作是系统工作，不论是资料的积累还是乡贤作用的发挥，需要各地各部门各领域的重视和配合。目前，多地主要是依靠少数人的“一腔热血”，各个方面的主动性和积极性尚未有效激发起来。二是建设上不平衡。乡贤馆厅的硬件建设处于不平衡状态，尚未纳入公共文化服务体系，缺乏财政预算的长效支撑，其中少数列为典型示范的馆厅得以“挤占”场地，但大多数在人、财、物等要素投入方面可谓“捉襟见肘”。三是运行上不长效。存在“建而不管”的问题，缺乏长效机制和制度保障，加之乡贤组织不规范，其参事议事“名不正、言不顺”，成果应用不充分，促发展的效能不明显。

三 “新乡贤文化”建设的提升路径

肥东县坚持问题导向和目标导向相统一，在乡、村两级率先打造乡贤

“馆+会”模式，摸索了“乡村德治”新路径，体系更完备，特色更鲜明，可挖掘、可借鉴、可推广，未来可期“众星拱月、星月同辉”。

首先，以一体化平台强化统筹统管。宣传思想文化工作，特别是基层，需要有实际的场所、设施作保障，有必要的平台、阵地作支撑，才能规避“空对空”现象和“悬浮”状态。从硬件建设入手，充分利用政府投入、社会筹资、群众募捐等渠道，整合既有房屋，盘活闲置资源，通过修缮、改造和提升，建成功能多、设施全、辐射广的文化阵地——“乡贤馆”。把乡贤文化阵地建设作为完善乡村公共文化服务体系的民生实事工程，统一部署、分批推进，个性化设计、差异化建设一批以乡贤文化为主题的文化馆、文化街、文化墙、文化公园、文化长廊，同时做好示范场所的创建示范工作。比如乡贤馆的创建可坚持“一馆多用”，结合文化站、农家书屋、阅读空间、道德讲堂、乡村舞台、党员活动室、乡村少年宫等建设，把多个功能相似、成效协同的阵地纳入一个大平台，最终实现“一村一平台”。如此一来，既整合资源又集约空间，可相融、可共享，变“单兵作战”为“联合作战”，破除单个文化场馆形式单一、内容单薄的诟病。

其次，以一整套机制夯实基石基础。阵地建设是基础，长效运行是关键。在实际工作中，按照“找出来、请回来、展出来、传开来、礼起来”的要求，建立健全乡贤文化研究机制、乡贤联谊机制、乡贤参事机制、乡贤服务机制、乡贤礼遇机制。深度挖掘、广泛选树新时代的“新乡贤”，结合道德模范、身边好人的评选，定期更新、补充、完善，把“人物库”建成“精英名录”“好人榜单”。特别是在管理和利用过程中，依托乡贤馆，组建乡贤会，汇聚本乡本土的榜样、精英，发挥其在社会治理、公共服务中的作用，使其担当公共事务的主持者、公益事业的组织者，以此填补乡村公共治理体系中的空白，逐渐形成以基层党组织为核心、村委自治为基础、乡贤会为补充、村民广泛参与的现代乡村治理新局面。具体实践中坚持“党建+”，充分发挥党组织的战斗堡垒作用和党员的先锋模范作用，以基层党建的“聚合工程”“酵母工程”为抓手，注重吸纳“五老”队伍（老干部、老战士、老专家、老教师、老模范），逐渐形成“土生土长”的“新乡贤”群体。

最后，以一系列活动激发潜力活力。探索建立决策建议“智囊团”、创业致富“导师团”、纠纷处理“调解员”、乡风文明“督导组”、慈善公益“志愿队”

等，统筹组织开展各类活动，为其发挥作用提供平台和载体。乡贤会、乡贤馆“软硬兼施”，深入实施乡村道德建设工程，开列德育活动清单，完善基层德治模式，推进社会公德、职业道德、家庭美德、个人品德建设。有组织地开展身边好人的事迹宣讲，播放道德模范的视频短片，编排乐善好施的德育节目，弘扬真善美、传播正能量，让群众在潜移默化中受到熏陶，涵育积淀本土的爱国文化、德孝文化、桑梓文化等，把社会主义核心价值观落实落细。在乡村振兴战略实施背景下，围绕增强乡村多元参与、协商共治能力，乡贤会提供决策咨询、民情反馈、监督评议，以及开展帮扶互助、推行村规民约、调解矛盾纠纷等，全力助推乡村的全面振兴。当前可行可试的，发挥新乡贤群体的示范引领和约束督促作用，推动移风易俗、破除陈规陋习，树立文明乡风、弘扬时代新风。

总之，乡贤是本乡本土的榜样、精英，其亲缘、人缘、地缘优势显著，自身的引擎力和凝聚力不可小觑。在新时代内涵的赋予下形成的新乡贤文化，实现乡贤“先进先行”、群众“紧跟紧随”，有利于创新基层德治、培育乡风文明，也有利于优秀传统文化创造性转化、创新性发展。从肥东县的探索实践和取得成效来看，深入贯彻党的十九大精神，全面实施乡村振兴战略，可资探索的是，推出以“乡贤馆”“乡贤会”为主体的系列措施，把新乡贤文化培育成倡导文明乡风的精神力量和传承地域文化的方向坐标，推动社会主义核心价值观建设任务落细落小落实，不断催生其在乡村治理中独特的人文道德价值和经济社会效益，进而形成共建共治共享的乡村社会治理新格局。

参考文献

习近平：《决胜全面建成小康社会　夺取新时代中国特色社会主义伟大胜利——在中国共产党第十九次全国代表大会上的报告》，人民出版社，2017。

《健全自治、法治、德治相结合的乡村治理体系——八论认真学习贯彻党的十九大精神》，《农民日报》2017 年 11 月 10 日，第 1 版。

赵慧：《乡贤传统再展时代魅力》，《民生周刊》2016 年第 27 期。

苏北：《文明的生活是幸福的》，《半月谈内部刊》2015 年第 11 期。

邓坚：《乡村振兴战略背景下新乡贤文化建设的困境与途径》，《学术论坛》2018 年第 3 期。

专题报告篇

Special Reports

B.14 安徽县域政务服务效能提升路径研究*

——基于明光、天长、定远等县市的调查

李宗楼**

摘　要： 坚持以人民为中心，加强县域政务服务中心建设，优化政务服务，是决胜全面建成小康社会和建设人民满意的服务型政府的目标任务。党的十八大以来，明光、天长、定远等县市在习近平新时代中国特色社会主义思想指引下，不断夯实服务载体优化环境，积极推进审批制度改革，努力开展审批流程再造，认真落实“放管服”改革措施，注重政务服务规范化标准化和县乡村一体化服务体系建设，有序推动“互联

* 本选题的研究得到滁州市政务服务中心张显忠主任的大力支持，市政务服务中心提供了相关具体资料，在此表示衷心感谢！

** 李宗楼，安徽师范大学法学院公共管理系教授，安徽省政治学会副会长，中国政治学会理事，研究方向为政治学理论、当代中国政府与政治等。

网＋政务服务”，使政务服务效能得到明显提升。在决胜全面建成小康社会的新征程中，必须以党的十九大精神为指导，以深化党和国家机构改革为契机，进一步推进“放管服”改革，努力打造“一门式办理”“一站式服务”综合服务平台，为提升城乡基本公共服务均等化水平和县域治理能力做出积极探索。

关键词： 县域　政务服务　以人民为中心　效能提升

随着我国经济社会的不断发展，人民群众对政务服务的期盼和要求越来越高，政务服务的质量效能显得尤为重要。作为基层县乡政府加快转变政府职能、加强政府自身建设，向社会和群众提供高效、便捷的政务服务，成为决胜全面建成小康社会、夺取中国特色社会主义伟大胜利的目标任务，也是深化党和国家机构改革，调整优化政府机构职能，全面提高政府效能，建设人民满意的服务型政府的目标要求。认真学习和全面贯彻党的十九大精神，以人民为中心的发展思想为引领，着力探讨基层政府政务服务中心建设的实践以及有益经验，对提升政务服务效能以及推进县域治理有着重要的现实意义。

一　坚持以人民为中心是提升政务服务效能的根本遵循

在党的十九大上，习近平总书记明确指出，“人民是历史的创造者，是决定党和国家前途命运的根本力量。必须坚持人民主体地位，坚持立党为公、执政为民，践行全心全意为人民服务的根本宗旨，把党的群众路线贯彻到治国理政全部活动之中，把人民对美好生活的向往作为奋斗目标，依靠人民创造历史伟业。”① 这是习近平以人民为中心思想的重要阐述，是保障实现社会主义现

① 习近平：《决胜全面建成小康社会　夺取新时代中国特色社会主义伟大胜利——在中国共产党第十九次全国代表大会上的报告》，人民出版社，2017，第21页。

代化强国目标对全党提出的使命要求，也是为完成这一使命各级政府组织必须承担的历史责任。

（一）以人民为中心是习近平新时代中国特色社会主义思想的重要内涵

党的十八大后，我国进入决胜全面建成小康社会，奋力夺取中国特色社会主义伟大胜利的新时代。面对错综复杂的国际环境和艰巨繁重的国内改革发展稳定任务，为开拓创新，奋力开创党和国家事业发展新局面，如期实现全面建成小康社会奋斗目标，习近平总书记在党的十八届五中全会首次提出“以人民为中心”的发展思想，强调党和政府的一切工作都必须坚持以人民为中心，把增进人民福祉、促进人的全面发展作为发展的出发点和落脚点。[①] 2016 年 1 月，在省部级主要领导干部专题研讨班上，他说，坚持人民主体地位，顺应人民群众对美好生活的向往，不断实现好、维护好、发展好最广大人民根本利益，做到发展为了人民、发展依靠人民、发展成果由人民共享。共享理念实质上就是坚持以人民为中心的发展思想，体现的是逐步实现共同富裕的要求。[②] 同年 7 月，在庆祝中国共产党成立 95 周年大会上的讲话中他强调，党要顺应人民群众对美好生活的向往，坚持以人民为中心的发展思想，以保障和改善民生为重点，发展各项社会事业，加大收入分配调节力度，打赢脱贫攻坚战，保证人民平等参与、平等发展权利，使改革发展成果更多更公平惠及全体人民，朝着实现全体人民共同富裕的目标稳步迈进。[③] 随后，他多次强调要落实以人民为中心的发展思想，牢固树立以人民为中心的发展思想。

可以说，在十九大之前，“坚持以人民为中心”已经是一个响亮的提法，频繁地出现在习近平总书记的系列重要讲话之中，[④] 贯穿于以习近平同志为核心的党中央治国理政的全部实践之中，全力抓住人民最关心最直接最现实的利

① 《中国共产党第十八届中央委员会第五次全体会议公报》，www. xinhuanet. com/politics/2015 - 10/29/c_ 1116983078. htm。

② 《习近平在省部级主要领导干部学习贯彻党的十八届五中全会精神专题研讨班上的讲话》，《人民日报》2016 年 5 月 10 日，第 01 版。

③ 《习近平在庆祝中国共产党成立 95 周年大会的重要讲话》，《人民日报》2016 年 7 月 2 日，第 01 版。

④ 张太原：《坚持以人民为中心是怎样提出的》，《学习时报》2018 年 1 月 17 日。

益问题，不断实现好、维护好、发展好最广大人民根本利益，并从解决教育、医疗、户籍、社会保障等一系列人民群众最关心、最直接的问题入手，集中致力于满足人民对美好生活的需要。一手抓物质文明，一手抓精神文明；一手抓精准扶贫，一手抓环境治理，经济建设取得重大成就，全面深化改革取得重大突破，民主法治建设迈出重大步伐，思想文化建设取得重大进展，人民生活不断改善，生态文明建设成效显著，充分体现了以人民为中心的工作导向和以人民为中心的发展思想。

在十九大报告中，以人民为中心则是贯穿于各部分的灵魂，特别是经过新的阐释，成为习近平新时代中国特色社会主义思想的核心内容和中国特色社会主义基本方略的重要内容。以人民为中心，是对我们党的执政为民理念在决胜全面建成小康社会实践中的新概括，体现了党全心全意为人民服务的根本宗旨，是中国共产党人的责任担当和对长期执政提出的要求，丰富和发展了中国特色社会主义的理论和实践，开拓了中国特色社会主义更加光明的前景，成为我们一切发展的依归和各项工作的指南。正如习近平在庆祝改革开放 40 周年大会上的讲话中指出，“必须坚持以人民为中心，……着力解决人民群众所需所急所盼，让人民共享经济、政治、文化、社会、生态等各方面发展成果，有更多、更直接、更实在的获得感、幸福感、安全感，不断促进人的全面发展、全体人民共同富裕。”①

（二）以人民为中心是加强政务服务建设、提升基层政务服务效能的根本遵循

自 21 世纪初，我国地方政府在改革开放过程中为适应经济社会发展形势和人民群众的期待，创建了集中服务的政务服务中心，为群众提供面对面、个体化、人性化、可持续的全方位服务，让企业、投资者和群众“进一道门，办所有事”，极大地提高了政府为群众服务的针对性和时效性，体现了党执政为民的根本理念，是创新服务政府、责任政府、法治政府、效能政府和廉洁政府的成功尝试，对推进政府职能转变以及服务型政府建设发挥了重要作用。

---

① 《习近平在庆祝改革开放 40 周年大会的重要讲话》，《人民日报》2018 年 12 月 19 日，第 02 版。

党的十八大以来，我国更加重视并加强地方政府服务能力建设。党的十八届三中全会明确要求深化行政审批制度改革，加快转变政府职能，创新管理方式，加强地方政府公共服务职责①，中共中央办公厅、国务院办公厅《关于深化政务公开加强政务服务的意见》要求加强政务服务平台建设，党的十八届五中全会强调以人民为中心，努力践行新发展观，大胆实践，不断创新，提升政府服务能力。地方政府特别是县级政府高度重视政务服务建设，实体服务平台得到快速发展，服务能力不断提升。据统计，截至 2017 年 4 月，全国县级政府建立政务服务大厅 2623 个，覆盖率达 94.2%；乡镇（街道）设立便民服务大厅（点）38513 个，覆盖率 96.8%。② 服务功能从最初单纯的投资项目审批逐步扩展到便民服务、热线服务、政务公开、公共资源交易等直接面向基层社会公众且内在联系紧密的政务服务领域，成为集行政权力运行、政务公开、便民服务、法制监督、效能监察等于一体的综合性政务服务，提高了政务服务效能，最大限度地方便群众办事，社会满意度不断提升。

党的十九大明确提出在决胜全面建成小康社会、夺取中国特色社会主义伟大胜利的新时代，必须坚持以人民为中心，不忘初心，牢记使命，实现中华民族伟大复兴的中国梦，不断提高人民生活水平，并为此提出“转变政府职能，深化简政放权，创新监管方式，增强政府公信力和执行力，建设人民满意的服务型政府”③。这是深入行政体制改革建立服务型政府的重要举措，也是进一步加强政务服务建设、提升治理能力和政务服务效能的目标要求。《中共中央国务院关于实施乡村振兴战略的意见》明确提出，实施乡村振兴战略，是党的十九大做出的重大决策部署，是决胜全面建成小康社会、全面建设社会主义现代化国家的重大历史任务。而实施乡村振兴战略目标任务之一，是要进一步提高城乡基本公共服务均等化水平，整合优化公共服务和行政审批职责，打造“一门式办理”“一站式服务”的综合服务平台，④ 着力发挥好在推动改革和乡

---

① 《中共中央关于全面深化改革若干重大问题的决定》，人民出版社，2013，第 17、18 页。

② 张定安：《实体政务大厅是建设人民满意的服务型政府的有力抓手》，人民网，http://theory.people.com.cn/n1/2017/1204/c40531-29683568.html。

③ 习近平：《决胜全面建成小康社会　夺取新时代中国特色社会主义伟大胜利——在中国共产党第十九次全国代表大会上的报告》，人民出版社，2017，第 39 页。

④ 《中共中央国务院关于实施乡村振兴战略的意见》，人民网，http://politics.people.com.cn/n1/2018/0204/c1001-29804797.html。

村振兴战略中的支撑保障作用。作为县级政务服务中心，必须深入贯彻和践行党的十九大精神，以人民为中心，把握政务服务平台的发展脉络和趋势，适时调整定位，拓展功能，服务经济发展、社会治理和文化建设等各方面。本文在明光、天长、定远等县市政务服务中心调研数据的基础上，就基层政务服务中心建设发展过程中提升政务服务效能的实践做出分析，试图对上述问题做出探讨。

二　明光、天长、定远提升服务效能的积极探索

滁州市位于皖东江淮之间，现辖天长、明光 2 市（县级市），来安、全椒、定远、凤阳 4 县和琅琊、南谯 2 区。各县市区于 2004 年先后建立政务服务中心。多年来，深入践行以人民为中心，认真落实国务院“简政放权、放管结合、优化服务”改革措施，注重加强政务服务基础性建设，深化行政审批制度改革，在省、市政务服务中心的指导下，不断加强政务服务平台建设，积极推进服务规范化标准化，政务服务能力和服务效率显著提升。其中明光、天长、定远等县市政务服务中心不断夯实基础规范管理，努力打造群众满意的政务服务中心，形成各自的特色，服务成效不断增强，群众的满意度、信任度不断提升。

（一）夯实服务载体，优化环境，增强服务能力

政务服务中心是各地政府集成与企业和人民群众密切相关的行政管理事项，包括行政许可、非行政许可审批和其他服务事项，以政府行政资源“集成”为先导，以为公众提供便捷高效的无缝隙服务为目标而创建的集中服务的政务平台。这个平台将政府各部门的服务整合和工作协同集中到服务中心后，建立政务服务协调工作机制，打破部门界限和壁垒，加强部门间的协调配合，促进交流沟通，加强监督透明，推进政府部门的资源共享与业务协同，实现“1 + 1 > 2”的服务效果。这个服务平台已成为转变政府职能、推动政府管理创新的重要载体和有效形式，成为建设人民满意的服务型政府的有力抓手。随着全面深化改革的推进，为激发市场活力和社会创造力，破除制约企业和群众办事创业的体制机制障碍，优化营商环境，方便企业群众办事，各县市政府

高度重视政务服务中心基础性建设，不断夯实政务服务载体，增强政务服务能力。

明光市政务服务中心近年来为提供优质服务加强服务载体的建设，硬件设施建设不断加强，政务服务中心现有建筑面积 3000 平方米，功能布局合理、配套设施完善，工作人员 10 名，内设办公室、督查室 2 个科室。现进驻部门 39 个，设有对外服务窗口 28 个，中介机构 2 家，银行 1 家，窗口工作人员 166 人，基本上实现了涉企便民的行政审批和公共服务事项，全部集中在服务大厅办理。软件建设也不断完善，中心服务大厅设置了咨询服务台、政府信息查阅点，方便群众咨询查询；开通了手机网上预约、办事查询等功能，设置了电子显示、实时监控；提供了自助办税、存取现金、住房公积金及产权交易信息查询等自助终端服务，扩大了网上自助办理服务事项，提升了便民服务信息化水平。2017 年全年受理各类办件 90. 25 万件，2018 年1 ~ 11 月受理各类办件 13. 14 万件①。

天长市政务服务中心 2004 年 6 月成立并开始运行，现有建筑面积 6500 平方米，工作人员 6 名，内设 3 个科室。进驻行政审批及服务部门 32 个，中介机构 10 家，窗口工作人员 240 人，办理的各类行政审批和服务事项达 421 项。通过构建基建联合审批平台，企业注册登记平台，市、镇、村联网审批服务平台，政府信息公开发布平台，建立起以满足经济社会发展需求为核心、以合理有效的分工协调机制为主要内容、以联合审批为主要特色的高效便捷的政务服务机制，为全市经济社会快速发展营造了良好的环境。2015 年政务服务中心共受理各类办件 22. 33 万件，2016 年 1 ~ 10 月共受理各类办件 20. 96 万件，2017 年全年受理各类办件 32. 99 万件②，2018 年 1 ~ 11 月受理各类办件 31. 34 万件③。

滁州市其他县级政务服务中心不断加强服务载体建设，优化服务环境，服务能力不断提升。定远县 2012 年明确提出要把行政服务中心建设成为集行政审批、政务公开、招商和便民服务等于一体的综合服务平台。先后成立了党

① 滁州市政务服务中心政务月报 2017 年 12 月、2018 年 11 月办件统计表。

② 根据天长市政务服务中心 2016 年工作总结和滁州市政务服务中心政务月报 2017 年 1 ~7 期办件统计表整理。

③ 滁州市政务服务中心政务月报 2018 年 11 月办件统计表。

组、总支、三个支部和工会，把窗口人员的党员关系和工会活动纳入中心，进驻的行政审批及服务部门不断增加，现日均办件400件以上，2017年受理各类审批服务事项15万件，同比增长151.5%，其中即办件达85%以上。全椒县政务服务中心建筑面积1.2万平方米，进驻行政审批及服务部门45个，设置58个办事窗口，窗口工作人员280人，办理的各类行政审批和服务事项380项。来安县政务服务中心现有使用面积1.5万平方米，共进驻42个部门，工作人员近300人，行政审批和服务331个事项。2017年共办件逾16万件，收费2.7亿元。[①] 2018年1～11月累计办件达48.99万件。[②] 经多年建设与发展，各县市政务服务中心为群众和客商提供环境优良、功能齐全、服务优质的平台和“廉洁、规范、高效、便民”的“一站式”政务服务，受理和办结服务能力不断提升。

（二）深入推进审批制度改革，创新便民利企服务方式

习近平总书记在党的十九大报告中明确指出“要大幅度放宽市场准入”，“全面实施市场准入负面清单制度”，“激发各类市场主体活力”，“转变政府职能、深化简政放权，创新监管方式，建设人民满意的服务型政府”。[③] 这是深入推进行政审批制度改革的指导思想，也是政务服务中心审批改革的重要任务和提出的新要求。天长、定远等县市的政务服务中心认真贯彻这一思想，持续深化“放管服”改革，不断为企业松绑、向市场放权、给群众方便，在投资审批、商事制度改革等方面勇于探索，不断取得积极成效。

天长市政务服务中心早在2014年就率先在全省实行“三证合一”登记制度改革，即在不改变原有证照管理方式、不改变原有证号编码规则的前提下，将营业执照与组织机构代码证、税务登记证“三证合一”。2015年在“三证合一”工作运行成熟的基础上，在全省率先推行“一证一号”制度，后进一步简化行政审批手续，把原来由工商、质监、税务三部门分别核发的证照，改为由工商部门依法审查后核发加载统一信用代码的营业执照，企业组织机构代码

① 参见来安县政务服务中心2017年工作总结材料。

② 滁州市政务服务中心政务月报2018年11月办件统计表。

③ 习近平：《决胜全面建成小康社会　夺取新时代中国特色社会主义伟大胜利——在中国共产党第十九次全国代表大会上的报告》，人民出版社，2017，第33、34、39页。

证和税务登记证不再办理，营业执照是企业主体身份的唯一合法凭证，这一改革不仅极大地便利了广大企业，也直接提高了企业登记效率。定远县在近年来全面推行“三证合一”改革、“先照后证”改革、注册登记改革和放宽经营场所限制取得好成效的基础上，为进一步优化营商环境，2017 年创新“多证合一、一照一码”登记改革。将营业执照、组织机构代码证、税务登记证、社会保险登记证、统计证等 56 个登记备案事项，整合至营业执照，实施一码管理。优化登记服务流程后，全部流程设定为一审、一核、发证三个环节，提高办事效率，受到企业及社会充分肯定。仅 2017 年，该县完成企业注册 1000 户，同比增长 70.4%，有力推动了“大众创业、万众创新”。

滁州各县市在全面落实权力清单制度基础上，持续深化“放管服”改革，主要集中体现在“两集中、两到位”改革回头看活动，按照行政审批“两集中、两到位”要求，对行政审批事项进行归并，统一向县政务服务大厅窗口集中，凡集中到窗口的事项，全部授权到位，打造窗口受理、审核、审批、盖章等“一站式”服务平台，实现“应进必进、进而能办、办而有效”。定远县结合县政府新一轮机构改革和政府权力、责任清单制要求，2017 年对 7 个合并部门进行窗口整合，调整审批职能、关联收费、人员配置，提高窗口集中到位率。在服务方式上，变“承诺”为“即办”，缩短办理时限；推项目进驻，逐步实现“一门式”办理；完善细节，服务更精准。① 创建“志愿者服务岗”“值班长”制度，窗口业务骨干与首席代表在总服务台同台值班，提供业务咨询、政策解答并受理意见投诉；开设“建筑企业分公司设立绿色通道”，企业随到随办，现场办结；等等。服务方式的不断创新，不仅便利了广大群众和企业，也促进了审批制度和“放管服”深入改革，不断提高审批服务效率。

（三）持续开展审批流程再造，提升窗口服务效能

审批流程再造，是指政府在实施行政审批时主动适应经济社会发展的变化，以满足公众需求为取向，以简化审批层级环节为手段，向社会公众提供高效、优质、快捷的审批服务。其目的是提高审批效率和服务效能，营造良好的

① 参见天长市政务服务中心 2016 年工作总结材料和定远县政务服务中心 2017 年工作总结材料。

服务环境和经济发展环境，让广大社会公众享受到现代高效率服务的便捷。滁州各县市政务服务中心在开展审批流程再造过程中着重从四个方面入手。一是压缩审批时限，优化流程，推进签批前移。二是压缩审批环节，对普通环节“减、并、压”，窗口建设及项目审批落实一个领导分管、一个科室承办、一枚公章审批，前移领导签批环节，“一般事项一审一核，复杂事项承办、审核、决定三级审批”。三是压缩申报材料，即运用现代信息技术，实现一个窗口对外，“一站式”办理，资料内部传递，资源网上共享。四是规范中介服务。通过多轮流程再造，各县市公布各自行政审批服务前置中介服务事项目录，并对目录实行清单管理，物价部门对其收费进行审核把关，未列入目录的中介服务成果不得作为行政审批的前置要件。

早在2012年，天长市就开展了以清理、规范行政审批服务项目前置要件为主要内容的第五轮流程再造，共梳理出前置要件1793项，减少86项，修改30项，减少率5%。2013年，再次开展以精简办事环节、缩短办事时限为主要内容的第六轮流程再造，通过清理，形成397个行政审批服务项目，办理环节精减了129个，与原总共1574个环节相比，平均减少了8.2%；承诺时限压缩了2889个工作日，与原总承诺时限6060个工作日相比，平均压缩47.7%。2015年，将关联行政审批的中介服务事项管理纳入清理范围，经过层层梳理审核，纳入本轮流程再造的46个市直部门，除28个进行零报告的部门外，其他18个部门和单位共清理出行政审批前置中介服务事项79项，保留74项，取消5项。该中心根据清理审核结果，编制了《天长市县级行政审批前置中介服务事项和收费目录》，提交市政府相关会议研究通过后，以市政府名义下文公布，对决定保留的市级行政审批前置中介服务事项和收费实行目录管理，未列入目录的中介服务成果不得作为行政审批的前置条件。同时，为了巩固本次流程再造成果，规范行政审批中介机构服务行为，提高服务效率，中心提请市政府出台了《天长市行政审批中介机构服务管理办法》，有序组织与行政审批相关的社会中介机构和服务企业，按照规定的标准、条件和管理办法进中心开展业务，实行公开承诺、限时服务，接受社会监督，实现中介服务与政务服务的无缝链接，建立健全了公平公正的准入和退出机制，促进了联合审批服务平台高效顺畅运行，窗口服务效能不断提升。正因如此，近年来该中心受理办件、办结件、办结率不断提升，据统计，仅2017年前6个月累计受理办件

16.6万多件，办结件16.5万多件，办结率达99.4%（见表1），与上年同期相比增长28.7%。2018年前6个月受理件数和办结件数与上年度同期相比略有减少，但也有15.2万多件，办结率有所提升，达99.6%（见表2）。

表1　天长市政务服务中心2017年1～6月办件统计

单位：件，%

月份	应进项目	已进项目	办件量							办结占比
			即办件	承诺件		报批件		小计		
				受理	办结	受理	办结	受理	办结	
1	421	421	21757	4414	4356	0	0	26171	26113	99.8
2	421	421	27532	3917	3803	0	0	31449	31335	99.6
3	421	421	23874	10389	10153	0	0	34263	34027	99.3
4	421	421	19318	5598	5378	0	0	24916	24696	99.1
5	421	421	17975	7140	6941	0	0	25115	24916	99.2
6	421	421	19571	5407	5245	0	0	24978	24816	99.4
合计			130027	36865	35876	0	0	166892	165903	99.4

资料来源：根据滁州市政务服务中心政务月报2017年1～6期办件统计表整理。

表2　天长市政务服务中心2018年1～6月办件统计

单位：件，%

月份	应进项目	已进项目	办件量							办结占比
			即办件	承诺件		报批件		小计		
				受理	办结	受理	办结	受理	办结	
1	421	421	19855	5172	5039	0	0	25027	24894	99.5
2	421	421	18709	4834	4750	0	0	23543	23459	99.6
3	421	421	18257	6229	6106	0	0	24486	24363	99.5
4	421	421	20018	6032	5946	0	0	26050	25964	99.7
5	421	421	20957	6052	5957	0	0	27009	26914	99.6
6	421	421	20415	6034	6004	0	0	26449	26419	99.9
合计			118211	34353	33802	0	0	152564	152013	99.6

资料来源：根据滁州市政务服务中心政务月报2018年1～6期办件统计表整理。

定远县作为一个人口大县，所服务的对象较多、承担的任务较重，政务服务中心结合政府部门机构改革和政府权力、责任清单制要求，2016 年上半年对 7 个合并部门进行窗口整合，调整审批职能、关联收费、人员配置，提高窗口集中到位率，制作行政审批服务专用章，落实首席代表。24 个部门和单位按要求进驻中心，并按照“一般事项，一审一核，复杂事项不超过承办、审核、决定三级，单体项目全部审批流程原则上五个工作日完成”的要求，开展各类审批服务，日均办件 400 件以上，保证了 190 多项行政审批、证照办理、公共服务和关联收费事项受理、办理、办结、送达在政务服务大厅，基本上达到了“一窗受理、一站审批、一条龙服务”的要求。当年 11 月底，办件量超过 15 万件。① 2018 年 1～11 月，累计办件量超过 20 万件。②

（四）注重服务规范化建设，提高服务标准化水平

政务服务中心以便民、高效、廉洁、规范为宗旨，推行“一站式办公、一条龙服务、并联式审批、阳光下作业、规范化管理”的运行模式，其目的就是便于企事业和群众办事，服务好企事业和广大人民群众，提高政务服务效率。而服务中心窗口服务的规范化是提升为民服务水平的基础，使服务有标准、可操作、能考核，最终促进窗口工作人员形成常态、保持状态，做到内化于心、外化于行。多年来的实践表明，政务服务工作仅靠制度建设、督察督办等制约手段来支撑的工作机制难以保持工作运行的稳定性和规范性，只有建立和发展相对稳定、统一的规范，将行之有效的服务规范上升为工作标准的形式固定下来，才能使工作规范、稳定运行。从政务服务中心服务性质和内容上看，规范化建设主要是围绕行政许可和政务服务事项，以建立基础标准、管理标准、质量标准、服务标准、制度标准、审批标准等政务服务规范为依托，逐步建立健全政务服务标准化体系，分批组织实施各项服务标准，探索标准化管理运行的新模式。通过审批标准化、服务标准化等标准化体系建设，实现审批服务系统管理与动态更新，不断提升政务服务质量和水平。

明光市政务服务中心为加强规范化建设，推进服务标准化做出积极探

① 参见定远县政务服务中心 2016 年工作总结材料。

② 滁州市政务服务中心政务月报 2018 年 11 月份办件情况统计表。

索，2016 年印发标准化建设实施方案，成立标准化建设领导小组，编成标准化建设工作计划——《明光市政务服务中心公共服务综合标准化建设工作计划》，组织符合条件人员报考安徽省标准化专业技术资格考试，打造标准化人才队伍，为标准化工作提供强力的技术和人才支撑。在完成省级政务服务标准化示范点建设的基础上，同年 6 月，成功申报国家标准委第三批社会管理和公共服务标准化试点项目，成为安徽省唯一一家县级政务服务中心的获批单位。[①] 以高标杆、高标准、高定位来推动各项"创国标"工作，落实工作规范，提升标准化服务水准。从而使该中心工作人员责任明确，服务质量、服务水平和服务效能得到显著提升。2015 年共受理办件 45.03 万件，2016 年共受理各类办件 90.16 万件，其中即办件 82.03 万件，承诺件 8.13 万件，按时办结率 100%，2017 年 1～6 月办结件达 73.09 万多件，办结率达 99.8%（见表 3），虽然受相关因素变化的影响，2018 年前 6 个月受理件数和办结件数与上年度同期相比有所减少，但办结率仍保持较高水平，达 99.9%（见表 4）。

表 3　明光市政务服务中心 2017 年 1～6 月办件统计

单位：件，%

月份	应进项目	已进项目	办件量							办结占比
			即办件	承诺件		报批件		小计		
				受理	办结	受理	办结	受理	办结	
1	352	352	105406	3276	3271	0	0	108682	108677	100
2	352	352	85674	3980	3975	0	0	89654	89649	99.9
3	352	352	97650	3450	3450	0	0	101100	101100	100.0
4	352	352	381679	3024	2648	0	0	384703	384327	99.9
5	352	352	16946	2743	2354	0	0	19689	19300	98.0
6	352	352	20211	8314	7671	0	0	28525	27882	99.7
合计			707566	24787	23369	0	0	732348	730935	99.8

资料来源：根据滁州市政务服务中心政务月报 2017 年 1～6 期办件统计表整理。

① 参见明光市政务服务中心 2016 年工作总结材料。

表 4　明光市政务服务中心 2018 年 1～6 月办件统计

单位：

月份	应进项目	已进项目	办件量							办结占比
			即办件	承诺件		报批件		小计		
				受理	办结	受理	办结	受理	办结	
1	352	352	21440	1470	1454	0	0	22910	22894	99.9
2	352	352	21028	1053	1049	0	0	22081	22077	99.9
3	352	352	22627	4332	4320	0	0	26959	26947	99.9
4	352	352	23925	1554	1539	0	0	25479	25464	99.9
5	352	352	17849	1334	1314	0	0	19183	19163	99.9
6	352	352	19085	1371	1361	0	0	20456	20446	99.9
合计			125954	11114	11037	0	0	137068	136991	99.9

资料来源：根据滁州市政务服务中心政务月报 2018 年 1～6 期办件统计表整理。

天长市在标准化进程中，按照“简化、统一、协调、优化”的标准化原则，对进驻的行政审批服务项目办理过程进行全面优化，力求每个事项达到“程序最简、时限最短、环节最少、效率最高”。通过反复修改制定了以“服务保障标准体系”和“服务评价与改进标准体系”为支撑，覆盖行政审批服务全过程的服务标准体系，将标准印制成《天长市政务服务中心管理标准化指导手册》,[①] 窗口工作人员人手一本，让服务标准化深入人心。结合工作实际，开展了多种评比活动，使标准内化于心、外化于行，不断提升政务服务工作的制度化、标准化、规范化水平。

其他县市政务服务中心均通过制定标准化建设方案和相关细则，开展标准化建设，实施标准服务。2012 年以来，定远县分别印发《定远县政务服务政务公开标准化建设年活动方案》《定远县政务服务政务公开标准化实施年活动方案》，编制通用基础标准 44 项、服务提供标准 339 项、服务保障标准 35 项、服务评价与改进标准 14 项，合计 432 项，形成了四大标准体系。通过“提供

① 参见天长市政务服务中心 2016 年工作总结材料。

标准”的实施，定远县行政审批事项平均办理时间压缩2/3，项目由原来的平均15个工作日减到平均5个工作日办结，政务服务标准化建设以高分通过省级验收。①

（五）推进“三级”服务体系建设，将服务向农村延伸

以人民为中心，建设人民满意的服务型政府，不断提升服务能力，是县乡基层政府转变政府职能的重要目标要求，也是贯彻党的十九大乡村振兴战略、落实党中央国务院关于加强基层政府服务能力建设、建设人民满意的服务型政府等一系列决策部署的重要举措，是保障和改善民生、加强和创新社会治理的重要内容，是促进经济持续健康发展、维护社会和谐稳定的重要保证。《中共中央国务院关于实施乡村振兴战略的意见》明确提出，要进一步提高城乡基本公共服务均等化水平，整合优化公共服务和行政审批职责，打造“一门式办理”“一站式服务”的综合服务平台。② 因而，加强县、乡镇和村三级服务体系建设，推动政务服务向乡镇和村基层延伸，是政务服务建设的重要任务。

天长市近年来结合“美好镇村”建设，十分重视推进县、乡镇和村的服务体系建设，市政务服务中心深入乡镇、村现场提供业务指导，按照“服务设施、服务程序、服务内容、服务管理”四个一体化的要求，坚持一个场所、一块牌子、一部电话、一本登记簿、一个电子触摸屏、一台以上电脑、一名以上代办员、一套服务指南、一张便民服务卡、一套制度的建设标准，推进镇服务中心和村便民服务中心建设，基层群众服务得到明显改善和提升。现在14个镇1个街道，全部建成为民服务中心，117个村、55个社区全部建成为民服务代理点，其中，42个村和社区建成了标准化的综合服务中心，全面推行一站式全程代办公共服务机制，构建起以市政务服务中心为龙头、镇为民服务中心为纽带、村（社区）便民服务中心为延伸，覆盖城乡、层级清晰、上下联动的三级便民服务体系，实现了政务公开和政务服务网络体系市、镇、村三级

---

① 参见定远县政务服务中心2016年工作总结材料。

② 《中共中央国务院关于实施乡村振兴战略的意见》，《人民日报》2018年2月5日，第01版。

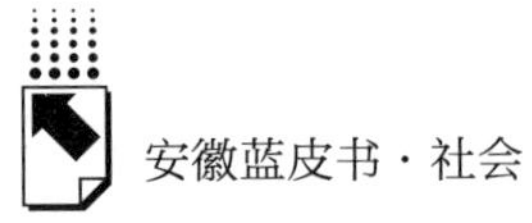

全覆盖。[①]

来安县为贯彻落实县委办、县政府办《关于推进基层政务服务体系化建设完善为民服务全程代理工作的意见》精神，印发了《关于进一步加强乡（镇）村两级为民服务中心规范化建设的意见》，统筹推进县、乡、村三级政务服务体系建设，进一步提升县政务服务中心运行水平，综合服务中心及便民代理点办公有场地，岗位有人员，在岗有事做，服务真心办。定远县印发乡镇和村（社区）为民服务中心规范化建设实施办法，使乡镇和村两级服务中心明确了受理、办理、回复、登记评议四个代理环节，窗口办件实行“一事一登记、一事一评价、一事一上网统计、年底归档备案”制度，符合“办事有痕迹，办结有评价，网上有统计”的要求，促进了乡镇和村政务服务标准化基本平台的建设和服务。

现在滁州市辖区6个县市（不含区）的86个乡镇建立了为民服务中心，各行政村和社区也基本建立为民服务中心全程代理工作站，服务大厅平均面积140平方米；780个村（社区）的代办点升级为综合服务中心，平均面积60余平方米，代办事项25个。推荐进驻乡镇为民服务中心事项13类109项，村级事项9类33项。实行服务“事项条件、申报材料、办事流程、办事结果”全公开，让群众明明白白快办事、办成事。[②] 据统计，2017年各县市前6个月乡镇和村受理办件多的已达60多万件，少则也有2万多件，按时办结率97%以上（见表5）。2018年各乡镇和村受理办件数仍保持较高水平，1～11月，定远县乡镇和村累计办结件数133万多件，凤阳县91万多件，天长市36万多件，明光市29万多件，全椒县23万多件，来安县为6万多件（见表6）。随着乡村振兴战略的实施，乡镇、村和社区为民服务中心的建设，基层广大群众申报和办理有关事务更加便捷，乡镇、村和社区为民服务的能力得到进一步提升。

总之，滁州各县市政务服务中心立足为民、惠民、便民的目标，以县、乡镇、村三级全覆盖为目的，着力打造“上下联动、层级清晰、覆盖城乡”的三级政务服务体系，努力推动政务服务广谱化、最大化、均等化发展。

---

① 参见天长市政务服务中心2016年工作总结材料。

② 参见政务月报2017年第12期（总第188期）。

表5　滁州市2017年1~6月乡镇村（六个县市）为民服务中心办件统计

单位：件，%

窗口单位	应进项目	已进项目	办件量							办结占比
			即办件	承诺件		报批件		小计		
				受理	办结	受理	办结	受理	办结	
明光	64	64	121411	7785	7785	3783	3783	132979	132979	100.0
天长	142	142	122622	35184	34946	0	0	157806	157568	99.8
定远	352	352	468703	186089	171142	8401	6874	663193	646719	97.5
凤阳	206	206	0	629112	629112	15905	15905	645017	645017	100.0
来安	60	60	10640	6712	6678	6327	6268	23679	23586	99.6
全椒	70	70	0	0	0	118821	118568	118821	118568	99.8

资料来源：根据滁州市政务服务中心政务月报2017年1~7期办件统计表整理。

表6　滁州市2018年11月乡镇村（六个县市）为民服务中心办件统计

单位：件

窗口单位	应进项目	已进项目	办件量							年度累计（1~11月）
			即办件	承诺件		报批件		小计		
				受理	办结	受理	办结	受理	办结	
明光	64	64	35600	10230	10230	0	0	45830	45830	297670
天长	142	142	62179	19402	10933	0	0	81581	73112	361065
定远	352	352	95623	42530	41111	126	98	138279	136832	1330752
凤阳	206	206	0	80530	80530	2733	2733	83236	83236	917193
来安	60	36	3541	3006	3006	0	0	6547	6547	64117
全椒	70	70	0	0	0	20432	20425	20432	20425	234343

资料来源：根据滁州市政务服务中心政务月报2018年11期办件统计表整理。

（六）推动“互联网+政务服务”，促进线上线下融合发展

推进“互联网+政务服务”，是贯彻落实党中央、国务院决策部署，把简政放权、放管结合、优化服务改革推向纵深的关键环节，对加快转变政府职能，提高政府服务效率和透明度，便利群众办事创业，进一步激发市场活力和社会创造力具有重要意义。李克强总理要求大力推行“互联网+政务服务”，打造政务服务“一张网”，实现部门间数据共享，把实体政务大厅、网上政务

平台、移动客户端、自助终端、服务热线结合起来，实现线上线下一体化运行，让政府服务更加聪明，让居民和企业少跑腿、好办事、不添堵。根据国务院、省关于“互联网+政务服务”工作要求，为推动“互联网+政务服务”融合发展，各县市配合相对集中行政许可权改革试点，启动智慧政务服务平台建设，探索建立统一的行政审批网络平台。大力推广网上审批服务，完善网上查询、受理、审批、公示、反馈、投诉等功能，打造网上办事大厅和实体办事大厅“线上线下、虚实一体”的审批服务平台。大力推进电子证照库、统一身份认证体系建设，有序推动政务信息互认共享，让数据多跑路、群众少跑腿。

天长市政务服务中心在总结2013年部分服务事项已通过网上审批，并与所有镇（街道）、村（社区）实现互联互通，初步形成“市、镇、村三位一体，上、中、下联通互动”的服务基础上，2016年5月，与滁州市网信办进行了主动对接，初步明确了“网上办事大厅”的建设目标、建设内容、建设任务、建设步骤等，并按要求选取了一个村一个社区作为试点，两个试点社区已正式试运行，办件量较多，效果良好。同年10月，中心召开“网上办事大厅”建设调研会议，对该市权力事项及涉及的办理人员进行了全面清理，为该项工作的顺利开展做好前期准备工作。①

为更好地推动“大众创业、万众创新”的热情，进一步激发市场活力，2017年，天长市大力推行“互联网+物联网+政务服务”登记管理新模式，即经营者可利用市场监管局网络平台或微信公众号提出申请，并下载《简易登记事项告知（承诺）书》逐项填写字号名称、经营场所、经营范围、经营者姓名、个人通信地址及手机号码等内容后签字确认，然后将该承诺书、身份证拍照上传，工作人员在网上进行预审并反馈审查结果。所有网上预审业务安排专人进行“淘宝客服式”全程对接，对材料齐全的24小时内审核通过并发照，执照通过EMS快递直接投递到经营者手中并再加以现场签字确认。这一商事登记制度的大胆探索和创新，最大限度地降低了创业的制度性成本，标志着企业登记注册改革不断深入推进。

定远县按照统一规划、市级统筹、互联互通的原则，制定《关于依托“互联网+政务服务”推进基层为民服务标准化建设工作落实方案》，依托网

① 参见天长市政务服务中心2016年工作总结材料。

上办事平台不断完善拓展各项服务功能，提高县、乡、村为民服务体系标准化程度。2017 年 10 月县级网上政务服务平台正式投入运行，24 个部门的 147 个审批服务事项进入县级网上办事平台，网上政务服务平台受理办件总数 1.1 万件以上。同时，按照“村居申报—乡镇审核—县级审批”的运行模式要求，网上办事平台的使用延伸至乡、村两级，乡镇的 43 个审批服务事项、村（居）15 个代办服务事项进入平台运行。至 2017 年 10 月，该县已实现网上办事平台县、乡、村三级全覆盖，县、乡、村三级数据共享、整体联动、部门协同、入口统一、一网办理的“互联网＋政务服务”平台初步建立，政务服务信息化水平大幅提升，行政审批更加高效。据统计，2017 年，该县受理各类审批服务事项 15 万件，同比增长 151.5%，其中即办件达 85% 以上，完成企业注册 1000 户，同比增长 70.4%，群众满意度 98%。①

滁州各县市按照“资源整合、集约高效、以人为本、服务为先”的原则，依托滁州市网上办事大厅项目建设成果，加快与网上服务平台融合，推进实体政务大厅向网上延伸，整合业务系统，统筹服务资源，统一服务标准。至 2017 年底，各县市基本建立了县、乡镇、村网上服务平台，实现各部门、各层级数据信息互联互通、充分共享。明光市为加快推进“互联网＋政务服务”工作，组织科大讯飞技术人员到乡镇开展业务培训，提升经办人员“一站通”系统操作水平，辅导利用帮办账号录入线上办件。截至 2018 年 12 月，已实现有效办件 42605 件，其中线上办件 7705 件，线下办件 34900 件，网上开具 20 余类证明 2434 个。在全市已认领的 15150 个事项中，网上可办率达 100%。②全椒县、来安县、天长市已率先接入安徽省网上政务服务平台滁州分厅，市县一体的网上政务服务平台基本建成。随着配套设施的逐步完善，乡镇（街道）政务服务中心和村（社区）便民服务点直接服务基层群众，可以利用共享的网上政务服务资源，贴近需求做好政策咨询和办事服务，开展上门办理、免费代办等，为群众提供便捷的综合服务。

党的十八大以来，滁州各县市政务服务中心坚持以改革促创新、以创新促提升，树立了良好的窗口形象，打造了优质的服务品牌，为促进区域经济和社

① 参见定远县政务服务中心 2017 年工作总结材料。

② 参见滁州市政务中心政务月报 2018 年第 11 期。

会发展发挥了积极作用，对加快全面建成小康社会、提供优质高效政务服务发挥了重要作用。

三　推进政务服务中心建设，提升基层服务效能的建议

党的十八大以来，明光、天长、定远等县市在贯彻落实党中央、国务院关于加强政务服务建设系列方针政策过程中，始终坚持以人民为中心的发展思想，在省、市政务服务中心指导下，深化行政审批制度改革，落实“放管服”各项改革措施，加强政务服务大厅建设，推进政务服务标准化、规范化、信息化进程，政务服务水平和效能显著提升，对全面深化改革和县域经济社会建设发挥了重要的支撑保障作用，也为政务服务中心建设积累了有益的经验。决胜全面建成小康社会，实施乡村振兴战略新的实践，对基层政府加快转变职能，提升服务效能，建设人民满意的服务型政府，提出了新的要求，也为我们重视和加强政务服务中心建设提供了新的思考。

（一）深入学习十九大精神，加强对提升政务服务效能的认识

党的十九大报告明确提出，中国特色社会主义进入新时代，我国社会主要矛盾已经转化为人民日益增长的美好生活需要和不平衡不充分的发展之间的矛盾。这种发展不平衡不充分问题在乡村最为突出，必须坚持以人民为中心的发展思想，解决好人民日益增长的美好生活需要和不平衡不充分的发展之间的矛盾。《中共中央国务院关于实施乡村振兴战略的意见》明确提出实施乡村振兴战略目标任务之一，就是要加强公共服务能力的建设，加快推进乡村治理体系和治理能力现代化。到 2020 年，城乡基本公共服务均等化水平进一步提高，包括整合优化公共服务和行政审批职责，打造“一门式办理”“一站式服务”的综合服务平台，城乡融合发展体制机制初步建立；到 2035 年，城乡基本公共服务均等化基本实现，城乡融合发展体制机制更加完善；到 2050 年，乡村全面振兴，农业强、农村美、农民富全面实现。① 这是决胜全面建成小康社

① 《中共中央国务院关于实施乡村振兴战略的意见》，《人民日报》2018 年 2 月 5 日，第 01 版。

会、全面建设社会主义现代化国家的重大历史任务，也是实现“两个一百年”奋斗目标的必然要求，是实现全体人民共同富裕的必然要求。作为县级政府面对基层（包括乡村）政务服务，必须站在新时代新征程的起点上，深入学习全面领会切实贯彻十九大精神，通过深化改革，扩大开放，推动创新，持续转变政府职能，激发市场活力和社会创造力。

以习近平新时代中国特色社会主义新思想为指导，加强对提高政务服务效能的认识，要围绕公共服务能力建设三个发展阶段战略安排的目标任务，以及社会和公众对政务服务的公平性、公开性和高效率等要求，深入探索服务机制建设，将基层的政务服务效能和治理水平提升到一个新的高度。

（二）以党和国家机构改革为契机，进一步推进“放管服”改革

中共中央关于深化党和国家机构改革，是十八大以来在推进理论创新、实践创新、制度创新的基础上，从全新的角度深化党和国家机构改革，是推进国家治理体系和治理能力现代化的一场深刻变革。改革的目标是构建系统完备、科学规范、运行高效的党和国家机构职能体系。根据这一目标，转变政府职能，优化政府机构设置和职能配置，是深化党和国家机构改革的重要任务。必须深入推进简政放权，减少微观管理事务和具体审批事项，优化政务服务，完善办事流程，全面实施市场准入负面清单制度，强化事中事后监管，全面提高政府效能，建设人民满意的服务型政府。① 这次党和国家机构改革的指导思想、目标、原则以及任务要求，为进一步推进“放管服”改革提供了重要保障。作为基层政府以及政务服务中心，要以此为契机，进一步理顺和把握好“放管服”之间的关系，转变“重审批、轻监管、弱服务”的管理模式，将放管结合的立足点从过去以审批为主的准入监管转向事中事后监管，提高事中事后监管的有效性、针对性，优化服务，营造良好的营商环境。政务服务中心的服务大厅是“放管服”改革的载体和前沿阵地，也是“放管服”改革成果集中展示的平台，是企业感知改革措施落地的末端神经，应在总结“放管服”改革经验的基础上，进一步加强建设和发展。同时要继续推进商事制度改革，

① 《中国共产党第十九届中央委员会第三次全体会议公报》，《人民日报》2018 年 3 月 1 日，第 01 版。

以“一窗受理、集成服务”为主抓手，促进审批更简、监管更强、服务更优，将简政放权、放管结合、优化服务推进到新的水平。

（三）坚持创新发展，推进县乡村统一政务服务平台建设

习近平总书记在十九大报告中指出，要“善于结合实际创造性推动工作，善于运用互联网技术和信息化手段开展工作”。李克强总理在2017年政府工作报告中提出，要大力推行“互联网+政务服务”，加快政府信息系统互联互通，形成统一的政务服务平台，政务服务大厅强化纵向、横向延伸。《中共中央国务院关于实施乡村振兴战略的意见》明确要求加强农村基层基础工作，整合优化公共服务和行政审批职责，打造一门式办理、一站式服务的综合服务平台，在村庄普遍建立网上服务站点，逐步形成完善的乡村便民服务体系。这些都是强调在决胜全面建成小康社会新征程中，要建设并充分运用互联网技术和信息化时代的各种手段，加快推进城乡融合发展的服务平台建设，其既关系乡村振兴战略目标的实现和乡村治理体系和治理能力现代化问题，也关系中国特色社会主义现代化国家建设目标的实现。《国务院办公厅关于印发进一步深化“互联网+政务服务”推进政务服务“一网、一门、一次”改革实施方案的通知》明确要求，要加强乡镇（街道）便民服务中心、村庄（社区）服务站点建设，推动基于互联网、自助终端、移动终端的政务服务入口全面向基层延伸，要补足软硬件建设的短板，促进数据共享，消除信息孤岛，增进部门协同，实现所有县、乡和村政务服务平台与省、市在线审批监管平台对接，进一步完善服务平台功能，细化事项提供标准，提升基层政务实体大厅运行质量，发挥实体平台面对面交互、点对点问答、现场直接服务的优势，保证网上办理规范高效，推动实现县乡村“一网通办”“只进一扇门”“最多跑一次”，不断提高基层响应群众诉求和为民服务的能力。①

（四）坚持制度建设的目标导向，完善服务中心的制度建设

中共中央关于深化党和国家机构改革的意见指出，要深入推进简政放权，

① 参见《国务院办公厅关于印发进一步深化“互联网+政务服务”推进政务服务“一网、一门、一次”改革实施方案的通知》，国办发〔2018〕45号。

优化政务服务，保障各类市场主体机会平等、权利平等、规则平等，营造良好的营商环境。要健全公共服务体系，推进基本公共服务均等化、普惠化、便捷化，推进城乡区域基本公共服务制度统一。这些不仅是对转变政府职能、完善公共服务管理体制提出的具体要求，也是对加强政务服务建设、提升政务服务效能提出的制度要求。在面临政府行政理念变革、深化机构改革、审批机构重组、审批流程再造、监管制衡挑战的情况下，完善政务服务中心制度建设，是建设人民满意的服务型政府的必要支撑，有着重要的现实意义。

政务服务中心制度建设，一般是从“审批事项—审批流程—工作规程—监督与考评—激励与问责”逻辑体系出发，凸显行政审批事项规范制度、运行制度、考评制度和监督制度等方面的内容建设。审批事项规范制度，首先是指建立权力清单制度，使行政审批权力的设定和行使在阳光下公正、规范运行。强调职能部门不得变相在公布的权力清单之外实施行政审批，不得擅自调整行政审批事项及流程。正如李克强总理在 2014 年政府工作报告中所说的，“确需设置的行政审批事项，要建立权力清单制度，一律向社会公开。清单之外，一律不得实施审批”①。这是推进依法行政，加快建设法治政府的目标要求，也为提升政务服务效能奠定重要基础。运行制度，是指审批事项、审批管理、事项规范和服务规范、处理规则和处理规程等。按照总体服务流程优化原则进行组织结构和业务流程的正确设计，使审批事项流程优化并大大简化，压缩办件时限，减少审批环节，保障审批服务效率的提高，是建设效率政府的目标要求和制度基础。考评制度，是指行政审批事项运行过程中的考勤标准、考核内容、考评办法、考核纪律、结果评估、过错认定和追究，以及平时与年度、定性和定量、内部和外部评估等考核制度形式，目的在于健全激励机制，激发政务服务人员的责任性和工作的积极性与主动性，是建设绩效政府的要求和体现。监督制度，主要是指信息公开制度、行政审批监督检查规程、行政许可听证规程、投诉工作流程、廉政警示制度、审批人员交叉制约制度、不良行为管理办法等系列长效监督制度，目的是为政务服务中心规范运作建立起多层次、全方位的政务公开监督体系。完善监督制度建设，既是建设服务政府和责

---

① 李克强：《政府工作报告》，人民网，http：//bj. people. com. cn/n/2014/0306/c233086 – 20712045. html。

任政府的目标要求，也是政务服务中心的制度保障。

多年来，明光、天长、定远等县市政务服务中心高度重视制度建设，基本围绕审批事项—审批流程—工作规程—监督与考评—激励与问责等各个环节，不同程度地制定了一些制度规章和实施细则，在政务服务实践中发挥了重要作用，但各县市在制度建设层面还存在着一些不足或差异。笔者认为，面对新时代提出的新任务，作为承担着建设人民满意的服务型政府重要职责的县市政务服务中心，需要从制度体系的整体性和应用的价值层面重新认识并考量制度建设问题。也就是说，为提高政务服务效能，要以法治政府、效率政府、服务政府、责任政府和绩效政府为目标导向，加强行政审批事项规范制度、运行制度、考评制度和监督制度的建设与完善。只有尊重行政审批的价值内核，从强化服务型政府建设为出发点探索制度诉求，开展常态化治理和长效性、系统性、动态性制度建设，切实将行政审批制度改革作为践行新发展理念的平台，把“放管服”改革推向更深层次，激发创新创业的活力，才能挖掘县域发展的潜力，努力建设好人民满意的服务型政府。

参考文献

习近平：《决胜全面建成小康社会　夺取新时代中国特色社会主义伟大胜利——在中国共产党第十九次全国代表大会上的报告》，人民出版社，2017。

《习近平在省部级主要领导干部学习贯彻党的十八届五中全会精神专题研讨班上的讲话》，《人民日报》2016 年 5 月 10 日，第 01 版。

《习近平在庆祝中国共产党成立 95 周年大会的重要讲话》，《人民日报》2016 年 7 月 2 日，第 01 版。

《中共中央关于全面深化改革若干重大问题的决定》，人民出版社，2013。

《中共中央国务院关于实施乡村振兴战略的意见》，《人民日报》2018 年 2 月 5 日，第 01 版。

《中国共产党第十九届中央委员会第三次全体会议公报》，《人民日报》2018 年 3 月 1 日，第 01 版。

《国务院办公厅关于印发进一步深化“互联网 + 政务服务”推进政务服务“一网、一门、一次”改革实施方案的通知》，国办发〔2018〕45 号。

B.15

县域生态文明建设的“黟县模式”

——黟县打造“生态文明建设安徽样板”的实践

范和生　耿言虎*

摘　要： 习近平总书记视察安徽时提出要积极打造“生态文明建设安徽样板”。作为“生态文明建设安徽样板”的重要探索，黟县积极进行环境治理和生态文明建设，逐步形成了一套“以政府统领为中心，以绿色发展和系统治理为方针，以基层制度创新、‘生态+’多业态、全民参与为抓手”的生态文明建设模式。生态文明建设的“黟县模式”取得了经济效益、生态效益和社会效益的三赢。“黟县模式”具有重要的推广和应用价值。同时，黟县生态文明建设还有一些瓶颈亟待突破。

关键词： 生态文明建设　生态+　黟县模式　系统治理　制度创新

一　黟县基本概况及生态文明建设成绩

改革开放以来，中国快速的工业化、城镇化导致环境污染、资源消耗等问题爆发，环境状况迅速恶化。环境问题引发的经济社会问题日益突出。中国迫切需要一场“绿色变革”①，探索如何实现经济社会和环境保护的协调发展一直是中国政府的工作重点。生态文明建设是中国为此尝试的重要举措。党的十

* 范和生，教授，博士生导师，安徽大学创新发展战略研究院副院长；耿言虎，社会学博士，安徽大学社会与政治学院副教授。本篇报告中的相关数据和材料，除了专门标注说明的以外，都是由调查期间黟县相关政府部门提供，在此致谢。

① 曲格平：《我们需要一场变革》，吉林人民出版社，1997，第23页。

八大报告提出，人与自然是生命共同体，要尊重自然、顺应自然、保护自然，将生态文明建设与经济建设、社会建设、政治建设、文化建设并列作为“五位一体”建设的重要组成部分。党的十九大报告提出，建设“人与自然和谐共生”的现代化社会。中国的生态文明建设在政府工作中的重要性越发突出。

近年来，安徽省积极推进生态强省建设，环境治理和生态保护受到前所未有的重视。2016 年，习近平总书记视察安徽，称赞安徽“山水资源丰富，自然风光美好”，提出要积极打造“生态文明建设安徽样板”。安徽的生态文明建设开始提速。“郡县治则天下安”，县域上承省市、下领乡镇，是推进国家基层治理的基本依托，经济社会发展的基本单元。县域生态文明建设具有重要的意义。作为打造生态文明建设安徽样板先行区，黟县积极贯彻习近平生态文明思想，在生态文明建设中取得了优异的成绩。在经济发展的同时，黟县生态环境得到了明显的改善，实现了“绿水青山”与“金山银山”的双丰收。黟县生态文明建设走在了安徽的前列，生态文明建设的“黟县模式”兼具经济效益、社会效益和生态效益，其根据自身特色探索取得的经验值得推广和借鉴。本文将主要介绍黟县生态文明建设的举措、生态文明建设“黟县模式”的经验、黟县生态文明建设的瓶颈和突破方向。

黟县隶属于安徽省黄山市，始建于秦代（前 221 年），因建置于黟山（黄山古称黟山）南边而得名。黟县总面积 857 平方公里，辖 5 镇 3 乡，总人口 9.5 万。作为安徽省历史最久的县域之一，黟县是古徽商聚集地和徽文化发祥地。“黟县小桃源，烟霞百里间。地多灵草木，人尚古衣冠”，据传为唐代著名诗人李白所作的《小桃源》一诗道出了黟县乡村的独特意境，山水风物幽美，古老文化酝酿出淳厚从容的民风人情。

黟县近年来经济社会发展成绩显著。2018 年，黟县实现地区生产总值 33 亿元，增长 7.5%；财政收入 5 亿元，增长 9.1%。城镇常住居民人均可支配收入 29621 元，增长 8.5%；农村常住居民人均可支配收入 15349 元，增长 9%。[①] 黟县是皖南国际文化旅游示范区的重要组成部分，有 3 处全国重点文

① 黟县发展和改革委员会：《关于黟县 2018 年国民经济和社会发展计划执行情况与 2019 年计划草案的报告》，黟县人民政府网站，http：//zw. huangshan. gov. cn/CountyOpennessContent/show/1274420. html。

保单位、6个全国历史文化名村、31个中国传统村落、1座全省历史文化名城。县内至今仍存有保护完整的明清古民居1500余幢。西递、宏村古村落是世界文化遗产、5A级景区，每年吸引着大量海内外游客。此外，还有4A景区4处、3A景区1处。改革开放40年来，从有数字统计的1987年接待游客0.98万人次，到2017年接待游客1605万人次，增长近1637倍；从1987年旅游收入0.81万元，到2017年旅游收入1224000万元，增长1510000多倍。①

黟县在生态文明建设方面也取得了显著的成绩，多项环境指标位于全省前列。黟县先后荣获国家级生态示范区、全国第九批生态示范区建设试点地区、全国首批绿色小康县等荣誉称号。全县山场面积占县域面积的85.9%，森林覆盖率84.8%。空气质量常年位居全省前列。2018年1~11月，安徽公布PM2.5平均浓度数据，黟县PM2.5浓度只有21微克/立方米，空气质量排名全省第一。②2017年完成7个乡镇政府驻地建成区整治、30个自然村治理和14个中心村美丽乡村建设，全年完成投资1.2亿元。全面推广村庄环境治理“塘田模式”，一体化推进“一控双拆”“两治三改”和农村垃圾、污水、厕所专项整治“三大革命”。全面推进千万亩森林增长工程和“三线三边”绿化提升行动。黟县在生态农业发展方面也取得了优异的成绩，取得有机食品生产基地建设示范县试点县、全国农产品加工示范基地、全国绿色食品原料标准化基地和全国重点产茶县等诸多称号。黟县以农业供给侧结构性改革为主线，提出聚焦黑茶、黑果（香榧）、黑粮、黑鸡和黑猪“五黑”产业发展，从产业品种、种养模式、经营体制、生产加工、品牌营销等全链条进行改革升级，力争为实现乡村振兴打开新路。

二　黟县生态文明建设的举措

（一）实施县域空间功能规划，确定产业发展方向布局

黟县按照国家重点生态功能区示范区建设要求，围绕“生态立县，绿色

---

① 李仕清：《黄山黟县：旅游发展40年》，黟县人民政府网站，http://www.yixian.gov.cn/News/show/10227281.html。

② 李仕清：《安徽公布PM2.5排名前10和后10的县　黟县PM2.5最少》，黟县人民政府网站，http://www.yixian.gov.cn/News/show/10227247.html。

发展”的战略，着力打造空气清新、水质清澈、环境清洁的“世外桃源”。①编制完成《黟县县域空间规划》《黟县城东、城西北控制性详细规划》《黟县县城城区城市特色风貌规划》，同时编制完成《黟县县域乡村建设规划》等规划。黟县认真实施县域空间规划，严守生态红线、永久基本农田红线、城镇开发边界红线，推动形成城镇空间、农业空间、生态空间协调发展格局。

划定县域生态红线。黟县既是长江水系发源地又是钱塘江重要水系，也是天目山生物多样性——水源涵养的重要生态屏障。黟县生态红线的布局与定位是天目山生物多样性——水源涵养红线区。目前，黟县红线总面积约402.9平方公里，占区域面积的46.98%。从乡域分布看，山区乡镇红线面积约212.7平方公里，红线占比为24.9%；山外乡镇红线面积约190.2平方公里，红线占比为22.08%。从管控类别区域看，五溪山自然保护区、国家塔川森林公园、一级公益林、美溪黄姑光唇鱼水产种质资源保护区、饮用水源地、奇墅湖优质水体等强制划入红线面积约174.68平方公里，红线占比为20.37%。②

建立县域产业准入负面清单制度。黟县公布第二批国家重点生态功能区产业准入负面清单（试行）③，涉及国民经济6个门类18个大类30个中类58个小类，其中限制类涉及国民经济6个门类16个大类27个中类54个小类；禁止类涉及国民经济2个门类3个大类3个中类4个小类。

（二）全面加强森林资源保护，巩固提升绿色生态屏障

黟县是安徽省林业建设的重点县之一。处于“八山一水一分田”的皖南山区，森林在黟县山地生态系统中占据极为重要的地位。随着林长制的推行，全县建立了县、乡、村三级林长体系，构建了责任明确、协调有序、监管严格、保护有力的森林资源保护发展机制。黟县实行严格的森林资源保护管理制

① 黟县发展和改革委员会：《关于黟县2018年国民经济和社会发展计划执行情况与2019年计划草案的报告》，黟县人民政府网站，http://zw.huangshan.gov.cn/CountyOpennessContent/show/1274420.html。

② 黟县人民政府办公室：《黟县生态保护红线划定情况新闻发布会》，黟县人民政府网站，http://zw.huangshan.gov.cn/CountyOpennessContent/show/1222696.html。

③ 黟县发展和改革委员会：《黟县第二批国家重点生态功能区产业准入负面清单（试行）》，黟县人民政府网站，http://zw.huangshan.gov.cn/BranchOpennessContent/show/1096998.html。

度，严守生态保护红线。全面加强64.56万亩公益林管护，深入开展全民义务植树活动，全面实施增绿增效行动，实现森林面积稳定在102万亩以上，森林蓄积量增长到564万立方米以上。大力加强松毛虫、刚竹毒蛾等森林有害生物防治，全力防控松材线虫病，主要森林有害生物成灾率控制在2.7‰以下。完善森林防火责任、信息、救灾体系，加强森林防火宣传教育和野外火源管控，建立长效机制，全年无重特大森林火灾和重大人员伤亡事故发生，森林火灾受灾率控制在0.4‰以内，确保森林资源和生态安全。深化集体林权制度改革，推进集体林地“三权”分置，规范林权流转交易，全面加强森林执法队伍建设和执法监督，依法严肃查处乱砍滥伐林木、乱占乱用林地湿地、乱捕滥猎野生动物、违法调运疫木等案件，严厉打击破坏森林生态资源违法犯罪行为。

（三）建立水资源管理“河长制”，推进污染治理与水源保护

环境保护与治理是生态文明建设的关键所在。① 黟县是新安江和青弋江两大水系的源头之一。县域内水质量不仅对区域内，同时对下游地区也有不可忽视的影响。结合浙江安徽围绕新安江流域生态补偿机制的试点以及河长制的推行，黟县进行了卓有成效的水环境治理。黟县进一步明确各级河长的指导、协调、监督、检查等职能，细化分解水污染防治、水环境治理、水资源保护、水域岸线管理保护、水生态修复、执法监管等六方面主要任务。坚持水岸同治原则，全力推进河长制各项工作的落实。建立和健全水环境联合执法机制，2017年至今共开展联合执法行动十余次，查处违法水事案件6起，加快推进环境基础设施建设，建成集中污水处理设施14处，修建污水管网工程25公里，完成农村厕所改造785户。积极开展渔业增殖放流活动，全年放流鱼苗110万余尾。加大河道整治力度，实施漳河流域水土保持、横江西武段防洪治理项目，清淤疏浚中小河沟93条（段）。在如下领域实现了治理的全覆盖。

一是村级垃圾清洁全覆盖。投入1556万元，建成4个镇农村清洁工程，对流域内42个行政村配备185名保洁员（25个重点考评村保洁员经费由市补助标准的每人600元/月提高到1200元/月），日处理垃圾40余吨。积极推行

---

① 谷树忠、胡咏君、周洪：《生态文明建设的科学内涵与基本路径》，《资源科学》2013年第1期。

社会化管理，建立保洁经费稳步增长机制，不断加大督查考评力度，使村庄生活垃圾“组收集、村集中、乡镇处置”实现常态化、高效化。

二是河面打捞全覆盖。投入388万元，全面推行河长负责制，各乡镇和相关部门成立了覆盖流域内所有河道的约80人的打捞队伍，重点做好新安江流域内6条10公里以上河流（漳水、虞山溪、龙川河、丰溪河、考川河、甲溪河）及东方红水库的水面漂浮物清理。为着力发挥专业队伍的作用，相继完善了河面打捞工作巡查督查、考核问效等工作机制，实现了河道清洁常态化、专业化。

三是主要支流综合治理全覆盖。实施国开行贷款融资项目，项目计划总投资5.38亿元，主要建设歙黟一级公路改建工程、漳河渔亭段河道综合治理、污染源及村庄环境整治等工程。目前已完成投资1.07亿元（其中地方配套4729.4万元，融资贷款6000万元）。投资9270万元，完成漳河城区段综合治理，主要实施一桥一带二坝四路及6.5公里河道整治；投资1.3亿元对沿河351户商铺住房进行搬迁；投资600万元，完成城南水口景观提升，实施了挹秀桥修缮、滚水坝建设等工程；投资1130万元，完成西递八都河环境综合整治；投资400万元对鸳鸯谷51户住户进行异地搬迁；投资2110万元，完成横江上游漳水上游（枧溪–柏山段）生态治理工程；投资2115万元，完成黟县漳水渔亭段河道综合整治工程；投资360万元，完成玛川河环境整治项目。通过漳河城区段和西递八都河综合治理，提升沿河土地价值，共收储土地1000余亩，重点引进一批包含养老、健康、旅游、度假四重功能的精品项目。

四是采砂洗砂治理全覆盖。投入300万元，对流域内采砂场进行全面清理，根据河段实际，划定了河道可采区、保留区和禁采区，并全面停止审批新安江流域及其支流的陆地采砂采矿权，建立了执法巡查制度，确保非法采砂洗砂行为及时发现、及时制止、及时查处，保持打击非法采砂的高压态势。

五是重要支流水草治理全覆盖。投入200万元，对6条10公里以上支流采取工程和人工措施对水草进行治理，重点做好漳河城区段、渔亭段等河流水草治理工作。成立了渔业资源保护领导组，组织公安、农业等部门多次开展电鱼、药鱼专项整治行动，加强禁渔期管理。累计收缴、销毁各类渔具300余套（件），处理违法人员30余名。通过公开招标、放流公示等程序，每年陆续投放增殖放流鱼苗约80万尾。

（四）以“五控”措施为主要抓手，实现空气污染源头治理

在当前的污染类型中，公众对空气污染的关注度日益提高。黟县围绕“控煤、控气、控车、控尘、控烧”进行了有效的空气污染治理，空气质量在全省处于前列。黄山市环保局公布2017年度区县空气质量排名数据，黟县位居全市第一。数据显示，空气质量综合指数2.70；可吸入颗粒物（PM10）年均浓度33微克/立方米；PM2.5年均浓度19微克/立方米，优良天数比例为95.6%。

黟县空气污染治理的具体举措有：加强工业废气专项整治，全面完成园区燃煤工业锅炉的淘汰。严控新建燃煤小锅炉，没有新批一个燃煤工业锅炉。2013～2017年，全县新建锅炉16台。其中，电锅炉2台、生物质锅炉11台、燃气锅炉3台。完成全县10蒸吨/时及以下燃煤锅炉淘汰改造工作。其中，改用生物质颗粒燃料4台，改造为清洁能源4台。强化餐饮油烟专项治理。对一批群众反映强烈的餐饮油烟扰民餐饮店进行了专项整治，对已建的餐饮业进行高标准管理，县城油烟净化设施安装率达100%以上，已开展餐饮油烟专项行动5次，关闭餐饮店2家，责令整改8家。

率先在全市完成2015～2017年度308辆黄标车淘汰任务。推进黄标车及老旧车清理淘汰工作，2017年淘汰黄标车308辆。加强建筑工地、道路、物料堆场扬尘污染整治，严格落实防尘抑尘措施。扎实做好秸秆综合利用和秸秆禁烧工作。秸秆收割期间，各乡镇落实属地责任，县直有关部门加强联合巡查，发现焚烧火点依法处理，并记录在案，作为奖补依据，对有火点的村，取消奖励资格，并对责任人依法予以处理。同时，农作物秸秆综合利用以“秸秆还田”和“秸秆基料”为主，采取土地流转大户承包经营方式，推广“油菜机收一次性粉碎还田”和“水稻机收一次性粉碎还田、旋耕后种植油菜”模式提高秸秆综合利用率。以黟县有农农业发展有限公司为主的新型农业经营主体是秸秆综合利用的主力军。2017年全县粮油秸秆综合利用率在88%以上。①

---

① 黄山市环保局：《黟县打好大气污染防治持久战》，黄山市人民政府网站，http：//www.huangshan.gov.cn/News/show/2658077.html。

（五）坚持防治结合主导原则，实施农业面源污染防治

现代农业（农林牧副渔）中的化肥、农药是重要的污染源。黟县坚持防控结合的原则，全面实施农业面源污染防治。第一，严控化肥农药使用。科学使用和减少化肥、农药的用量，通过龙头企业、种植大户、家庭农场、合作社入股全面推进土地流转，仅碧阳镇流转面积就达到17800余亩，提高农药效能，减少农药使用。第二，推动实施统防统治。大力推进专业化统防统治与绿色防控融合，推进农作物病虫害统防统治规模化、规范化，实现“稳粮增收，提质增效”目标。按照“政府采购、统一配送、信息化管理、零差价销售、财政补贴”原则，两年内基本建成“七统一”农药集中配送体系，实现农药集中配送覆盖率100%，废弃农药包装物回收率60%以上。加快推进构建农资集中配送体系，农药使用量同比下降约10.1%。安排资金对茶叶基地进行统防统治，碧阳镇在深冲茶叶连片区安装太阳能灭虫灯、生态牌。第三，整治规模养殖污染。推行标准化规模养殖，改进设施和养殖工艺，完善技术装备条件，明确畜牧业养殖禁养区、限养区，切实做好取缔搬迁工作，2017年关闭搬迁禁养区内养殖场（户）16家。

（六）打造“五黑”系列特色产品，促进生态农业迅猛发展

黟县耕地面积小，山地多，且生态环境脆弱，农业发展必须走特色道路。2016年成立了全国首家县级有机食品发展中心办公室。将生态品牌优势和黑茶、黑果、黑粮、黑鸡、黑猪“五黑”系列农产品结合起来，坚定不移地走生态路、打有机牌，提高农业产品附加值。借力全国有机产业建设示范县、全国“两山论”基地示范县的创建，因地制宜、点面结合，积极培育“五黑”系列农产品，编制“五黑”特色产业专项发展规划，科学确定“五黑”优势品种。

把发展“五黑”特色产业与精准脱贫、乡村旅游相结合，创新农业政策性保险产品，探索专业合作社、企业带动等产业发展模式，建立“五黑”特色产业专家库，特聘中国农科院、安徽农业大学等科研院所的17位农业专家，在产学研、项目争取、品牌创建等方面开展合作。同时，出台“五黑”特色产业扶持政策，整合财政资金1000万元以上，对“五黑”产业生产基地建

设、品牌培育等实施扶持。目前，黟县的香榧、黑鸡、古墨茶已通过国家农产品地理标志认证。黟县“五黑”产业都有自己的发展优势，黑果（香榧）、黑鸡、黑茶（古墨茶）分别通过国家农产品地理标志认证，黑鸡已建成省级保种场1家、规模养殖场8家，年饲养量达30万羽；黑猪已发展规模养殖场5家，年出栏皖南花猪及黟县黑猪达3万头，相对薄弱的黑粮也已发展了500余亩。①

（七）推进旅游产业有序发展，有效保护古村落古建筑

黟县立足得天独厚的生态环境和自然风光，大力发展全域旅游，重点培育养生、度假等旅游业态，使黟县成为“回归自然、生态体验”的旅游度假胜地。黟县旅游景点以古村落、古建筑为主，世界文化遗产西递、宏村每年吸引世界各地游客参观，每年有1600多万人次游客前往黟县。旅游业的快速发展给当地生态环境保护带来了机遇和挑战。黟县采取多种措施，出台了《西递、宏村世界文化遗产保护管理办法》，设立了遗产保护管理委员会，创立了西递宏村保护基金，每年将20%的门票收入作为全县文物保护基金。采取预警分流措施。按照相关标准，核定景区每日最大承载量，在小长假、黄金周等旅游旺季时，如果景区游客达到一定量，就采取预警分流，通过微博微信、LED显示屏、在交通路口设置指示牌提醒游客，建议大家先游览周边其他景区，从而起到提前预警分流的作用。开展文明旅游宣传活动。近年来，黟县开展了“蓝丝带”行动，倡导游客“系上蓝丝带、把垃圾带出景区”，以及垃圾换水活动、景区垃圾清淤活动等，这些活动产生了非常好的效果，营造了优美的环境。引导游客爱护景区环境，不乱扔垃圾，同时也减轻了环卫工人的压力，保护景区环境。加强对景区民宿、饭店的管理，严禁乱搭乱建，禁止户外烧烤。

三　生态文明建设“黟县模式”的经验

优质的生态环境是黟县的名片，也是黟县未来发展的核心资源、独特优

---

① 韩丹妮、史力：《黟县：聚合发展　“五黑”富农》，中安在线，http：//ah. anhuinews. com/system/2018/12/24/008039709. shtml。

势。改革开放40年以来，历届县委、县政府和一代又一代的黟县人民高度重视生态文明建设工作，这是青山绿水得以保留的关键。经过不断探索，在实践经验基础上，黟县形成了一套“以政府统领为中心，以绿色发展和系统治理为方针，以基层制度创新、‘生态+’多业态、全民参与为抓手”的生态文明建设模式。

（一）发挥政府统领作用，统筹推进生态建设

环境治理的模式可以分为政府主导型、市场主导型和社会主导型等不同模式。黟县的环境治理和生态文明建设表现出明显的政府主导型特征。政府在黟县生态文明建设中发挥了统领作用，主要表现在如下几个方面。首先，积极落实环境保护的相关政策。成立了由县委、县政府主要领导担任组长的环境保护委员会，落实上级政府《关于扎实推进绿色发展着力打造生态文明建设安徽样板先行区实施方案》《关于进一步加强生态环境保护工作的意见》等政策文件。

其次，确定地方的环境治理目标和规划。黟县制定了《黟县国民经济和社会发展第十三个五年规划纲要》，对“十三五”发展的生态环境领域提出了具体的目标，主要包括主要污染物排放、主要河流水质优良比例、森林覆盖率等。通过区域功能规划、生态红线等的制定和完善，指导全县环境治理和保护的方向。在乡镇层面，每个乡镇都制定了“黟县××乡/镇总体规划（2014—2030）”，明确了规划期末的总体环境目标，如水质、工业污染达标排放率、规模化畜禽养殖场粪便综合利用率、农作物秸秆综合利用率、农药施用强度、农用化肥施用强度等。

再次，引导社会力量、外来资本等协同治理。黟县在坚持政府主导的同时，通过政府积极引导市场和社会力量参与环境治理之中。一些社会组织、民间团体成为环境保护和治理的重要参与主体。

最后，制定完善相关目标考核、定期督查、联合执法机制。与各乡镇、相关部门签订年度《环境保护工作目标管理责任书》。每季度至少对25%的重点排污单位、30%的特殊监管单位实行差别化监管。把县域生态环境质量纳入经济社会发展考核评价指标体系，强治严管，守住底线，逐步实现环境质量明显

改善，各类生态指标稳中进位[①]。实施全域环境整治三年行动计划，安排专项资金以奖代补，每月考评前三名的行政村分别给予奖励0.5万元、0.4万元、0.3万元，倒数第一名的行政村倒扣0.3万元。

（二）践行绿色发展理念，实现多方利益共赢

人类进入现代社会以来获得了突飞猛进的发展，但在发展的同时，环境和生态危机也随之出现。人类沉醉于现代科技带来的生产力的迅速提升，却忽略了所生存的地球自身的环境承载力。在当前，如何协调经济发展和环境保护之间的矛盾一直是难题。按照德国学者胡伯等人提出的“生态现代化理论”（Ecological Modernization Theory），经济发展和环境保护并非非此即彼的“零和博弈”，而是一种可以实现相互促进的“正和博弈”[②]。在实践中，保护与开发、治理与利用、生态与发展并非对立，只要把握好两者之间的度，融合发展，可以实现相互促进。

发展是硬道理，但为了保护环境而牺牲发展的道路是不可持续的。黟县在发展过程中，把绿色发展理念放在第一位，着重强调对自然环境的保护。首先，树立爱护自然、尊重自然的绿色发展理念。生态文明建设，理念先行。如果说，原始文明时代人类畏惧自然，工业文明时代人类征服自然，当下建设生态文明时期，则需要爱护自然，与自然做朋友。黟县确立了“生态立县”的发展方针，将空气清新、水质清澈、环境清洁的“世外桃源”作为建设目标。其次，追求经济效益、生态效益和社会效益的多赢。努力实现“生态美”和“百姓富”的同步，在保护中不断强化生态“产出”，大力推进绿色发展、循环发展、低碳发展。最后，注重从源头治理的发展模式。先污染后治理的末端治理模式，治理成本太高，引起了诸多社会问题。黟县采取了源头治理的预防型发展模式，通过转变生产方式、建设相关基础设施等手段，实现了源头治理。

① 黟县信息中心：《黟县坚持生态优先推动绿色发展》，黟县文明网，http：//yxwm.yixian.gov.cn/Content/show/JG204/182134/1/10227277.html。

② 〔荷〕阿瑟·莫尔、〔美〕戴维·索南菲尔德：《世界范围的生态现代化》，张鲲译，商务印书馆，2011。

（三）坚持系统治理导向，统筹改善全域环境

黟县以提高环境质量为核心，以解决影响人民群众健康的突出环境问题为着力点，统筹运用污染治理、总量减排、结构优化、生态保护等方式，建立健全环境治理体系，落实好中央和省环保督察整改。突出问题导向，强化系统治理和精准治理。

第一，持续强化面源污染治理。实施农药、化肥零增长行动，完善农药、肥料集中配送体系，持续开展绿色防控技术集成、病虫害统防统治、测土配方施肥、有机肥替代和水肥一体化试点等工作；开展畜禽禁限养区养殖场关停搬迁"回头看"，巩固关停搬迁成果；实施好屏山、龙江等农发项目，提高农业标准化生产水平；以完成省级开发区去"筹"为契机，巩固扩大环保督察问题整改成果，推动企业转型升级，提升工业园区基础设施建设水平。第二，持续强化河道巡查监控。对排污口成因进行排查，对偷设、私设排污口和暗管，坚决封堵；强化新安江流域水质实时监控，及时掌握水质变化趋势，确保妥善处置；严密监管河道清淤采砂活动，开展渔业增殖放流活动，严惩炸鱼、电鱼、毒鱼等破坏水环境行为。强化重点水利工程建设，持续推进中小河流治理。第三，持续强化污水收集处理。加快实施碧山至城区 5 公里污水管道建设、漳河河道内 1.4 公里污水管网检测及城南片区 25 公里雨污水溯源排查等项目，加快实施八漳片、原旅委体委等地块 10.5 公里污水管道建设。加速实施污水厂污泥提标改造项目，确保尽快投入运营。第四，稳步开展净土持久战。深入开展土壤污染状况详查，强化土壤污染管控，强化重金属污染防控、固体废物管控，进一步改善土壤环境质量。第五，持续强化全域环境整治。将"三线三边"等关键区域"三线"改造纳入全域环境整治内容，深入推进农村环境"三大革命"，加快实施农村垃圾清运、污水处理两个 PPP 项目，加快推进 1500 户三格化粪池模式的改水改厕，确保及早全面完工。

（四）探索基层制度创新，提升环境整治效果

黟县环境治理过程中进行了诸多模式创新，其中宏潭乡塘田村的"塘田模式"，柯村镇、美溪乡"拦河养鱼"河道治理新模式等是重要的实践探索，取得了非常明显的效果，其环境治理经验被多方推广。下文以颇具影响的

“塘田模式”详述之。塘田村是黟县宏潭乡的一个村，地理位置偏僻。为建设美丽乡村，塘田村“两委”做了大量宣传工作，向农民群众做了大量宣传，但效果不佳，垃圾治理并未深入人心，随手丢垃圾的习惯并未改观。经过探索，塘田村围绕村庄环境治理进行了如下三步实践。第一步，建立环境卫生的网格管理制度。按照“方便群众、无缝覆盖、规模适度、动态调整”的原则①，将环境卫生责任区建在四级网格中，在每个四级网格内划分 2 ~ 3 个环境卫生责任区，全村 16 个基础网格共分成 43 个环境卫生责任区，实现了塘田村环境整治“横向到边、纵向到底”的格局。第二步，促进村民参与环境整治。免费向农户发放垃圾桶，修建垃圾池，确保村内每户有垃圾桶，每组有垃圾池。组织全村党员上门引导村民自发将垃圾收集入桶、桶中垃圾入池。设立公益岗位，让低保户、五保户等有劳动能力的村民分片负责村主干道、公共区域环境卫生。第三步，建立环境整治的长效机制。出台《塘田村村规民约》《塘田村村庄环境整治管理办法》，并推行环境卫生责任区网格化管理、星级评定等一系列举措。

（五）利用生态资本优势，打造“生态 + ”多业态

习近平总书记多次提到“绿水青山就是金山银山”的理念。生态文明建设的目标是让人民群众受益。环境保护和生态治理需要大量的资金，仅靠政府的“输血式”环保投入是不够的，还要以生态为基础，利用生态创造经济价值，加强自身的造血能力。黟县积极把良好的生态环境作为发展的基础，以优质的环境为出发点，积极发展“生态 + 农业”“生态 + 旅游”“生态 + 工业”等业态，实现生态的产业化，促进生态优势向经济效益转变。

黟县生态农业发展迅速，大户流转全县 65% 的农村土地用于发展生态农业，初步形成绿色低碳环保产业体系。代表性的生态农业企业——黟县有农生态农业有限公司，通过整村流转、土地托管、土地入股等方式，实现生态农业经营的规模化、标准化和规范化，被称为“有农模式”。2017 年公司负责人徐海波作为唯一农业基层代表走进中南海，受到李克强总理接见。黟县旅游业发

① 《黟县“塘田模式”激活乡村环境整治新能量》，黄山先锋网，http：//www. hsxfw. gov. cn/news. php？ id = 7993。

展紧紧依托当前优势的生态环境，加强旅游环境整治，促进旅游业态升级，是推进绿色发展落实“两山论”的重要举措，以此为契机，加速将生态环境优势转化为生态经济优势。在“生态+工业”上，黟县不断提升农产品深加工水平，建立了多个农产品加工中心，提升农产品加工的工艺水平和机械化程度，打造本地的绿色品牌。目前，“五黑”特色产业的全链条式发展体系已经初步形成。推进“生态+”多业态融合，丰富旅游产品供给，促进旅游业态提升，加速乡村旅游提质发展。

（六）借力地方社会传统，激发民众环保动力

黟县历史上每个村庄都有村规民约，这些地方自己制定的社会规范对村民行为具有较强的约束力。时至今日，村规民约在村民日常生活中仍然发挥着不可忽视的作用，是基层民间社会治理的重要手段。黟县各地纷纷借力地方社会传统，激发村民的环保动力。一些乡村通过创新修订村规民约的方式推进村庄层面的环境保护。碧山村通过走访入户、问卷调查、意见征询、召开座谈会等形式广泛吸取村民意见，听取各方建议充实村规民约内容；邀请村老年人协会的退休干部、退休教师等乡贤名人集中编写村规民约，增强新村规民约的文学性和可读性等，围绕建设美丽乡村的核心，把村民行为规范、环境卫生、移风易俗等作为村规民约基本要素，让村规民约“易记、易懂、易行”，通过村规民约进一步规范约束村民行为，并开展各项村级评比活动，把村民保护、爱护环境情况作为“五好家庭”“十星级文明户”“好媳妇”“好邻居”等评比的重要内容，切实增强村民自觉爱护保护维护村容村貌的意识。碧山村村规民约荣获2017年度全国优秀村规民约。

同时，黟县一些地方充分利用黄梅戏剧团、龙狮队、老年人协会、农家书屋、“阳光之家”活动中心、传统村落保护协会、社区协商委员会、人畜饮水安全协会、关工委等民间团体组织，大力弘扬保护环境、爱护家园的环保精神，用群众喜闻乐见的形式宣传环保政策，普及环保法律法规，弘扬优秀传统文化，教育引导群众践行社会主义核心价值观。在碧山、柏山、石亭、丰梧、星火、钟山、横岗等7个村成立河道打捞专业队伍，通过日巡查、日清理、月考核的方式，形成常态化的卫生保洁制度。

四　黟县生态文明建设的瓶颈与突破

近年来，黟县以党的十九大精神和习近平新时代中国特色主义思想为指导，在安徽建设“三个强省”战略指引下，坚持生态优先，不断探索生态富民强县新路子，让美丽的黟县永远成为乡愁最明显的符号。生态文明建设的“黟县模式”是安徽打造生态文明建设的一个样板，其经验具有重要的推广价值。但是，黟县生态文明建设仍然存在一些瓶颈，需要积极采取措施应对。

（一）黟县生态文明建设的瓶颈

1. 经济发展与环境保护之间的矛盾仍然存在

生态文明建设要坚持在发展中保护、在保护中发展的基本要求①。虽然黟县确定了生态立县的发展战略并且较好地处理了经济发展和环境保护之间的矛盾。但是，二者之间的矛盾依然存在，在特定的区域和部门还较为明显，需要较好地平衡。比如，游客的增加可以带来旅游收入的提升，但是，如果超过了环境承载力，就需要在一定的时间和空间内限制游客数量。目前，如何控制旅游业快速发展带来的环境污染问题，还需要积极采取相应措施。随着县域内建设用地的增加，经济发展和林地保护的矛盾也日益突出。这种矛盾还表现在生态补偿金额与农民实际付出的不相匹配上。如国家公益林生态补偿金每亩 15 元，这个补偿标准太低，且近几年都没有增加，村民所有的林木被划为公益林，其利用受到严格限制，而补偿金额并没有充分地弥补其损失。

2. 保持和提高生态文明建设成绩的压力较大

黟县生态文明建设取得了较好的效果，相关污染物排放指标已经处于较低值，整体环境质量较好。比如空气质量，黟县 PM2. 5 浓度居于全省最低值。按照上级部门环保考核要求，环境质量需要持续改善。目前的环保考核办法对环境质量较差的地区具有较大的指导意义，可以有效促进其提升区域内的环境质量。但是，对于黟县而言，在相关污染物排放指标已经处于较低值的情况下，环境质量进一步提升的空间已经非常小，提升难度非常大。

① 张高丽：《大力推进生态文明　努力建设美丽中国》，《环境保护》2014 年第 2 期。

3. 生态优势向资本优势的转化效果还未完全体现

虽然"绿水青山就是金山银山"，但是现实生活中，以绿水青山为代表的生态优势并不必然会顺利转化为金山银山的资本。目前，黟县的生态产业、生态旅游等取得了明显的成绩，但是还有进一步提升的空间。一些生态环境较好的村庄，由于距离县城较远，交通不便，游人罕至，村民没有分享到旅游经济的收益。在生态产业方面，由于黟县土地面积、人口较少，加之区域功能规划制约，县内生态农业普遍表现出规模较小的特点，难以做大做强。"生态+"多业态发展模式目前还主要集中于农业、旅游等方面，但一些新业态，如"生态+养老"等的发展力度尚不足。

4. 生态文明建设的多元主体合作共治尚显不足

生态文明建设靠单一主体是无法完成的，因此需要积极构建生态文明协同治理模式，实现多元主体在生态文明建设中的合作共治。① 生态文明建设主体主要有政府、企业、社会组织和公民等。目前黟县以政府为主导，企业、公众参与的环境治理模式已经建立，多元主体相结合的环境治理机制已见雏形。但这种多元主体治理的模式正在形成中，社会组织、企业、公众如何更有效地参与环境保护和生态治理，如何培养他们的生态责任感，激发他们的参与积极性，保证他们的参与效果，这些问题还有待进一步探索。

5. 推进生态建设效果的后续保障措施力度有待加大

黟县落实环保要求，构建生态工程区需要大量人力、物力、财力的投入。目前，黟县一些农村地区的污水集中处理设施还不健全，农村生活污水、行业（养殖业）污水等还不能做到全收集、全处理，直排入河现象依然存在。景区景点写生学生较多，颜料污水处置难度依然较大。畜禽养殖废弃物利用率仍不高，主要表现在畜禽养殖废弃物资源化利用与种植业需肥时段不匹配，存在畜禽废弃物的污染。这些问题的治理，仍然需要持续的投入。

6. 居民的认知水平和生态文明建设的要求存在差距

由于居民的传统习惯和认知水平很难在短时间内改变，他们日常生活中很多行为仍然对环境产生不利影响。垃圾随处倾倒现象时有发生，建筑垃圾、居民小区垃圾倾倒不规范，随意性强，给后期处理带来困难。秸秆焚烧、垃圾露

---

① 陶国根：《协同治理：推进生态文明建设的路径选择》，《中国发展观察》2014 年第 2 期。

天烧现象时有发生。很多村民仍然习惯按照传统方式在田地里焚烧秸秆，因为烧掉的草木灰可以肥沃土壤与杀除水稻田里的害虫，方便耕种。农业生产中的除草剂、农药瓶丢弃在一些水稻田附近的小河边，成为污染源。虽然实行了农药集中配送，但由于配送农药药效较迟缓，很多村民为了自身的利益，往往选择私下买药，但药性大以及药瓶的随意丢弃对环境造成很大影响。农药包装物和废弃农膜的回收量不足，农药包装物依托农药配送体系开展回收，但回收量不大，加之废品回收企业收购废农膜的积极性不高，造成农业污染物不同程度的存在。

（二）黟县生态文明建设的突破方向

1. 强化机制创新，探索生态文明建设的合理机制

生态文明体制改革是生态文明建设的核心部分①，现有的生态文明体制还有进一步提升的空间。首先，建立多元化生态投入机制。现有的环境治理资金按照人口拨付，但是，旅游地区外来人口多，需要特殊考虑。在生态产业发展、垃圾治理等领域，积极引入社会资本，促使其参与环境治理。其次，优化县域环保考核机制。借鉴林业考核方式，指标达到一定程度后保持即可。最后，建立部门整合联动机制。环境保护和生态文明建设涉及水污染防治、大气污染防治、面源污染防治、土壤污染防治、野生动植物资源保护、生态红线保护等，涉及多个部门、多个乡镇，应形成合力。

2. 强化理念指引，构建不同主体绿色发展的理念

生态文明建设的目标是建立一个绿色的“美丽中国”。绿色发展观念对生态文明建设的意义非常重大。生态文明建设的每个主体和参与者都需要树立绿色发展的观念。企业要树立绿色生产观，杜绝生产行为对环境的破坏。居民要树立绿色消费观，积极践行环境友好型的消费方式。干部应树立绿色政绩观，正确处理环境保护和经济发展的关系。深化各个行动主体对环境保护的责任感，做到“像保护眼睛一样保护生态环境，像对待生命一样对待生态环境”。

3. 强化利益共享，完善区域和主体间的合理利益分配机制

合理的利益分配制度是生态文明建设得以持续的保证。首先，需要建立和

---

① 董战峰、李红祥、葛察忠、王金南：《生态文明体制改革宏观思路及框架分析》，《环境保护》2015 年第 19 期。

完善区域内市场化的生态补偿机制。完善秸秆禁烧补偿、生态公益林补偿、新安江生态补偿机制和重点生态功能区转移支付制度，切实保障居民的经济利益不受损害。其次，建立政府、企业、当地居民共赢的环境治理模式。在旅游项目收益中，需要确立合理的收益分成比例，保证一定的文物和生态修复资金。最后，协调县内旅游区和非旅游区利益分配。黟县县内不同乡镇旅游景点和旅游收入差异较大，旅游资源丰富的乡镇是生态文明建设的受益者，旅游资源较少的乡镇没有完全享受到旅游经济带来的好处。

4. 强化产业引领，做大做强特色生态产业

特色生态产业既可以实现经济发展，也可以保护地方生态，是生态文明建设的重要组成部分。目前黟县主要的特色生态产业表现在农业领域，做大做强生态农业需要克服诸多困境。首先，技术困境。生态产业的发展离不开现代科技。需要继续与相关的科研院所合作，加大研究力度，进一步提升以古黟黑茶为代表的“五黑”特色产品生产加工工艺，提升产品品质。其次，规模困境。目前黟县的生态农业规模普遍较小，在市场竞争中还没有取得明显优势。为做大做强特色生态农业，需要积极拓展区域，向县外发展，形成跨县农业产业链。最后，市场困境。生态产品的市场销售一定程度上面临信任度低、品牌知晓率低等困境。需要打造拳头产品，建立多渠道的产品销售体系。

5. 强化风险防范，及时跟进新的环境污染源

随着旅游业的发展，一些新的环境污染源也开始出现，如宾馆餐饮、写生、自驾游汽车等方面。要未雨绸缪，把“配套建设污水处理设施，实现污水达标排放”作为星级饭店评星、农家乐评星的基本要求，作为徽州民宿评选工作的基本条件。加快制定《黟县旅游景区写生学生备案管理办法》，规范垃圾、涂料污水的处理，强化写生学生的管理。针对自驾游汽车尾气排放造成的强化挥发性有机物（VOCs）污染采取有效应对措施。要加速打造最美风景道和两江源徒步摄影系统，完善公共服务设施，推出绿色生态精品线路游。

五　结语

生态文明建设的伟大实践是中国共产党领导下对中国发展模式的一次深度转型，是中国对世界和全人类的卓越贡献。相信随着各地生态文明建设的不断

探索和经验积累，中国生态文明建设的收获将会愈加丰硕。黟县作为一个中部山区县，其生态文明建设的经验在于，除了严格遵守国家和相关部门的法律法规外，还积极主动作为，根据地区的特色与优势，选择了合理的生态文明建设路径，以旅游、生态农业等为突破口，让绿水青山的经济价值得以变现。同时，积极利用市场机制、地方文化等手段，建立了以政府为主导、多方参与的生态文明建设机制，保证了生态文明建设的持续性。黟县生态文明建设取得了可喜的成绩，其生态文明建设经验值得推广。

参考文献

〔荷〕阿瑟·莫尔、〔美〕戴维·索南菲尔德：《世界范围的生态现代化》，张鲲译，商务印书馆，2011。

董战峰、李红祥、葛察忠、王金南：《生态文明体制改革宏观思路及框架分析》，《环境保护》2015 年第 19 期。

谷树忠、胡咏君、周洪：《生态文明建设的科学内涵与基本路径》，《资源科学》2013 年第 1 期。

曲格平：《我们需要一场变革》，吉林人民出版社，1997。

陶国根：《协同治理：推进生态文明建设的路径选择》，《中国发展观察》2014 年第 2 期。

张高丽：《大力推进生态文明　努力建设美丽中国》，《环境保护》2014 年第 2 期。

B.16
安徽省绿色殡葬实施现状、存在问题及推进路径*

汤夺先　刘　强**

摘　要： 绿色殡葬的推行是安徽省殡葬改革的重要任务。安徽省实施绿色殡葬的必要性主要体现在我国人多地少、资源紧缺的现实以及传统殡葬给生态环境带来压力的现实。安徽省在推行绿色殡葬方面取得了显著的成就，但也存在某些问题：绿色殡葬的法律法规滞后、绿色殡葬的供给和消费机制尚未形成、民众绿色殡葬意识尚待提升、绿色殡葬资金投入不足、绿色殡葬人本服务有待提升。本报告从多角度提出了进一步推进安徽省绿色殡葬实施的路径，包括完善相关法律法规，建立多层次保障体系，发挥政府主导作用，建立绿色消费模式及更加重视以人为本，最大限度地深化绿色殡葬改革。

关键词： 安徽　绿色殡葬　生态殡葬

殡葬由“殡”和“葬”构成。殡葬在我国有着悠久的历史，受传统社会经济、政治、文化等各方面的影响，我国传统殡葬的一个显著特点就是“隆丧厚葬”，并由此而形成了一系列复杂的殡葬文化。

十九大以来，以习近平新时代中国特色社会主义思想为指导，我国大力推

* 基金项目：安徽大学优秀人才计划之英才Ⅲ项目、安徽省高校学科（专业）拔尖人才学术资助项目。

** 汤夺先，安徽大学社会与政治学院副院长，教授，主要从事民族社会学、民族人口学研究；刘强，安徽大学社会与政治学院民俗学专业硕士研究生，主要研究区域民俗学。

进精神文明建设和生态文明建设。这就要求我们从构建生态文明和精神文明社会的角度去审视殡葬改革和殡葬发展，在充分考虑中国传统丧葬习俗的基础上，把生态文明理念纳入殡葬改革和管理之中，既要实现殡葬改革的整体社会效益，又要确保民众心理感情的宣泄，让殡葬改革能够体现出深刻的人文关怀精神。有鉴于此，本文拟就绿色殡葬的概念、实施必要性、实施状况、存在的问题及推进绿色殡葬的路径等方面进行探讨。

一　绿色殡葬的界定及其实施必要性

十九大以来，在习近平新时代中国特色社会主义思想指导下，绿色殡葬成为殡葬改革的重点方向。

（一）绿色殡葬的界定

绿色殡葬有狭义和广义之分。简言之，狭义的绿色殡葬是指殡葬过程中的环境保护；广义的绿色殡葬是指与殡葬及祭奠相关的物质和意识上的绿色。绿色殡葬是一种科学的殡葬方式，它主张“回归自然”；绿色殡葬是全程的科学环保，它主张殡葬与社会、生态、科技、经济的协调和可持续发展；绿色殡葬是现下社会中新的人生消费，它主张确立科学的、有益人类健康和环境保护的殡葬消费模式。① 可见，绿色殡葬不仅仅是环保殡葬，其指向的是一种可持续发展的理念。从这个意义上说，绿色殡葬包含了殡葬理念的环保化、殡葬系统的生态化、葬式葬法的多元化、殡葬资源的节约化、殡葬利益的统一化等多重内容。②

（二）开展绿色殡葬的必要性

实施绿色殡葬对于安徽省有着重要的意义。具体说来，安徽省实施绿色殡葬的必要性在于以下几个方面。

① 杨宝祥等：《绿色殡葬内涵及特征研究报告》，朱勇主编《中国殡葬事业发展报告（2010）》，社会科学文献出版社，2010，第174～176页。

② 光焕竹：《公益伦理视域下现代殡葬生态研究》，李伯森主编《中国殡葬事业发展报告（2014～2015）》，社会科学文献出版社，2015，第119页。

第一，绿色殡葬的实施与习近平新时代中国特色社会主义思想中生态文明建设的指导思想相符合。相对于当今人类面临的全球生态恶化、资源危机、人口膨胀等威胁人类存续的外部环境灾难带来的严重挑战，绿色殡葬作为迄今为止人类殡葬文明发展的最高阶段，以人与自然、人与人、人与社会和谐共生、良性循环为宗旨，强调在殡葬改革和管理的进程中，尽最大可能节约资源和保护生态环境，是促进生态文明建设的必然要求。

第二，绿色殡葬能够缓解传统殡葬带来的资源浪费和污染环境等压力。作为世界上人口最多的国家，遗体保存、火化以及遗物焚烧等过程中带来的环境污染物排放对生态环境造成巨大的压力。其中火化对于环境的污染和破坏尤其需要重视。绿色殡葬则对火化技术提出了更高的要求，不仅要求对火化机的制造技术进行更新，还要求对尸体和遗物焚烧的尾气进行过滤，这些技术的使用可以减少遗体、火化燃料、随葬品等在火化过程中产生的大量烟尘和气态污染物。此外，与传统的土葬相比，绿色殡葬极大地减少了对水土资源的侵占，是符合我国人多地少、资源紧缺等国情的殡葬方式。

第三，绿色殡葬的实施能够移风易俗，引导民众的殡葬观念向着理性化方向改变。绿色殡葬的实施有利于民众殡葬观念的改变，有助于减少攀比、形式主义等现象，促进文明的进步，减轻民众的负担。

第四，绿色殡葬能够缓解传统殡葬所带来的交通堵塞及极易引发的火灾等引患。清明节是我国传统祭祀的一个重要时间节点，尤其是清明节成为法定节日之后，清明节前后几天则是高度拥堵时期，呈现短时间、小空间、高密度人流和车流的典型状态，时常潜伏着车祸和其他事故的苗子。绿色殡葬的实施则可以通过墓园共祭、社区共祭、家庭祭祀、网络祭祀等不同形式的生态祭祀方式缓解交通堵塞带来的压力，减少交通事故的发生。此外，绿色殡葬的实施还可以通过“鲜花祭祀”等无烟祭祀方式，减少烟花爆竹燃放时容易造成的火灾。

二 安徽省绿色殡葬的发展现状

近年来，安徽省在推行绿色殡葬方面取得了长足进展，主要体现在政策法规的完善以及葬式葬法与祭奠方式的多元化与生态化方面。

（一）绿色殡葬政策和法规的出台与完善

中华人民共和国成立以来，党和政府高度重视殡葬管理工作。从 1981 年 12 月，第一次全国殡葬改革工作会议提出了殡葬改革工作的方针后，1997 年 7 月 21 日发布实施《殡葬管理条例》，至 2016 年，民政部等九部门发布《关于推行节地生态安葬的指导意见》，对进一步深化殡葬改革、推行节地生态安葬提出意见。

安徽省在依据现行《殡葬管理条例》的基础上，根据本省的实际情况，制定出《安徽省殡葬管理办法》（2014 年修订）。在殡葬基本公共服务方面，2012 年 8 月 1 日，安徽省人民政府办公厅印发《关于加强殡葬基本公共服务加快推进殡葬改革的意见》。2013 年 12 月 17 日，安徽省人民政府办公厅印发《关于加强公益性公墓建设管理的通知》。这些条例、意见和通知的实施，为安徽省的殡葬管理提供了政策和法规上的依据，也为绿色殡葬提供了相关的法律后盾。

（二）绿色殡葬多层次活动的开展和完善

1. 葬式葬法的多样性和生态化

安徽省积极推行现代江葬等新葬式。安徽省有关树葬、草坪葬等节地生态葬法占比已达 15%，较 2010 年增长 7 个百分点。[①] 合肥市大蜀山文化陵园自 2007 年推行生态葬以来，每年都会为生态葬逝者免费举行 4 ~5 场集体安葬仪式。目前，园内已有 1450 位逝者长眠生态葬墓区，其中森林葬数量 683 座，占总量的 47%；花坛葬数量 767 座，占总量的 53%。据不完全统计，自小蜀山陵园开展绿色殡葬以来，已有 2600 多位逝世者选择了不保留骨灰的方式葬在小蜀山。[②] 2016 年，合肥市在大蜀山文化陵园举行秋季生态礼葬仪式，为逝者举办集体安葬仪式，并给所有逝者家庭发放了《生态葬绿色证书》。[③] 2018 年 10 月 27

① 《安徽省殡葬事业“十三五”规划》，安徽省民政厅网站，http：//www. ahmz. gov. cn/thread -27228 -1. html，2016 年 11 月 21 日。

② 《合肥市小蜀山陵园　举行第八届生态礼葬仪式》，合肥市殡葬协会网站，http：//www. hfbzxh. org/display. asp? id =1294，2017 年 12 月 4 日。

③ 《好大一棵树　绿色的祝福——2016 年合肥首场秋季生态礼葬仪式在大蜀山文化陵园举行》，安徽省殡葬协会网站，http：//www. ahsbzxh. com//display/? id =2611，2016 年 11 月 10 日。

日，合肥2018年秋季生态礼葬在大蜀山文化陵园举行，此次是为66位逝世的老人举行集体葬礼仪式。[①] 2018年肥东县出现首例选择花坛葬的丧户。[②]

安徽省合肥市、铜陵市、安庆市等地已开展骨灰免费江葬活动，其中合肥市已经开展了20次江葬活动，江葬骨灰已逾千例。[③] 2016年11月20日，合肥市第二十次暨安庆市第二次江葬活动在安庆举办。在以“生命之礼　回归自然”为主题的集体追思仪式上，合肥市的逝者亲属在司仪的引导下，将家乡的故土和亲人的骨灰一起带走。追思活动结束后，合肥市殡葬管理处工作人员带领逝者家属乘车赶往安庆市，在与安庆市参加江葬的逝者亲属会合后，所有人员乘船至安庆长江公路大桥至仁家墩处，逝者亲属在司仪的引领下将骨灰和鲜花洒向长江。此次江葬活动，合肥市及安庆市共77名逝者的骨灰在花瓣的簇拥下魂归自然，与江永生。2017年合肥市第三次江葬活动在11月4日举行，共有110户家庭126位逝世者选择了回归自然的江葬方式。[④]

此外还有其他生态葬法。比如，壁葬是将骨灰盒嵌在墙壁内的丧葬方式。六安市裕安区在新安镇万安墓园率先开启公益性墓园节地生态壁葬工程，目前已建成300多个格位。它的建成填补了裕安区公益性墓园节地生态壁葬的空白，是推进殡葬改革的重要举措。[⑤] 树葬也是一种重要的生态葬法。安庆市选择树葬人数达30多人，壁葬600多人。[⑥]

“远看像公园，进去才知是墓园”，这是怀远县民众对荆山公墓的评价。为把墓园建设成为生态园，改变民众谈“墓”色变的心态，怀远县民政局从

---

① 《“老顽童”完成“绿色殡葬遗愿”》，合肥市殡葬协会网站，http：//www. hfbzxh. org/display. asp？id =1322，2018年11月5日。

② 《肥东县首例节地生态葬享受惠民政策》，合肥市殡葬协会网站，http：//www. hfbzxh. org/display. asp？id =1323，2018年11月19日。

③ 文中所有田野资料，均来自安徽大学安徽省殡葬协会课题组，课题组负责人：汤夺先；课题成员：蔡宇安、王增武、张涵、刘强、张丽、任嘉威。以下所有田野资料均为同一来源，不再单独标示。

④ 《数百市民长江边送别“爱的最后一程”——合肥市第21次暨安庆市第3次骨灰江葬仪式》，合肥市殡葬协会网站，http：//www. hfbzxh. org/display. asp？id =1286，2017年11月6日。

⑤ 《六安市裕安区开启生态壁葬新模式》，安徽省殡葬协会网站，http：//www. ahsbzxh. com//display/？id =2279，2015年6月16日。

⑥ 《生态葬之路“任重而道远”》，安徽省殡葬协会网站，http：//www. ahsbzxh. com//display/？id =2462，2016年3月24日。

四个方面入手，增加公墓用地单位面积的绿量，提高生态率，优化墓园生态环境，增强民众生态感官，向民众展现了生态文明建设的成果。① 合肥市大蜀山文化陵园在 2012 年初正式获批国家 3A 级旅游景区，成为一个集追思、休闲、旅游、教育于一体的人文纪念公园。②

为使生态节地葬法有序推进，有的城市对绿色葬法实施了奖励，铜陵市义安区积极倡导节地生态安葬，推行壁葬、树葬、草坪葬等绿色殡葬，将骨灰花葬、树葬、可降解深埋、骨灰撒江等葬式的一次性奖励由 500 元提高到 1000 元。③ 合肥市对于新安葬逝者选择不保留骨灰葬式（江葬、公墓内的花坛葬、森林葬等）给予减免 1000 元/盒的补助，在公墓内选择节地葬式（格位葬、草坪葬、树葬等）给予减免 500 元/盒的补助。④

2. 祭奠方式的绿色化与多样化

安徽省在推行殡葬葬法多样化的基础上，不断创新祭奠亡灵形式，丰富祭奠活动内容。合肥市 2016 年国庆前夕开展了一场主题为“福寿百年　感恩前行”的祈福共祭仪式活动。⑤

有的城市结合清明节，开展以“绿色殡葬”为主题的活动。芜湖县殡仪馆 2016 年在清明节期间积极倡导以“生态殡葬”“绿色殡葬”为主题的祭祀方式，用鲜花寄托哀思，用行动传递文明，努力让广大群众在思想上改变传统的祭祀方式。⑥ 肥西县殡仪馆以“文明祭扫　生态安葬”为主题，以实现“平安清明、文明祭扫”为工作目标，积极引导群众开展绿色文明祭祀活动，倡

① 《精心打造生态文明　把墓园建成生态园》，安徽省殡葬协会网站，http：//www.ahsbzxh.com//display/？id＝2105，2014 年 10 月 27 日。

② 《合肥大蜀山文化陵园荣膺国家 AAA 级旅游景区》，安徽省殡葬协会网站，http：//www.ahsbzxh.com//display/？id＝271，2012 年 8 月 6 日。

③ 《铜陵市义安区不断加强殡葬建设　积极倡导绿色节地生态安葬》，安徽省殡葬协会网站，http：//www.ahsbzxh.com//display/？id＝2576，2016 年 8 月 5 日。

④ 《合肥：选择森林葬等生态葬　费用减免 1000 元》，安徽省殡葬协会网站，http：//www.ahsbzxh.com//display/？id＝2535，2016 年 6 月 2 日。

⑤ 《“为爱祈福”大蜀山文化陵园举行人文共祭仪式》，安徽省殡葬协会网站，http：//www.ahsbzxh.com//display/？id＝2603，2016 年 10 月 8 日。

⑥ 《芜湖县殡仪馆积极倡导“生态殡葬”、“绿色殡葬”》，安徽省殡葬协会网站，http：//www.ahsbzxh.com//display/？id＝2494，2016 年 4 月 11 日。

导祭祀群众以书写文明倡议墙、悬挂黄丝带、鲜花祭祀等多种形式寄托哀思。[①] 明光市九龙山陵园和明光市安然生命礼仪公司联合开展“鲜花换纸钱，文明祭哀思”活动，每位前来祭扫的市民都可以将手中的火纸免费换成一束鲜花，引导市民改变传统的祭扫方式，用圣洁素雅的鲜花来寄托对逝者的思念。[②] 有的结合中元节，开展以“文明低碳”为主题的文明祭祀活动。2017年，合肥市小蜀山陵园结合我国传统的中元节祭祀活动，开展以低碳为主题的绿色祭祀活动。[③]

有的组织开展“殡仪馆开放日”活动。2016 年，蚌埠市殡仪馆承办的首个“蚌埠殡仪馆开放日”活动在蚌埠市殡仪馆举行。50 多名市民通过多种渠道报名参与，走进殡仪馆，亲身感受殡葬服务和殡仪程序。在别开生面的清明追思会现场及追思堂，工作人员引导大家用鲜花等方式进行文明祭祀，“殡仪馆开放日”的举办目的，则是希望在全市倡导文明祭祀新风。[④]

有的组织开展“绿色殡葬征文”评比。安徽省殡葬协会官网在 2015 年发布征稿启事。蚌埠市为使 2016 年清明时节前后开展的文明祭祀活动得到深化，对在人民网、新华社、《中国社会报》、《公益时报·中国殡葬周报》、中国文明网和省级主要媒体刊发的稿件进行评比。[⑤] 有的城市向市民发布“安全祭祀绿色殡葬”倡议书。六安市殡仪馆在 2015 年清明时节在祭扫区悬挂关于清明节文明安全祭扫的倡议书。倡导广大居民朋友低碳祭扫、安全祭扫、节俭祭扫、科学祭扫、服务祭扫，树立文明祭扫新风。[⑥] 明光市九龙山陵园在 2016 年清明时节向广大市民发出倡议：“绿色清明诚信服务”，通过发布倡议书，

---

① 《肥西县殡仪馆清明节期间开展文明祭祀活动》，安徽省殡葬协会网站，http：//www. ahsbzxh. com//display/？id = 2491，2016 年 4 月 7 日。

② 《用鲜花寄托思念　让清明充满绿色》，安徽省殡葬协会网站，http：//www. ahsbzxh. com//display/？id = 2484，2016 年 4 月 5 日。

③ 《合肥市小蜀山陵园圆满完成“文明低碳　平安中元”活动》，合肥市殡葬协会网站，http：//www. hfbzxh. org/display. asp？id = 1272，2017 年 9 月 7 日。

④ 《展示文明新风　革除殡葬陋习——蚌埠市殡仪馆开放日活动成功举办》，安徽省殡葬协会网站，http：//www. ahsbzxh. com//display/？id = 2483，2016 年 4 月 5 日。

⑤ 《蚌埠市开展征文活动　力推“文明祭祀”》，安徽省殡葬协会网站，http：//www. ahsbzxh. com//display/？id = 2243，2015 年 4 月 27 日。

⑥ 《六安市殡仪馆清明节文明安全祭扫倡议书》，安徽省殡葬协会网站，http：//www. ahsbzxh. com//display/？id = 2222，2015 年 4 月 2 日。

转变市民传统祭祀观念，树立绿色殡葬理念，以文明缅怀的方式，发挥清明节“传递亲情、传承文化、构建和谐”的功能。①

有的地方开展“绿色殡葬服务”示范活动。清明节前后的一个月，是全国“殡改宣传月”，也是“行风建设月”和“优质服务月”。安徽省各地开展行风建设，举办技能竞赛，推进公益殡葬和阳光殡葬，殡葬服务机构服务质量赢得了社会肯定。蚌埠市 2016 年开展殡葬服务提升年活动，围绕服务能力的提升、服务内容的丰富、服务范围的拓展、服务方式的转型、服务环境和丧葬习俗的改变，进一步深化殡葬改革。② 五河县民政局 2016 年在青年圩广场开展“文明祭扫、生态安葬”主题宣传月活动启动仪式。③

有的地方开展“文明共祭”活动。合肥市殡葬管理处已连续五年与合肥市民政局联合主办了主题为“人文共祭　爱传万家”的清明集体共祭活动，参与人数逐年增加。2015 年的文明共祭活动分别在合肥市殡仪馆一号大厅、分会场瑶海区三里三村社居委和包河区曙光社居委同时举行，让居民不出社区即可追思先人，分会场参与的户数更是超过了主会场。祭祀活动所需用品均由市殡仪馆免费提供，不向市民收取任何费用。中国政府网、新华网、中国网、网易新闻、《安徽商报》、《合肥晚报》等多家媒体报道、转载，达到了“文明祭祀　生态殡葬”的良好社会效果。

此外，网络祭祀也逐渐成为一个重要的祭祀方式。网络祭祀借助互联网，将现实的墓园搬到虚拟化的网络上，方便民众随时随地祭拜自己的亲人。它是对现实社会中墓地祭祀的一种补充。2011 年铜陵市举办的首届群众集体网络共祭活动仪式在铜陵市殡仪馆告别大厅举行。此次活动是为了打造绿色、生态、和谐清明，以新型追思载体倡导文明祭祀，减少清明节群众祭扫活动对自然环境的污染和火灾隐患，实现人与自然的和谐相处。④ 合肥大蜀山文化陵园

---

① 《明光市九龙山陵园绿色清明诚信服务倡议书》，安徽省殡葬协会网站，http：//www.ahsbzxh.com//display/？id=2453，2016 年 3 月 18 日。

② 《蚌埠市开展殡葬服务提升年活动》，安徽省殡葬协会网站，http：//www.ahsbzxh.com//display/？id=2530，2016 年 6 月 1 日。

③ 《五河县开展“文明祭扫　生态安葬”主题宣传月活动》，安徽省殡葬协会网站，http：//www.ahsbzxh.com//display/？id=2469，2016 年 3 月 30 日。

④ 《铜陵市举办第九届骨灰撒江和首届群众集体网络共祭活动》，安徽省民政厅网站，http：//www.ahmz.gov.cn/thread-8190-1.html，2011 年 4 月 1 日。

已与北京网同纪念网络技术有限公司主办的“网同纪念”网站共同开发祭奠应用软件，开展了丰富多彩的网络祭奠活动。合肥市小蜀山文化陵园也开通了网络在线祭祀通道。网络祭奠活动一方面因为时间限制和空间阻隔被完全地打破，悼念者可以随时随地上网访问纪念馆，非常方便祭祀；另一方面因为网络祭奠避免了传统祭奠引发的火灾等现象，非常安全可靠。

三　安徽省绿色殡葬存在的问题及深入推进的路径

安徽省的绿色殡葬建设取得了不小的成就，但我们还应该注意到其中的不足，采取措施推进安徽绿色殡葬。

（一）存在的问题之具体表现

其一，涉及绿色殡葬的相关法规制度较为滞后。《殡葬管理条例》只是抽象性地提出了殡葬改革的方向，并未对殡葬改革中遇到的问题进行具体的细化，可操作性不强。此外，国家关于绿色殡葬的标准化操作体系尚未建立，这就为殡葬事业的执法、管理带来了一定的困难。

其二，绿色殡葬的供给和消费机制尚未形成。绿色殡葬的供给和消费，还是以传统产品为主，从而造成绿色殡葬产品的有效供给不足，殡葬的绿色消费还未形成一种常规性的机制。此外，受传统殡葬观念的影响，民众也未与绿色消费机制形成良好的互动。

其三，广大民众的绿色殡葬意识有待提高。虽然安徽省的绿色殡葬事业有了长足的发展，遗体火化率、生态葬和节地葬的比例有很大的提升，但应注意到传统墓穴安葬仍是埋葬骨灰的主要方式，普通民众对生态节地的葬法接受程度并不高。传统的“入土为安”思想仍然占据主导地位，对于选择节地葬法尤其是江葬的逝者亲属而言，这是一个巨大的心理考验。同时，他们还要面对左邻右舍乃至社会上的一些“闲言碎语”。对于选择节地葬法甚至是江葬的丧户，不仅要做好丧葬过程中的服务，还要为他们提供葬后的心理辅导工作，给他们以精神支撑。

此外，绿色殡葬资金投入不足。各级财政对殡葬事业投入不足，惠民殡葬的覆盖范围、力度偏低，生态节地安葬补助标准偏低。整体而言，安徽省的绿色殡葬事业发展仍然滞后于安徽省经济社会发展水平。

（二）推进安徽绿色殡葬的路径

有鉴于此，尝试从以下几个方面提出建议，深入推进安徽省绿色殡葬的改革与发展。

1. 制定和完善相关法律法规政策

绿色殡葬建设是一个长期的过程，在这一过程中，要看到相关法律法规所起到的硬性约束作用。现行的《殡葬管理条例》没有明确对殡葬服务机构经营主体的资质、从业人员的执业资格、经营行为以及竞争规则等进行规范；没有明确政府主管部门的具体监管职责和措施；没有明确殡葬活动中的公民权利和义务以及消费者权益保护；没有明确遗体处置过程中有关安全、卫生的原则和规范，以及对传染病遗体处置和突发事件的相关内容；等等。殡葬立法的缺失，使得安徽省的殡葬执法一定程度上也无法可依，行政职能弱化。这就需要从法律位阶上提高殡葬行业规范的权威性，对殡葬行业中相关职能部门和环节进行全方位的管控，使得殡葬行业有法可依，强化行政职能，增强安徽省绿色殡葬实施的效果。

而为有效解决制度因素给绿色殡葬带来的相关问题，2018 年 9 月，民政部公布了《殡葬管理条例（修订草案征求意见稿）》，为深化我国殡葬改革，加强殡葬改革法治保障，健全殡葬为民服务体系，提高全民绿色殡葬意识提供有力的制度保证。这也将为安徽省制定相关法律法规政策，以促进安徽省绿色殡葬的实施提供了制度上的保障。

2. 建立多层次的惠民殡葬救助保障体系

2018 年，安徽省针对殡葬中的突出问题进行自查和专项整治。其中，以合肥市殡葬管理处为代表的各地市殡葬管理处针对殡葬中的突出问题进行专项整治，效果明显。对于殡葬中的物价问题，进行严查严处，所有的殡葬物品均严格执行政府标定的物价，以最大限度地让惠于民。此外，各地对于选择节地葬法和江葬的丧家还有金额不等的奖励和补助等，但对于人口众多的安徽省而言，这种覆盖范围、惠民力度还是偏低，这就需要各级财政加大对殡葬事业的经费投入，扩大惠民殡葬的覆盖面，加大节地生态安葬及江葬等葬法的资金补助力度，通过惠民政策，建立多种形式的惠民保障体系，让民众能够积极地选择遗体火化、节地生态葬法等，进一步推动安徽省的殡葬改革和绿色殡葬的发展。

3. 发挥政府的主导作用，发挥党员干部的带头作用

殡葬改革作为一项社会性的事业，不仅需要民众的参与，更需要政府在其中发挥重要的主导作用，各级政府应当充分认识殡葬改革的重要意义。如果没有政府的牵头，各行业媒体、殡葬服务机构、社会组织、基层自治组织的优势将无法最大限度地发挥出来；殡葬改革中相关资金的来源，殡葬基础设施的新建、改建与扩建，殡葬设备的技术改造与升级就无法得到保障。因此，安徽省各级政府应该把殡葬管理工作摆上重要议事日程，切实落实殡葬工作管理体制。

自 1956 年起，我国的殡葬改革已经走过了 60 多个年头。在这 60 多年中，我们注意到党员干部在其中所发挥的领军作用。但是也应当注意到，近年来，一些党员干部做出的与殡葬改革政策相悖的行为给殡葬改革带来的负面影响。因此，为充分发挥党员干部所起的带头作用，首先要让全体党员干部在思想上认识到殡葬改革的重大意义，其次让党员干部在殡葬改革的实践上做到身体力行，最后要让党员干部做好殡葬改革的宣传与传播。

4. 增强民众生态意识，建立绿色消费模式

绿色殡葬作为新兴殡葬文化的特质，要求以绿色殡葬的科学技术为手段，建立一个包含观念文化、技术范式、发展模式等多个层面的绿色殡葬体系。殡葬改革作为社会发展和文明建设的重要内容之一，其核心是殡葬观念的改革。虽然安徽省已有合肥、铜陵、安庆等市逐步开展骨灰免费江葬活动，其中以合肥为最，合肥市殡葬管理处已经举办了 20 次江葬活动，但应注意到与遗体火化数量相比而言，每年选择骨灰江葬的数量还是偏少的。这说明改变传统的“入土为安”的殡葬观念，使绿色殡葬理念成为全社会的共识和奉行的价值观仍有很长的一段路程要走。这就需要充分利用广播、电视、报刊、互联网等媒体，通过开展殡葬法规“宣传月”“宣传周”等活动，建立常态宣传机制，宣传绿色殡葬对国家和民众的好处，宣传环境保护知识和环境法规，宣传文明殡葬的科学知识和文明的祭祀形式，宣传殡葬改革的好典型和先进模范事迹，宣传实行火葬的科学性和江葬、树葬等节地葬法，提高公民环保意识，改变民众

的文明意识，大幅度提高社会公众参与可持续发展的力度，从而把人们的价值观念与思维方式引领到生态文明中来。

此外，受传统消费习惯影响，绿色、环保、低耗的殡葬供给和消费机制没有形成良好的互动。这就应该通过多方面的手段逐步培育民众新型的殡葬消费观念，通过转变殡葬消费方式引导并促进殡葬产业结构优化和产品升级，使全社会都采取资源节约型和环境友好型的殡葬方式与消费方式，把消费控制在自然界承载力范围之内。

5. 更加重视以人为本，推动江葬高水平发展

合肥市于 20 世纪 90 年代中期就已经开展江葬活动，并能持续 20 年而不中断，这是安徽省殡葬改革中一个值得重视的事件。合肥市最初与南京市开展合作，把骨灰移运到南京市进行江葬。近两年，合肥市则选择了本省安庆段的长江举行江葬活动，这充分利用了安徽省得天独厚的地理人文优势。然而，开展江葬 20 年来，合肥市每年的江葬数量却依然处在一个偏低的位置，这也在一定程度上表明让民众选择由“入土为安”转为“入江为安”是一个历史的长过程。这就需要在殡葬改革中更加重视人本观念，把对人的终极关怀、体现人的价值和尊严贯穿在江葬服务的全过程中。

在“以人为本”的服务过程中，不仅要帮助丧家实现骨灰江葬，更应该给予精神上的支持。目前，合肥市所采取的做法是把参加江葬的逝者的名字刻在大蜀山文化陵园的江葬纪念碑上，这样可以使逝者亲人每年清明祭祀的时候有地方可去。关于此点，还可以学习南京市的经验做法，给参加江葬的丧家亲属颁发江葬纪念证书。对于江葬之后的寄托哀思之地，可以参考上海滨海古园的做法。滨海古园专门为参加海葬的逝者建立了海葬纪念楼和海葬纪念苑，这些都已经成为海葬家属缅怀追思的重要场所。① 对于合肥市参加骨灰江葬的丧户而言，也需要一个能够祭祀先人的地方。对此，可以在刻字纪念的基础上，利用现代比较发达的网络技术，制作逝者的生平事迹，刻录成光盘送给逝者家属，以作长远纪念。这为安徽省其他地市的江葬活动提供了参考经验。总之，江葬服务水平的提升，要在“以人为本”上大力做文章。要在开展绿色殡葬

---

① 吕春玲：《上海市骨灰撒海服务的现状与思考》，朱勇主编《中国殡葬事业发展报告（2011）》，社会科学文献出版社，2011，第 229 页。

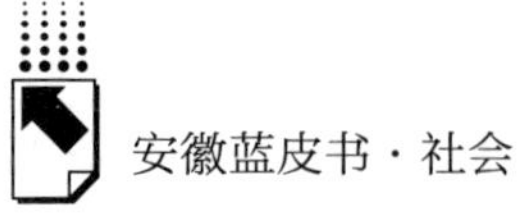

的同时，关注生者，体现人文关怀，使江葬服务在绿色殡葬建设中凸显重要作用，以推动殡葬改革的科学发展。

结　语

安徽省绿色殡葬的实施取得了良好的效果，为节约资源、缓解人地紧张的矛盾做出了重要贡献。安徽省绿色殡葬的实践，证明了推动绿色殡葬的实施符合我国的基本国情，符合建设新时代中国特色社会主义的基本要求，顺应了时代进步的潮流。但也应注意安徽省在开展绿色殡葬过程中所遇到的问题，这也说明安徽省的绿色殡葬建设并不是一蹴而就的，它是一个长期的不断前进的过程，在这个过程中通过加大宣传力度，法治、行政手段并用等办法循序渐进，有破有立、先立后破，使人们逐步适应新的殡葬方式，服务于改革、发展、稳定的大局，从而使绿色殡葬、科技殡葬、人文殡葬的理念得到更深层次的落实，使安徽省殡葬事业朝着更加科学、文明的方向发展。

B.17

产业创新背景下长三角区域人才集聚效应及政策跟进*

——以安徽省为例

汪 桥 金 志**

摘 要： 安徽省围绕长三角区域人才集聚、产业创新转型，正逐步加大高端创新型人才引进力度，着力实施配套政策。在创新人才引进、领军人才培养和高端人才激励机制等方面都做出了诸多努力，以期实现人才、资本、技术的汇集和自由流动。在新一轮机遇形成之际，安徽省以“一带一路”建设和长江经济带建设为契机，加速推进对内对外开放工作，东西双向并举，目前已经在内陆开放新高地建设上迈出重大步伐。与此同时，也积聚了相当数量的创新人才，在“一带一路”和长江经济带重要节点中的地位日益凸显。近年来，安徽省坚持以创新转型升级为主线，致力于统筹创新产业转移示范区建设，以期推动产业迈向中高端水平。在人才培养方面，体制机制不断完善，尤其在创新平台载体建设等方面成效显著，积极学习借鉴沪苏浙先进经验，深化产业分工合作。本文主要分析安徽省相关统计数据，测度了人才集聚综合水平，并提出加强人才管理运行、促进区域人才流动和形成创新人才集聚效应的新举措。

* 本文系安徽省社科联 2018 年度“三项课题”研究成果。

** 汪桥，管理学硕士，滁州学院经济与管理学院副教授；金志，安徽大学社会与政治学院硕士研究生。

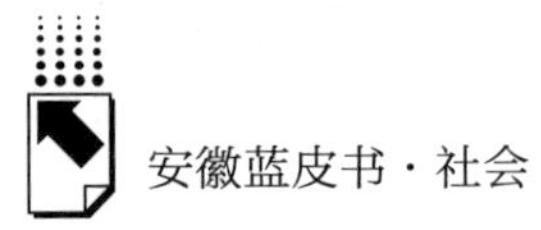

关键词： 安徽　产业创新　创新人才　人才集聚

随着经济转型升级进入深水期，在新常态的积极牵引之下，制造业发达的长三角地区开始向服务型创新产业转型。安徽作为泛长三角地区的省份，积极探索人才路径创新，率先实行多项包括“江淮人才”在内的优才优待政策，集聚了大批全球高端型人才；加大技能人才培养力度，着力培养“皖工徽匠”和建设“技工大省”；大力培养行业人才，多行业并举，集聚本地产业，促进制造业与新兴产业的协同创新；等等。创新人才的汇聚极大地解决了因产业转型招致的人才需求空缺问题，提升了产业融合过程中“制造业 + 服务业”人才的独特优势，为加速安徽省创新发展增添了新动能。在新兴产业重大项目、特色基地和主要工程等方面，创新型现代化产业发展已经成为主要趋势。[①] 安徽省充分发挥合芜蚌地区科教和产业优势，将创新驱动发展这一战略深入贯彻到各个领域、行业，掀起了区域内全面提升、产业间协同创新的新风潮。现如今从集聚效应视角“跟进”业态创新已经成为众多人力资本和产业集聚专家学者研究的焦点。受复杂环境和多重因素影响，人才经由不同地方会集于某一特定地区（或区域），进而形成人力资本集聚。其中与集聚相伴的诸如大量就业机会、较高经济收入、广阔发展空间等，都被认为是吸引人才集聚的一些关键因素。关于人才集聚的思想最早集中在人力资本和产业积聚研究之中，人才和产业集聚对经济增长与社会发展起着强劲的支持和推动作用。杨芝从系统的角度出发，构建一个 ISMA 分析范式，其中 ISMA 分别对应的是科技人才集聚原因、科技人才集聚状态、科技人才集聚模式以及科技人才集聚模式应用。[②] 王世杰基于战略性新兴产业发展特点建立起一种双螺旋的耦合模型，试图找到科技人才集聚耦合对产业发展的影响，并对科技人才集聚与内育的核心关键、特点及评价体系进行深度研究。[③] 李乃文、李方正分析了创新型科技人才集聚

---

① 季小立、浦玉忠：《产业创新背景下区域人才集聚效应及管理跟进——以江苏为例》，《现代经济探讨》2017 年第 4 期。

② 杨芝：《我国科技人才集聚机理与实证研究》，武汉理工大学博士学位论文，2012。

③ 王世杰：《战略新兴产业科技人才集聚与内育双螺旋耦合模式研究》，武汉理工大学博士学位论文，2014。

的效应体系，将集聚效应分为正向和负向效应两种，继而总结了创新型科技人才集聚效应的影响因素。[①]

一 产业创新转型驱动下的人才集聚效应

人才是实现民族振兴、赢得国际竞争主动权的战略资源。从“战略资源”到“第一资源”，说明人才是撬动所有资源的首要和决定性资源。创新驱动是当前中国经济发展新常态的重要内容之一，它的根本出发点就是将一大批高技术产业向中低技术性产业转移和扩散，以带动中低技术产业全要素生产率提升和资源配置优化。[②] 同时，产业创新也是向创新驱动经济转型的核心与关键。习近平总书记强调发展是第一要务，人才是第一资源，创新是第一动力。安徽一直重视产业经济发展和核心技术革新，大力实施创新驱动发展战略，扎实推动合芜蚌国家自主创新示范区和合肥综合性国家科学中心建设，并取得了积极进展。在十九大报告关于加快建设创新型国家的决策部署下，安徽结合实际推动人才集聚与自我发展，一大批知识及技术创新的涌现促进了经济内生增长和新兴产业创新。深化产业创新，是构建符合当前发展趋势、体现市场需求的现代区域创新体系，是进一步提升创新发展驱动力的新动能。

人才集聚促使区域人力资本集聚，增强集聚引力。在人才集聚过程中会产生一种自然累积效应，即当某一区域人才的集聚超过一定限值，该区域消费或支出份额将会随之增大从而使得交易市场规模增大产生人才聚集。人力资本空间分布存在差异，导致不同区域的资源集聚能力自然也高低有别，而地区的资源集聚能力又决定性地表现为人口流入和企业入驻规模。Moretti 通过实践验证了拥有高人力资本和集聚效应的城市，它所带来的人力积聚与资源流动力度会更大。[③] Venables 关注的重点则在于探究城市人力资本如何导致劳动力按技能

① 李乃文、李方正：《基于人才集聚载体的人才吸引力研究——以辽西北地区为例》，《人口与经济》2011 年第 6 期。

② 王伟光、马胜利、姜博：《高技术产业创新驱动中低技术产业增长的影响因素研究》，《中国工业经济》2015 年第 3 期。

③ Moretti，E.，“Estimating the Social Return to Higher Education：Evidence from Longitudinal and Repeated Cross-sectional Data”，*Journal of Econometrics*，2004（1）.

差异进行流动，因而他提出“匹配－绩效”异质工人自我选择模型，为人力资本存量决定城市人口吸聚能力提供了科学解释。① 人才集聚对知识生产的影响是巨大的，人才集聚经济主体间利用互补知识技术帮助实现了新技术的产生和产业集聚。

二 安徽省创新人才集聚现状

随着国家“中部崛起”战略的实施，安徽坚持打破人才发展束缚和人才引进掣肘，将人才优先发展战略列入全省发展大格局之中。随着人才活力的不断释放，逐渐搭建起一个兼容并蓄、开放包容的人才发展治理新体系，形成了具有区域竞争力的人才制度优势。在产业创新方面，安徽省近年来注重创新驱动，努力打造具有安徽特色的创新创业人才高地。鼓励科技企业加大研发投入，支持高水平研发机构和科研平台建设，吸引了一大批科技龙头企业和高端紧缺型人才来皖，从而引致上下游关联企业快速跟进集聚，产业链被不断拉长，使得产业集群不断扩大，提升了安徽省在长三角区域乃至国内的产业链竞争优势，在战略性新兴产业领域也形成一大批令人瞩目的科研成果。

（一）安徽省创新人才集聚总体情况

在创新型经济加快发展阶段，安徽转人才输出大省为迁入强省，全力推进科教兴省、人才强省战略，设立了专项资金，用于引进、培养和奖励人才。与此同时，在一些重大科研项目、科技工程方面也给予了政策、资源支持，选派行业领军人才赴国外参加高级技术培训，目的就是满足战略性新兴产业的需要。对突出成果、专利予以奖励和支持，提供后续保证服务。借助国家综合改革扶持政策优势，安徽省抢抓机遇，积极建设合芜蚌人才管理改革试验区，大力开展引荐人才和人才评价相关体制改革，推行政策创新与政策先行先试。在现有体制下重点探讨如何解决产学研各自分工、原始创新转化滞后等问题，并着手与中科院等多家科研机构探索合作共建模式。合芜蚌

① Venables, A. J., “Productivity in Cities: Self-selection and Sorting”, *Journal of Economic Geography*, 2011 (2).

试验区近3年多来柔性引进包括两院院士、中科大海外校友在内的120多名高层次人才，集聚了微软、阿里巴巴等各类创新单元200多个。截至2017年，安徽研究与试验发展（R&D）研究机构共5360个，研究与试验发展人员101836人，其中具有博士学历人才6847人，试验发展研究经费年投入2617266万元。截至目前，安徽共拥有国家级企业技术中心76个，总量居中部地区第2位。① 国家企业技术中心的建设进一步促进了企业创新人才集聚、创新能力增强、创新效益提高，对构建创新型现代产业体系、建设创新型省份发挥了重要支撑作用。其中，作为创新高地的合肥市，目前正积极构建双创“1+13+X”网络化服务平台，已建成孵化器33家（含国家级7家），在孵企业1749家；建设科技创业苗圃、创咖、梦工厂等众创空间49家（国家级11家），集聚创业团队910个。芜湖市对确定为“小巨人”的现代服务企业给予连续5年每年100万元奖励，“小巨人”培育计划成为撬动现代服务业发展的政策杠杆。② 马鞍山市提出要实施人才引进培养“诗城英才”计划，包括高层次人才引进“龙马”工程、青年人才引进“骏马”工程、柔性引进人才“驿马”工程和本土人才培养“1221”工程、人才能力提升工程。计划5年内围绕主导产业和战略性新兴产业引进100名高端领军人才，围绕重点企业关键技术岗引进培养1000名工程技术人才。③ 为加快建成“两个中心”、实现“两个全面”提供支撑，蚌埠市对科技企业孵化器在孵企业、新型研发机构、年销售收入达500万元及以上企业等购置用于研发的关键仪器设备按其年度实际支出额不超过15%予以补助，对事业单位及驻蚌科研单位、高校、规模以上工业企业以及特、一、二级建筑业企业和规模以上服务业企业等首次核准发生研发投入且超过300万元的，一次性奖励2万元。设立1亿元支持驻蚌单位发展专项资金，采取阶段参股、股权激励、投资补贴和事后奖补等方式，支持驻蚌单位加大科技研发投入、加快科技成果转化、开展产学研合作等。对国家级

① 《安徽实施人才优先发展战略，集聚第一资源构建人才高地》，搜狐网，http：//www.sohu.com/a/106248917_381582，2016年7月17日。

② 《产业创新，锻造“新引擎”》，安徽省五大发展行动计划网站，http：//www.ahpc.gov.cn/rdzt/5dafazhan/page.jsp？articleID=34344745-60BA-464C-9C40-1302D5871112&className=%E5%88%9B%E6%96%B0，2016年12月26日。

③ 中共马鞍山市委、马鞍山市政府：《关于聚力打造人才高地，推进创新驱动发展的实施意见》，http：//www.masxf.gov.cn/Home/detail/135342，2018年3月9日。

科研机构、国内外知名高校、中央直属企业、国内行业龙头企业、知名跨国公司，围绕本市主导产业发展需求而设立的研发机构和技术转移机构，分别给予最高不超过1000万元、100万元开办费支持，并由所在县（区）免费提供办公场所。[①] 从2018年前三季度的数据来看，全省拥有发明专利数达9.3件/万人，全国排名第9位，同比增长29.6%[②]。与此同时，一大批原始创新成果竞相涌现，合肥先进光源物理方案设计水平已达到国际领先水平，中科院合肥物质科学研究院承担的国际热核聚变试验堆（ITER）首个超导磁体馈线系统成功研制并顺利交付，科大讯飞入选首批国家新一代人工智能开放创新平台，安徽省也逐步实现从产业创新"跟跑"到"领跑"的转变，取得了一系列达到世界先进水平的创新成果。

（二）安徽省创新人才区域分布与引进情况

最新发布的《中国区域创新能力评价报告（2018）》显示，安徽省区域创新能力目前综合排名全国第10位，中部排名第2位，连续7年区域创新能力稳居全国第一方阵[③]。近年来，安徽省在培养和引进人才的政策和举措中，加大了对年轻型人才的引进力度，高层次人才队伍呈现年轻态势。与此同时，高校和科研机构是重大科研成果与重要国家科研奖项的主要产出地。

从人才区域分布来看，皖北和皖南之间均存在明显差距，合肥、芜湖、马鞍山和蚌埠等地的快速发展，拉开了与安徽其他地市之间的发展距离。合芜蚌地区依托国家大科学工程以及城市自身的创新资源优势，在本地区培育起一大批创新产业集群，并积极出台了很多深化科技体制改革的文件。近几年来，合芜蚌地区已经是引领全省创新发展的重点区域，成为推动安徽省经济发展的重要引擎。其他皖南、皖北城市，由于政策、区位优势不够明显，在人才引进、创新性企业发展以及承接国家大科学工程方面略显动力不足。除此之外，安徽

① 蚌埠市人民政府：《关于实施创新驱动发展战略加快"两个中心"建设的若干政策意见》，http：//zwgk.bengbu.gov.cn/com_ content_ new.jsp? XxId = 1540140007&DwId = 87435211&LmId =，2018年1月8日。

② 《科技创新迈入全国第一方阵》，《安徽日报》，http：//epaper.anhuinews.com/html/ahrbncb/20181130/article_ 3708787.shtml，2018年11月30日。

③ 《安徽区域创新能力排名全国第十位》，人民网，http：//ah.people.com.cn/n2/2018/1204/c358428 - 32362624.html，2018年12月4日。

人才集聚的地区与产业分布尚处于不平衡状态，人才供需之间存在极大缺口，尤其是在技能型人才方面表现突出。行业间人才竞争巨大，各地之间开始爆发“抢人大战”，以优厚的薪金待遇来攫取人才。有数据显示，高端装备制造以及新能源材料等高技术性产业面临巨大空岗数量，信息技术以及生物健康、绿色低碳产业面临着招人难的困境。全省利用省外资金总量不断攀升，项目结构也在持续优化，有力促进了安徽省产业规模扩大和转型升级，取得显著成效。

安徽省以“三重一创”为主引擎加快构建创新型现代产业体系，在全国率先施行了促进战略性新兴产业集聚发展条例，并有力推动了新能源汽车、机器人等24个重大新兴产业基地发展。2017年4月，安徽省政府印发支持“三重一创”建设若干政策，倡导加快推进“三个重大”项目[①]，实现创新型现代产业体系，从而为全省经济发展培育壮大新动能。每年从省级财政划拨专项引导资金60亿元，设立总规模300亿元的“三重一创”产业发展基金，支持“三重一创”重大项目建设。安徽省为积极适应经济发展新常态，2013～2017年亿元以上在建省外投资项目累计引进省外资金4.5万亿元，年均增长15.7%。实际到位资金从2013年的6796.7亿元，连续跨越千亿关口，到2017年突破万亿元大关，达到10954.8亿元。五年来累计新建10亿元以上省外投资项目834个，其中2017年新建10亿元以上省外投资项目259个，同比增长43.9%。[②] 此举为安徽省不断深化人才发展体制改革、广纳高端人才来皖创新创业、推动五大发展增添了更多源动力。目前，已有超过300个高层次科技人才团队携科技成果落户安徽创办企业。

（三）安徽省集聚人才政策规章与创新载体

为有效集聚科研创新人才，安徽省委、省政府先后制定了一系列政策，不断推进人才发展体制改革和政策创新。紧扣“创新＋产业＋人才”模式，着力引进海外人才，尤其吸引了一大批国内具有领军水平的专家学者。安徽省制

① “三个重大”，即重大新兴产业基地、重大新兴产业工程、重大新兴产业专项建设。

② 安徽省发展和改革委员会：《对安徽省政协十二届一次会议第22号提案的答复》，http://www.ahpc.gov.cn/zwgk/zwgk_content.jsp?newsId=36C06237-04F1-472B-AA3F-49E6559D20CF&classCode=230200，2018年5月22日。

定《安徽省创新创业领军人才特殊支持计划》，特地面向全省广泛征集行业领军人才，对拥有关键技术、高科技的人才给予高额奖金支持。围绕全省主导产业组织实施“115”产业创新团队建设工程，以项目为纽带，面向海内外柔性选聘重点项目带头人来皖工作，已示范带动全省各地建立800多个创新团队。无论是在科技研发还是创新创业项目成果转化等方面，均属于国内领先水平，成果拥有数也跻身国际前列。2017年，安徽省又出台《安徽省江淮优才卡管理暂行办法》，向符合条件的高层次人才发放“江淮优才卡”，提供13项优待服务。[①] 近年来，围绕人才高地建设，安徽省出台了《关于深化人才发展体制机制改革的实施意见》《关于支持各类平台引进高层次人才工作实施办法》《安徽省“外专百人计划”实施方案（试行）》《国际化人才引育行动计划实施方案（2016－2020年）》《关于进一步推进大众创业万众创新深入发展的实施意见》等多个文件。2017年5月，为了稳步推进、高效贯彻落实合肥综合性国家科学中心建设，安徽省聚力引进了一大批国际国内高层次人才，并且在在外籍科技人才引进方面加大了扶持力度。在人才管理方面，鼓励和支持各地开展人才管理改革试验，并主要推进合芜蚌等地区“引智试验区”建设，以期实现引进国际化人才、培育本土化领军人才。[②] 安徽省委印发的《关于深化人才发展体制机制改革的实施意见》明确指出，要依托国家级自主创新示范区，发挥好科教、产业以及政策优势，实现高端人才与创新创业双结合。在人才引进、培养和体制、政策改革方面，推行先行先试、特事特办，要求充分发挥合芜蚌等地对全省的创新驱动和辐射作用。[③]

三　安徽省创新人才集聚综合效应测评

在一定时期和区域内，人才作为基于地理邻近的要素，发挥着知识增加

---

① 《聚第一资源，构建人才高地》，《安徽日报》，http：//epaper. anhuinews. com/html/ahrb/20160226/article_ 3413498. shtml，2016年7月17日。

② 中共安徽省委、安徽省人民政府：《关于合肥综合性国家科学中心建设人才工作的意见（试行）》，http：//xxgk. ah. gov. cn/UserData/DocHtml/731/2017/5/12/406831135791. html，2017年5月15日。

③ 中共安徽省委：《关于深化人才发展体制机制改革的实施意见》，2016年12月9日。

和交易便利双重特性。集聚效应在其中发挥着人才资源与地理优势，在促进知识生产、产业共享的同时，还带动周边区域人才集聚和创新人才规模不断扩大。于是笔者针对产业创新背景下的安徽省人才集聚情况进行了测评，主要使用主成分分析方法，最后得出安徽省 16 个地市人才集聚效应的综合评价与排名。

（一）安徽省人才集聚综合效应评价分析

1. 模型选择与指标说明

对安徽省创新人才集聚综合效应的测评主要采用主成分分析（Principal Component Analysis，PCA）的方法，即将给定的一组相关变量转成另一组不相关变量，然后将这些新变量按照方差依次递减的顺序排列，主要利用的是降维的思想。本文结合相关文献并利用《安徽统计年鉴 2017》数据对人才集聚的动因进行初步分析①，从人才、收入、环境、区域效应 4 个因素，对安徽省 16 个地市的人才集聚效应进行了客观评价。具体指标体系见表 1。

表 1　安徽省人才集聚评价指标体系

一级指标	二级指标	指标代码
人才因素	科技活动人员	X_1
	人才密度	X_2
	人均全年消费性支出	X_3
收入因素	在岗职工平均工资	X_4
	城镇居民全年可支配性收入	X_5
	科技活动支出占财政支出比重	X_6
环境因素	国民生产总值	X_7
	R&D 研究机构数	X_8
	每万人职业医师数	X_9
区域效应因素	人均 GDP	X_{10}
	人才效能	X_{11}

① 安徽省统计局、安徽调查总队：《安徽统计年鉴 2017》，中国统计出版社，2017。

2. 主成分分析求解结果

从《安徽统计年鉴 2017》公布的数据中，我们得到了全省 16 个地市关于科技人力资源评价的确切数据。在对原始数据进行整理后，通过 SPSS 23.0 统计分析软件对数据进行了因子分析。对相关矩阵进行分析后认为，安徽省人才集聚评价各项指标之间呈现较强的相关性，这也充分说明指标之间的信息是存在重叠的，适合采用主成分分析法。随后，用三个主成分表达式代替了原有的 11 项原始指标，即做主成分提取。将表 2 中的数据除以每个主成分所对应的特征值，然后进行开平方根得到三个主成分中每个指标所对应的系数，随后将系数与标准化后的数据 Zxi 相乘，即得到 3 个主成分的表达式。

表 2　方差分解主成分提取

Component	Initial Eigenvalues			Extraction Sums of Squared Loadings		
	Total	% of Variance	Cumulative %	Total	% of Variance	Cumulative %
1	6.805	61.867	61.867	6.805	61.867	61.867
2	1.803	16.391	78.258	1.803	16.391	78.258
3	1.093	9.938	88.196	1.093	9.938	88.196
4	0.639	5.805	94.000			
5	0.396	3.599	97.599			
6	0.122	1.113	98.712			
7	0.080	0.729	99.441			
8	0.058	0.526	99.967			
9	0.003	0.026	99.993			
10	0.001	0.007	100.000			
11	0.000	0.000	100.000			

由 Total Variance Explained（主成分特征根和贡献率）可知，特征根 $\lambda_1 = 6.805$，$\lambda_2 = 1.803$，$\lambda_3 = 1.093$，前三个主成分的累计方差贡献率达 88.196%，即表明这三个主成分涵盖了大部分信息，能够代表最初的 11 项指标来分析安徽省各个城市人才集聚综合实力与水平。对于这三个主成分，在这里分别记作 F_1、F_2、F_3。

从表 3 主成分载荷矩阵中可以看出，在第一主成分上 X_1 的相关性最强，其次就是 X_4、X_3、X_6，主要集中反映总体的经济总量。在第二主成分上 X_{10}、

X_{11}有较高载荷，相关性强，主要反映了人均的人才密度。主成分载荷矩阵并不是主成分的特征向量，也不是 F_1和 F_2的系数。①

表 3　主成分载荷矩阵

Component Matrixaa			
指标	Component		
	1	2	3
X_{10}	0. 641	0. 607	0. 44
X_5	0. 783	-0. 195	-0. 033
X_8	0. 742	0. 113	-0. 591
X_9	0. 799	-0. 208	-0. 2
X_4	0. 919	0. 213	-0. 239
X_7	0. 728	0. 444	-0. 171
X_2	0. 79	-0. 492	0. 217
X_3	0. 82	-0. 488	0. 248
X_6	0. 802	-0. 484	0. 278
X_1	0. 93	0. 122	-0. 209
X_{11}	0. 641	0. 607	0. 44

表 4　成分得分系数矩阵

Component Score Coefficient Matrix			
指标	Component		
	1	2	3
X_1	0. 094	0. 337	0. 402
X_2	0. 115	-0. 108	-0. 030
X_3	0. 109	0. 063	-0. 540
X_4	0. 117	-0. 115	-0. 183
X_5	0. 135	0. 118	-0. 219
X_6	0. 107	0. 246	-0. 157
X_7	0. 116	-0. 273	0. 199
X_8	0. 121	-0. 271	0. 227

① 主成分系数是指各自主成分载荷向量除以各自主成分特征值的算术平方根。

续表

Component Score Coefficient Matrix			
指标	Component		
	1	2	3
X_9	0.118	-0.268	0.254
X_{10}	0.137	0.067	-0.191
X_{11}	0.094	0.337	0.402

成分得分系数矩阵列出了两个特征根对应的特征向量，故各主要成分解析表达式分别为：$\lambda_1 = 6.805$，$\lambda_2 = 1.803$，$\lambda_3 = 1.093$

$F_1 = 0.094X_1 + 0.115X_2 + 0.109X_3 + 0.117X_4 + 0.135X_5 + 0.107X_6 + 0.116X_7 + 0.121X_8 + 0.118X_9 + 0.137X_{10} + 0.094X_{11}$

$F_2 = 0.337X_1 + 0.108X_2 + 0.063X_3 + 0.115X_4 + 0.118X_5 + 0.246X_6 - 0.273X_7 - 0.271X_8 - 0.268X_9 + 0.067X_{10} + 0.337X_{11}$

$F_3 = 0.402X_1 - 0.030X_2 - 0.540X_3 - 0.183X_4 - 0.219X_5 - 0.157X_6 + 0.199X_7 + 0.227X_8 + 0.254X_9 - 0.191X_{10} + 0.402X_{11}$

综合考虑，我们以主成分所对应的特征值占所提取主成分总的特征值之和的比例为权重，计算出 F_1、F_2、F_3各项得分，并最终得到安徽省 16 个地市科技人才集聚效应主成分得分以及综合得分排名，如表 5 所示。

表 5　安徽省 16 个地市人才集聚效应综合评价与排名

城市	F_1得分	F_1排名	F_2得分	F_2排名	F_3得分	F_3排名	综合得分	综合排名
合肥市	5.10	1	1.18	1	71.15	1	129.92	1
芜湖市	3.08	2	1.18	2	-0.88	2	25.09	2
蚌埠市	2.04	5	0.90	9	-8.43	3	7.14	3
滁州市	1.95	6	0.91	7	-13.10	4	0.64	4
淮南市	1.72	8	0.85	10	-14.05	5	-2.38	5
安庆市	1.64	12	0.79	13	-14.88	6	-4.20	6
淮北市	1.65	11	0.80	11	-16.28	8	-5.82	7
马鞍山市	2.60	3	1.16	3	-23.30	13	-6.41	8
阜阳市	1.39	15	0.69	15	-15.14	7	-6.66	9
宣城市	1.94	7	0.96	6	-19.94	12	-7.80	10
宿州市	1.40	14	0.70	14	-16.38	9	-8.09	11

续表

城市	F_1得分	F_1排名	F_2得分	F_2排名	F_3得分	F_3排名	综合得分	综合排名
六安市	1.49	13	0.79	12	-18.33	10	-9.63	12
铜陵市	2.21	4	1.06	4	-23.90	14	-10.38	13
亳州市	1.29	16	0.68	16	-19.08	11	-12.28	14
黄山市	1.72	9	0.97	5	-25.64	15	-16.54	15
池州市	1.65	10	0.91	8	-26.11	16	-17.76	16

由人才集聚综合评价可知，合芜蚌三市对安徽省跨越崛起发挥着重要支撑性作用，构成安徽省加快产业集聚区发展的重要增长极，合芜蚌区域内正逐步形成特色主导产业集群。

（二）安徽人才集聚对区域内经济发展的影响

人才集聚可以为人才间的信息交流、知识传递以及区域间专业化分工提供便利条件，同时还可以为人才提供一种共享学习的环境，使人力资本加速积累，从而推动新兴产业更好更快发展。从集聚效果上看，安徽省在长三角地区的人才集聚效应是明显优于其他城市的，导致这一现象的主要原因是区域一体化的加快，政府的人才观念、人才政策趋向统一。从空间分布上看，长三角与珠三角等地区人才集聚效应存在显著的差异，主要由于产业基础、人才环境等因素不同。对安徽创新人才集聚现状及其综合效应的评价分析可以看出，安徽省目前已积聚了相当数量的创新人才，并且人才政策体系较为完善，创新载体与产学研建设成效明显，为安徽实现“在中部崛起中闯出新路”提供了有力的人才、智力和创新支撑。但是安徽目前仍存在人才结构分布不均等不利因素，人才集聚对经济增长的净收益效应尚不明显，专利授权数还有很大的提升空间，也反映出安徽省人才聚集过程中特定类型人才亟待引进、区域经济两极增长较为显著。

四　推进安徽省产业创新及发挥人才集聚效应的对策

随着长三角城市群建设步伐加快，产业创新已经不再单以产业基础和环境因素为主，以人才优势凸显的科技、区域竞争优势逐渐显现。安徽省素来以“制造大省”著称，其产业结构及其配套能力拥有良好的基础，目前正以服务化引领制造业高端化，及时进行政策“跟进”和创新人才配套管理，充分发挥创新人才群体协同驱动效应，使得产业融合与创新人才聚合效应扩大，也为以创新驱动的新一轮开放发展提供有力支撑。与此同时，在积极推进安徽国家科学中心建设以及推动“一带一路”节点城市建设等方面，安徽省也表现出强大的竞争实力。为更好地推进安徽省在产业创新背景下快速实现人才集聚，还需要创新人才引进机制，破除人才流动障碍，实行创新人才保护机制，既能留得住人才，又可以推动重点新兴产业、高科技产业向前发展。

（一）聚焦科技精准发力，推进安徽国家科学中心建设

产业创新离不开科技创新，科技创新是核心。科技创新需要聚焦科技前沿发展，对一大批科学装置建设成果、原创成果、平台成果、人才成果、产业成果、制度成果进行及时转化。合肥目前是我国大科学装置最为集中的城市之一，拥有同步辐射、全超导托卡马克和稳态强磁场三个大科学装置。要利用好现有的强大科技资源优势，积极承担国家级科研项目和重要科技任务，突破原有技术前沿问题和产业发展瓶颈。依托中国科技大学、中科院和非物质科学研究院的科研资源，着眼构建高度开放、密切合作的协同创新网络，将一流的科技成果转化成服务体系，形成高效强大的共性技术供给体系，增强研发平台支撑和配套服务能力。此外，还要积极培育一批重大新兴产业专项，突破核心技术，推动核心项目产业化，加速建设战略性新兴产业集聚发展基地，打造一批具有国际影响力的千亿产业集群。2017 年，国家发改委和科技部批复建设合肥综合性国家科技中心，这足以说明安徽在全国创新浪潮中处于浪头的位置，与此同时，安徽在国际性的科技合作中也展现出不凡实力。在安徽国家科学中心建设方面，相关产业、科研平台需要积极搭建共性技术研发圈，构建创新型现代产业体系以及合肥综合性国家科学中心制度体系。稳步促进安徽省建成国际一流水平、面向国内外开放的综合型国家中心。要始终坚持人才发展战略与全省发展战略并举，调整产业布局，深入推进“一带一路”建设、长江经济带建设。在政策落实方面，注重推进省委、省政府颁布的“五大发展行动计划”部署，以安徽省人才“30 条”、合肥综合性科学中心人才“10 条”为主

抓手，积极运用人力资本作价入股、个人所得税减免、市场化人才评价、企业股权和分红激励等政策，培育和吸引高层次人才在安徽省创新创业。

（二）主动融入“一带一路”，积极推动大通道建设

在主动融入“一带一路”的进程中，安徽省地理条件优越，陆地交通和水上交通在长江经济带沿线优势明显。从当前来看，安徽省双向走廊初具雏形，长江沿线芜湖、安庆、池州、铜陵、马鞍山5个一类口岸沿长江入海，实现江海联运。安徽省作为长三角城市群的一部分，发挥着不可或缺的作用，省会合肥与杭州、南京并列为长三角城市群副中心，并且在跻身“长三角城市副中心”后，合肥市更是被国家层面列为“一带一路”内陆开放型经济高地①。需要更进一步扩大“一带一路”国家进口，抓住国家重大开放战略机遇，鼓励企业扩大向丝绸之路、海上丝绸之路沿线和长江经济带向西延伸的国家和地区进口重要资源及消费品。扎实推进与“一带一路”沿线国家的合作，鼓励安徽省内企业到国外投资加工生产并扩大加工产品进口。在基础设施建设方面，安徽省要努力推动开放大通道建设，推进“合新欧”国际货运班列，与合肥、蚌埠铁路等无水港连接起来，实现铁海联运。2015年，合肥市被纳入“内陆开放型经济高地”范畴，成为节点城市。为使合肥成为安徽省重要经济增长“新引擎”，需要推动合肥市主动融入“一带一路”、长江经济带等国家发展新格局当中。在“一带一路”的巨大机遇和市场发展前景之下，安徽企业需要“走出去”，从规模扩张向质量提升转变、从单打独斗向协同并进转变。

（三）创新人才引进机制，促进创新人才合理流动

人才竞争的关键还在于体制机制的竞争，需要持续深化人才发展体制机制改革，把人才管理和人才评价标准相结合。人才涉及不同专业领域，有着不同层次和类型，落实人才评价主体是完善人才分类评价与管理制度的关键。在改进和创新人才评价方式上，要畅通人才评价渠道，打破地域、人事关系等限制。要改变既定思维，实施成果评价，着重突出研究成果对经济发展的推动和

---

① 《合肥跻身“一带一路”重要节点城市》，安徽新闻－中安在线，http：//ah. anhuinews. com/system/2015/03/30/006736367. shtml，2015年3月30日。

转化作用，打破以往科技人才评价与项目挂钩的做法。完善同行和社会认可的专业技术人才评价机制，规范专业人才职业准入机制，推进职称制度改革。在高层次人才引进、科研人员激励、科研机构评价、科研管理改革等重点难点领域先行先试，推动新兴产业集群跨界融合发展、要素开放共享、多主体协同创新，打造创新高地。同时，还要注重人才源头储备，采取放宽专业限制与人才专项编制、政府购买服务等方式，吸引更多青年人才集聚。注重项目倾斜，依托特殊人才集聚计划和政策，吸引更多区内外高层次人才进行科研创新；注重对口合作，发挥政府人才聚拢的优势，推动高校、科研院所等产学研相结合。发挥市场配置人才资源的基础性作用，消除人才流动体制机制障碍，打破地域、区域和行业壁垒，完善人才市场体系，形成规范有序的人才流动机制。并且进一步优化人才发展环境，强化项目支撑和依托，努力打造优秀人才发挥才能的岗位和平台，塑造开放竞争环境，促进人才创新流动。针对全省面临的多个地区、多个行业人才匮乏的情况，对高科技领军人才和行业急需型人才在科研立项、成果转化、就业安置等方面给予优厚待遇，鼓励科研机构、科技型企业通过柔性方式引才入皖。

（四）集聚本地产业，推进保护创新人才建设

立足安徽省情以及产业发展特色，围绕新兴产业着力打造一批具有代表性的创新型企业，通过省市布局、产创融合，提升创新驱动发展的辐射带动作用。主动对接长江经济带建设，努力在国家战略实施中抢得先机。聚焦产业高端服务化建设，坚持市场导向、科技支撑与政策引导，加快产业发展集群化。在政策引导方面，要具有针对性，鼓励现有高科技、创新型企业提高技术水平，对扩大有效产能的企业进行奖励。在高层次人才引进方面，要帮助其实现科技成果转化，引智入皖激发企业创新活力与激情。深化社会责任感、创新精神和实践能力“三位一体”人才培养模式改革，引导高校将创新创业教育融入人才培养全过程，支持高校、职业院校（含技工院校）深化产教融合，深化校企合作①。引

① 安徽省人民政府办公厅：《关于推动创新创业高质量发展打造“双创”升级版的实施意见》，http://xxgk.ah.gov.cn/UserData/DocHtml/731/2019/1/4/370521327287.html，2019年1月4日。

进重特大产业项目，加大招商引资力度，力争为安徽省产业建设增添后劲。实施知识产权培育与专利提升行动，着力提升知识产权创造、运用和综合竞争能力。加强创新人才队伍建设，加强知识产权保护，鼓励专利创制。深化知识产权战略实施，提升知识产权质量。破除制约知识产权事业发展的障碍，加强知识产权政策支持。对获得专利的知识产权进行保护，积极实行以增加知识价值为导向的分配红利政策，提高科研人员成果转化收益，对创新人才实行股权、期权、分红等激励。

参考文献

季小立、浦玉忠：《产业创新背景下区域人才集聚效应及管理跟进——以江苏为例》，《现代经济探讨》2017 年第 4 期。

杨明海、李倩倩、袁洪娟：《高层次科技创新人才集聚效应的现状与提升战略研究——基于山东省的调研数据》，《经济与管理评论》2015 年第 4 期。

李乃文、李方正：《基于人才集聚载体的人才吸引力研究——以辽西北地区为例》，《人口与经济》2011 年第 6 期。

王伟光、马胜利、姜博：《高技术产业创新驱动中低技术产业增长的影响因素研究》，《中国工业经济》2015 年第 3 期。

中国科技发展战略研究院：《中国区域创新能力评价报告（2018）》。

安徽省统计局、安徽调查总队：《安徽统计年鉴 2017》，中国统计出版社，2017。

国务院：《关于新形势下加快知识产权强国建设的若干意见》。

中共安徽省委、安徽省人民政府：《关于合肥综合性国家科学中心建设人才工作的意见（试行）》。

中共安徽省委：《关于深化人才发展体制机制改革的实施意见》，2016 年 12 月 9 日。

B.18
2017年安徽省及各市社会发展指数

金文龙*

摘　要：　根据测算，2017 年安徽省的社会发展指数为 0.378，较 2016 年的 0.37 略有上升。安徽省各地市的排名较 2016 年有细微变化。由于调整社会发展指数的测算权重，黄山市凭借优质的自然环境，跃居第 1 位，同样池州市也从 2016 年的第 6 位，进入 2017 年的前 5 行列。其他各地市的社会发展指数与排名变化不大。总体来看，2017 年安徽省各地市社会发展指数仍然呈现较为明显的梯队特征，其中皖南地区普遍要高于皖北地区。

关键词：　安徽　社会发展指数　指标体系

此次对 2017 年安徽省及各市社会发展水平的衡量，依旧采用社会发展指数评价体系，该指标体系的建构充分考量了科学性和操作性的有机结合，应用性强，能够客观、定量、定时地反映每年安徽省及各地市社会发展情况。但考虑到环境日益成为社会所关心的重要问题，加快生态文明体制改革成为我国社会发展过程中的头等大事，本次对社会发展指数评价体系的应用，适当调整了各指数的权重，特别是增加了自然环境指数的权重。根据安徽省 2018 年统计年鉴公布的数据，计算得出了 2017 年全省和各地市社会发展指数及其子指数的数值，具体结果见表 1，根据此表绘制安徽省 2017 年社会发展指数图、2017 年安徽省各地市社会发展水平排名图和 2017 年各地市社会发展子指数图。

---

* 金文龙，安徽大学社会与政治学院讲师，社会学博士，研究方向为经济社会学。

表1　2017年安徽省和各地市社会发展指数及其子指数的数值与排名结果

排名	地　　区	人口指数	教育指数	科学指数	保障指数	卫生指数	自然环境指数	社会环境指数	生活发展指数	社会发展指数
	安徽省	0. 386470	0. 319545	0. 500189	0. 259611	0. 516061	0. 187664	0. 688945	0. 205804	0. 377730
1	黄山市	0. 372714	0. 374598	0. 371721	0. 263150	0. 711670	0. 581483	0. 629143	0. 728943	0. 498950
2	芜湖市	0. 398251	0. 378532	1. 369563	0. 381955	0. 541123	0. 209267	0. 704784	0. 309547	0. 488082
3	马鞍山市	0. 448537	0. 305143	1. 305734	0. 421467	0. 481735	0. 213458	0. 424678	0. 557621	0. 467697
4	合肥市	0. 468431	0. 479425	1. 324738	0. 517243	0. 569146	0. 078434	0. 273754	0. 271246	0. 454028
5	池州市	0. 360749	0. 379762	0. 280097	0. 184195	0. 598276	0. 418742	0. 820167	0. 661489	0. 450198
6	铜陵市	0. 377449	0. 343857	0. 490139	0. 369524	0. 536179	0. 194739	0. 735687	0. 690009	0. 427618
7	宣城市	0. 360653	0. 284175	0. 541029	0. 244741	0. 518762	0. 332111	0. 596351	0. 586006	0. 408011
8	安庆市	0. 354730	0. 338567	0. 279816	0. 199985	0. 485330	0. 212473	0. 873865	0. 339455	0. 363526
9	蚌埠市	0. 419457	0. 309330	0. 622257	0. 262467	0. 568344	0. 064835	0. 692137	0. 214013	0. 352701
10	六安市	0. 309485	0. 317311	0. 176189	0. 124558	0. 475761	0. 236610	0. 817620	0. 423726	0. 343518
11	滁州市	0. 354935	0. 316431	0. 456131	0. 195360	0. 461462	0. 147583	0. 574138	0. 331577	0. 330163
12	淮南市	0. 415234	0. 301941	0. 236237	0. 301587	0. 537168	0. 114735	0. 638324	0. 311150	0. 327305
13	淮北市	0. 427301	0. 349413	0. 235376	0. 389456	0. 507190	0. 061120	0. 443120	0. 329346	0. 315286
14	阜阳市	0. 401687	0. 218414	0. 119837	0. 099870	0. 463942	0. 027013	0. 915762	0. 305837	0. 279779
15	宿州市	0. 368547	0. 214560	0. 109843	0. 106894	0. 415252	0. 038347	0. 965237	0. 248637	0. 272022
16	亳州市	0. 345355	0. 201267	0. 084315	0. 091325	0. 385634	0. 071671	0. 918349	0. 277120	0. 264797

由图 1 可见，2017 年安徽省社会各个方面的发展是不平衡的，社会环境发展最好，其次是卫生、科学和人口方面的发展。这与 2015 年、2016 年相同，自然环境发展水平最低，教育、保障、生活三个方面的发展水平居中。

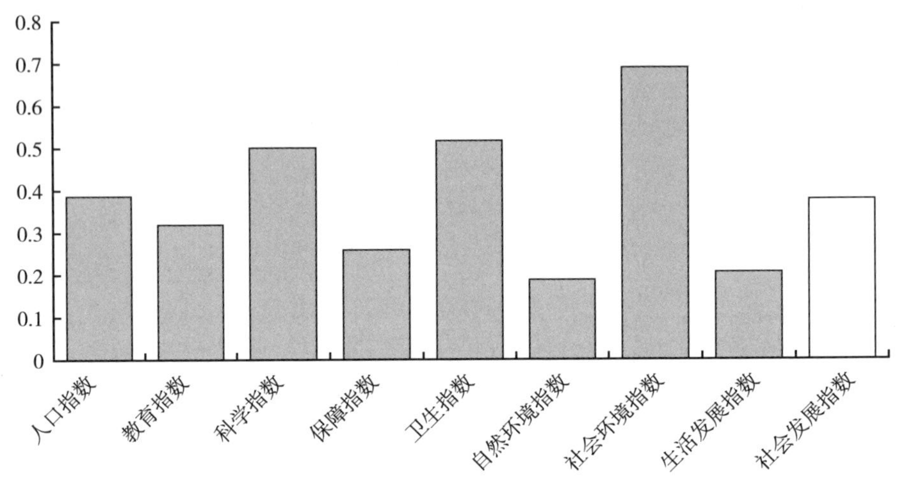

图 1　安徽省 2017 年社会发展指数

图 2 是安徽 2011 ~ 2017 年社会发展指数变化趋势情况，从图中可以看到近 7 年来，安徽省社会发展经历了 2013 年一次短暂的退步后，呈现稳定发展的局面。

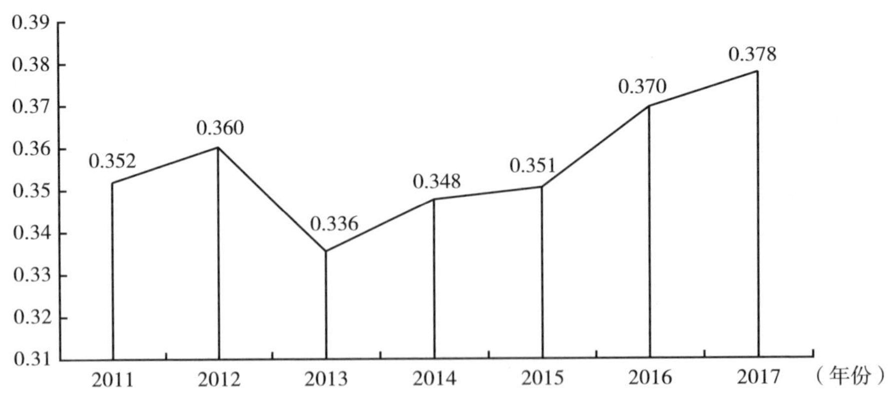

图 2　安徽省 2011 ~ 2017 年社会发展指数变化趋势

由图 3 和表 1 可见，2017 年安徽各地市社会发展水平排在前三位的地区分别是黄山市、芜湖市和马鞍山市。其中，黄山市社会发展指数接近 0.5，在安徽省各地市社会发展指数排名中居第一。其次是芜湖市和马鞍山市，社会发展指数分别为 0.488 和 0.468，合肥、池州、铜陵、宣城四市的社会发展指数均超过 0.4，阜阳、宿州以及亳州的社会发展指数均未超过 0.3。总体来看，2017 年安徽省 7 个地市的社会发展水平超过全省平均水平，9 个地市的社会发展水平低于全省平均水平。这说明安徽省内各地市间社会发展水平的差异十分明显。

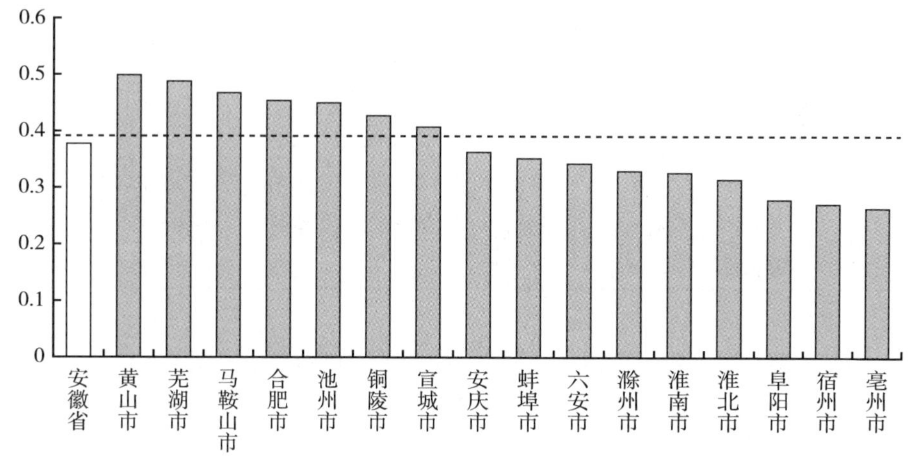

图 3　2017 年安徽各地市社会发展水平排名

结合表 2 历年安徽省各地市社会发展指数排名来看，安徽省各地市社会发展水平梯队特征明显。其中，黄山市、芜湖市社会发展指数在全省处于领先的位置，亳州市、宿州市以及阜阳市的排名比较靠后。

接下来根据 2017 年各地市的社会发展子指数，分析它们总体及分项与全省平均水平的差异，为今后进一步探讨各地区社会全面发展指出相应的途径。

表 2　2011～2017 年安徽各地市社会发展水平排名

排名	2017 年	2016 年	2015 年	2014 年	2013 年	2012 年	2011 年
1	黄山市	芜湖市	黄山市	铜陵市	铜陵市	铜陵市	铜陵市
2	芜湖市	黄山市	池州市	黄山市	黄山市	黄山市	黄山市
3	马鞍山市	马鞍山市	芜湖市	池州市	池州市	池州市	池州市

续表

排名	2017 年	2016 年	2015 年	2014 年	2013 年	2012 年	2011 年
4	合肥市	合肥市	马鞍山市	芜湖市	芜湖市	芜湖市	宣城市
5	池州市	铜陵市	铜陵市	马鞍山市	宣城市	宣城市	芜湖市
6	铜陵市	池州市	宣城市	宣城市	马鞍山市	合肥市	淮北市
7	宣城市	宣城市	合肥市	合肥市	淮南市	淮南市	合肥市
8	安庆市	蚌埠市	安庆市	淮南市	滁州市	马鞍山市	马鞍山市
9	蚌埠市	安庆市	六安市	安庆市	合肥市	安庆市	淮南市
10	六安市	六安市	蚌埠市	滁州市	淮北市	六安市	安庆市
11	滁州市	淮南市	滁州市	蚌埠市	蚌埠市	滁州市	滁州市
12	淮南市	滁州市	淮北市	淮北市	安庆市	蚌埠市	蚌埠市
13	淮北市	淮北市	阜阳市	六安市	六安市	淮北市	六安市
14	阜阳市	阜阳市	淮南市	阜阳市	阜阳市	阜阳市	阜阳市
15	宿州市	亳州市	宿州市	宿州市	宿州市	宿州市	宿州市
16	亳州市	宿州市	亳州市	亳州市	亳州市	亳州市	亳州市

图 4 是黄山市 2017 年社会发展子指数分布情况。从图 4 中可以看到，2017 年黄山市的社会发展水平较 2016 年略微下降，但是居于全省第一位，整体水平仍然保持在 0.49 以上。从子指数上看，除人口、科学、社会环境指数低于全省平均水平外，其他各指数均处于全省领先水平，特别是卫生、自然环境与生活发展指数方面占据着绝对优势。结合其他各地市的子指数来看，黄山市之所以能够在社会发展指数排名中保持前列，主要是因为黄山市自然环境指数与社会环境指数能够保持高水准的均衡发展。

图 5 是芜湖市 2017 年社会发展子指数分布情况，从图 5 中可以看到，芜湖市社会发展各项子指数均领先于全省平均水平，这说明，芜湖市的整体社会发展水平比较均衡。值得一提的是芜湖市的科学指数遥遥领先于全省平均水平。

图 6 是马鞍山市 2017 年社会发展子指数分布的情况。从图 6 中可以看到，马鞍山市 2017 年人口指数、科学指数、保障指数、自然环境指数、生活发展指数高于全省平均水平，特别是科学指数优势明显，但是教育指数、卫生指数、社会环境指数低于全省平均水平，特别是社会环境指数与全省平均水平差距较大，这也影响了马鞍山市在安徽省社会发展指数中的排名。

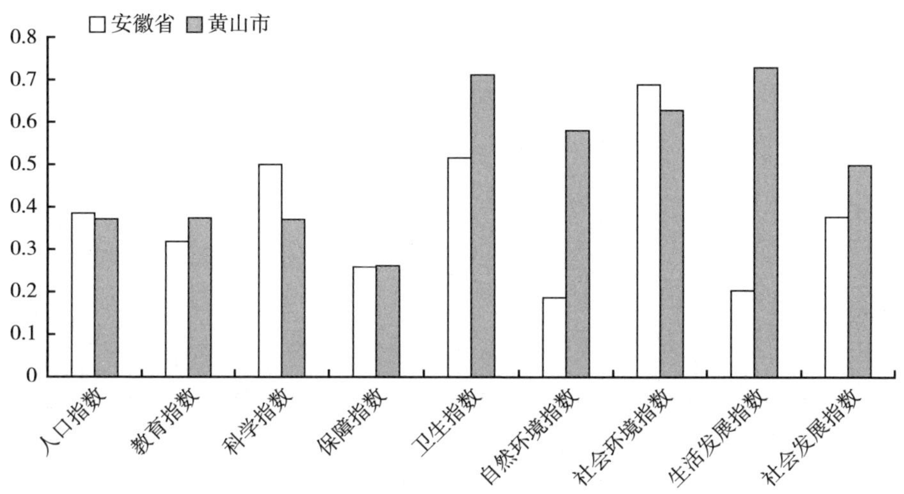

图 4　黄山市 2017 年社会发展子指数分布

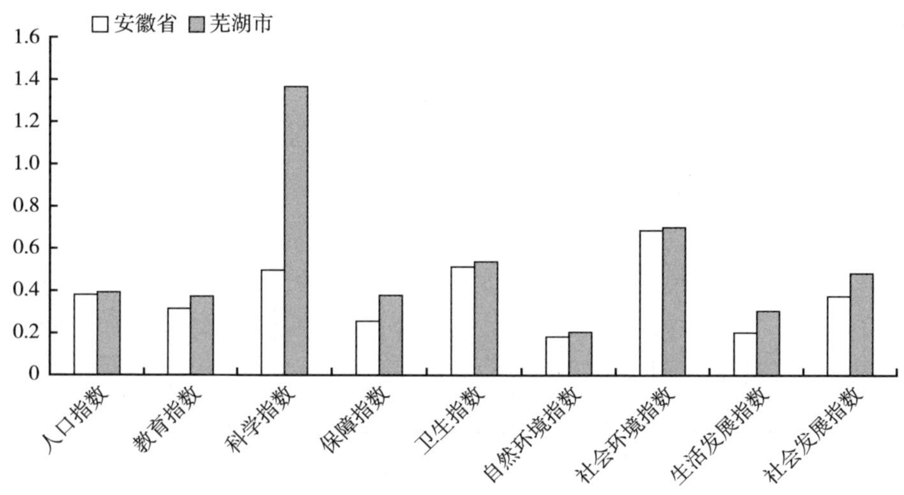

图 5　芜湖市 2017 年社会发展子指数分布

图 7 是合肥市 2017 年社会发展子指数分布的情况。从图 7 中可以看到，合肥市除了自然环境指数与社会环境指数低于全省平均水平外，其他各项指数均领先于全省平均水平。这说明合肥市在今后一段时间需要进一步加强社会治安管理，狠抓环境污染治理工作。

图 8 是池州市 2017 年社会发展子指数分布的情况。从图 8 中可以看到，

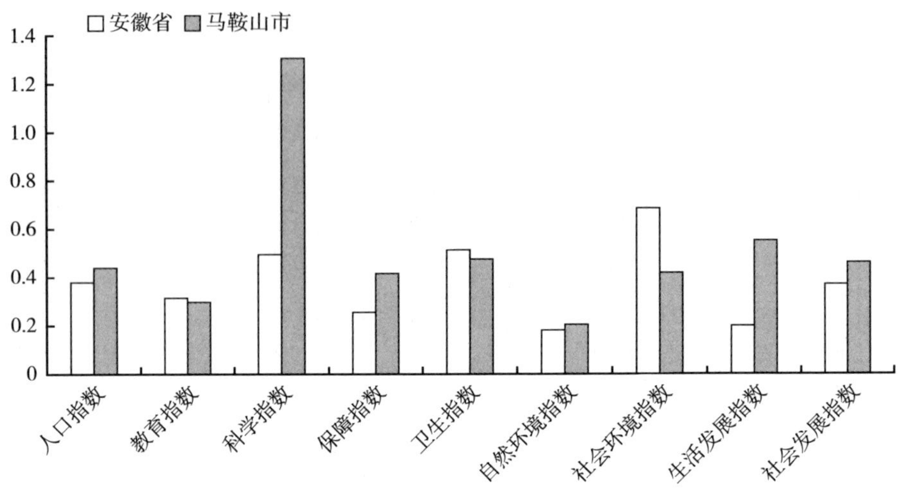

图6　马鞍山市2017年社会发展子指数分布

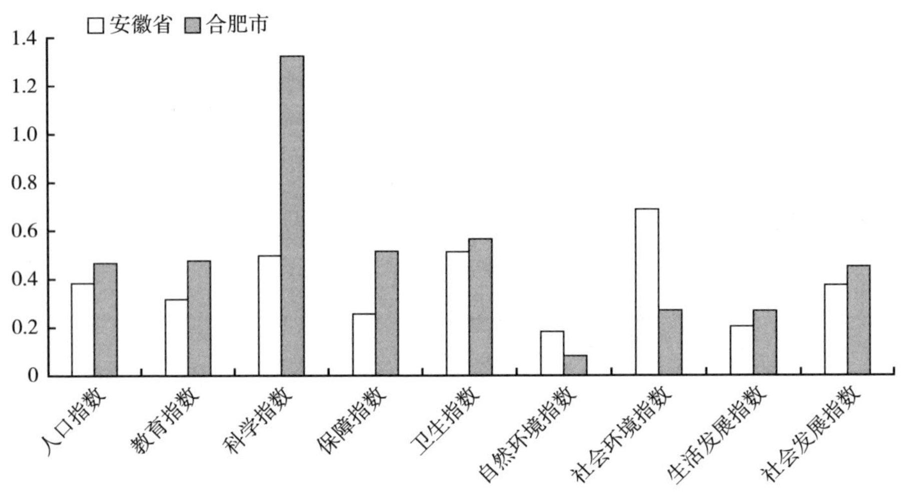

图7　合肥市2017年社会发展子指数分布

池州市社会发展长处与短板同样明显。教育指数、卫生指数、自然环境指数、社会环境指数与生活发展指数领先于全省平均水平，但是人口指数、保障指数与科学指数均落后于全省平均水平。

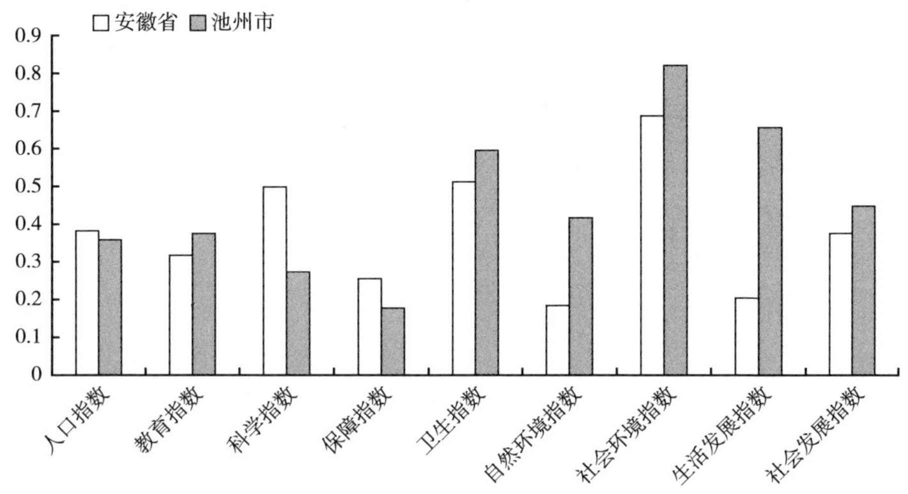

图 8　池州市 2017 年社会发展子指数分布

图 9 是铜陵市 2017 年社会发展子指数分布的情况。从图 9 中可以看到，铜陵市人口、科学指数均略落后于全省平均水平，教育、保障、卫生、自然环境、社会环境以及生活发展指数均领先于全省平均水平，特别是生活发展指数遥遥领先。

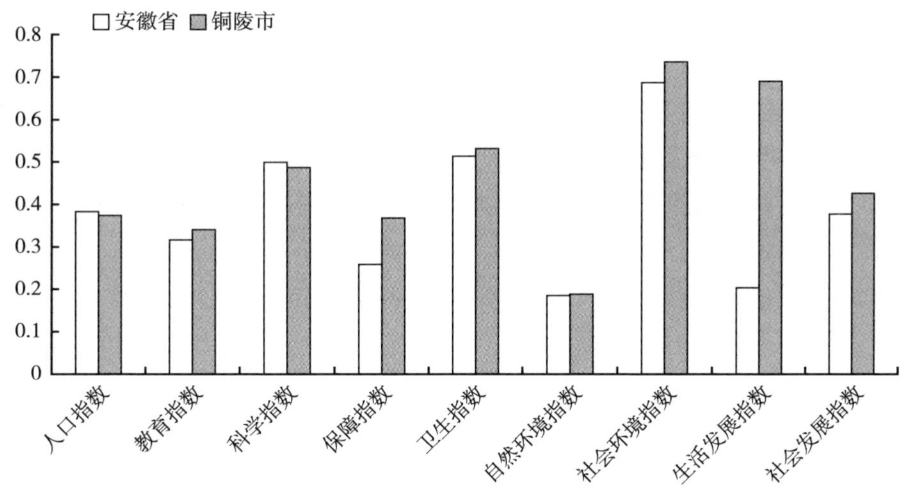

图 9　铜陵市 2017 年社会发展子指数分布

图 10 是宣城市 2017 年社会发展子指数分布的情况。从图 10 中可以看到，宣城市自然环境指数与生活发展指数远超全省平均水平，科学、卫生指数略高于全省平均水平，但是其他方面与全省平均水平则有着明显的差距，特别是社会环境指数与全省平均水平有着较大差距。

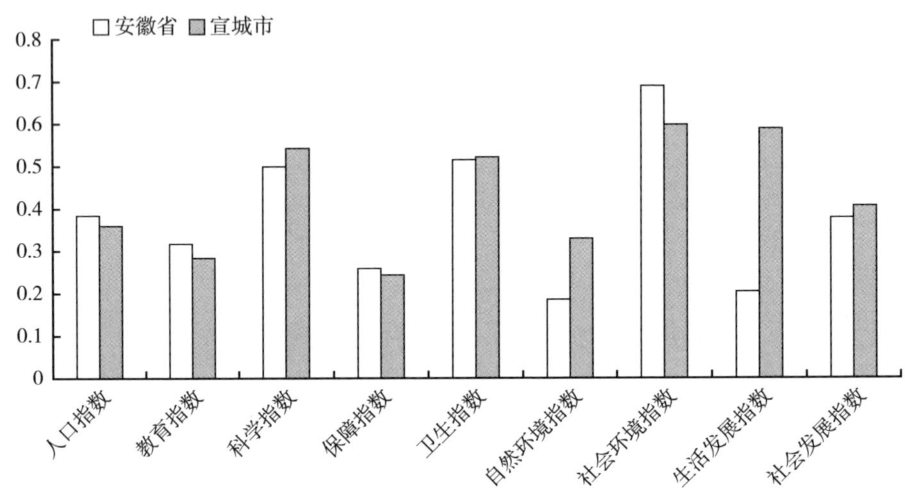

图 10　宣城市 2017 年社会发展子指数分布

图 11 是安庆市 2017 年社会发展子指数分布的情况。从图 11 中可以看到，安庆市社会发展指数略低于全省平均水平。从具体的指标上看，安庆市社会环境指数、生活发展指数、教育指数以及自然环境指数超过全省平均水平，但是人口指数、科学指数、保障指数以及卫生指数则低于全省平均水平。

图 12 是蚌埠市 2017 年社会发展子指数分布的情况。从图 12 中可以看到，蚌埠市人口指数、科学指数以及卫生指数等略高于全省平均水平，但是自然环境指数远低于全省平均水平。由此可见，蚌埠市社会发展优势与劣势同样明显。

图 13 是六安市 2017 年社会发展子指数分布的情况。从图 13 中可以看到，六安市人口指数、科学指数、保障指数与全省平均水平有着较大的差距，特别是保障指数与科学指数。其他指数方面，自然环境指数、社会环境指数与生活发展指数具有一定优势。

图 14 是滁州市 2017 年社会发展子指数分布的情况。从图 14 中可以看到，

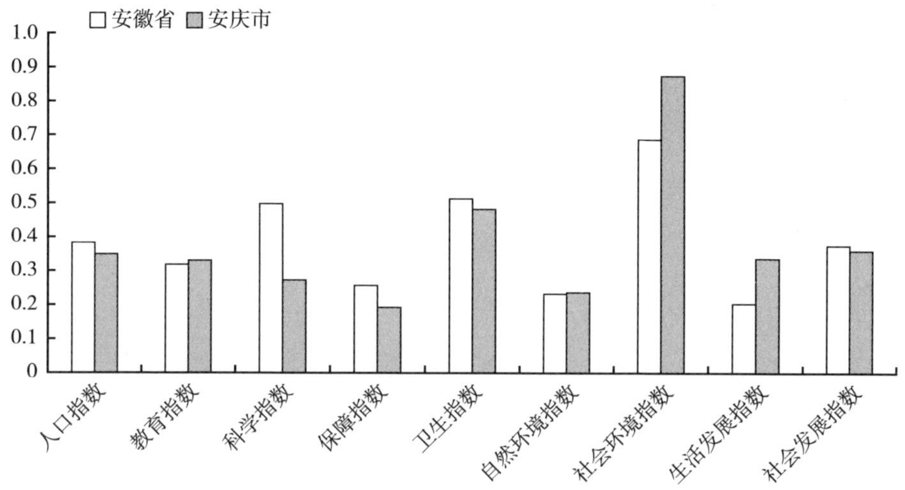

图 11　安庆市 2017 年社会发展子指数分布

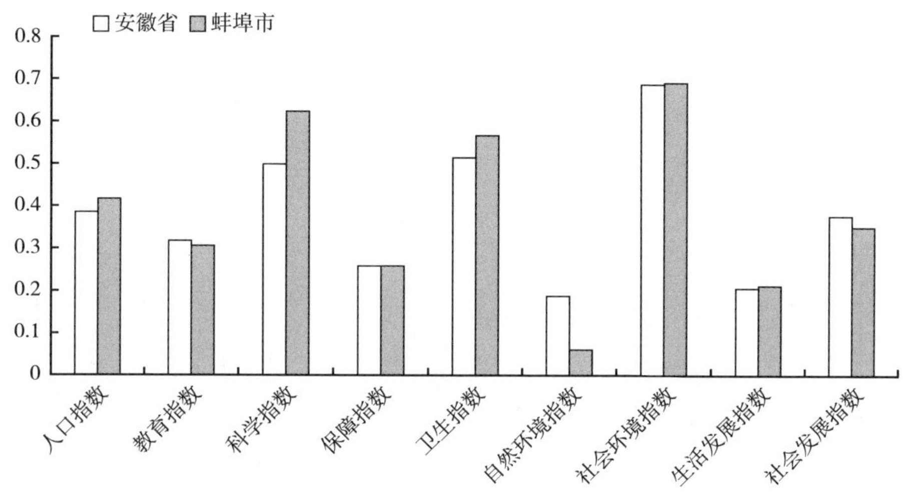

图 12　蚌埠市 2017 年社会发展子指数分布

滁州市的社会发展指数低于全省平均水平。在具体的子指数方面，人口指数、教育指数、科学指数、保障指数、卫生指数、自然环境指数、社会环境指数均落后于全省平均水平，只有生活发展指数超过全省平均水平，因此滁州市在社会发展方面面临诸多挑战。

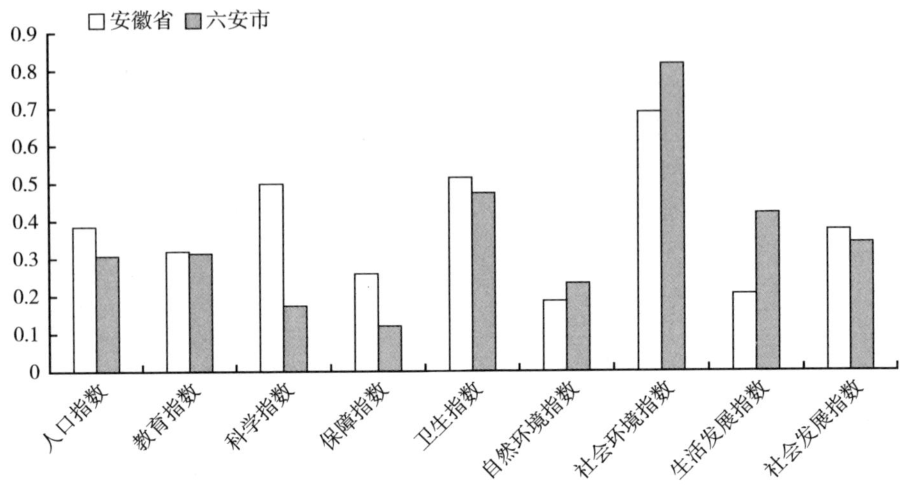

图 13　六安市 2017 年社会发展子指数分布

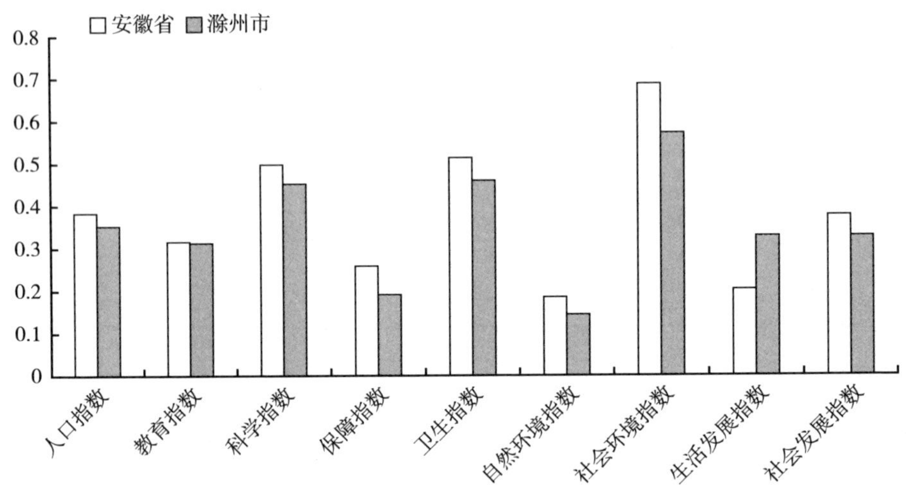

图 14　滁州市 2017 年社会发展子指数分布

图 15 是淮南市 2017 年社会发展子指数分布的情况。从图 15 中可以看到，淮南市除了科学指数外其他指数均与全省平均水平差异并不大，但是科学指数远远落后与全省平均水平，这从整体上拉低了淮南市的整体社会发展水平。

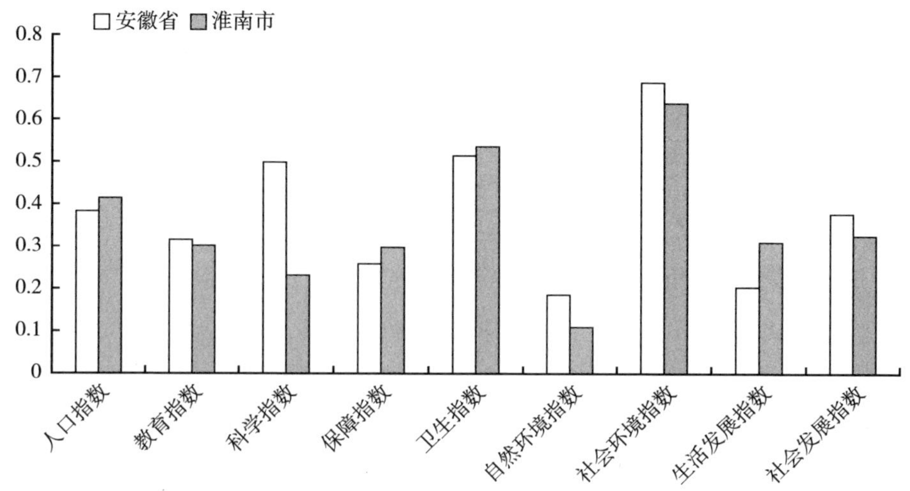

图 15　淮南市 2017 年社会发展子指数分布

图 16 是淮北市 2017 年社会发展子指数分布的情况。从图 16 中可以看到，淮北市在保障方面优势明显，但是自然环境指数、社会环境指数以及科学指数则与全省平均水平有着较大差距。随着公众对自然环境质量的要求越来越高，自然环境指数对淮北市社会发展的影响较大。

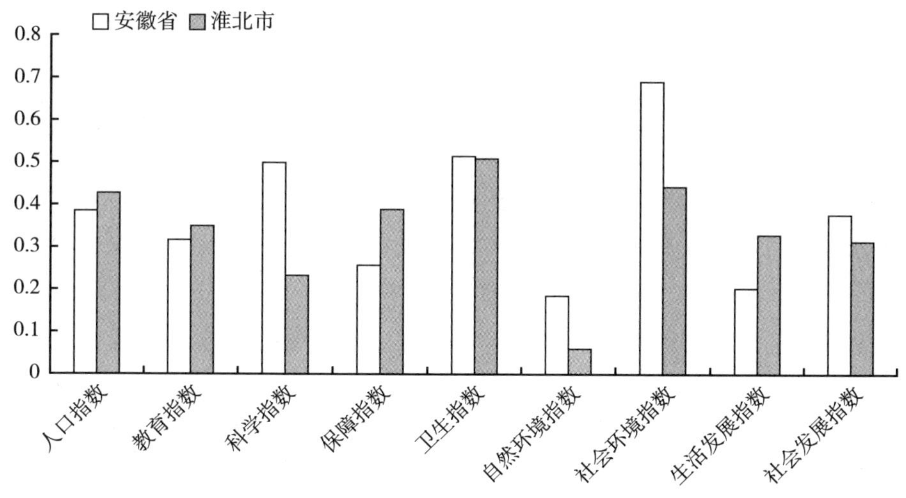

图 16　淮北市 2017 年社会发展子指数分布

图 17 是阜阳市 2017 年社会发展子指数分布情况。从图 17 中可以看到，阜阳市的社会发展水平与全省平均水平有着一定的差距。在具体的子指数方面，科学指数与全省平均水平差距明显，自然环境指数方面的差距也不容小觑。阜阳市在人口指数与社会环境指数方面领先于全省平均水平。

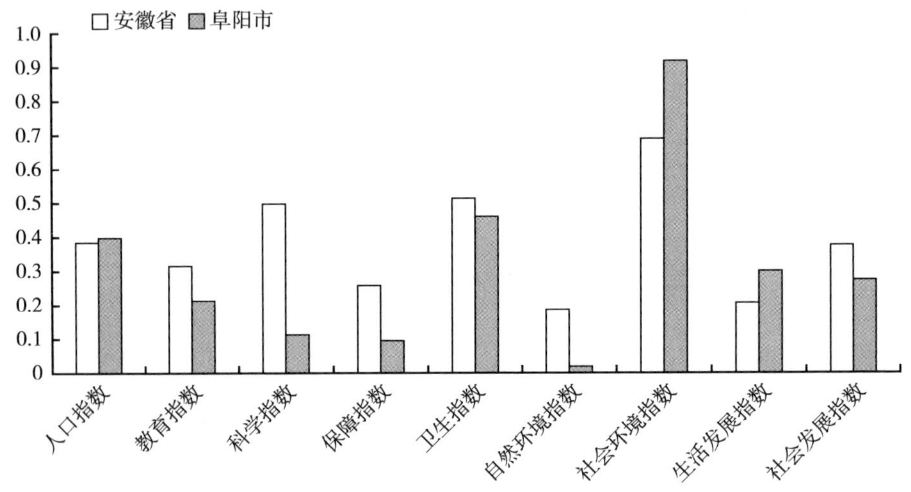

图 17 阜阳市 2017 年社会发展子指数分布

图 18 是宿州市 2017 年社会发展子指数分布的情况。从图 18 中可以看到，除生活发展指数与社会环境指数外，宿州市社会发展的其他各子指数均落后于全省平均水平，社会发展压力巨大。

图 19 是亳州市 2017 年社会发展子指数分布的情况。与宿州市情况类似，除生活发展指数与社会环境指数外，亳州市社会发展的其他各子指数同样均落后于全省平均水平，社会发展压力大。

从以上的分析可以看到，2017 年安徽省社会发展指数与 2016 年相同，都存在明显的梯队特征。皖南地区的社会发展状况优于皖北地区。特别是在调整自然环境指数的权重以后，皖南与皖北地区的差异更加明显。对于资源型城市而言，如淮南等，今后需要加强产业结构调整，重视环境污染的治理。这样才能够实现经济、社会与生态等的均衡发展。

整体而言，安徽省社会发展状况存在整体发展水平不高、内部指标发展不平衡、区域发展差异大等特点，在下一步的发展中，需要打破多重困境，在各方面付出更大的努力。

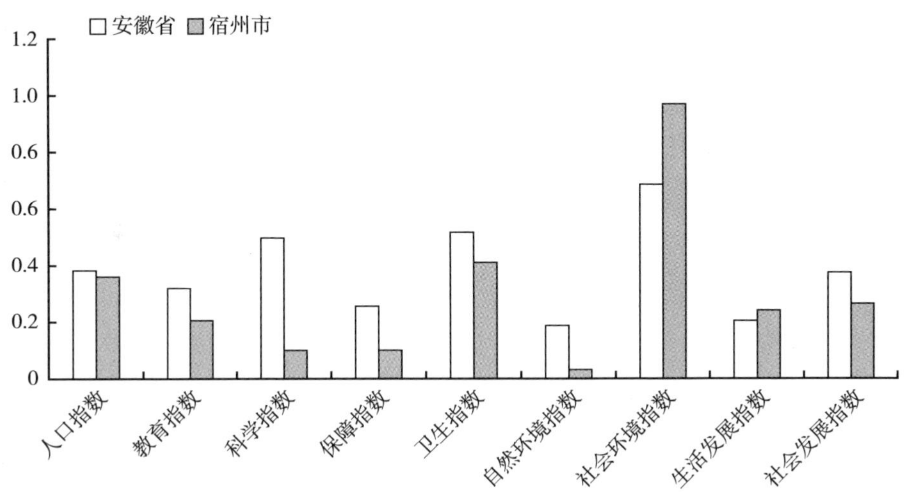

图 18　宿州市 2017 年社会发展子指数分布

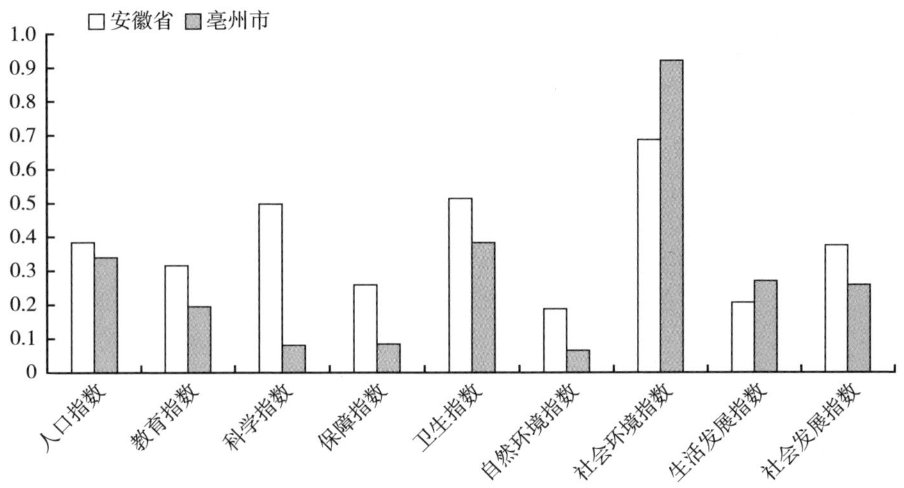

图 19　亳州市 2017 年社会发展子指数分布

参考文献

安徽省统计局：《安徽统计年鉴 2018》，安徽统计局网站，http：//www.ahtjj.gov.cn/tjjweb/tjnj/2018/2018.html？ver＝1，2019 年 2 月 15 日。

周长城：《生活质量的指标建构及其现状评价》，经济科学出版社，2009。

章友德：《城市现代化指标体系研究》，高等教育出版社，2006。

Abstract

In 2018, the first year to further implement the spirit of the 19th Party Congress, Anhui has embraced the 40th anniversary of reform and opening-up, focused on the building of a beautiful Anhui with five major modern developments, and promoted high-quality development in political, economic, cultural, social and ecological civility construction with outstanding achievements. Among them are: steady progress of economic operation; comprehensive implementation of reforms in administrative organs; full promotion of new plateau for inland opening-up; acceleration of integration into the Yangtze River Delta; strong momentum of nurture and innovation of Three Priorities and One Innovation; new heights in cultural undertakings, industrial prosperity and coordinated rural-urban development; precision poverty alleviation with popular livelihood programs; further specification of functions in basic public services; Anhui Speed achieved by private enterprises; and significant achievements in ecology-first green strategies. However, problems still exist regarding high-quality development of Anhui in the new era, such as apparent pressure of economic downturn, weak capacity for sci-tech innovation, daunting tasks in poverty alleviation, and imbalanced and inadequate regional and rural-urban development. To tackle those problems, efforts must be made, under the guidance of Xi Jinping Thought on Socialism with Chinese Characteristics in the New Era, to focus on the central tasks of Provincial Party Committee and Provincial Government, and implement the decisions on building a beautiful Anhui with five major modern developments so as to advance high-quality development of Anhui.

The report provides an objective review of economic and social development of Anhui for the 2018 – 2019 period, and a comprehensive empirical research on achievements and problems during Anhui's efforts to implement the five major concepts for development, suggesting feasible paths for Anhui economic and social development in the new era and its participation in the Yangtze River Delta integration. In the section for opening-up and innovation, it is suggested that Anhui should find its functional role in its involvement in the Yangtze River Delta integration, strengthen top design of strategic planning, innovate mechanisms and institutions for integrative development, and showcase advantages and bridge shortcomings in the division and collaboration of work. Meanwhile, the construction of the West Gate of the Yangtze River Delta Integration requires the implementation of innovation-driven development strategies to achieve growth led by innovation-driven development that accelerates Anhui's leap from a big sci-tech province to a powerful sci-tech province. In the section for demographic development, the report first makes a general evaluation of the changes and features of Anhui demographic development over 40 years of reform and opening-up, and proposes measures to address development and changes in Anhui population. Then, it focuses on the formation and trend of middle income groups in Anhui, and suggests measures for Anhui to expand its middle income group in the new era. Further, it adopts literature review and quantitative research methods to construct a model for general population capacity, and calculates the population capacity of Hefei for the 2016 – 2025 period based on analysis of factors such as employment, housing, roads and sewage systems in Hefei. In the section for rural rejuvenation, based on practice and investigations, it provides an in-depth analysis of the enormous changes and existing problems in areas such as rural economy, politics, public culture and environmental cleanup. On the basis of literature review and model comparison, and in light of policies and plans of the central government, it discusses the advantages and disadvantages of Anhui in rural rejuvenation, and explores priorities and effective paths for the implementation of strategies for rural rejuvenation. In the section for cultural development, on one hand, it focuses on the analysis of current development in Hui traditional cultural heritage in the new era, and explores paths for its further development and industrial incubation. On the other hand, based on the examples of Wuhu County and Feidong County, and through detailed empirical research, it discusses key areas to improve mechanisms for financial guarantee of public cultural services, and the important roles of New Local Elite Culture in the modernization of rural governance system. In the section for special reports, it focuses on the Yixian County model for county-level ecological civility development, the Anhui path for the implementation of Green Funeral policies, and mechanisms for talent aggregation in the Yangtze

River Delta. In the end, the report constructs an index system for social development in Anhui, and releases social development index of 2017 and rankings to shed light on the real-time social development in Anhui.

Keywords: Anhui; Social Development; Opening-up and Innovation; Demographic Developrnent; Rural Rejuvenation; Cultural Development

Contents

I General Report

Abstract: In 2018, the first year to further study the spirit of the 19th Party Congress, Anhui has embraced the 40th anniversary of reform and opening-up, actively implemented the five major concepts development, and accelerated the building of modern and beautiful Anhui. In the past year, great achievements have been made in areas such as economy, politics, culture, society and ecological civility, which mainly include: steady development of economic operation, and industrial structural transformation, optimization and upgrading; comprehensive implementation of reforms in administrative organs, and constant boosting of executive capacity of government; steady stride towards the new plateau for inland opening-up, and prominent role as an important role in the Belt and Road Initiative; active involvement in the process of the Yangtze River Delta Integration, and full display of its backstage support and bridge functions; strong momentum in the nurture and innovation of Three Priorities and One Innovation, and new competitive edge brought by artificial intelligence; joint progress in cultural undertakings and industries, and increasingly positive state of people's spiritual civilization; strong momentum in coordinated rural-urban development, and precision in its role as a regional model; poverty alleviation empowered by popular livelihood programs, and the increasingly diverse functions of basic public services; solid work in the Four Send's and One Serve and Double Thousand projects, and Anhui Speed set by private enterprises; conspicuous achievements in ecology-first green strategies, and prototype of Anhui model for ecological civility. However, challenges still exist in the high-quality development of Anhui, mainly due to: persistent pressure from economic downturn, and undesirable quality and performance; weakness in sci-tech innovation capacities, and relative inadequacy in production, study and research outcomes; daunting tasks in environmental cleanup, and occasional deficiencies in accountability and protection; high cost for corporate operation, and lack of potential for private investment; challenging tasks in poverty alleviation, and overall low level of per capita disposable income; immature system of external opening-up, and lack of depth in international exchange and cooperation; and dilemmas of imbalanced and inadequate development, and differences in benefit sharing of social development. To address those problems, efforts should be made to build a smart system of modern economy, coordinate rural-urban integration and regional development, steadily promote green ecological reforms, emphasize both poverty alleviation and people's livelihood, strive to become an innovative leader in the Yangtze River Delta Integration, establish a new pattern of internal and external comprehensive opening-up, and promote the co-governance of morality and law to ensure peace in Anhui, all discussed in the report as suggestions and recommendations for Anhui to achieve high-quality modern development.

Keywords: Beautiful Anhui; Five Major Developments; Modernization; High-quality Transformation

Ⅱ Opening-up and Innovation

Abstract: It is of great significance that Yangtze River Delta Integration has become a national strategy, which has brought both opportunities and challenges to Anhui. Anhui possesses both advantages and disadvantages in promoting the integrated development of Yangtze River Delta. Anhui, as an important member of Yangtze River Integration, should seek opportunities and meet challenges, tap into its potential and avoid pitfalls, find its roles and functions, strengthen efforts to fully link and cooperate with relevant provinces and municipalities in the Yangtze River Delta, and actively serve the national Belt and Road initiative and Yangtze River Economic Belt strategies, in order to develop itself into the West Gate of Yangtze River Delta Integration.

Keywords: Anhui; Yangtze River Delta Integration; Yangtze River Delta City Group

Abstract: The implementation of strategies for innovation-driven development to achieve development led by innovation proves to be of great significance to the leap from a big sci-tech province to a strong sci-tech province as well as to the building of a beautiful Anhui featuring five major development. Based on a comparative perspective, this report constructs an index system for innovation-driven development capacity, assesses innovation-driven development capacity between 2009 and 2016 of Anhui and 29 other provincial administrative regions, and conducts aggregate and differential analyses of innovation-driven development capacity of all provinces and municipalities according to factor scores, which leads to the following conclusions: (1) between 2009 and 2016, the innovation-driven development capacity of Anhui has been steadily increasing; (2) nationwide, innovation-driven development capacity of Anhui belongs to second tier with much space for improvement; (3) Anhui is strong in innovation output and innovation environment, but rather weak in innovation efficiency as compared with other provinces, which can be explained mainly by its economic development, resource restriction and corporate innovation capacity. Finally, several policy recommendations are made for Anhui to promote innovation-driven development.

Keywords: Anhui; Innovation-driven Development Capacity; Corporate Innovation Capacity; Innovation Environment; Innovation-driven Development

Abstract: The promotion of coordinated regional development is a new demand for China to implement major strategies that cater to changes in both domestic and international environment, and a natural choice to advance the transformation and upgrading of regional economic and social development. The report analyzes the historical process of Anhui's involvement in the integration of Yangtze River Delta, summarizes its major practices and restrictions, and proposes policy recommendations for Anhui to further involve in higher quality integration of Yangtze River Delta in the new era.

Keywords: Anhui; Yangtze River Delta Integration; Coordinated Regional Development

Ⅲ Demographic Development

Abstract: Since the inception of reform and opening-up 40 years ago, Anhui has undergone enormous changes in demographic development, with further progress and improvements in demographic control, which has provided strong guarantee for its economic and social development. During the 40-year period, Anhui has exercised effective demographic control, with general population on inertia increase; population quality keeps improving with rapid development in education level; urbanization process maintains a steady momentum with the number of cities and towns on continued rise; demographic mobility becomes increasingly frequent exhibiting new characteristics; and the aging of population has accelerated with significant changes in age structure. In the future, Anhui, guided by strategies such as Talents for a Strong Province and Healthy Anhui, will steadily promote the implementation of Two-Child for All policy, and comprehensively create a new phase that features 5 major modern developments for a beautiful Anhui.

Keywords: 40 Years of Reform and Opening-up; Anhui; Demographic Changes

Abstract: At present, China has entered the rank of middle income counties. Expanding middle income groups is one of the important tasks of the 13rd 5 – Year Plan, which constitutes a key indicator for a comprehensively well-off society. For Anhui, a province with a huge population, the expansion of middle income groups possesses particular significance for China's olive-shape social stratification. Since the inception of reform and opening-up, Anhui middle income groups have experienced the process of emerging, developing and growing. Efforts should be made to grasp strategic opportunities such as Plans for Rising of Central China, Yangtze River Economic Belt and Integration of Yangtze River Delta, and adopted measures such as regional cooperation and opening-up, reforms of wage and benefit systems, and improvement to basic public services, in order for Anhui to make greater progress in the scale and quality of middle income group expansion in the future.

Keywords: Middle Income Group; Non-public Sector; Middle Income Class

Abstract: As the provincial capital, Hefei sets itself the goal of building a regional mega-city. According to the General Urban Planning for Hefei 2011 – 2020, the total population of Hefei will reach 9. 6 million by 2020, and per capita land for urban construction will reach 100 square meters. This report adopts literature review and quantitative research methods to establish models for overall population capacity, and calculates population capacities for different factors between 2016 and 2025 by analyzing factors such as employment, housing, roads and sewage, namely, 5. 4271 million for employment capacity, 16. 3050 million for housing capacity, 9. 2908 million for road capacity, 8. 6447 million for water supply capacity, 9. 6071 million for land capacity, 7. 2945 million for green space capacity, and 20. 8353 million for sewage capacity. Through analysis by factor shortcomings and calculation weight, the overall population capacity for Hefei is calculated to be 10. 3322 million. Finally, to address pressing issues in Hefei such as downtown road congestion, inadequate sewage system, and poor capacity for public crisis prevention, suggestions are made by comparing population capacity of Hefei, which include the establishment of 3D transportation networks, promotion of economic development, rational design of sewage system, and increase of infrastructure area.

Keywords: Population Capacity; Model for Overall Population Capacity; Hefei

Ⅳ Rural Rejuvenation

Abstract: Enormous changes have taken place in all aspects of Anhui rural society since the inception of reform and opening-up. The overall volume of rural production is on the increase with optimization of industrial structures, rise of farmer incomes and expansion of operation subjects. Rural villager self-governance and grassroots Party organization development have achieved great progress. Rural infrastructure of public culture has been constantly improving with increasing capacity for culture to benefit and serve the people. Rural environment has been improved through implementation of strategies such as projects for rural environmental cleanup, Beautiful Village Development, and Three-line and Three-border Campaign. The report reviews rural social development of Anhui province since the inception of reform and opening-up from four perspectives such as rural economy, politics, public culture and environmental cleanup, objectively analyzes existing problems of rural Anhui in reform and development, and proposes relevant policy countermeasures.

Keywords: Rural of Anhui; Rural Rejuvenation; Social Development; Rural Construction

B. 9 Paths for Anhui to Implement Strategies for Rural Rejuvenation

Wu Jianfei, Xu Hua and Yu Wenshu / 171

Abstract: Strategies for rural rejuvenation as one of the arrangements to strengthen China and enrich its people proposed by Party General Secretary Xi Jinping in the 19th Party Congress proves to be an important measure to bridge the gap between the rural and urban areas for the present. On September 26, 2018, China officially released the Strategic Plan for Rural Rejuvenation (2018 -2022), which detailed a series of major projects, plans and actions designed by the top leadership, serving as a guide for all regions and cities to implement the strategies for rural rejuvenation. Anhui as a major agricultural province ranks top nationwide in terms of production and scale of agricultural products, but still lags behind in its stride towards a powerful province of agriculture. The report provides a summary and analysis of practices and experiences of cities and regions in China that center around the 20 - word general requirement, and proposes relevant policy recommendations based on the analyses of advantages and disadvantages in rejuvenation of rural Anhui, which both serve as advice and suggestions for Anhui to win the war on poverty and further implement rural rejuvenation strategies.

Keywords: Anhui; Rural Rejuvenation; Industrial Prosperity

B. 10 Priorities in Anhui Rural Development Planning and Rural Rejuvenation

Wang Yunfei / 185

Abstract: With the acceleration of urbanization, rural societies have undergone profound changes, which manifest themselves in the changes of rural structure, and the changes in rural economical foundations brought by structural changes, which has led to slowdown and even stagnation in rural development. The central government has accordingly made some strategic adjustments, from new rural development to beautiful village construction to new urbanization campaign, and finally strategies for rural rejuvenation proposed in the report of the 19th Party Congress. As for the responses to central policies, Anhui Province has actively implemented central policies in every historical period, and taken the initiative to explore and implement both in policies and practices. The report reviews central policies and discusses priorities and effective paths for Anhui to implement Rural Rejuvenation Strategies by considering plans, developments and problems in rural Anhui.

Keywords: Anhui; Rural Development; Strategies for Rural Rejuvenation

V Cultural Development

Abstract: Huizhou traditional culture has left a huge amount of heritage for the present, many of which have been cultivated and integrated into modern society. The cultivation of Huizhou traditional material cultural heritage has led directly to the development of Huizhou cultural tourism; the cultivation of Huizhou traditional non-material cultural heritage has led directly to the industrialization of Huizhou traditional crafts; and the cultivation of Huizhou ancient literary and archive heritage has led directly to the prosperity of Hui research. All those cultivations display a strong regional feature, the development of which can be assessed as follows (by the end of 2018): Huizhou cultural tourism has surpassed its early primary stage in 2012 and is now undergoing structural and substantial adjustments for a new stage of rigorous growth; the industrialization of Huizhou traditional craft has successfully surpassed its initial stage of development in 2012, and is now experiencing a period of rapid growth, ready for a new normal with huge potential; Hui research has entered an active warming-up period since 2017, during which the edition and publication of basic materials has been accelerated, and its think-tank function in practical service and its multidisciplinary nature in academics have been further explored, striding towards a new stage of development with a bright future. The study and exploration of paths to develop Huizhou traditional cultural heritage in the new era and problems in its industrial nurture possesses both regional values and universal demonstrative significance.

Keywords: Huizhou Cultural Heritage; Development Path; Value Assessment; New Era

B. 12 Research on Mechanisms for Financial Guarantee of Public Cultural Services in Wuhu County

Zhu Qiyou / 238

Abstract: In an effort to comprehensively deepen reform, Wuhu County highly emphasizes the development of public cultural service systems and establish mechanisms to coordinate work, which leads to constant improvement in county-level finances. On such bases, and considering its own realities, it has kept increasing financial spending, expanding government purchases of services, support the development of private cultural groups, and strengthening the supervision of fund operations. With multiple support such as the gradually perfecting mechanisms for financial guarantee, facilities for grassroots public culture have been comprehensively established, and a three-level facility network of public culture has been basically set up. Modes for public cultural services are increasingly diversifying with apparent boost of service capacities. Cultural activities for the masses become colorful with significant outcomes in serving the people. Reading for the public keeps advancing which helps boost the cultural soft power of cities. In the new era, efforts should be made to further improve mechanisms for financial guarantee of public cultural services so as to address increasing problems in the development of public cultural services, which include the further expansion of financial resources and channels to improve mechanism for steady budget growth, the rational division of jurisdiction and spending accountability to perfect mechanisms for financial sharing, the optimization of structures for financial investment to achieve balanced spending, the establishment of mechanisms to couple financial investment with performance assessment to boost efficacy of spending, the strengthening of grassroots cultural teams to increase service capabilities, and the integration of resources for cultural and tourism industries to achieve integrated and comprehensive development.

Keywords: Financial Guarantee; Public Cultural Service; Grassroots Government; Wuhu County

Abstract: The rejuvenation of rural China has seen the best of times, which would not be possible without effective governance, hence the imperative need of a civilized local culture. China has a vast rural area with a huge population, therefore the priorities of moral development as well as its difficulties should lie in rural areas. Feidong County, based on the contemporary perspective of rural rejuvenation strategies and the historical background of cultural confidence, has innovated grassroots governance through morality, focused on role model effects and nurtured local civility. With Local Elite Club as platform, and Local Elite Association as support, it has striven to forge a New Local Elite Culture as a strong support to develop rural culture and an effective measure to upgrade the system of rural governance, which will achieve civility in local culture and efficacy in governance.

Keywords: Grassroots Governance; Civility in Local Culture; New Local Elite Culture; Local Elite Club; Feidong County

Ⅵ Special Reports

B. 14 Research on Paths to Boost Efficacy of County-level Public Affairs Services in Anhui

—Based on Investigations in Counties and Cities Such as Mingguang, Tianchang and Dingyuan *Li Zonglou* / 275

Abstract: Strengthening the development of county-level public affairs service centers to optimize public affairs services by putting people first is a task to attain the objective of building a comprehensively well-off society and a service-oriented government that finds favor with the people. Since the 18th Party Congress, counties and cities such as Mingguang, Tianchang and Qingyuan, under the guidance of Xi Jinping Thought on Socialism with Chinese Characteristics in the New Era, have constantly optimized environment for services, actively promoted institutional reforms in authorization mechanisms, diligently conducted innovation of authorization procedures, conscientiously implemented reform measures for Decentralization, Management and Service (DMS), emphasized the standardization of public affairs services and the integration of county-township-village service systems, to orderly advanced Internet plus public affairs services, which have significantly boosted the efficacy of public affairs services. In the new mission to build a comprehensively well-off society, efforts should be made to act under the guidance of the spirit of the 19th Party Congress, consider as opportunities the deepening of reforms in Party and state organs, further promote DMS reforms, and diligently create a one-stop one-counter platform for comprehensive services in order to make active explorations in boosting the average level of rural and urban basic public affairs services and capacities for county-level governance.

Keywords: County-level; Public Affairs Service; People-oriented; Efficacy Boost

B. 15 Yixian County Model for County-level Ecological Civility Development

—Yixian County Practices in Building an Anhui Model for Ecological Civility Development *Fan Hesheng, Geng Yanhu* / 299

Abstract: General Party Secretary Xi Jinping proposed the idea of building an Anhui Model for Ecological Civility Development during his inspection tour in Anhui. As an important effort to build an Anhui Model for Ecological Civility Development, Yixian County has actively conducted environmental cleanup and ecological civility development, and gradually formed a model with government leadership at the center, with green development and systemic governance as guidelines, and with grassroots institutional innovation, ecology plus and general participation as priorities. The Yixian County Model for ecological civility development has achieved triple wins in terms of economic benefits, ecological benefits and social benefits. Yixian County Model has significant values for promotion and application. Nonetheless, Qixian County still has some bottlenecks in its ecological civility development.

Keywords: Ecological Civility Development; Ecology Plus; Yixian County Model; Systemic Governance; Institutional Innovation

B. 16 Reality, Problems and Promotion Paths for Green Funeral in Anhui

Tang Duoxian, Liu Qiang / 318

Abstract: The implementation of green funeral is an important task in the funeral reform of Anhui province. The necessity of Anhui in implementing green funeral mainly lies in the fact that China is a country with more people than land, thus scarcity in resources as well as the pressure on ecological environment by traditional funeral. Anhui has achieved significant results in promoting green funeral, but still has certain problems, namely, the lagging behind of laws and regulations for green funeral, the non-existence of supply and demand mechanism for green funeral, little awareness of the public for green funeral, insufficient investment in green funeral, and the undesirable people-first service of green funeral. The research proposes paths for further promoting green funeral in Anhui from multiple perspectives including improving relevant laws and regulations, establishing multi-level guarantee systems, showcasing the leading role of government, setting up models for green consumption and more focus on people-first concept, so as to maximize reforms in green funeral.

Keywords: Anhui; Green Funeral; Ecological Funeral

B. 17 Talent Aggregation Effects in Yangtze River Delta in the Context of Industrial Innovation and Policy Updates

—Based on the Example of Anhui Province

Abstract: Focusing on talent aggregation in the Yangtze River Delta and industrial innovation and transformation, Anhui is gradually intensifying the introduction of high-end innovative talent and updating of corresponding policy measures. Efforts have been made in aspects such as the introduction of innovative talents, nurturing of leading talents and incentive mechanisms for high-end talents in order to achieve the aggregation and free flow of talents, capital and technology. At a time when a new round of opportunities are in the making, Anhui takes advantage of Belt and Road Initiative and the Yangtze River Delta development, accelerates internal and external reform and opening-up, and focuses on both west and east, making significant strides in the development of inland plateau for opening-up. Meanwhile, it has amassed a considerable number of innovative talents, and become increasingly prominent as an important link in Belt and Road Initiative and Yangtze River Economic Belt. In recent years, Anhui has adhered to the guiding principle of innovative transformation and upgrading, and committed to the coordinated building of demonstration areas for innovative industrial transfers so as to attain upper-middle level among industries. In terms of talent policies, mechanisms and institutions are constantly improving with outstanding outcomes particularly in areas such as innovative platforms, and advanced experiences from Shanghai, Jiangsu and Zhejiang are being actively studied to intensify industrial division and collaboration. This report mainly analyzes relevant statistical data of Anhui, calculates comprehensive level of talent aggregation, and proposes new measures to improve talent management and operation, facilitate regional flow of talent and regional balancing of talent aggregation effects.

Keywords: Anhui; Industrial Innovation; Innovative Talent; Talent Aggregation

Abstract: Based on calculations, Social Development Index (SDI) for Anhui Province in 2017 was 0. 378, a slight increase over that of 2016, which was 0. 37. SDI rankings of cities and regions in Anhui underwent slight changes as compared with 2016. Due to adjustments in calculation weights of SDI, the city of Huangshan has risen to No. 1 because of its excellent natural environment. Similarly, the city of Chizhou has also entered Top 5 in 2017 from No. 6 in 2016. SDI of other cities and regions and its rankings are basically the same. Generally speaking, SDI of cities and regions in Anhui has manifested a clear feature of hierarchy in 2017, with regions in South Anhui generally scoring higher than those in North Anhui.

Keywords: Anhui; Social Development Index; Index System

✧ 皮书起源 ✧

“皮书”起源于十七、十八世纪的英国，主要指官方或社会组织正式发表的重要文件或报告，多以“白皮书”命名。在中国，“皮书”这一概念被社会广泛接受，并被成功运作、发展成为一种全新的出版形态，则源于中国社会科学院社会科学文献出版社。

✧ 皮书定义 ✧

皮书是对中国与世界发展状况和热点问题进行年度监测，以专业的角度、专家的视野和实证研究方法，针对某一领域或区域现状与发展态势展开分析和预测，具备原创性、实证性、专业性、连续性、前沿性、时效性等特点的公开出版物，由一系列权威研究报告组成。

✧ 皮书作者 ✧

皮书系列的作者以中国社会科学院、著名高校、地方社会科学院的研究人员为主，多为国内一流研究机构的权威专家学者，他们的看法和观点代表了学界对中国与世界的现实和未来最高水平的解读与分析。

✧ 皮书荣誉 ✧

皮书系列已成为社会科学文献出版社的著名图书品牌和中国社会科学院的知名学术品牌。2016 年，皮书系列正式列入“十三五”国家重点出版规划项目；2013~2019 年，重点皮书列入中国社会科学院承担的国家哲学社会科学创新工程项目；2019 年，64 种院外皮书使用“中国社会科学院创新工程学术出版项目”标识。

中国社会发展数据库（下设 12 个子库）

全面整合国内外中国社会发展研究成果，汇聚独家统计数据、深度分析报告，涉及社会、人口、政治、教育、法律等 12 个领域，为了解中国社会发展动态、跟踪社会核心热点、分析社会发展趋势提供一站式资源搜索和数据分析与挖掘服务。

中国经济发展数据库（下设 12 个子库）

基于"皮书系列"中涉及中国经济发展的研究资料构建，内容涵盖宏观经济、农业经济、工业经济、产业经济等 12 个重点经济领域，为实时掌控经济运行态势、把握经济发展规律、洞察经济形势、进行经济决策提供参考和依据。

中国行业发展数据库（下设 17 个子库）

以中国国民经济行业分类为依据，覆盖金融业、旅游、医疗卫生、交通运输、能源矿产等 100 多个行业，跟踪分析国民经济相关行业市场运行状况和政策导向，汇集行业发展前沿资讯，为投资、从业及各种经济决策提供理论基础和实践指导。

中国区域发展数据库（下设 6 个子库）

对中国特定区域内的经济、社会、文化等领域现状与发展情况进行深度分析和预测，研究层级至县及县以下行政区，涉及地区、区域经济体、城市、农村等不同维度。为地方经济社会宏观态势研究、发展经验研究、案例分析提供数据服务。

中国文化传媒数据库（下设 18 个子库）

汇聚文化传媒领域专家观点、热点资讯，梳理国内外中国文化发展相关学术研究成果、一手统计数据，涵盖文化产业、新闻传播、电影娱乐、文学艺术、群众文化等 18 个重点研究领域。为文化传媒研究提供相关数据、研究报告和综合分析服务。

世界经济与国际关系数据库（下设 6 个子库）

立足"皮书系列"世界经济、国际关系相关学术资源，整合世界经济、国际政治、世界文化与科技、全球性问题、国际组织与国际法、区域研究 6 大领域研究成果，为世界经济与国际关系研究提供全方位数据分析，为决策和形势研判提供参考。

法律声明

“皮书系列”（含蓝皮书、绿皮书、黄皮书）之品牌由社会科学文献出版社最早使用并持续至今，现已被中国图书市场所熟知。“皮书系列”的相关商标已在中华人民共和国国家工商行政管理总局商标局注册，如LOGO（ ）、皮书、Pishu、经济蓝皮书、社会蓝皮书等。“皮书系列”图书的注册商标专用权及封面设计、版式设计的著作权均为社会科学文献出版社所有。未经社会科学文献出版社书面授权许可，任何使用与“皮书系列”图书注册商标、封面设计、版式设计相同或者近似的文字、图形或其组合的行为均系侵权行为。

经作者授权，本书的专有出版权及信息网络传播权等为社会科学文献出版社享有。未经社会科学文献出版社书面授权许可，任何就本书内容的复制、发行或以数字形式进行网络传播的行为均系侵权行为。

社会科学文献出版社将通过法律途径追究上述侵权行为的法律责任，维护自身合法权益。

欢迎社会各界人士对侵犯社会科学文献出版社上述权利的侵权行为进行举报。电话：010-59367121，电子邮箱：fawubu@ssap.cn。

社会科学文献出版社